# VAQUEIROS
# E CANTADORES

LUÍS DA CÂMARA CASCUDO

# VAQUEIROS
# E CANTADORES

© Anna Maria Cascudo Barreto e
Fernando Luís da Câmara Cascudo, 2001
3ª Edição, Global Editora, São Paulo 2005
2ª Reimpressão, 2020

**Jefferson L. Alves** – diretor editorial
**Flávio Samuel** – gerente de produção
**Daliana Cascudo Roberti Leite** – estabelecimento do texto e revisão final
**Ana Cristina Teixeira** – assistente editorial
**Maria de Lourdes Appas, Ana Cristina Teixeira, Cláudia Eliana Aguena e Tatiana Tanaka** – revisão
**Eduardo Okuno** – capa
**Mão e vida, Barretos/SP – agosto, 1997**
**Maurício Simonetti/Pulsar Imagens** – foto da capa
**Antonio Silvio Lopes**– editoração eletrônica

Obra atualizada conforme o
**NOVO ACORDO ORTOGRÁFICO DA LÍNGUA PORTUGUESA**

**Dados Internacionais de Catalogação na Publicação (CIP)
(Câmara Brasileira do Livro, SP, Brasil)**

Cascudo, Luís da Câmara, 1898-1986.
　　Vaqueiros e cantadores / Luís da Câmara Cascudo. – São Paulo : Global, 2005.

　　ISBN 978-85-260-0981-3

　　1. Canções folclóricas brasileiras – Região Nordeste 2. Poesia popular brasileira – Região Nordeste. I. Título.

05-0438　　　　　　　　　　　　　　　　　　　CDD–398.209812

**Índices para catálogo sistemático:**
1. Nordeste : Brasil : Cantos populares : Folclore　398.209812
2. Nordeste : Brasil : Poesia popular : Folclore　398.209812

Direitos Reservados

**global editora e distribuidora ltda.**
Rua Pirapitingui, 111 – Liberdade
CEP 01508-020 – São Paulo – SP
Tel.: (11) 3277-7999
e-mail: global@globaleditora.com.br
www.globaleditora.com.br

Colabore com a produção científica e cultural.
Proibida a reprodução total ou parcial desta obra
sem a autorização do editor.

Nº de Catálogo: **2274**

# Sobre a reedição de

# Vaqueiros e Cantadores

*A* reedição da obra de Câmara Cascudo tem sido um privilégio e um grande desafio para a equipe da Global Editora. A começar pelo nome do autor. Com a concordância da família, foram acrescidos os acentos em Luís e em Câmara, por razões de normatização bibliográfica, permanecendo sem acento no corpo do texto quando o autor cita publicações de sua obra. Foi feita também a atualização ortográfica, conforme o Novo Acordo Ortográfico da Língua Portuguesa; no entanto, existem muitos termos utilizados no nosso idioma que ainda não foram corroborados pelos grandes dicionários de língua portuguesa nem pelo Volp (Vocabulário Ortográfico da Língua Portuguesa) – nestes casos, mantivemos a grafia utilizada por Câmara Cascudo.

O autor usava forma peculiar de registrar fontes. Como não seria adequado utilizar critérios mais recentes de referenciação, optamos por respeitar a forma da última edição em vida do autor. Nas notas foram corrigidos apenas erros de digitação, já que não existem originais da obra.

Mas, acima de detalhes de edição, nossa alegria é compartilhar essas "conversas" cheias de erudição e sabor.

*Os editores*

# SUMÁRIO

| | |
|---|---|
| Prefácio | 11 |
| Os Motivos da Poesia Tradicional Sertaneja | 15 |
| Modelos do Verso Sertanejo | 19 |
| Poesia Mnemônica e Tradicional | 25 |
| A) Romances | 25 |
| "A Donzela Teodora" no Brasil | 27 |
| História da Donzela Teodora | 30 |
| Uma Versão Brasileira da "Princesa Magalona" | 44 |
| "A Fugida da Princesa Beatriz com o Conde Pierre" | 45 |
| A "Nova História da Princesa Magalona", Versão de Portugal | 58 |
| B) Pé-Quebrado | 73 |
| Trechos de um "Testamento de Judas" | 77 |
| C) Os A. B. C. | 81 |
| Um A. B. C. de Hugolino do Teixeira | 85 |
| A. B. C. dos Negros | 88 |
| A. B. C. da Batalha do Passo do Rosário | 90 |
| A. B. C. de Nossa Senhora Aparecida | 93 |
| D) Pelo-Sinais e Orações | 95 |
| Pelo-Sinal de Junot | 100 |
| Pelo-Sinal dos "Farrapos" | 101 |
| Salve-Rainha dos Luzias | 103 |

| | |
|---|---|
| Ciclo do Gado | 107 |
| A) Vaquejadas e Apartações | 107 |
| B) "Gesta" de Animais | 116 |
| Solfa do "Boi-Surubim" | 121 |
| Romance do Boi da Mão de Pau | 122 |
| O Cantador | 128 |
| Modelos de "Louvação" | 138 |
| Ciclo Social | 142 |
| A) O Padre Cícero | 142 |
| Bibliografia sobre o Padre Cícero | 154 |
| B) Louvor e Deslouvor das Damas | 155 |
| C) O Negro nos Desafios do Nordeste | 158 |
| Os Negros no Adagiário | 164 |
| Adágios em Defesa dos Negros | 165 |
| D) O Cangaceiro | 166 |
| A Cantoria | 173 |
| O Desafio | 180 |
| A) Antecedentes | 185 |
| B) Os Instrumentos | 192 |
| C) Canto e Acompanhamento | 200 |
| D) Os Temas | 207 |
| E) Convite e Apresentação | 212 |
| F) Perguntas e Respostas | 217 |
| G) A Batalha | 226 |
| Desafio de Bernardo Nogueira com Preto Limão | 242 |
| Documentário | 249 |

Pedro Malazarte no Folclore Poético Brasileiro .......................... 249

Pai que Queria Casar com a Filha ................................. 255

Um Conto do "Decameron" no Sertão ........................... 258

História de Genevra ................................................ 259

Xácara da "Bela Infanta", Versão do Rio Grande do Norte ........ 275

A Lenda de Pedro Cem no Folclore Brasileiro ..................... 279

A Vida de Pedro Cem ............................................. 280

Sátira Sertaneja em Sextilhas (1876). Solfa do "Redondo-Sinhá" ... 287

Fragmentos da Xácara do "Chapim Del-Rei" ...................... 288

Uma Tradição Paraibana do Rio São Francisco ................... 291

Frei Antônio das Chagas no Sertão Cearense ..................... 296

Três Décimas de Noga .............................................. 297

Exemplo de "Desafio" ............................................. 298

Exemplo de "Desafio" ............................................. 305

O Romance de José Garcia ........................................ 312

A Criação do Mundo .............................................. 331

Sertão d'Inverno .................................................. 332

Resumo Biográfico dos Cantadores ............................... 334

    Hugolino Nunes da Costa ..................................... 335

    Bernardo Nogueira .......................................... 335

    Francisco Romano ........................................... 336

    Inácio da Catingueira ....................................... 337

    Manuel Cabeceira ........................................... 339

    Silvino Pirauá Lima ......................................... 339

    Joaquim Francisco de Santana ................................ 340

    Firino de Góis Jurema ....................................... 340

    Rio Preto .................................................... 342

    Germano Alves de Araújo Leitão ............................ 343

    Manuel Vieira do Paraíso .................................... 343

    Jerônimo do Junqueiro ...................................... 344

    Preto Limão ................................................. 344

| | |
|---|---|
| Francisca Barroso | 344 |
| Maria Tebana | 345 |
| Josefa | 345 |
| Manuel Caetano | 345 |
| Bemtivi | 345 |
| Leandro Gomes de Barros | 347 |
| José Galdino da Silva Duda | 348 |
| Fabião Hermenegildo Ferreira da Rocha | 348 |
| Antônio Batista Guedes | 350 |
| Serrador | 350 |
| Sinfrônio Pedro Martins | 351 |
| Jacó Alves Passarinho | 351 |
| Aderaldo Ferreira de Araújo | 353 |
| Anselmo Vieira de Sousa | 354 |
| Nicandro Nunes da Costa | 355 |
| Francisco das Chagas Batista | 355 |
| Ventania | 356 |
| João Bilro | 356 |
| João Martins de Ataíde | 357 |

# Prefácio

*Tanto pego boi no "fechado"*
*como canto desafio...*

Reúno neste livro quinze anos de minha vida. Notas, leituras, observações, tudo compendiei pensando um dia neste *Vaqueiros e Cantadores*. Em parte alguma dos meus depoimentos de testemunha a imaginação supriu a existência do detalhe pitoresco. O material foi colhido diretamente na memória duma infância sertaneja, despreocupada e livre. Os livros, opúsculos, manuscritos, confidências, o que mais se passou posteriormente, vieram reforçar, retocando o "instantâneo" que meus olhos meninos haviam fixado outrora. É o que fielmente se continha em minha alma. Dou fé.

Vivi no sertão típico, agora desaparecido. A luz elétrica não aparecera. O gramofone era um deslumbramento. O velho João de Holanda, de Caiana, perto de Augusto Severo, ajoelhou-se no meio da estrada e confessou, aos berros, todos os pecados quando avistou, ao sol se pôr, o primeiro automóvel...

O algodão não matara os roçados e a gadaria se espalhava nos descampados, reunida para as apartações nas vaquejadas álacres. A culinária se mantinha fiel ao século XVIII. A indumentária lembrava um museu retrospectivo. As orações fortes, os hábitos sociais, as festas da tradição, as conversas, as superstições, tudo era o Passado inarredável, completo, no presente. Vivi essa vida durante anos e anos e evocá-la é apenas lembrar minha meninice. Dezenas de vezes voltei ao sertão de quatro Estados e nunca deixei de registar fatos, versos, "causos". O documentário foi crescendo. Este livro é a primeira parte. A parte poética. O outro dirá a religiosa, sobrenatural. O último evocará os autos populares. Bumba meu Boi ou Reis, Congos, Fandangos, Pastoris e Lapinhas com suas letras, danças e solfas.

A transformação é sensível e diária. As estradas de rodagem aproximaram o sertão do agreste. Anulando a distância, misturaram os ambientes. Hoje a luz elétrica, o auto, o rádio, as bebidas geladas, o cinema, os jornais, estão em toda parte. Os plantadores de algodão vêm vender os fardos nas capitais. Os filhos se educam nos colégios distantes. Tudo perto, pelo auto. O Rio de Janeiro, a Corte, como chamavam ainda em 1910, está ao alcance da mão. Com a "alta" do algodão e do açúcar os ex-fazendeiros mandaram fazer residências nas cidades do litoral. Vão para o interior no período das "safras". O caminhão matou o "comboio", lento, tranquilo, trazendo fardos, dirigido pela "madrinha", tangido pelas cantigas dos comboieiros. O encanto dos "arranchos" nas oiticicas, as "dormidas" nos alpendres, a carne assada na fogueira, a água da "borracha", as histórias de assombração, de dinheiro enterrado, de cantadores famosos, perderam sua melhor moldura. Também o "comboieiro" ganhava e distribuía dinheiro pelas estradas nas quais avançava devagar. O caminhão, mastigando dezenas de léguas por hora, criou outro tipo, o *"chauffeur* de caminhão", batedor do sertão, enamorado, infixo, irregular. Não há muito tempo para ouvir cantador nem o baião de viola. Só as populações das aldeias, os "arruados" sertanejos, conservam a fidelidade aos seus poetas.

Raro também será um lugar sertanejo que não tenha sido sobrevoado por um avião. O cangaceiro conhece armas automáticas moderníssimas. Gosta de meias de seda, perfumes. Alguns têm as unhas polidas... Quase todos usam meneios de "cowboy", chapelão desabado, revólveres laterais, lenço no pescoço. O lenço no pescoço, como os artistas cariocas "representando" matutos do Nordeste, é uma influência puramente teatral. Ninguém usa aqui no Nordeste. Se enrolar lenço no pescoço é porque está doente.

De Natal a Caicó ia-se em seis dias. Roda-se hoje em cinco horas. Meu avô foi à Corte em vinte e oito dias de mar. Meu pai em sete. Eu em doze horas, no "Anhanga", da Condor Sindicato.

O sertão se modifica rapidamente. Uniformiza-se, banaliza-se. Naturalmente a crítica é inoperante para eles. Melhor é a vida modernizada que a maneira velha do cavalo de sela e a viagem com "descanso". Parentes meus que recusavam saladas de alface ("sô lá lagarta pra comer folha?") tratam negócios em São Paulo, indo e vindo de avião. O cantador recuou ante a radiola, a vitrola, o cinema, a revista ilustrada. Mas conserva seu público. Restrito, limitado, pobre mas irredutível na admiração. Ainda vivem os cantadores sertanejos. Vivem nas vilas, nas feiras, nas festas das fazendas. Algumas cidades são visitadas por eles. Natal, Fortaleza, Recife, João Pessoa têm seus cantadores nos arrabaldes distantes. Vinte anos antes eles cantavam nos salões do "Palaço do Gunverno".

Toda essa revolução veio depois de 1911...

Conheci e vivi no sertão que era das "eras de setecentos"... Chuva vinha do céu e trovão era castigo. O sol se escondia no mar até o outro dia. Imperavam tabus de alimentação e os cardápios cheiravam ao Brasil colonial. Mandava-se fazer uma roupa de casimira que durava toda a existência. Era para o casamento, para as grandes festas, para o dia da eleição, do casamento da filha e era-se enterrado com ela. As mães "deixavam" roupa para as filhas. E elas usavam. Os hábitos ficavam os mesmos, de pai para filho. Calçava-se meia branca quando se tomava purgante de Jalapa. Mordido de cobra não podia ouvir fala de mulher. Nome de menino era do "santo do dia". Os velhos tinham costumes inexplicáveis e venerandos. Tomavam banho ao sábado, davam a benção com os dedos unidos e quase todos sabiam dez palavras em latim.

A herança feudal pesava como uma luva de ferro. Mas defendia a mão. Os fazendeiros perdiam o nome da família. Todos eram conhecidos pelo nome próprio acrescido do topônimo. Coronel Zé Brás dos Inhamuns, Chico Pedro da Serra Branca, Manoel Bazio do Arvoredo. Nomes dos homens e da terra, como na Idade Média. Tempo bonito.

Vivi nesse meio. E deliciosamente. Cortei macambira e xiquexique para o gado nas secas. Banhei-me nos córregos no inverno. Esperei a *cabeça do rio* nas enchentes. Desengalhei tarrafas nas pescarias dos poços. Dei "lanços" nos açudes. Cacei mocós e preás nos serrotes. Subi nas "esperas" de ema sob juazeiros. Persegui tatus de noite, com fachos e cachorros amestrados. Matei ribaçã a pau e colhi-a nas araracas. Ouvi o canto ululado da "mãe da lua", imóvel nas oiticicas. Ouvi histórias de Trancoso, de cangaceiros, de gente rica, guerras de família, heroísmos ignorados, ferocidades imprevistas e completas. Também recordaram vida de missionários, de santos canonizados pelo Povo, superstições, adivinhanças de chuva e bom tempo, rezas fortes para ser feliz em tudo, para não cair de cavalo, para ficar-se invisível.

Tios e primos eram vaqueiros e maníacos pelos cantadores. Sempre que era possível tínhamos um deles, arranchado, cantando. Pagavam 40$ e com as louvações o cantador ia até 100$. Fortuna. Mais raros eram os desafios sérios, as lutas tremendas entre poetas famosos. Vezes cotizavam-se todos os moradores e provocava-se o encontro. A tabela ia até 200$ e mais ainda.

Também é tempo de informar que a poesia de improvisação tem suas fontes literárias. Leandro Gomes de Barros e Francisco das Chagas Batista, falando apenas da "dupla" mais ilustre, publicaram milhares de sextilhas, descrevendo batalhas entre cantadores tradicionais ou imaginários. Essa produção articulou-se na corrente geral e dela faz parte, indissoluvelmente. Confundiu-se. Os cantadores dizem versos de Leandro ou Chagas de mistura com versos antigos. A convergência explica igualmente os ciclos. O verso dedicado a um herói vai servindo para outro desde que diminua a impressão inicial. A influência do poeta letrado é, desta forma, vasta mas de fronteiras indemarcáveis. É de notar a deformação inconsciente, característica da inteligência sertaneja, adaptando o verso às exigências de sua mentalidade.

A Música também continuava dificilmente traduzida. O Maestro Waldemar de Almeida, com uma paciência de professor de Ginástica, aos aleijados, dedicou horas e horas, obstinadamente, para fixar o material que trago neste livro. É uma pequena documentação real e positivamente honesta mas sua fidelidade às nuanças da entonação e nasalação sertaneja está nos limites do possível. Creio que apenas a gravação fonográfica diminuirá a dificuldade sem contudo vencê-la. Em um cantador que ouvi no mercado público de Fortaleza havia uma linha melódica, pura, impressionante de simplicidade e de nitidez, lamento tão melancólico, duma melancolia torva e concentrada que lembrava a "saeta" andaluza. Quando convidei o "artista" a repetir não foi mais possível a reprodução, apesar dos esforços pessoais, aliados aos meus e dos circunjacentes, interessados desinteressadíssimos. O trabalho de Waldemar de Almeida é digno de registo e louvor. É o primeiro a fixar música de cantoria sertaneja em sua mais absoluta naturalidade. Sua inesgotável teimosia conseguiu o que seria impossível a muitos.

Reúno o que me foi possível salvar da memória e das leituras para o estudo sereno do Folclore brasileiro.

Nada mais digo nem me foi perguntado.

Natal – Dezembro de 1937.

*Luís da Câmara Cascudo*

# Os Motivos da Poesia Tradicional Sertaneja

A poesia tradicional sertaneja tem seus melhores e maiores motivos no ciclo do gado e no ciclo heroico dos cangaceiros. O primeiro compreende as "gestas" dos bois que se perderam anos e anos nas serras e capoeirões e lograram escapar aos golpes dos vaqueiros. A notícia de um animal arisco, veloz, fugindo aos melhores vaqueiros, corre de fazenda em fazenda e é comentada nas "apartações". A lenda vai aparecendo. Um dia o dono do animal resolve mandar "dar campo", custe o que custar, ao boi rebelde. Juntam-se vaqueiros, prepara-se comida para todos, saem para o mato. Desta ou doutra vez, o boi é derrubado, trazido, com máscara ou peado, para a humildade no curral. Incapaz de submeter-se à vida comum dos outros, abatem-no. Um cantador forja os versos. É o boi-Surubim, o boi-Barroso, o boi da Mão de Pau, o boi-Espácio, a vaca do Burel, a "besta" da serra de Joana Gomes. As onças preadoras de bodes, cabras e ovelhas, merecem também as honras de uma história detalhada. A onça do Cruxatu, do Sitiá são famosas. Outros animais têm sua crônica. O bode dos Grossos, um veado velocíssimo, um cavalo corredor excepcional ficam registados no armorial da memória sertaneja.

Esses versos são espelhos da mentalidade do sertão. O cantador é a defesa única mas completa e contínua do animal perseguido. Os lances de coragem, as arrancadas doidas, os saltos magníficos, a valentia de vaqueiros ou caçadores, a covardia de uns, a imperícia de outros, arrogância, mentira, timidez, todos os aspectos morais são examinados duramente e expostos com nomes próprios e minúcias identificadoras. Os animais perseguidores também estão vivendo na "gesta". Cavalos, cães, éguas são mencionados com orgulho, indicando-lhes a moradia, os donos, as proezas, as vitórias e os insucessos.

Surgem esses versos nos moldes mnemônicos dos A. B. C., nos versos, quadras, sextilhas e décimas, narrando a odisseia completa.

Curiosamente nenhum vaqueiro mereceu ainda, como nenhum caçador feliz, as honras consagradoras de um A. B. C. ou dum romance. São citados com louvor e suas façanhas descritas fielmente. Mas a honra da personagem principal compete à vítima. Esta, boi, onça, vaca ou touro, vem numa auréola de gabos, evocada a infância, as primeiras aventuras, os sucessos iniciais, os primeiros inimigos, as guerrilhas, a perseguição tenaz e a morte cruel. O cantador, mais das vezes anônimo, encarna o animal e por ele fala criticando os vencedores, apontando-lhes as falhas, as indecisões, as derrotas inconfessadas. Nenhum animal vitorioso possui no sertão sua "gesta". Os vencidos é que têm o supremo direito ao louvor.

\* \* \*

O ciclo heroico dos cangaceiros, posterior ao ciclo do gado, não tem menor abundância nem influência na "cantoria" sertaneja. Os grandes criminosos estão com suas biografias romanceadas. Eram todas cantadas como foram os antigos Vilela, João (ou José) do Vale, Cabeleira, Guabirabas, Bonfim, Adolfo Velho Rosa Meia-Noite, Moita Braba, Rio Preto, Cacundos, Patacas, Moquecas, Cunduru, Viriatos, Jesuíno Brilhante, Antônio Silvino, Virgolino Ferreira, o sinistro Lampião, as guerras das velhas famílias inimizadas e ferozes, os Mourões e Feitosas do Ceará de ontem ou os Carvalhos e Pereiras de Vila Bela de hoje. Todos esses nomes, Dantas do Teixeiras, Melos, passam em seu halo sangrento, na poesia bárbara e evocativa dos saques terríveis e dos corpo a corpo heroicos.

\* \* \*

Menor percentagem é o tema satírico, vezes aproveitado na vida dos animais. O sertanejo ama a história dos bichos, macacos, camaleões, tamanduás, raposas, preás, vinte outros, falando, governando, discutindo, casando, brigando como homens. Esses romances de bichos têm efeito seguro no humorismo sertanejo. Riem descompassadamente, como grandes crianças, ouvindo o casamento da catita com o calangro ou a discussão do urubu com o bode. O intuito moralista da fábula é evidente e filiar-se-á nas fábulas de Esopo e Fedro, ensinadas outrora nas escolas paroquiais dos missionários.

\* \* \*

A paisagem é parcamente fixada. No ciclo do gado ou do cangaceiro só aparece numa imagem ou para ambiar o episódio. Como uma legítima canção de "gesta", o romance tradicional sertanejo só tem ação, movimento, finalidades exclusivamente humanas. A Natureza é um acessório. Verdade é que os cantadores mais letrados, Hugolino do Teixeira, Leandro Gomes de Barros, João Ataíde, descrevem as "belezas" do céu, dos campos, da chuva, dos rios cheios. Os cantadores aproveitam esses versos quando não tendo contendores cantam sozinhos. Num embate cordial que assisti em Natal entre José Pequeno e Domingos Cardoso, terminaram ambos cantando alternativamente versos em louvor da Natureza, com demoradas descrições em manhãs, madrugadas, crepúsculos, noites, luares, estrelas, nuvens e sol.

Dir-se-á que a menção da paisagem denuncia a modernidade do cantador.

\* \* \*

O Amor devia ser um tema indispensável. Mas não é. Todo romance amoroso cantado no sertão é mais ou menos recente e trabalho individual. São histórias românticas como Alonso e Marina, o Capitão de Navio, Zezinho e Mariquinha, que terminam em casamento ou começando daí, findam bem. São todos em sextilhas de sete sílabas. Não conheço romance com personagens amorosos escrito em quadras. Só, no litoral, os de origem portuguesa, xácaras e rimances, a Bela Infanta, o Conde Olário, Santa Iria, a Bela Pastora, já estudados nos cancioneiros europeus.

O amor, motivo de canções e modinhas no litoral, é naturalmente um tema poderoso mas quando aparece é nas modinhas feitas por homens semiletrados, intencionalmente intelectuais. Nenhum cantador e violeiro canta modinha. E a modinha é o amor.

\* \* \*

A ausência do verso obsceno é no sertão um índice de pureza. A sátira é visível em todos os versos, de todos os ciclos mas a intenção pornográfica não existe. O poeminha sujo coincide com a civilização. Luz elétrica, cinema, rádio, automóvel, revistas ilustradas são os elementos que anunciam a produção sotádica. Dantes havia a fábula, o "pelo-sinal" em pé-quebrado, a décima irônica. Naturalmente haverá um versejador de pornografias humorísticas cujas produções correm na memória dos rapazes alegres. O poeta Cezion, de Açu, nada devia a Manuel Maria Barbosa du

Bocage. Era um poeta tremendo. Continua inédito. Esses poetas constituem exceção. Um ou dois em cada cidade. Noutros lugares, não há notícia. Depois que a civilização chega para melhorar as inteligências e humanizar os costumes, o caso é outro...

Mesmo assim o Gregório de Matos sertanejo é "viajado". Saiu, olhou outras terras, leu, aprendeu o que não lhe podia ensinar o ambiente moral em que se criara.

* * *

Os motivos da poesia tradicional sertaneja só podiam ser, evidentemente, os emanados do ciclo social, do ciclo do gado, da memória velha que guardara os romances primitivamente cantados nos primeiros cupiares erguidos na solidão do Brasil nordestino...

# MODELOS DO VERSO SERTANEJO

$O$s mais antigos versos sertanejos eram as "quadras". Diziam-nos "verso de quatro". Subentendia-se "pés" que para o sertanejo não é a acentuação métrica mas a linha. Essa acepção ainda é portuguesa. *"Um pé de verso e outro de cantiga"*, escrevia Frei Lucas de Santa Catarina (1660) no "Anatômico Jocoso" (p. 54 da edição resumida da Cia. Nacional Editora, Lisboa, 1889). Em quadras (ABCB) foram todos os velhos desafios. A métrica se manteve coerentemente dentro das sete sílabas. Setissilábicas eram as xácaras mais populares, os romances, as gestas guerreiras. É difícil verificar em qualquer cancioneiro.

Não há exemplo do "dueto", os versos emparelhados e soltos, como na poética medieval francesa.

> L'an mil deux cent septante et huit
> S'accordérent li Barons tuit.
> A Pierre de la Brousse pendre
> pendu fut sans reaçon prendre...[1]

A constante rítmica é o verso de sete sílabas. Com sete sílabas vem a "colcheia" ou verso-de-seis-pés, os versos-de-sete-pés, as quadras, que o sertanejo chama "verso".

### 1

Eu não vejo quem me afronte
Nestes *versos-de-seis-pés*...
Pegue o pinho, companheiro,
e cante lá se quisé,
qu'eu mordo e belisco a isca
sem cair no gereré...[2]

---

1  "Les Fabliaux de Barbazon", t. II, p. 228. Pierre de la Brousse, senhor de Langeais, barbeiro e favorito do Rei Felipe o Ousado, foi enforcado a 30 de junho de 1278.

2  A classificação métrica é de acordo com a usual. Ver, entretanto, a opinião documentada de Antonio Feliciano de Castilho *in* "Garcia de Rezende" (excertos, Garnier, Rio, 1865), p. 325.

2

Passarinho, te prepara
para levar uma pisa;
se ajoelhe em meus pés,

tirando fora a camisa,
na *poesia-de-sete*
ver se você improvisa

A poesia-de-sete é a seguinte:

Melquíades, neste sistema
é como pássaro que gorjeia;
começa na lua nova,
termina na lua cheia.
Afine a sua viola
para se meter em sola
e depois ir pra cadeia...

Vêm as "décimas". Na Espanha, usadas entre outros por Cervantes, a fórmula das décimas era ABABACCDDC. Em Portugal era ABBAECCDDE. No Brasil sertanejo é ABBAACCDDC. Nota-se ainda viva a influência das oitavas, divulgadas pelo infante dom Pedro de Aragão, com a fórmula em ABBAODDC.

Tudo que digo sustento,
não tem quem faça eu negar,
nem você pode privar
do contrário arrebento
esse seu pobre instrumento
não vale pena de arara
o meu sim, é, pedra d'ara,
é de aço até a prima,
"não há quem cuspa pra cima
que não lhe caia na cara"...

A sextilha setissilábica na fórmula ABCBDB, conhecida e vitoriosa no sertão, é tão antiga quanto a quadra que Carolina Michaelis de Vasconcelos dizia popularíssima em todo século XVI no qual predominara. No romance do Rei Artur, da Távola Redonda, que Jorge Ferreira de Vasconcelos publicou em 1567 ("Memorial das proezas da Segunda Távola Redonda") ao lado das quadras há sextilha igual às dos nossos cantadores:

*Como amigo que as más manhas*
*De Bretanha conheceste,*
*Mas d'algum tempo ainda Artur,*

*Bom Rei que desmereceste,*
*Bretanha virá a vingar-se*
*da traição que lhe fizeste.*

Decassílabos são os "martelos". Por que o sertanejo chama "martelo" a um verso de dez sílabas, com seis, sete, oito, nove ou dez linhas? Pedro Jaime Martelo (1665-1727), professor de Literatura na Universidade de Bolonha, diplomata e político, inventou os "versos martelianos" ou simplesmente "martelos". Eram de doze sílabas, com rimas emparelhadas. Esse tipo de "alexandrino" nunca foi conhecido na poesia tradicional do Brasil. Ficou a denominação cuja origem erudita é visível em sua ligação clássica com os poetas portugueses do século XVII.

"Martelo-de-seis-pés":

> Cavalheiro, você está maluco,
> pois não sabe que eu nunca me venci?
> Pra cantar no martelo eu não me venço.
> Pra apanhar de cantor, eu não nasci...
> Cantador para dar-me não nasceu,
> se nasceu, meu caboclo, inda não vi...

De "sete":

> O cantor que eu pegá-lo de revés
> com o talento que tenho no meu braço,
> só de surra eu dou-lhe mais de dez
> e deixá-lo feito num bagaço.
> Em público é que não mais nem meno(s)
> é porque o Diabo terá pena
> só de vê os trabalho qu'eu lhe faço.

Não vi ainda "martelo" de oito e de nove. Ouvi o primeiro cantado pelo cantador José Rogério, mas não registei a versalhada.

"Martelos-de-dez-pés". É o tipo maior, a grande arma do desafio. Cantador que resiste ao embate está consagrado. Pela sua imponência é a sedução de todos os cantadores. Não há peleja em que o martelo-de-dez--pés não apareça, melhor ou pior manejado.

> Sou Antônio Tomé, do Trairi,
> quando pego um cantor metido a duro,
> o corpo do pobre num monturo

e ele grita que só mesmo um bem-te-vi,
a macaca vai batendo de per-si
e o pobre berrando no salão,
e eu com ele no gume do facão,
e o sangue lhe correndo pelos pés,
cada dia de surra leva dez,
nunca mais ele tem malcriação!...

Dizem "martelo agalopado" ao martelo-de-seis-pés. A denominação é arbitrária porque cada cantador apelida seus versos como entende. Já os ouvi chamar "galopado" às sextilhas setissílabas e mesmo no martelo-de-sete.

Carretilha, também dita "parcela", é o verso de cinco sílabas, empregadíssimo no desafio, especialmente na parte dos insultos. Luís de Camões escreveu várias "endechas", com "voltas" de oito pés. Uma das mais conhecidas é:

*Aquela cativa*
*que me tem cativo,*
*por que nela vivo,*
*Já nem quer, que vivo etc.*

Cantam a "parcela" com oito ou dez linhas. Assim bazofiava Serra Azul lutando com o negro Azulão:

*Canto com dez linha,*
*e canto com oito...*

A fórmula é quase sempre ABBAACCDDC. Na "parcela" de oito o primeiro verso é de rima livre. Fórmula: ABBCCDDC. Exemplo de 10 e 8:

<table>
<tr><td>1</td><td>2</td></tr>
<tr><td>Eu sou judeu</td><td>Se tu tem conceito,</td></tr>
<tr><td>para o duelo</td><td>me dá uma prova...</td></tr>
<tr><td>cantar martelo</td><td>tu tem, uma ova!</td></tr>
<tr><td>queria eu...</td><td>preto sem entranha!</td></tr>
<tr><td>O pau bateu</td><td>Mas hoje tu apanha</td></tr>
<tr><td>levantou poeira</td><td>e leva rabo de arraia</td></tr>
<tr><td>no meio da feira,</td><td>é o que tu ganha...</td></tr>
<tr><td>não fica gente,</td><td></td></tr>
<tr><td>queima a semente</td><td></td></tr>
<tr><td>da bananeira...</td><td></td></tr>
</table>

A sextilha, o martelo e a parcela são as formas usuais no desafio. De dezenas e dezenas de encontros que tenho assistido ou lido apenas conheço o do cego Aderaldo com Jaca Mole em que recorreram às "décimas". Constitui exceção...

Noutras partes deste livro indico algumas variantes do desafio. São mais habilidades que formas comuns da peleja. A "ligeira", o "mourão", o "quadrão", a "nove por seis" nunca significaram senão divertimento, afoiteza, alegria dos cantadores. Os modelos regulares, clássicos e seguidos no verso sertanejo dos desafios sempre foram os acima citados.[3]

Mesmo o emprego das "décimas" é uso relativamente novo. Para o sul do Brasil ainda, no populário, são mais raras. *As décimas são raras no Rio Grande do Sul, e não tivemos ocasião de colher uma só*", informa Walter Spalding ("Poesia do Povo", p. 12, Porto Alegre, 1934).

Na poesia de improvisação ainda vivem outros modelos que nos vieram da Península Ibérica. Um deles, corrente e citadíssimo no cancioneiro gaúcho, é facilmente encontrado nas velhas coleções poéticas do sertão de outrora.

João José de Miranda, que mereceu risos quando apareceu para tomar parte num Júri, escreveu os versos:

|  1  |  2  |
| --- | --- |
| Quem causa murmuração? | Cumpra-se esta demanda |
| João. | que já está verificado: |
| Quem de feio faz má fé? | nunca mais será jurado |
| José. | João José de Miranda... |
| Quem na crítica anda? | |
| Miranda. | |

---

3 É fácil a verificação. Não citando os desafios assistidos pessoalmente e registados neste livro e apenas opúsculos impressos, veremos: os desafios de Josué Romano com Manuel Serrador, Manuel Riachão com o Diabo, Francisco Romano com Inácio da Catingueira, João Siqueira com Manuel Bandeira, Francisco Romano com Carneiro foram em sextilhas de sete sílabas; Jacob Passarinho com João Melquíades, Azulão com Romano Elias, Joaquim Francisco com José Claudino, foram em versos de sete; Aderaldo com José Pretinho, versos de seis e parcelas; Aderaldo com Jaca Mole, versos de seis, parcelas e décimas; João Siqueira Amorim e Aderaldo, Joaquim Jaqueira e Melquíades, Antônio da Cruz e Antônio Tomé, versos de seis e martelos; Serra Azul e Azulão, Pedra Azul e Ventania, João Piauí e José da Catingueira, versos de seis parcelas; Preto Limão e Bernardo Nogueira, versos de seis, parcelas e martelos; João de Ataíde com Raimundo Pelado do Sul, versos de sete e martelos; Serrador com Carneiro, versos de seis e martelos. Sabem os nordestinos que estes encontros foram os mais famosos na história da cantoria...

Cervantes ("D. Quijote de La Mancha", v. I, p. 279) escreve várias poesias com as voltas:

> Quien mejorará mi suerte?
> La Muerte!
> Y el bien de Amor? Quién le alcanza?
> Mudanza!
> Y sus males, quien los cura?
> Locura!
> De ese modo no es cordura
> querer curar la Pason,
> quando los remedos son –
> Muerte, Mudanza y Locura!...

Mas nunca foram empregados em desafios. São reminiscências literárias de gêneros correntes e agora esquecidos.

# Poesia Mnemônica e Tradicional

## a) Romances

A poesia tradicional sertaneja tem nos romances um dos mais altos elementos. Recebidos em Portugal em prosa ou verso todos foram vertidos para as sextilhas habituais e cantados nas feiras, nos pátios, nas latadas das fazendas, "esperando da Missa do Galo", na hora das fogueiras de São João, nas festas dos oragos paroquiais, nas bodas de outrora. Esses romances trouxeram as figuras clássicas do tradicionalismo medieval. Cavaleiros andantes, paladinos cristãos, virgens fiéis, esposas heroicas, ensinaram as perpétuas lições da palavra cumprida, a unção do testemunho, a valia da coragem, o desprezo pela morte, a santidade dos lares. O folclore, santificando sempre os humildes, premiando os justos, os bons, os insultados, castigando inexoravelmente o orgulho, a soberbia, a riqueza inútil, desvendando a calúnia, a mentira, empresta às suas personagens a finalidade ética de apólogos que passam para o fabulário como termos de comparação e de referência.

Não entra aqui discutir origem do "romance", do "rimance", a controvérsia erudita sobre sua tradução literal, ampla e histórica. O que é real é sua ancianidade veneranda. Todos os acontecimentos históricos estão ou foram registados em versos. Guerras de Saladino, proezas de Carlos Martel, aventuras de cavaleiros, fidelidade de esposas, incorruptibilidade moral de donzelas, são materiais para a memória coletiva. Só esse verso anônimo carreou para nosso conhecimento fatos que passariam despercebidos para sempre. A lenda de Roland, Roldão, Rodso, a gesta de Robin Hood, heróis da Geórgia e do Turquestão, da Pérsia e da China, só vivem porque foram haloados pela moldura de rimas saídas da homenagem popular. Dentro desse cenário entusiasta passa, hirta e grave, a figura de Carlos Magno, como voam as flâmulas verdes da Ala dos Namorados na manhã radiosa de Aljubarrota.

O sertão recebeu e adaptou ao seu espírito as velhas histórias que encantaram os rudes colonos nos serões das aldeias minhotas e alentejanas. Floresceram, noutra indumentária, as tradições seculares que tantas inteligências rudes haviam comovido. Os versos do cego Baltazar Dias, madeirense contemporâneo a el-rei dom Sebastião, o Desejado, prosa híspida e monótona descrevendo as aventuras de Roberto do Diabo, duque da Normandia, do Marquês Simão de Mântua, de João de Calais, da Imperatriz Porcina, da Donzela Teodora, da Princesa Magalona, episódios vindos de vinte fabulários, de árabes, francos, sarracenos, germanos, ibéricos, confusos e maravilhosos de ingenuidade, de grandeza anímica, de arrojo guerreiro ou de disposição intelectual, ficaram na alma do povo como uma base cultural inamovível e profunda. Sobre ela é que o sertanejo confronta, compara, coteja e sente. Estudá-lo sem reler os velhos romances é fixá-lo lateralmente. Ele só está completo e perfeito dentro de suas leituras, dos ritmos da cantoria, de suas tradições guerreiras ou religiosas. O romance é, para todos os sertanejos, a expressão mais legítima e natural do que chamaríamos "literatura". É o livro "sério", seguro, conceituoso e verídico. As figuras evocadas vivem eternamente em sua inteligência e ele recebe, com leve sorriso de incredulidade, a explicação de inutilidade daquela confiança em quem nunca existiu.

Naturalmente uma leitura nos "romances" tradicionais da França, Espanha e Portugal mostrará o fio temático inicial. A divisão dessas xácaras e "rimances" em ciclos ou quadros de finalidade moral dirá que o sertão conservou-se fielmente dentro da classificação intencional e erudita.

A donzela Teodora é a moça inteligente, assexual, vitoriosa pelos valores intelectuais. A Imperatriz Porcina é a inocência caluniada e posteriormente esclarecida e premiada. Roberto do Diabo é o arrependimento, a contrição, a penitência salvadora. A Princesa Magalona é a fidelidade da esposa, a imaculabilidade doméstica, a casta esposa bíblica. Pedro Cem é a riqueza humilhada pelo castigo merecido ao orgulho de seu possuidor.

Ao lado desses romances de proveniência europeia existem os de produção nacional, com os feitiços da psicologia brasileira, o fastígio idiomático, saboroso de regionalismos expressivos, de construções gramaticais curiosas, de sinonímia esdrúxula e nova ou simplesmente arcaica. São os romances do "valente Vilela", histórias amorosas e doces de "Zezinho e Mariquinha", de "Alonso e Marina", do "Príncipe e a Fada", do "Capitão de Navio", de "Rosa e Lino de Alencar", de "Branca Rosa"... São sextilhas onde as reminiscências dos velhos romances portugueses reaparecem e se acusam como recordações inesquecíveis e fundas de leituras antigas e diárias.

Eram e são todos cantados. Verso e música, como outrora, são funções inseparáveis e conexas. A música dolente, quase sempre em tom menor, propicia uma atenção melancólica, um ambiente meio litúrgico, de concentração, de respeito e de uma vaga, ondulante e indizível saudade.

# "A Donzela Teodora" no Brasil

Nas tradições populares, em prosa ou verso, encontramos em todos os países um ciclo dedicado à mulher inteligente, astuciosa e arguta, vencendo pela agilidade mental. É a Maria Sabida, a Maria Sutil, a Carpinteirazinha, a Filha do Lavrador, a Moça da Varanda, dos contos portugueses da Ilha de São Miguel, de Famalicão, do Minho e Algarve. Não é a moça guerreira, a Donzela que vai à guerra, registada em tantas xácaras. Trata-se de "donzela", estado denunciador de pureza física e de recato pessoal, enfrentando e transpondo todos os obstáculos graças às forças de um espírito superior.

Quando, nos mais velhos romances que Portugal mandou para o Brasil, dentro da memória dos colonos, soubemos da existência tenaz da "Donzela Teodora" no mundo sertanejo, procuramos identificar sua história, possivelmente disfarçada sob nome e aventuras diversas. Está, entretanto, quase fiel ao original secular. A série quase infinita de suas reedições testemunha a vitalidade de sua simpatia ambiente.

No gênero é um dos romances mais curiosos e vivos. Deformado pelas sucessivas edições, cheio de anacronismos e conhecimentos alheios à primitiva "donzela", nem por isto desaparece a necessidade de um registo de sua forma brasileira.

Corre a "Donzela Teodora" ao lado da "Imperatriz Porcina" e da "Princesa Magalona". São os três romances que todo o sertão conhece. A "Imperatriz Porcina" é a esposa inocente e caluniada que consegue, após sofrimentos e vicissitudes inauditas, evidenciar a claridade de sua conduta e reabilitar-se integralmente aos olhos do marido. A "Princesa Magalona" é a noiva fiel, a desposada virgem que aguarda, anos e anos obstinadamente, a volta do companheiro arrebatado. Na "Donzela Teodora" não há amor. Cercada a história de motivos orientais, é tema universal. É a ação da moça culta, viva, desassombrada, a mulher forte, dominadora sem constituir a "celibe" moderna nem a virago de outrora.

Romance popularíssimo em Espanha, julga Inocêncio que sua primeira tradução portuguesa é de 1735, Lisboa, in-4º, feita por Carlos Ferreira, que os velhos catálogos juntavam um "Lisbonnense" embora não registado no "Diccionario Bibliographico Portuguez", v. 2, p. 30-31, Lisboa, MDCCCLIX.

O título dessa edição "princeps" de 1735 é: *História da Donzela Theodora, em que se de tracta da sua formosura e sabedoria*. E a nota: – "traduzido do castelhano em portuguez". A Tipografia Universal de Laemmert, Rio de Janeiro, a partir de 1840, editou profusamente todos os romances tradicionais de Portugal. E as reimpressões em São Paulo e Rio não cessam.

O Sr. Gustavo Barroso ("Tição do Inferno", p. 44, Rio de Janeiro, 1926) cita uma sextilha denunciando versão que me escapou:

Eram doze os cavaleiros
da Donzela Teodora.
Cada cavalo uma sela,
Cada sela uma senhora,
Cada senhora dez dedos,
Cada dedo uma memora...

A citação de "memória" em vez de "anel" indica início, no mínimo, do século XIX para a divulgação dessa variante desaparecida para mim. Nos folhetos portugueses, mesmo modernos, não há a citação dos metaloides, a indumentária de fraque, colete e camisa usada pelo sábio vencido. Mas tudo o mais demonstra ser a versão brasileira apenas a poetização da tradução lusitana. Poetização em detalhes muito mais interessantes que o modelo. Inteligentemente o poeta sertanejo dispensou-se de incluir nas sextilhas a parte enfadonha da "linguagem das flores", talqualmente existe no opúsculo português.

João Ribeiro ("Frases Feitas", p. 53, Rio de Janeiro, 1908) estudando os provérbios árabes escreveu:

"A *História da Donzela Teodora* (este nome pode dar a ilusão de origem clássica; mas Teodora é aqui uma deturpação voluntária de *Teweddul*) com os seus personagens árabes é uma coleção de aforismos e sentenças morais.

(*Nota*) Parece ser a primeira versão a que está no manuscrito *El libro de los buenos proverbios*, publicado por H. Knust *Mittheil aus dem Eskurial*. Em português, na literatura era já muito conhecida, mas a primeira versão em linguagem é recente: a que possuo, de 1735, por Carlos Lisbonense, presumo ser a primeira que apareceu e já adulterada; o cenário que era *Babilônia* muda-se para *Tunes*. O conteúdo, porém, é em substância o mesmo".

A tradução de Carlos Ferreira Lisbonense está mais próxima ao original castelhano que as impressões atuais, cheias de informações do "Lunário Perpétuo" e do "Manual Enciclopédico". Mesmo assim, a versão castelhana traz a natural adaptação aos dogmas católicos e uma série de perguntas muitas das quais correntes nas "estórias" populares europeias.

A "Donzela Teodora" é bem a continuadora das mulheres sábias e lindas de que foi tipo, no Oriente, Scheherazade, a narradora das "Mil e Uma Noites", mulher de Schahriar, *sultão das Índias...*

A originalidade da versão sertaneja do Brasil é ser em versos quando todas as outras conhecidas se mantêm em prosa.[4]

---

4   A edição castelhana de onde saiu a de Carlos Ferreira Lisbonense ("*História da Donzela Teodora, em que trata da sua grande formosura e sabedoria*", Lisboa, 1758) é de Burgos, em 1537. O Index Expurgatório de 1624 incluiu-a entre os livros condenados. Sua popularidade em Espanha foi notória. Lope de Vega aproveitou o enredo para uma comédia. Tirso de Molina em "El Vergonzoso en Palacio" escreve: – *que Doncella Téodor!*
O Afonso Aragonês que dizem ter sido o autor foi identificado por Gayangos como sendo Pedro Afonso, o Rabi Moseh, judeu de Huesca, afilhado do Rei Afonso de Aragão, o Batalhador. Esse Pedro Afonso é familiar aos eruditos por ter traduzido do árabe para o latim vários contos orientais, publicados sob o título de "*Disciplina Clericalis*". O texto da Donzela Teodora está nessa obra do judeu Moseh. Gayangos possuía um exemplar da "Donzela Teodora" em que se indicava Abu Bequer Al-Warrac, escritor do segundo século da Hégira, como o verdadeiro autor. Harun Al-Raschid passou a ser Miramolin Almanzor, popular nas crônicas espanholas. As especulações religiosas muçulmanas transformaram-se em católicas. O mercador de Bagdá ficou cristão e natural da Hungria e o local do episódio é Túnis, tomada em 1535 pelo Imperador Carlos V e de ampla notoriedade nas estórias da época. A origem árabe da "Donzela Teodora" é indiscutível e seu título é *Quissat chariat tudur gua ma cana min haditsiha maâmunachen, gua-l-âalem, gua-u-nadham fi hadhrati Harun Er Raxid* – "História da Donzela Teodora e do que aconteceu com um astrólogo, um ulema e um poeta na corte de Harun Al-Rachid". Tudur é que se traduziu para Teodora e não se trata de deturpação de Teweddul, como julgava João Ribeiro.

# História da Donzela Teodora

*(Tirada do livro grande da donzela)*

### 1

Houve no reino de Tunes
Um grande negociante,
Era natural de Hungria
Negociava ambulante,
A quem se podia chamar
Um'alma pura e constante.

### 2

Andando um dia na praça,
Numa porta pôde ver
Uma donzela cristã
Ali para se vender,
O mercador viu aquilo
Não pôde mais se conter.

### 3

Tinha feições de fidalga.
Era uma espanhola bela,
Ele perguntou ao mouro
Quanto queria por ela;
Entraram então em negócio
Negociaram a donzela.

### 4

O húngaro conheceu nela
As formas de fidalguia,
Mandou educá-la bem
Na melhor casa que havia,
Em pouco tempo ela soube
O que ninguém mais sabia.

### 5

Mandou ensinar primeiro
Música e filosofia,
Ela sem mestre estudou
Metafísica e astrologia,
Descrever com distinção
História e anatomia.

### 6

Ela que já era um ente
Nascido por excelência
Como que tivesse vindo
Das entranhas da ciência
Tinha por pai o saber
Por mãe a inteligência.

### 7

Tinha ela em pouco tempo
Tão grande adiantamento,
Que só Salomão teria
Um tamanho conhecimento.
Cantava música e tocava
Qualquer que fosse o instrumento.

### 8

Estudou e conhecia
As sete artes liberais
Conhecia a natureza
De todos os vegetais
Descrevia muito bem
A casta dos animais.

### 9

Descrevia os doze signos
De que é composto o ano
Da cabeça até os pés,
Conhecia o corpo humano
E dava definição
De tudo do oceano.

### 10

Admirou todo o mundo
O saber desta donzela,
Tudo que era ciência
Podia se encontrar nela,
O professor que a ensinou
Depois aprendeu com ela.

### 11

Mas como tudo no mundo
É mutável e inconstante
Esse rico mercador
Negociava ambulante.
E toda sua fortuna
Perdeu no mar num instante.

### 12

Atrás do bem vem o mal,
Atrás da honra a torpeza,
Quando ele saiu de casa
Levava grande riqueza,
Voltou trazendo somente
Uma extremosa pobreza.

### 13

Em torno de si via só
O vil manto da mazela,
Em casa só lhe restava
A mulher e a donzela
Então chamou Teodora
E pediu o parecer dela.

### 14

Disse a ela: minha filha
Bem vês minha natureza
E sabes que o oceano
Sepultou minha riqueza,
Espero que teus conselhos
Me tirem dessa pobreza.

### 15

Ela quando ouviu aquilo
Sentiu no peito uma dor
E lhe disse tenha fé,
Em Deus nosso salvador,
Estudou logo o remédio
Que salvaria o senhor.

### 16

Dizendo: meu senhor saia,
Procure um amigo seu,
É bom ir logo na casa,
Do mouro que me vendeu,
Chegue, converse com ele
Conte o que lhe sucedeu.

### 17

O que ele oferecer-lhe
De muito bom grado aceite
E veja se ele lhe vende
Vestidos com que me endireite
Compre a ele todas as joias
Que a uma donzela enfeite.

### 18

Se o mouro vender-lhe tudo
Com que possa eu me compor
Vossa mercê vai daqui
Vende-se ao rei Almançor,
É esse o único meio
Que salvará o senhor.

## 19

El'Rei lhe perguntará
Por quanto vai me vender,
Por dez mil dobras de ouro
Meu senhor há de dizer
Quando ele admirar-se
Veja o que vai responder.

## 20

Dizendo: alto senhor!
Não fiques admirado
Eu a vendo com precisão
Não peço preço alterado
O dobro desta quantia
Tenho com ela gastado.

## 21

É esse o único meio
Para sua salvação;
Se o mouro vender-lhe tudo,
Descanse seu coração,
Daqui para o fim da vida
Não terá mais precisão.

## 22

O mercador seguiu tudo
Quanto a donzela ditava
Chegou ao mouro contou-lhe
O desespero em que estava,
Então o mouro vendeu-lhe
Tudo quanto precisava.

## 23

Roupa, objetos e joias
Para enfeitar a donzela,
As roupas vinham que só
Sendo cortadas por ela,
Ela quando botou tudo
Pareceu ficar mais bela.

## 24

O mercador aprontou-se
E seguiu com brevidade
Falou ao guarda da corte
Com muita amabilidade
Para deixá-lo falar
Com a real Majestade.

## 25

Então subiu um vassalo
Deu parte ao rei Almançor,
O rei chegou à escada
Perguntou ao mercador,
Amigo, qual o negócio
Que tem comigo o Senhor?

## 26

Então disse o mercador
Com muito grande humildade:
Senhor, venho a nossa alteza
Com grande necessidade:
Ver se vendo esta donzela
A sua real Majestade.

## 27

O Rei olhou a donzela
E disse dentro de si,
Foi a mulher mais formosa
Que neste mundo já vi.
Trinta ou quarenta minutos
O Rei mirou ela ali.

## 28

Perguntou ao mercador:
Por quanto vende a donzela?
Por dez mil dobras de ouro
É o que peço por ela
E não estou pedindo caro
Visto a habilidade dela.

### 29

Disse El'Rei ao mercador:
Senhor estou surpreendido.
Dez mil dobras de bom ouro
É preço desconhecido.
Ou tu não queres vendê-la
Ou estás fora do sentido.

### 30

Disse o mercador: El'Rei
Não é cara esta donzela,
O dobro desta quantia
Gastei para ensinar a ela,
Excede a todos os sábios
A sabedoria dela.

### 31

O Rei mandou chamar logo
Um grande sábio que havia
O instrutor da cidade
Em física e astronomia,
Em matemática e retórica,
História e filosofia.

### 32

Esse veio e perguntou-lhe:
Donzela estais preparada
Para responder-me tudo
Não titubear em nada?
Se não estiver, seja franca,
Se não, sai envergonhada.

### 33

Então ela respondeu:
Mestre pode perguntar
Eu lhe responderei tudo
Sem cousa alguma faltar
Farei debaixo da lei
Tudo que o senhor mandar.

### 34

O sábio ali preparou-se
Para entrar em discussão.
Ela com muita vergonha
Mas não teve alteração
Pediu licença a El'Rei
E ficou de prontidão.

### 35

Diz-me donzela o que Deus
Sobre o céu primeiro fez?
Respondeu: o sol e a lua
E esta por sua vez
É por uma obrigação
Cheia e nova todo mês.

### 36

Além do sol e a lua
Doze signos foram feitos
Formando a constelação,
Sendo ao sol todos sujeitos
Desiguais nas naturezas
Com diversos preconceitos.

### 37

Como se chamam esses signos?
Perguntou o emissário.
A donzela respondeu-lhe
É Capricórnio, e Aquário
Tauro, Câncer, Libra, Virgo,
Pices, Scorpio e Sagitário.

### 38

Existem outros três signos
*Aires*[5], Léo e Geminis,
No signo Léo quem nascer
Será um homem feliz,
Inclinado a viajar
Por fora de seu país.

---

5  *Áries.*

### 39

Disse-lhe o sábio: donzela
É necessário dizer
Que condições tem o homem
Que em cada signo nascer?
Por influência do signo
De que forma pode ser?

### 40

Disse ela o signo Aquário
Reina no mês de janeiro,
O homem que nascer nele
Tem crescimento vasqueiro,
Será amante às mulheres
Venturoso e lisonjeiro.

### 41

Pices reina em fevereiro,
Quem nesse signo nascer
É muito gentil do corpo,
Muito guloso em comer,
Bisonho gosta de viagem
Não faz o que prometer.

### 42

Em março governa Aires
Nesse signo nascerão
Homens nem pobres nem ricos
Por nada se zangarão,
Neles se nota um defeito
Falando sós andarão.

### 43

Em abril governa Tauro
Um signo bem conhecido,
O homem que nascer nele
Será muito presumido
Altivo de coração
Será rico e atrevido.

### 44

Geminis governa em maio
Sua qualidade é quente,
O homem que nascer nele
Será fraco e diligente
Para os palácios e cortes
Se inclina constantemente.

### 45

Em junho governa Câncer,
Sua qualidade é fria,
O homem que nascer nele
É forte e tem energia;
É gentil tem muita força
E sempre tem alegria.

### 46

Em julho governa Léo
Por um leão furado
O homem que nascer nele
Será calvo e muito honrado
Altivo de coração
Inteligente e letrado.

### 47

Em agosto reina Virgo
Tem de terra a natureza
O homem que nascer nele
Aos princípios tem riqueza
Depois se descuidará
Por isso cai em pobreza.

### 48

Em setembro reina Libra
A Vênus assinalado
O homem que nascer nele
Será um pouco enclinado
A viajar pelo mar,
É lutador e honrado.

### 49

O que nascer em outubro
Será homem falador.
Enclinado aos maus costumes
Teimoso e namorador,
Pouco lícito nos negócios
Falso, grave e enganador.

### 50

Então do mês de novembro
Sagitário é o reinante.
O homem que nascer nele
Será cínico e inconstante,
Desobediente aos pais
Intratável assim por diante.

### 51

Em dezembro é Capricórnio
Tem natureza de terra
O homem que nascer nele
Será inclinado à guerra
Gosta de falar sozinho
E por qualquer cousa emperra.

### 52

O sábio ali levantou-se
Disse ao Rei: esta donzela
Não há sábio aqui no mundo
Que tenha a ciência dela,
Eu confesso a vossa Alteza
Que estou vencido por ela.

### 53

O Rei ali ordenou
Que fosse o sábio segundo
Foi um matemático e clínico
Um gênio grande fecundo
Reconhecido por um
Dos sábios maiores do mundo.

### 54

Chegou o segundo sábio
Que inda estava orelhudo
E disse: donzela eu tenho
Dezoito anos de estudo,
Não sou o que tu venceste
Conheço um pouco de tudo.

### 55

A donzela respondeu
Com a licença de El'Rei,
Tudo quanto perguntares
Aqui te responderei
Com brevidade e acerto
Tudo eu te explicarei.

### 56

Perguntou o sábio a ela:
Em nossos corpos domina
Qualquer um dos doze signos
Que a donzela discrimina.
Terá alguma influência
Os signos com a medicina?

### 57

Então a donzela disse:
Discreto mestre, direi
Sabes que os signos são doze
Como eu já expliquei
Compactua com a química
Quer saber? eu lhe direi.

### 58

Aires domina a cabeça
Uma parte melindrosa,
Para quem nascer em março
A sangria é perigosa,
A pessoa que sangrar-se
Deve ficar receosa.

### 59

Libra domina as espáduas,
Câncer domina nos peitos,
Para os que são desses signos
Purgantes têm maus efeitos,
E as sangrias também.
Não serão de bons proveitos.

### 60

Tauro domina o pescoço
Léo domina o coração,
Capricórnio influi nos olhos
Scórpio a organização
Geminis domina os braços
Influi na musculação.

### 61

Virgo domina no ventre
E Aquário nas canelas
Para os que são desses signos
Purga e sangria, são belas
Entre Sagitário e Pices
Ambos têm igual tabela.

### 62

O sábio dentro de si
Disse muito admirado,
Aonde esta discutir,
Ninguém pode ser letrado
Esta só vindo a propósito
De planeta adiantado.

### 63

O sábio disse: donzela!
Eu quero que se puderes
(Isto é) eu creio que podes
Não dirás se não quiseres
O peso, a idade, a conduta
Que têm todas as mulheres.

### 64

Disse a donzela: a mulher
É sempre a arca do bem
Porém só quem a criou
Sabe o peso que ela tem,
É uma cousa ignota
Dela não sabe ninguém.

### 65

Que me dizes das donzelas
de vinte anos de idade?
Respondeu: sendo formosa
Parece uma divindade
Principalmente ao homem
Que lhe tiver amizade.

### 66

As de 30 e de 40
Que dizes tu que elas são?
Disse a donzela: uma dessas
É de consideração.
As de 50 o que dizes?
Só prestam para oração.

### 67

Que dizes das de 70?
Deviam estar em um castelo
Rezando por quem morreu
Lamentando o tempo belo.
Que dizes tu das de 80?
Só prestam para o cutelo.

### 68

Então classificas as velhas
Tudo de mal e pior?
E nos defeitos de tantas,
Não encontra-se um menor
Disse ela: Deus te livre
De ser vizinho da melhor.

### 69

Donzela, o sábio lhe disse:
Sei que és espirituosa
Entre todas as pessoas
És a mais estudiosa,
Diz-me que sinais precisam
Para a mulher ser formosa!

### 70

Então a donzela disse:
Para a mulher ser formosa
Terá 18 sinais[6],
Não tendo é defeituosa
A obra por um defeito
Deixa de ser melindrosa.

### 71

Há de ter três partes negras
De cores bem reluzentes:
Sobrancelhas, olhos e cabelos
De cores negras e ardentes,
Ter branco o lagrimar dos olhos
Branca a cara e brancos os dentes.

### 72

Será comprida em três partes
A que tiver formosura,
Compridos dedos das mãos,
O pescoço e a cintura,
Rosados beiços e gengivas
Lábios, cor de roxa pura.

### 73

Terá três partes pequenas
O nariz, a boca e o pé

Largas cadeiras e ombros,
Ninguém dirá que não é,
Cujos sinais teve-os todos
Uma virgem em Nazaré.

### 74

O sábio quando ouviu isso
Ficou tão surpreendido,
Disse a El'Rei Almançor
Confesso que estou vencido
Qualquer que argumentar com ela
Se considere perdido.

### 75

El'Rei mandou que outro sábio
Entrasse em discussão.
Então escolheram um
Dos de maior instrução
A quem chamavam na Grécia
Professor da criação.

### 76

Abraão de Trabador
Veio argumentar com ela,
E disse logo ao entrar,
Previne-te bem donzela,
Dizendo dentro de si
Eu hoje hei de zombar dela.

### 77

Então a donzela disse:
Senhor mestre estarei disposta,
De todas suas perguntas
O senhor terá resposta
Se tem confiança em si
Vamos fazer uma aposta.

---

6 Esses sinais de beleza são de origem árabe. É comum sua citação nos contos muçulmanos. *Vide* "Virgens em Marrocos", Rui da Câmara, Livraria Internacional, Ernesto Chardron, Porto, 1879, p. 200.

## 78

Minha aposta é a seguinte:
De nós o que for vencido
Ficará aqui na corte
Publicamente despido,
Ficando completamente
Como quando foi nascido.

## 79

O sábio disse que sim;
Mandaram o termo lavrar
E a donzela pediu
Ao Rei para assinar
Para a parte que perdesse
Depois não se recusar.

## 80

Lavraram o termo e foi
Às mãos de El'Rei Almançor
Para fazer válido o trato
E ficar por fiador;
Obrigando a quem perdesse
Dar a roupa ao vencedor.

## 81

O sábio ali perguntou-lhe
Qual a cousa mais aguda,
Disse a donzela é a língua
De uma mulher linguaruda,
Que corta todos os nomes
E o corte nunca muda.

## 82

Donzela qual é a cousa
Mais doce do que o mel?
Um amor de um pai ao filho
Ou de uma esposa fiel,

A ingratidão de um desses
Amarga mais do que fel.

## 83

O sábio disse donzela
Conheces os animais,
Quero que agora descrevas
Alguns irracionais,
Me diga qual é o bicho
Que possui oito sinais.

## 84

Mestre, isso é gafanhoto
Vive em baixos e oiteiro
Tem pescoço como touro
Esporas de cavaleiros,
Tem olhos como marel
Um pássaro do estrangeiro.

## 85

Focinho como de vaca,
Tem pés como de cegonha,
Tem cauda como de víbora,
Uma serpente medonha
Que é infeliz o vivente
Que a boca dela se ponha.

## 86

Tem peitos como cavalo
E não ofende ninguém.
Tem asas como de águia
O que voa mais além,
São esses os oito sinais,
Que o gafanhoto tem.

## 87

Perguntou o sábio a ela
Que homem foi que morreu;

Porém nunca foi menino,
Existiu mas não nasceu
A mãe dele ficou virgem
Até quando o neto morreu?[7]

### 88

Esse homem foi Adão
Que da terra se gerou,
Foi feito já homem grande
Não nasceu, Deus o formou,
A terra foi a mãe dele
E nela se sepultou.

### 89

Foi feita, mas não nascida
Essa nobre criatura,
A terra que era mãe dele
Serviu-lhe de sepultura,
Para Abel o neto dela
Fez-se a primeira abertura.

### 90

Donzela, qual é a cousa
Que pode ser mais ligeira?
Respondeu-lhe: o pensamento,
Que voa de tal maneira,
Que vai ao cabo do mundo
Num segundo que se queira.

### 91

O sábio fitou-a e disse:
Donzela diga-me agora
Qual é o prazer de um dia?
Qual é o gosto duma hora?
É um negócio que se ganha.
É um passeio que se dá fora.

### 92

Tornou a lhe perguntar
Qual é o gosto dum mês?
Disse: o homem viajando
E se um bom negócio fez,
É um dos grandes prazeres
Que terá por sua vez.

### 93

Donzela, o que é a vida?
Diz ela: um caos de torpeza
Que pode se assemelhar
A vela que está acesa.
Às vezes está tão formosa
E se apaga de surpresa.

### 94

Donzela por quantas formas
Mente a pessoa afinal?
Respondeu: mente por três
Tendo como essencial,
Exaltar a quem quer bem
Pôr tacha em quem quer mal.

### 95

Donzela o que é velhice?
Respondeu com brevidade:
É vestidura de dores
É a mãe da mocidade,
O que mais aborrecemos?
Respondeu: é a idade.

### 96

Donzela qual é a causa
Que quem tem muito inda quer?

---

7   No original em prosa a pergunta é apenas: Quem foi o que morreu e nunca nasceu? A resposta é: O nosso Pai Adão. O comentário sertanejo é superior em graça e originalidade.

Disse a donzela: é dinheiro
Quer o homem ou a mulher
Não se farta de ganhá-lo
Tenha a soma que tiver.

### 97

Qual é a cousa que o homem
Possui e não pode a ver?
Disse ela: o coração,
Que abrindo tem que morrer
Ver a raiz de seus olhos
Não há quem possa obter.

### 98

Donzela qual foi o homem
Que por dous ventres passou?
Disse a donzela: foi Jonas
Que uma baleia o tragou
Conservou dentro três dias
Depois disso o vomitou.

### 99

O sábio lhe perguntou:
Qual o homem mais de bem?
Disse a donzela: é aquele
Que menos defeito tem.
Quem terá menos defeito?
Isso não sabe alguém.

### 100

Donzela qual é a cousa
Que não se pode saber?
O pensamento do homem
Se ele não quiser dizer,
Por mais que o homem procure
Não poderá obter.

### 101

Donzela o que é a noite
Cheia de tantos terrores?
Disse a donzela: é descanso
Dos homens trabalhadores
É capa dos assassinos
Que encobre os malfeitores.

### 102

Onde a primeira cidade
No mundo foi construída?
A cidade de Nínive
A primeira conhecida
Que depois de certos tempos
Foi pela Grécia batida.

### 103

Perguntou qual o guerreiro
Que teve a antiguidade?
Respondeu: foi Alexandre
Assombro da humanidade
Guerreou 22 anos
E morreu na flor da idade.

### 104

Donzela falaste bem,
Do maior conquistador.
Diga dos homens qual foi
Maior sentenciador?
Pilatos que deu sentença
A Cristo Nosso Senhor.

### 105

De todos os patriarcas
Qual seria o mais valente?
O patriarca Jacó
Que lutou heroicamente
Com os anjos mensageiros
Do monarca Onipotente.

### 106

Qual foi a primeira nau
Que foi para estaleiro?
Foi a barca de Noé.
A que no mar foi primeiro
Onde escapou um casal
De tudo do mundo inteiro.

### 107

O que é que corta mais
Do que navalha afiada?
É a língua da pessoa.
Depois de estar bem irada,
Corta com mais rapidez
Que qualquer lâmina amolada.

### 108

Qual o maior prazer
Com que se ocupa a história?
Respondeu quando o guerreiro
No campo ganha a vitória,
Sabei que não pode haver
Tanto prazer tanta glória.

### 109

O sábio disse: donzela
Tens falado muito bem
Me diga que condições
O homem no mundo tem?
Disse a donzela tem todas
Para o mal e para o bem.

### 110

É manso como a ovelha,
É feroz como o leão,
Seboso como suíno,
Limpo que só pavão,
É falso como a serpente
E tão leal como o cão.

### 111

É fraco como o coelho,
É arrogante como o galo,
Airoso como o furão,
Forçoso como o cavalo,
E mais te digo que o homem
Não se pode decifrá-lo.

### 112

É calado como peixe,
Fala como o papagaio,
É lerdo como a preguiça,
É veloz igual ao raio,
O sábio quando ouviu isso
Quase que dá-lhe um desmaio.

### 113

O sábio inventou um meio
Para ver se a pegaria,
Perguntou-lhe o sol de noite
Terá a luz quente ou fria?
A donzela respondeu-lhe
Que de noite sol não havia.[8]

### 114

Com a presença do sol
É que se conhece o dia
Se o sol saísse de noite
A noite não existia
E sem o sereno dela
Todo o vivente morria.

---

8   Esta parte é inteiramente criação sertaneja.

### 115

Sem água, sem ar, sem luz,
A terra não tinha nada,
Não tinha os seres que tem
Surta desabitada
A própria vegetação
Não podia ser criada.

### 116

Os reinos da natureza,
Cada um possui um gênio
É necessário o azoto
Precisa o oxigênio
Para infusão disso tudo
O carbônico e hidrogênio.

### 117

O dia Deus o fez claro,
A noite fez bem escura
Se de noite houvesse sol,
Estava o homem na altura
De notar esse defeito
E censurar a natura.

### 118

O sábio baixou a vista
E ouviu tudo calado
Nada mais teve a dizer
Porque já estava esgotado
Já tinha a plena certeza
Que ficava injuriado.

### 119

Disse ao público: senhores
A donzela me venceu,
Não sei com qual professor
Essa mulher aprendeu,
Aí a donzela disse
Então o mestre perdeu.

### 120

Ele vendo que já estavam
Esgotados seus recursos
Ficou trêmulo e muito pálido
Fugindo-lhe até os pulsos
Prostrou-se aos pés de El-Rei
Se sufocando em soluços.

### 121

E disse: Senhor confesso!
A sua real majestade
Que vejo nessa donzela
A maior capacidade,
Ela vos merece prêmio
Pois tem grande habilidade.

### 122

A donzela levantou-se
Disse soberano rei,
Beijando a mão do monarca
Disse: vos suplicarei
Que mandes o sábio entregar-me
Tudo que dele ganhei.

### 123

O rei ali ordenou
Que o sábio se despojasse,
Todo vestido que tinha
À donzela os entregasse,
O jeito que tinha ali
Era ele envergonhar-se.

### 124

O sábio pôs-se a despir-se
Como quem estava doente
Fraque, colete, camisa,
Ficando ali indecente
E pediu para ficar
Com a ceroula somente:

## 125

Ali sufocado em prantos
Prostrou-se aos pés da donzela
Resta-me só a ceroula
Não posso me despir dela
A donzela perguntou-lhe:
O senhor nasceu com ela?

## 126

O trato foi o seguinte:
De nós quem fosse vencido
Perante a todos da corte
Havia de ficar despido
Como quando veio ao mundo
Na hora que foi nascido.

## 127

El-Rei foi o fiador
Nosso ajuste foi exato,
O senhor tem que despir-se
E me dar fato, por fato
Ficando com a ceroula
Não tinha efeito o contrato.

## 128

E não quis dar a ceroula
O rei mandou que ele desse
Ou pagaria a donzela
O tanto que ela quisesse
Tanto que a indenizasse
Embora que não pudesse.

## 129

Donzela quanto quereis?
Perguntou-lhe o sábio enfim
A donzela ali fitou-o
E lhe respondeu assim:
A metade da quantia
Que meu senhor quer por mim.

## 130

El'Rei ali conhecendo
O direito da donzela
Vendo que toda razão
Só podia caber nela
Disse ao sábio mande ver
O dinheiro e pague a ela.

## 131

Cinco mil dobras de ouro
A donzela recebeu
O sábio também ali
Nem mais satisfação deu,
Aquilo foi um exemplo
Que a donzela lhe venceu.

## 132

O rei ali disse a ela
Donzela podes pedir
Dou-te palavra de honra
Fazer-te o que exigir
De tudo que pertencer-me
Poderás tu te servir.

## 133

Ela beijando-lhe as mãos
Disse-lhe peço que dê-me
A quantia de dinheiro
Que meu senhor quer vender-me,
Deixando eu voltar com ele
Para assim satisfazer-me.

## 134

O rei julgou que a donzela
Pedisse para ficar,
Tanto que se arrependeu
De tudo lhe franquear
Mais a palavra de rei
Não pode se revogar.

### 135

Mandou dar-lhe o dinheiro
Discutiu também com ela
Ficou ciente de tudo
Quanto podia haver nela
E disse: vinte mil dobras
Não pagava essa donzela.

### 136

Voltou ela e o Senhor
À sua antiga morada
Por uma guarda de honra
Voltou ela acompanhada
O senhor dela levando
Uma fortuna avultada.

### 137

Caro leitor escrevi
Tudo que no livro achei
Só fiz rimar a história
Nada aqui acrescentei
Na história grande dela
Muitas cousas consultei.

# UMA VERSÃO BRASILEIRA DA "PRINCESA MAGALONA"

A "HISTÓRIA VERDADEIRA DA PRINCESA MAGALONA, FILHA DEL--REI DE NÁPOLES E DO NOBRE VALOROSO CAVALEIRO PIERRES, PEDRO DE PROVENÇA E DOS MUITOS TRABALHOS E ADVERSIDADES QUE PASSARAM" teve sua 1ª edição portuguesa em Lisboa, na casa de Antônio Álvares, no ano de 1725. Era um in-4º, em prosa. Sua popularidade foi imediata e várias edições se sucederam. A história viera de França, trazendo a lenda de Magelon, a noiva fiel, através de Espanha que sempre fora a melhor divulgadora dos temas franceses. A "princeps" de França é de 1492. Em Portugal apareceu, possivelmente há dois séculos, uma versão poética, em quadrinhas de sete sílabas, mas o original em prosa continuou a ser reimpresso. No Brasil inúmeras reedições, em São Paulo, Rio etc. são quase sempre em prosa. Assim possuo dois exemplares recentes, um da Livraria Editora Paulicéa (São Paulo, 1935) e outro da Livraria H. Antunes (Rio de Janeiro, 1936), ambos em prosa.

Em versos adquiri dois folhetos sertanejos. Um em Mossoró, intitulado "História completa da sorte do casamento por sina do Príncipe Pierre e da Princesa Beatriz", editado por J. Martins de Vasconcelos, em julho de 1935 (reimpressão), sextilhas, tendo como autor o poeta Romano Dantas de Farias. Em Fortaleza, comprei um opúsculo do Sr. João Martins de Ataíde, "A fugida da Princesa Beatriz com o Conde Pierre", editado em Recife. Ambos são simples versões da história de Magalona disfarçada em Beatriz.

Transcrevo a obra do Sr. João Martins de Ataíde por ser incontesta-velmente mais limpa e mais típica. O Dr. Frederico Gavazzo Perry Vidal, diretor da Biblioteca de Ajuda, gentilmente enviou-me um exemplar da versão da "Princesa Magalona", tal que é vendida em Portugal. Registo as duas histórias para melhor confronto da velha história de seis séculos.[9]

# "A Fugida da Princesa Beatriz com o Conde Pierre"

*(Versos de João Martins de Ataíde)*

### 1

Beatriz era princesa
De origem Napolitana
Corpo esbelto, colo erguido
De estatura mediana
Tinha a singularidade
De uma virgem soberana.

### 2

Seu pai era rei de Nápoles
Protegeu sempre a pobreza
Amava o catolicismo
Pelo dom da natureza
E sempre costumou fazer
As vontades da princesa.

### 3

Beatriz era tão linda
Dotada de simpatia

Tanto era em formosura
Como na aristocracia.
Era a jovem mais galante
Que ali se conhecia.

### 4

Beatriz tinha os olhares
Com atração de uma pilha
O rei fazia banquetes
A pedido da família
Com as juntas e torneios
Por amor de sua filha.

### 5

Torneios é para quem tinha
Muito valor e coragem
Beatriz estando presente
Vinham render-lhe homenagem
Servindo aquilo de honra
Para aquela personagem.

---

9   O original é francês, ou melhor, provençal. Vítor Leclerc informa que Bernardo de Tréves escrevera em provençal no século XIV. Petrarca, com 14 anos, retocara o trabalho. Loiseleur de Longchamps cita um manuscrito do século XV com o texto de *"Pierre de Provence et de la belle Maguelonne"*. A edição mais antiga em castelhano é de Sevilha, em 1519: *"La Historia de la linda Magalona, fija del rey de Napoles, y del mui esforçado cavallero Pierres de Provença"*. Teófilo Braga é de opinião que Jacó Cromberger, o impressor judeu, divulgara a versão. Desde 1521 Cromberger residia em Portugal.

### 6

Havia o conde Pierre
De descendência Francesa
Para as juntas e torneios
Tinha bastante destreza
Ficou muito apaixonado
Pelos sinais da princesa.

### 7

Disse Pierre aos vassalos
Pode haver o que houver
Vou à pátria desta jovem
Só se meu pai não quiser
Embora depois me acabe
De um acidente qualquer.

### 8

Pierre tinha na mente
Todos sinais da donzela
Ainda não houve exemplo
De outra que fosse tão bela
Não teve naquele século
Uma moça igual àquela.

### 9

Disse Pierre a si mesmo
Não sei se serei feliz
Abandonar minha pátria
Por amor de Beatriz
Vou consultar a meu pai
E ver ele o que me diz.

### 10

No outro dia de manhã
Foi ao velho consultou
O que tinha em pensamento
O velho não aprovou
Disse-lhe energicamente
Esta licença não dou.

### 11

Vendo o conde e a condessa
Do filho a resolução
Sendo de menor idade
Sem ter uso de razão
Querendo deixá-los sofrendo
Na maior perturbação.

### 12

Disse o conde Pierre
Tu és o meu único herdeiro.
Como queres se retirar
Para um país estrangeiro
Atrás de cousas incertas
Não tens amor a dinheiro.

### 13

Disse a condessa a seu filho
Que me pretendes fazer?
Este teu fero destino
Se acaso assim suceder
Ponho termo à existência
Não continuo a viver.

### 14

Disse o moço à sua mãe
Muito humilde e paciente
Minha mãe não se aflija
Faça por ficar contente
Porque serão poucos dias
Que hei de passar ausente.

### 15

No coração de Pierre
Não existia maldade
Ele rogava a seus pais
Com tanta amabilidade
Que obteve a licença
Embora contra vontade.

## 16

Disse Pierre a seu pai
Preciso lhe explicar
A licença estou com ela
Falta agora é me arrumar
Quero sair prevenido
De tudo que precisar.

## 17

Os velhos não se opuseram
Dar o que o filho pedia
Cavalo, dinheiro, escravo,
Que falta não lhes fazia
Deram-lhe mais três anéis
Joias de alta valia.

## 18

Pierre seguiu viagem
Depois de recomendado
Por seu pai e sua mãe
Foi ele abençoado
E pela fé que tinha em Deus
Pierre foi consolado.

## 19

Ficaram os velhos chorando
Na maior perturbação
Pela ausência do filho
Não tinham consolação
Foi o mesmo que ter ficado
Um corpo sem coração.

## 20

Pierre chegou em Nápoles
Procurou uma estalagem
Que coubesse a comitiva
Com toda sua bagagem
Aí foi que descansaram
O enfado da viagem.

## 21

Pierre daí uns dias
Depois de ter descansado
Chamou o estalajadeiro:
Dele foi bem informado
Qual era o melhor costume
Que tinha aquele reinado.

## 22

Prontamente respondeu
O bom estalajadeiro
O rei daqui aprecia
Toda classe de estrangeiros
E com especialidade
Se for um bom cavaleiro.

## 23

Pierre ficou alegre
Conhecendo seu valor
Para juntas e torneios
Não tinha competidor
E havia de ser distinto
Presente o Imperador.

## 24

D. Henrique de Cardona
Que muito se distinguia
Por conhecer da matéria
De toda cavalaria
Do rei era afeiçoado
Pela sua valentia.

## 25

Marcaram o dia da junta
Pierre foi avisado
De manhã foi para a missa
Deixou dito ao seu criado
Quando eu voltar da missa
Quero o cavalo selado.

### 26

Pierre voltou da missa
Estava o cavalo selado
Alimentaram-se bem
Ele com o seu criado
Seguiram um após outro
Para o lugar destinado.

### 27

Quando Pierre chegou
Ao lugar referido
Viu um sublime Teatro
Ricamente guarnecido
Onde se achava a princesa
Por quem foi ele atraído.

### 28

Quando avistaram Pierre
Ficou tudo admirado
De ver tanta fidalguia
Do moço com seu criado
É comum dos estrangeiros
Por todos ser reparado.

### 29

Beatriz vendo Pierre
Ficou muito embelezada
Dando sinal que estava
Só em contemplar Pierre
Não deu atenção a nada.

### 30

Ao começar dos torneios
D. Henrique foi na frente
Um duque da Noruega
Muito esforçado e valente
Foi ao encontro dele
Onde feriu gravemente.

### 31

Arrebentaram as lanças
Sendo um cavalo ferido
As damas se levantaram
O rei ficou comovido
Porém afinal de contas
O príncipe saiu vencido.

### 32

O duque da Noruega
Mostrou sua valentia
Pierre não se conteve
Partiu com tanta ousadia
De um açoite que deu nele
Lançou-o na terra fria.

### 33

Havia um Duque na junta
Que ficou maravilhado
Vendo aquela ação heroica
Do moço recém-chegado
Passou o resto do dia
Um pouco desanimado.

### 34

Quando terminada a junta
Pierre como estrangeiro
Voltou ao aposento
Com um duque e um cavaleiro
Iam ver a residência
Daquele herói forasteiro.

### 35

Tanto o rei como a rainha
Não cessavam de louvar,
As proezas de Pierre
Eram de impressionar
De formas que em outro príncipe
Ninguém ouvia tratar.

### 36

A formosa Beatriz
Se ardia em chamas de amor
O coração de Pierre,
Mostrava tanto valor
Que o recato da jovem
Se desmanchava em pudor.

### 37

Beatriz voltou à casa
Cheia de ansiedade
Dizendo às suas amigas
Vou contra a minha vontade
Só em pensar em Pierre
É uma fatalidade.

### 38

Pierre em seu aposento
Cheio de melancolia
Sofrendo da mesma dor
Do mesmo jeito dizia,
Eu longe de Beatriz
Não posso estar, nem um dia.

### 39

Na corte havia um banquete
Pierre foi convidado,
Por um postal de El'Rei
Quase de modo cifrado
Dando a saber a Pierre
Que lhe era afeiçoado.

### 40

Depois foram convidando
De um a um cavalheiro,
Postal só teve Pierre
Considerado primeiro
O resto foi verbalmente
Pra quem não fosse estrangeiro.

### 41

Depois de feito a junção
Dos cavalheiros que havia
Ao convite do rei
Tudo ali comparecia
Pierre como estrangeiro
Gozava de simpatia.

### 42

Chegando a hora da mesa
Posta com solenidade
Pierre que possuía
Muito boa qualidade.
O rei sentou-o vis-à-vis
Com a sua majestade.

### 43

Quando Pierre sentou-se
Ficou tão regozijado
Em olhar para a princesa
Fazia o talher parado
Na mesa de um monarca
Nada disto é reparado.

### 44

Beatriz durante o jantar
Do mundo se esqueceu
A ele manifestava
Todo pensamento seu
– Eu sou toda de Pierre
E Pierre é todo meu.

### 45

Quando terminou a janta
O rei pôs em liberdade
Sendo respeitosamente
Com muita capacidade
Que as damas conversassem
Com quem tivessem vontade.

### 46

As damas que tinham sede
De mostrar sua afeição
Procuravam aqueles jovens
De quem já tinha intenção
Beatriz tirou Pierre
Da sua predileção.

### 47

Beatriz chamou Pierre
Para um lugar reservado
Um gabinete sublime
Muito rico e bem ornado
Mandou Pierre sentar-se
E depois sentou-se de lado.

### 48

Disse a princesa a Pierre
Eu o amo de coração
Não disse de vida voz
Pra não dar demonstração
Mas quero que o senhor me diga
Qual é a sua nação.

### 49

Sou Francês, respondeu ele
Pensando a vida futura
Deixei a casa paterna
Serviu-se até de censura
Quem me fez vir nesse reino
Foi a sua formosura.

### 50

São finezas impagáveis
Que muito lhe agradeço
Ter elogios por vós
Creio que jamais mereço
Perdoa-me a confiança
Que a vós também me ofereço.

### 51

Disse a princesa a Pierre
O senhor não avalia
As horas que passo ausente
Que momentos de agonia...
Veja se damos um jeito
Para ver-nos todo dia.

### 52

Beatriz depois lembrou-se
Que havia impedimento
Meu pai lhe aprecia muito
Mas não tem tal pensamento
Que o senhor tenha lembrança
De pedir-me em casamento.

### 53

Disse Pierre a si mesmo
Estou muito mal situado
Se o rei foi ciente disto
Fica muito indignado
E se eu roubar a princesa
É triste o meu resultado.

### 54

Depois perguntou a ela:
Tens coragem de fugir?
Pois não, respondeu a jovem
Estou pronta para seguir
Quero ajudar a sentir.

### 55

Pierre então conheceu
Uma grande confiança
Que a jovem lhe dispensava,
Entregou-lhe uma aliança
Dizendo: tem o meu nome
Que fica como lembrança.

## 56

Beatriz guardou a joia
Disse a Pierre outra vez
Me escreva amanhã dizendo
Toda arrumação que fez
Faça jeito de sairmos
No dia vinte do mês.

## 57

Estava na última hora
A rainha perguntou
Se Beatriz se lembrava
Do tempo que ali passou
Terminando estas palavras
Pierre se retirou.

## 58

Quando chegou no salão
A todos fez continência
Beijando a mão de El'Rei
Com muita benevolência
E pouco depois retirou-se
Para a sua residência.

## 59

Chegando porém em casa
Tratou da arrumação
No outro dia bem cedo
Mandou a ela um cartão
Dizendo que lhe esperasse
Às dez horas no portão.

## 60

Beatriz leu o cartão
Que vinha dizendo assim:
Bote o que for necessário
Sobre a chácara do jardim
E as onze e meia da noite
Esteja esperando por mim.

## 61

Assim mesmo fez a jovem
Arrumou tudo que havia
Joias de ouro e brilhantes
De mais subida valia
E foi esperar por Pierre
No lugar que prometia.

## 62

Pierre que tinha pronta
Toda sua arrumação
Tirou o melhor cavalo
Que andasse bem no silhão
E seguia em busca do anjo
Da sua imaginação.

## 63

Chegou Pierre ao lugar
Resfriado do relento
Porém achou sua jovem
Em grande contentamento
Montaram e foram seguindo
Em paz e salvamento.

## 64

Seguiram a toda brisa
Sem um momento parar
Os cavalos eram possantes
Nem um temia a cansar
Se abrigaram em um penedo
Perto da beira do mar.

## 65

Daquela data por diante
Começaram a sofrer,
Estavam perto da catástrofe
Que havia de acontecer.
Só não fizeram morrer.

## 66

Isto era um antro esquisito
De ladrão e salteador
Nada Pierre temia
Devido a tanto valor
Mesmo não há homem fraco
Sofrendo febre de amor.

## 67

Aí então descansam
Com muita satisfação
Relatando os seus amores
Naquela ocasião
Sem saber que perto está
Toda sua perdição.

## 68

Beatriz que tinha sono
Tratou de se recostar
Sobre o silhão que estava
Repousado em um lugar.
Conciliando um letargo
De um sono sem despertar.

## 69

Beatriz durante o sono
A calma lhe incomodava
Pierre tirou um lenço
Que na mão dela estava
Para enxugar o suor
Que nas faces deslizava.

## 70

O lenço ficou molhado
Botou-o para enxugar
Sobre uma pedra que tinha
Perto daquele lugar
Pierre com muito sono
Procura descansar.

## 71

Pierre também estava
Muito cortido de sono
Deixou o lenço e as joias
Em um completo abandono
Em cima de uma pedra
Como quem não tinha dono.

## 72

O lenço era encarnado
Quase da cor de rubim
Veio um animal carnívoro
Com fome em tempo ruim
Pensando que era carne
Pegou no lenço e deu fim.

## 73

Correu com ele no dente
Pierre então pressentiu.
Da capa fez travesseiro
Botou na jovem e seguiu
Para ver se tomava o lenço
Do animal que fugiu.

## 74

O animal conhecendo
Que Pierre o perseguia
Quebrava mato no peito
Com mais talento corria
Chegaram na beira-mar
E Pierre não conhecia.

## 75

Tinham corrido três léguas
Pierre estava cansado
O animal que trazia
Na presa o lenço agarrado
Meteu o peito na onda
Procurando o outro lado.

## 76

Adiante viu uma pedra
Aonde pode descansar
Sempre lutando com o lenço
Ver se podia rasgar
E vendo que não era nada
Deixou o lenço ficar.

## 77

Pierre estava olhando
Onde o animal parou.
Saiu pela beira da praia
Um bote velho encontrou
Que seguiu remando nele
Para onde o lenço ficou.

## 78

Levantou-se o mar sanhudo
Naquela areia fragosa
Caiu centelha de fogo
Sobre a onda procelosa
Deixando o mundo cinzento
Nesta casa tenebrosa.

## 79

Ergueu-se um vento nordeste
Soprando de norte a sul
Agitando a atmosfera
Esta perdeu seu azul
Arremessando Pierre
Para o lado do Frul.

## 80

Disse Pierre chorando
Grandes crimes são os meus
Invocava ao Santo-Cristo
Todos os pedidos seus
E entregava a sua jovem
Aos prodígios de Deus.

## 81

Pierre se lastimava
Meu Deus que hei de fazer,
A minha esposa futura
A quem jamais hei de ver!
O coração só me pede
Lançar-me n'água e morrer.

## 82

Pierre não se lembrava
Nem do nome da rainha
Imaginava a princesa
Que cruel sorte mesquinha
O que será de minha jovem
Naquele monte sozinha.

## 83

Depois o mar agitou-se
Pierre viu que morria
Desenganou-se da vida
E da jovem não se esquecia
Fitou os olhos no céu
E por esta forma dizia:

## 84

Senhor Deus Onipotente!...
Salvador da humanidade
Pelo cálice de amargura.
Tendes de mim piedade
Socorrei ao vosso servo
Em tão grande crueldade.

## 85

Gloriosíssima virgem
Mãe do nosso Redentor
Valei-me por caridade
Rogai a nosso Senhor
Perdoa as iniquidades
Deste infeliz pecador.

## 86

Ah! formosa Beatriz
Quanto eu sou desgraçado
Deixei-te nessa montanha
Sem tal nunca ter pensado
Manchando de negras nódoas
Teu céu tão bem azulado.

## 87

Era um ato tão doloroso
Ver Pierre lamentar
Pedindo aos silfos travasos
Que habitam as águas do mar
Me matem por piedade!
Me queiram também matar.

## 88

Depois cessou mais o vento
No amanhecer do dia
Pierre estava gelado
Da frieza que sofria
Olhou para um lado e foi vendo
Um barco de Alexandria.

## 89

Pierre vendo o navio
Fez sinal para o capitão
Este que era um monstro
Um ente sem coração
Levou-o e vendeu-o como escravo
Ao rei daquela nação.

## 90

Vamos tratar da princesa
Na hora que despertou.
Chamava por seu querido
Três vezes ninguém falou
Interrogava a si mesma
Pierre que fim levou?

## 91

Disse ela: Porventura
Quererás me experimentar?
Falsidade em Beatriz
Nunca tu hás de encontrar
Me vejo neste deserto
Somente por te amar.

## 92

Creio que não tenho culpa
De me ver tão castigada
Vem logo, esposo querido
Não me deixas abandonada
Neste monte solitário
Por todos desamparada.

## 93

Ai! querido esposo, amado
Não creio em tua fugida
Creio que as feras brutas
Te devoraram a vida
Deixando-me nesta montanha
Por todo mundo esquecida.

## 94

Minha santa Virgem Mãe
Meu anjo são Serafim
Para que foram servidos
De eu dormir tanto assim.
Me acabo neste deserto
Oh! desgraçada de mim.

## 95

Oh! Virgem da Soledade
Valei-me nesta aflição
Pela hóstia consagrada
Tendes de mim compaixão
Guiai a triste donzela
Nessa horrenda solidão.

## 96

Foi se aproximando a noite
Beatriz disse consigo
Pierre não aparece
Vou procurar um abrigo
Subiu em uma árvore
Para se livrar do perigo.

## 97

No outro dia bem cedo
Desceu a triste donzela
Que tinha passado a noite
Numa prisão como aquela
E saiu vagando no bosque
Como um navio sem vela.

## 98

Andou até as 3 horas
Num sofrimento tirano
Fugindo sempre do lado
Que ficava o oceano,
Depois saiu numa estrada
Que andava o povo romano.

## 99

Beatriz que ainda aí
Muito linda e bem ornada
Temendo algum traiçoeiro
Na beira daquela estrada
Trocou seu rico vestido
Por um de uma criada.

## 100

Daí foi para Provença
Fazendo feliz jornada
Gastando um tempo imenso
Porque se achava cansada
Foi se arranchar numa casa
De uma viúva honrada.

## 101

Ela aí passou melhor
Pôde então descansar
Vendo se a viúva dava
Assunto pra conversar
Depois perguntou quem era
Chefe daquele lugar.

## 102

Disse a viúva é um Conde
Rico de um bom coração
Protege muito a pobreza
De todos tem compaixão
Até mesmo um proletário
Ele presta bem atenção.

## 103

Disse a viúva outra vez
Ele vive atribulado
Devido ao filho Pierre
Há tempos ter embarcado
Fazem dois anos que espera
Até hoje não é chegado.

## 104

Beatriz tinha jurado
De a Pierre ser leal
Pediu licença ao conde
Para fazer um hospital
Para internar-se nele
Até na hora final.

## 105

Disse o conde à peregrina
Pois não, eu dou a licença
Quero que a senhora diga
Qual o lugar que pensa
Respondeu a peregrina
Junto ao porto de Provença.

## 106

Foi o prédio edificado
Tinha um disco na parede
Com este nome gravado
Hospital Napolitano
Pela dona intitulado.

## 107

Entrou a triste donzela
Nessa casa piedosa
Tratando dos seus doentes
Muito humilde e caridosa.
Que em Provença tinha nome
De enfermeira virtuosa.

## 108

O conde sabendo disto
Foi lhe fazer um pedido
Que rezasse por seu filho
Que tinha como perdido
Há dois anos que esperava
E não tinha aparecido.

## 109

Sim, senhor, respondeu ela
Se fazendo indiferente
Eu rezo pelo seu filho
Que tem vivido ausente
E tenho fé viva em Deus
De ele chegar brevemente.

## 110

O conde voltou à casa
Comunicando a condessa
Hoje fui no hospital
Tive uma boa promessa
Pelo que a enfermeira diz
Talvez Pierre apareça.

## 111

Pierre que estava vivendo
Numa vida de amargura,
Feito escravo do sultão
Naquela prisão tão dura
Porém ele tinha fé
De ver a sua futura.

## 112

Pierre era um moço
Esbelto e bem-educado
Com muito mimo e agrado
Rivalizando os vassalos
De todo aquele reinado.

## 113

O sultão amava a Pierre
E tinha tanta simpatia
Sendo a segunda pessoa
Para tudo quanto queria
Pierre naquela corte
O que quisesse fazia.

## 114

Pierre nunca esqueceu-se
Da formosa Beatriz
Pediu licença ao sultão
Para ir ao seu país,
Este prontamente deu
Dizendo: seja feliz.

## 115

Disse o sultão a Pierre
Acho bom ir arrumado
Leve quinhentos milhões
Dinheiro forte e cunhado
Que o homem bem prevenido
Nunca se vê afrontado.

### 116

Pierre então arrumou-se
De tudo que pretendia.
Despediu-se do sultão
Para sair neste dia
E seguir num barco que tinha
No porto de Alexandria.

### 117

Pierre chegou a bordo
Adoeceu de repente,
Depois de vinte e um dias
Se achava tão diferente
O seu semblante cadavérico
Não parecia ser gente.

### 118

Chegando o barco em Provença
Estando o moço muito mal
Não sabiam se ele era
Estrangeiro ou nacional,
Tiraram ele do barco,
E botaram no hospital.

### 119

Pierre no hospital
Foi muito bem acolhido
Não conheceu Beatriz
E por ela foi conhecido
Porque só era a imagem
Que ela tinha em sentido.

### 120

Beatriz quando se viu
Com o seu futuro de um lado
Embora que ele estivesse
Doente e desgovernado
O regozijo foi tanto
Que se esqueceu do passado.

### 121

Beatriz tratava o moço
De um modo indiferente
Com muito zelo e cuidado
Mas ele sempre inocente
Que residia tão perto
O anjo de sua mente.

### 122

No dia em que Pierre
Ficou restabelecido
Ela fez ciente ao conde
Lembrou também o pedido
E deu parte que o filho dele
Já lhe tinha aparecido.

### 123

Veio o conde e a condessa
E alguém que foi convidado
Mas encontraram Pierre
Um pouco desconsolado
Ficaram ali conversando
Em relações do passado.

### 124

Beatriz que sempre foi
Um encanto de beleza,
Foi pra seu quarto e vestiu-se
Com o seu traje de princesa
E foi falar com Pierre
Fazendo-lhe uma surpresa.

### 125

O conde viu a princesa
Chegar assim disfarçada
Foi perguntando a Pierre
Como quem não via nada
Me diz que senhora é esta
Tão ricamente adornada?

### 126

Pierre lhe respondeu
Também muito admirado
É esta minha futura
Por quem andei desterrado
Filha de El'Rei de Nápoles
E sucessora do reinado.

### 127

Daquela data em diante
Foi sepultada a tristeza,
Pierre casou-se logo
Com a sua amada princesa
Ficou morando em Provença
No apogeu da riqueza.

# A "Nova História da Princesa Magalona", Versão de Portugal

### 1

Soberano de Provença,
Era João de Salis,
Casado com uma filha,
Do grande duque de Albis.

### 2

Do seu consórcio somente,
Um filho tinha ficado.
Era Pierre o seu nome
E da província adorado.

### 3

Uma tarde estava ele,
Com a nobreza a falar.
Nas altas questões guerreiras
Todo o povo ia tratar.

### 4

Há em Nápoles, senhor,
Começou um cortesão
Um rei que tem uma filha,
Formosa por eleição.

### 5

Muitas justas e torneios,
Por honra dela são feitos
E os mais nobres fidalgos,
Lhe rendem humildes preitos.

### 6

Com o peito ardente em chama
Nada mais quis Pierre ouvir.
Licença para viajar
Logo a seu pai foi pedir.

### 7

E alguns dias depois,
para Nápoles partia,
Levando luzida escolta
Para lhe fazer companhia.

### 8

Mal entrou na capital,
Numa estalagem parou.
E dos costumes da terra,
Com minúcia se informou.

### 9

Então soube que era el-rei,
Muito nobre e cavalheiro.
Quem bem o receberia
Por ser mancebo estrangeiro.

### 10

Falou-lhe de Magalona,
Modelo de formosura,
Coração altivo, nobre,
Porém cheio de candura.

### 11

Também lhe disse que as justas
Se iam realizar,
Onde Henrique de Cardona,
Seu brio queria mostrar.

### 12

Ficou Pierre mui contente
Por aquela informação,
E no peito lhe bateu,
Violentamente o coração.

### 13

Houve luzido torneio,
No domingo imediato,
Não podia deixar Pierre,
De assistir a tão grande ato.

### 14

Depois de ter ido à missa
Belo cavalo montou,
Faiscava a sua lança
Quando na arena entrou.

### 15

D. Henrique de Cardona,
Nessa hora combatia,
Um cavaleiro flamengo,
Seu bravo cavalo feria.

### 16

Pierre altivo e orgulhoso,
Pela arena atravessou,
O cavaleiro flamengo,
Dum só golpe derrubou.

### 17

A princesa Magalona,
Com o lenço lhe acenava,
E o rei e toda a corte,
Para Pierre se voltava.

### 18

E Pierre nessa tarde,
Todas as justas ganhou.
As lanças dos cavaleiros,
Uma a uma ele quebrou.

### 19

Outros torneios se deram,
Em que só ele luziu.
E por Pierre, Magalona,
Intensa paixão sentiu.

### 20

El-rei convidou a Pierre,
Para consigo jantar,
E em frente de Magalona,
Cortês o mandou sentar.

### 21

Nem ele nem a princesa,
Os belos manjares tocaram,
A trocar olhares ardentes,
Durante o jantar ficaram.

### 22

No fim ficou Magalona,
Com Pierre a conversar,
O amor que os ligava,
Não podiam já negar.

### 23

E o nobre cavaleiro
Apenas se retirou,
Quando a rainha ao pé deles,
Mui gentilmente chegou.

### 24

Regressou Pierre à casa,
Cheio de contentamento
Magalona lhe ocupava,
Por inteiro o pensamento.

### 25

Magalona a velha ama,
Mandou um dia chamar,
Para do seu bem-amado,
Uns informes ir tirar.

### 26

Tu sabes, ela lhe disse,
Que tenho por Pierre amor
Junto dele tu irás,
Pra lhe pedir um favor.

### 27

A origem dele quero,
Que tu me vás indagar.
Pois se for de nobre estirpe,
Comigo há de casar.

### 28

Partiu a pobre velhinha,
E a Pierre procurou.
Na igreja a ouvir missa,
A sós com ele se achou.

### 29

Da parte de Magalona,
Espero que me digais,
Donde sois, e qual o nome
De vossos amados pais.

### 30

Ide dizer sem demora,
À vossa ama e princesa,
Que sou da Provença e filho,
Da mais distinta nobreza.

### 31

E tu recebe este anel,
Por simples recordação,
E mais dirás à princesa,
Que é seu o meu coração.

### 32

Horas depois a princesa,
Sua ama recebia,
E estas felizes novas,
Da própria boca lhe ouvia.

### 33

Depois o formoso anel,
Magalona lhe pediu,
E sobre os finos brilhantes,
Longo beijo lhe imprimiu.

### 34

Em troca desta lembrança,
Quando quiseres te darei.
Mas quero ficar com ela.
No meu peito a guardarei.

### 35

Guarde-a linda princesa,
Se isso gosto vos dá.
No vosso dedo, senhora,
Lindamente ficará.

### 36

E a Magalona, à ama,
O anel logo cedeu.
Ela contente e risonha,
Logo no dedo o meteu.

### 37

Por Magalona e por Pierre
Tanto a ama se interessou,
Que novamente na igreja,
A velhinha o procurou.

### 38

Senhor o vosso recado,
A minha senhora eu dei,
De toda a vossa missão,
Logo me desempenhei.

### 39

Por vosso valor e brio,
Ela está apaixonada.
E se for do vosso agrado,
Será por vós desposada.

### 40

– Dizei-lhe, boa mulher,
Que seu escravo serei.
E que por ela com gosto.
Meu sangue derramarei.

### 41

Sois amanhã esperado,
Às três horas no jardim.
Pois deseja ela provar
Que seu amor não tem fim.

### 42

À porta me encontrareis
E de mim podeis dispor.
Depois vos conduzirei,
À mulher do vosso amor.

### 43

De vós, já tem Magalona
Mui linda recordação:
Ela tem o vosso anel
Junto do seu coração.

### 44

Levai-lhe também estoutro
Que tem dobrado valor.
Dizei-lhe que é a prova,
Das chamas do meu amor.

### 45

E amanhã às três horas,
Pelo jardim passarei.
Pois pela linda princesa,
O que é que eu não farei?

### 46

Partiu a ama ligeira,
A transbordar de alegria
E quando no paço entrou,
Seu olhar sem luz sorria.

### 47

A conversa que tivera,
À Magalona contou
E a nova e rica prenda,
Nas mãos lhe depositou.

### 48

Bem me pareceu, disse-lhe ela
Pondo a mão no coração.
Que Pierre é cavaleiro
De mui alta distinção.

### 49

Em frente ao jardim do Paço,
Contente, Pierre apareceu,
O enorme carrilhão
As três badaladas deu.

### 50

Veio à porta do jardim,
A ama muito contente.
E ao quarto da princesa
O levou incontinenti.

### 51

Esta, ao ver o seu amado,
Muito corada ficou.
E somente por seu pejo
É que não o abraçou.

### 52

Donde vindes e quem sois,
Espero que me digais.
Pois eu estou ansiosa
Por conhecer vossos pais.

### 53

É o conde de Provença
Dos meus dias o autor.
El-rei de França é meu tio
Vim aqui por vosso amor.

### 54

Pois se tanto desejardes,
A minha mão vos darei.
Pois nenhum homem do mundo
Como a vós eu amarei.

### 55

Fico sendo vosso servo,
Sem a menor condição.
E a vossos pés deponho,
Meu humilde coração.

### 56

E o mais formoso anel,
Do seu dedo lhe tirou
Para provar o seu amor
A princesa o ofertou.

### 57

Esta porém tirou,
De seu colo virginal,
Um colar de fino ouro,
Como não havia igual.

### 58

Nobre Pierre é para vós
Esta pequena lembrança.
É a prova de que tenho,
Em vosso amor confiança.

### 59

Depois, despediu-se Pierre,
Cheio de íntima alegria.
O seu doce e meigo olhar,
Com viva luz lhe sorria.

### 60

Partiu logo para a igreja,
Fez fervorosa oração
Deixando a linda princesa
Doida e cega de paixão.

### 61

Foi D. Jorge de Colona,
Um soberbo cavalheiro.
Em Roma havia nascido
De seu pai ficara herdeiro.

### 62

Pela bela Magalona
Se sentiu apaixonado,
Apesar do seu amor,
Nunca lhe ter conquistado.

### 63

Ao pai dela foi pedir,
Licença pra combater
Por amor de Magalona,
Queria nas justas vencer.

### 64

Sendo-lhe dada a licença,
Em nome de Magalona
A sua lança cruzou
A muitos dos cavaleiros.

### 65

Trabalhou por os vencer.
Nos torneios ele entrou.
Sua lança de aço fino
Teimava em não se render.

### 66

Mas quando chegou a vez,
De com Pierre ele lutar,
Logo o rosto lhe mudou,
O que o fez fraquejar.

### 67

Logo à primeira sortida
O seu cavalo caiu,
E Pierre com a sua lança,
No ombro esquerdo o feriu.

### 68

Era a maior das vitórias,
Que Pierre podia ter.
Pois D. Jorge se gabava,
De ninguém o combater.

### 69

Magalona, febrilmente
Com o lenço lhe acenava
Enquanto que o seu rival
Da liça se retirava.

### 70

De novo el-rei convidou
O vencedor para jantar.
Grandes festas se fizeram
Para o vangloriar.

### 71

E a Pierre, toda a gente
Desejava conhecer
Mas a ninguém ele dava,
Sem segredo a conhecer.

### 72

Por cavaleiro das chaves
Era ele conhecido
E todos se admiravam
Desse nunca ser vencido.

### 73

Mui nobre e linda princesa
De vós me vou despedir
Meus pais por mim já esperam
É-me preciso partir.

### 74

Magalona apaixonada,
Desatou logo a chorar.
Pois o seu formoso amado,
Não podia abandonar.

### 75

Senhor, ela lhe disse
Junto de vós partirei,
Sem a vossa companhia
Com certeza morrerei.

### 76

Contanto que respeiteis,
Minha honra de donzela.
Pois só casando convosco,
Vós, sereis o senhor dela.

### 77

E Pierre lhe jurou
Eterna fidelidade
Pois honrado, não podia,
Macular-lhe a virgindade.

### 78

Três dias eram passados
E os dois iam fugir.
Confiando no amor,
No seu ridente porvir.

### 79

Alta noite dois cavalos
Pela estrada galopavam
Sobre as suas fofas selas,
Os dois amantes levavam.

### 80

Muito longe se apearam
Tomando uma refeição.
E trocando mil palavras
Saídas do coração.

## 81

Por fim a linda princesa
De cansada adormeceu
E no peito de Pierre
Sua cabeça escondeu.

## 82

Mas do paço já partiam,
Mil cavaleiros luzidos,
Montados nos seus cavalos
Em busca dos fugitivos.

## 83

Quando a princesa fugiu,
Os anéis tinha levado.
Com joias e muito ouro,
Tudo num lenço embrulhado.

## 84

Mas enquanto ela dormia,
Uma ave lho roubou.
Pierre muito inquieto,
Por esse fato ficou.

## 85

Sem acordar a princesa,
Atrás da ave correu.
Muitas pedras lhe atirou
Mas com nenhuma lhe deu.

## 86

Quando sobre o mar passava
O lenço deixou cair.
Pierre saltou a um bote,
Pra melhor a perseguir.

## 87

Mas as ondas espumantes,
Para longe o arrastaram.
E numa ilha deserta,
O pobre Pierre lançaram.

## 88

Chorando de comoção
Seus cabelos arrancava
Nisto um navio de mouros
Por sua frente passava.

## 89

O patrão saltou em terra,
Para o navio o levou
Somente em Alexandria,
Com ele desembarcou.

## 90

Ao grande sultão do Cairo,
Apressado o ofereceu,
E por um punhado de ouro
Como escravo lho vendeu.

## 91

Ficando Pierre cativo,
Noite e dia ele chorava
E no meio de fugir
Continuamente pensava.

## 92

A amizade do Sultão,
Tinha Pierre conquistado.
Até mesmo pela corte
Era muito respeitado.

## 93

Nos atos oficiais
Seu amo representava.
Pode dizer-se, no Cairo
Era ele quem mandava.

## 94

Mas nem por isso podia
A sua dor suportar.
E na pobre Magalona,
Passava o tempo a pensar.

## 95

Mal acordou a princesa
Pelo seu Pierre chamou,
Mas sentado à sua beira
Já ela não o encontrou.

## 96

Estavam mui perto dela,
Os cavalos a pastar,
Foram as feras, pensou
Que o vieram matar.

## 97

E correndo pelo bosque,
Com toda a força gritou
Mas apenas sua voz
Pelos montes ecoou.

## 98

Sobre os ramos duma árvore
Sem poder adormecer
A triste passou a noite,
Até o amanhã romper.

## 99

Depois, orando por Pierre
Da grande mata saiu.
E na entrada de Roma,
De repente ela se viu.

## 100

Com uma pobre mendiga,
Seu vestuário trocou
E guardando todo o ouro
Para Roma caminhou.

## 101

À Catedral de S. Pedro
Magalona foi orar
Ficou depois longas horas,
Pelo seu Pierre a chorar.

## 102

Uma escolta numerosa
Na praça de Roma viu
Mas ela, com seu disfarce,
Entre o povo se sumiu.

## 103

Era seu pai que mandava
Magalona procurar
As suas largas pesquisas
Não pode de Roma escapar.

## 104

A pobre muito abatida
Pelas montanhas ficava,
No seu trajar de mendiga,
Todo o dia caminhava.

## 105

Mal chegava a qualquer terra
Tratava de indagar
Se do seu amado Pierre
Alguém ouvira falar.

## 106

Mas sem já ter esperança
Para Provença partiu.
Muito e muito pesarosa,
Quando sozinha se viu.

## 107

Mal chegou à Provença
E nos seus muros entrou,
A formosa Magalona
Uma viúva encontrou.

## 108

Por ser noite, lhe pedira
Um quarto para dormir
Por não poder a tal hora,
Sua jornada seguir.

## 109

Com desvelado carinho
A viúva a recebeu,
Sua cama e sua ceia
Gentilmente lhe ofereceu.

## 110

Que tinha vindo de Roma
Magalona lhe contou.
E dos costumes da terra
Com cuidado se informou.

## 111

Do conde e seu filho Pierre
Ouvia ela a narração,
Todos, dizia a viúva
Lhe tinham veneração.

## 112

Mais uma vez Magalona,
Por seu amante chorou.
E de casa da viúva
De manhã se retirou.

## 113

Junto do Paço do Condado
Fundou ela um hospital
Pois suas joias lhe deram
Abundante cabedal.

## 114

Os doentes ela própria
Mui docilmente tratava
Toda a gente de Provença
Grande santa lhe chamava.

## 115

Pelo muito nobre Conde
Foi um dia visitada
Deixando-lhe este ao sair,
Uma quantia avultada.

## 116

Magalona ao despedir-se
Ficou convulsa a chorar
E pelo filho do Conde,
A Deus ficou a orar.

### 117

Ao hospital ela pôs
O nome do seu amado.
Porque lágrimas de sangue
A pobre tinha chorado.

### 118

Mas a pobre tinha fé,
De o poder encontrar.
Pelo seu feliz regresso
Passava a noite a chorar.

### 119

No alto-mar, um pescador
Enorme peixe apanhou.
Por ser muito extravagante
De pronto ao conde o levou.

### 120

Para a cozinha do Paço,
Logo o peixe transportaram,
Um lenço com três anéis
Dentro do buxo encontraram.

### 121

A condessa, mal os viu,
Quase que desfaleceu.
Pois os anéis de seu filho,
A pobre mãe conheceu.

### 122

Ao esposo, a triste nova,
A toda a pressa foi dar.
Todo o dia, pobre conde,
Não fez mais do que chorar.

### 123

Ao hospital de S. Pedro,
Chorando de aflição,
Foi ter a pobre condessa,
Para fazer oração.

### 124

O lenço com os anéis,
A Magalona mostrou.
A pobre chorou de dor,
E como pôde a consolou.

### 125

Eu tenho muita esperança
De seu filho ver voltar.
Pois voz secreta me diz,
Que não se perdeu no mar.

### 126

Que Deus a ouça, senhora.
A condessa repetiu.
E na sua fronte bela,
Saudoso beijo imprimiu.

### 127

Para ela dar de esmola,
Muito ouro lhe deixou,
E depois limpando os olhos,
Do hospital se retirou.

### 128

Na capela, Magalona
Passou a noite a rezar,
Tinha os olhos já tão secos
Que mal podia chorar.

### 129

Mas nem o menor vestígio
De seu Pierre lhe falava.
E o maior dos pesares,
Sua alma retalhava.

### 130

Em Deus, porém, confiava,
Ver ainda o seu amado.
E só assim Magalona,
A vida tinha poupado.

### 131

Ao sultão, um dia Pierre
Mui triste se dirigiu,
Licença para ver seus pais,
Com interesse lhe pediu.

### 132

Mal obteve a licença,
Logo tratou da partida.
Muito ouro lhe foi dado,
No ato da despedida.

### 133

No fundo de três barricas,
Toda a fortuna lançou.
E depois para disfarce
Por cima sal lhe deitou.

### 134

O capitão do navio,
Mandou Pierre chamar
As três barricas de sal,
Lhe pediu para guardar.

### 135

Ao hospital de S. Pedro,
Este sal é destinado
Apenas chegue a Provença
Pra lá será enviado.

### 136

O navio em pouco tempo
A uma ilha aportou.
Para lhe ver as belezas,
Pierre em terra saltou.

### 137

No interior da ilha,
Descuidado se meteu.
À sombra do arvoredo,
Dentro em breve adormeceu.

### 138

Às três horas o navio,
O seu ferro levantou.
Em direção à Provença
Com bom vento navegou.

### 139

As três barricas de sal
Magalona recebeu.
E com montões de ouro,
Junto do fundo ela deu.

### 140

Nas obras do hospital,
A grande esmola gastou.
E mais trinta enfermarias,
Confortáveis mobilou.

### 141

Quem lhe mandava o dinheiro,
Ela no pôde saber.
Pensava ser uma promessa
Que algum rico quis fazer.

### 142

Do seu amado jovem,
Nenhuma notícia havia
E Magalona a chorar,
Sua vida consumia.

### 143

Logo que Pierre acordou,
À praia se dirigiu.
Mas o pobre desgraçado,
Já o navio não viu.

### 144

Tal foi a sua aflição
Que um ataque lhe deu.
E sobre os seixos da praia,
Com a cabeça bateu.

### 145

Até a manhã seguinte,
Se conservou desmaiado,
Ao vir a si encontrou-se,
Por três pescadores cercado.

### 146

Para a Provença o levaram,
Na pequena embarcação.
Pois eram mui caridosos,
E tinham bom coração.

### 147

Ao hospital de S. Pedro,
O infeliz foi levado,
Magalona o recebeu,
Com muitas provas de agrado.

### 148

Cansado, sobre uma cama,
Pesadamente caiu.
E até perto da noite
O pobre Pierre dormiu.

### 149

Magalona o recém-vindo,
Não pôde reconhecer,
Tão mudado ele se achava,
De tanto e tanto sofrer.

### 150

Já de noite o doutor veio,
O coração lhe escutou,
Por achá-lo muito fraco,
Cordeais lhe receitou.

### 151

Outra vez em sonolência,
O desgraçado caiu,
E durante toda a noite,
Pedro Pierre dormiu.

### 152

Apenas amanheceu,
Magalona o veio ver,
Perguntando-lhe a sorrir
Se ele queria comer.

### 153

Pierre já conseguira,
As forças recuperar,
Sua mente ensandecida,
Começava a serenar.

### 154

Magalona com bons modos,
Junto dele se sentou,
E quem era e donde vinha,
Bondosa lhe perguntou.

### 155

A Magalona, Pierre,
A sua história contou,
Nem o mais pequeno fato,
O infeliz ocultou.

### 156

Até das barricas do ouro
Não se esqueceu de falar
E do sal que lhe deitara,
Para o tesouro ocultar.

### 157

Seu amado e querido Pedro,
Magalona conheceu,
Para não mostrar o pranto,
Nas mãos o rosto escondeu.

### 158

Depois foi para o seu quarto,
De princesa se vestiu.
E para junto de Pierre,
Os seus passos dirigiu.

### 159

Este ao vê-la deu um salto,
De joelhos se lançou,
E a mão de Magalona
Respeitoso lhe beijou.

### 160

Como vos venho encontrar,
Senhora do meu amor,
Depois de tanto chorar,
E de sofrer amarga dor.

### 161

Também meu leal Pierre,
Por vós eu muito chorei,
Além, naquela capela,
Noites inteiras orei.

### 162

Um segredo me dizia
Que havias de voltar,
E que eu não morreria,
Sem vos poder abraçar.

### 163

O senhor do Céu ouviu,
Minhas pobres orações,
E permitiu que se unissem,
Nossos ternos corações.

### 164

E agora nobre Pierre,
Não mais nos separaremos,
Um para o outro no mundo,
Até morrer viveremos.

### 165

E logo para a capela,
Aquele par foi rezar,
Pedindo ao senhor do mundo
Pra não mais os separar.

### 166

Não puderam toda a noite,
Nem um, nem outro dormir.
A pensar nas alegrias,
De seu risonho porvir.

### 167

Magalona muito alegre,
Apenas amanheceu,
Fez as suas orações
E do seu leito se ergueu.

### 168

Depois de falar com Pierre,
Os condes foi procurar.
Para do seu amado filho,
Alguns informes lhes dar.

### 169

Senhores condes lhes disse ela,
Passei a noite a sonhar,
E nos sonhos me diziam
Que vosso filho ia voltar.

### 170

A condessa e seu esposo
Encheram-se de alegria,
E principalmente o conde
Nem queria crer no que ouvia.

### 171

Para domingo, senhores,
No hospital os espero.
E dar-lhes grande prazer,
No Senhor do céu espero.

### 172

Foram no domingo os condes
Magalona visitar.
A condessa não podia
Seu receio disfarçar.

### 173

Perguntou-lhes Magalona,
Se seu filho conheciam.
Por certo minha Senhora
Os seus pais lhe respondiam.

### 174

Logo uma porta se abriu,
Pierre lhes apareceu.
E um grito de alegria,
Ao ver seus pais ele deu.

### 175

E ridente a sua história
Logo Pierre lhes contou.
E sua amada princesa
A seus pais apresentou.

### 176

Dias depois Magalona
Com seu amado casava,
E o coração dos condes,
De alegria transbordava.

#### 177

Fizeram-se grandes festas,
Foi Pierre aclamado.
Pelo povo de Provença,
Em triunfo arrebatado.

#### 178

Da princesa Magalona,
Eis terminada a história.
Provença venera ainda,
Do leal par a memória.

## B) PÉ-QUEBRADO

O pé-quebrado é uma quadra, quase sempre de sete sílabas, rimando o 2º com o 3º verso e o 4º com o 1º da quadra imediata. A denominação é ibérica. Na Espanha chamam-no *"pie quebrado"* e *"retorneás"*. Em Portugal o mesmo que no Brasil.[10] O 4º verso tem um número inferior de sílabas métricas, daí dizer-se que tem o "pé-quebrado".

É o gênero satírico por excelência. No pé-quebrado estão os "testamentos de Judas", os "pelo-sinais", a versalhada política de outrora. Raramente empregavam o pé-quebrado com intuitos puramente líricos. Só conheço, nessa acepção, uma "ave-maria" de José Francisco de Lima, em 1919. A documentação velha é toda irônica ou desabusada. O modelo clássico do pé-quebrado é o poemeto de José de Anchieta, "Ao Santíssimo Sacramento":

Oh que pão, oh que comida,
Oh que divino manjar,
Se nos dá no santo altar
Cada dia!

Filho da Virgem Maria
Que Deus Padre cá mandou,
E por nós na Cruz passou
Crua morte...

E para que nos conforte
etc. etc.

---

10  *Cantigas de pé-quebrado – Não nas cantes a ninguém* – Leite de Vasconcelos – Correio Elvense – n. 1.659, de 29-4-1916.

Sem modificação alguma o pé-quebrado possui abundantes arquivos em todo Nordeste. Nos "testamentos de Judas", declarações de última vontade em que o apóstolo traidor distribuía seus haveres entre as pessoas mais conhecidas da localidade, fazendo humorismos e, às vezes, denunciando meios-segredos amorosos, o verso, de fácil retentiva, ficava na memória de todos, como os "pelo-sinais" e os "A. B. C." mnemônicos.

De um "testamento", feito por Joaquim Apolinário de Medeiros, nas *eras de 80*, em Campo Grande (hoje Augusto Severo, RN), de tanto ouvir recitar decorei inconscientemente as primeiras quadras:

1

Chegou a hora fatal,
Vou morrer, não há recurso
Peço porém o concurso
Dos amigos.

2

E em verdade lhes digo
Que não tenho desavenças
E em matéria de crenças,
Sou ateu...

3

Como o grande Prometeu
Vou morrer heroicamente,
Levo, porém, a patente,
No bolso
etc.

Os primitivos *piés quebrados* de Espanha, especialmente da Andaluzia, não tinham a distribuição estrófica semelhante aos portugueses. Nas "saetas" religiosas, cantadas na Semana Santa em Sevilha, vários versos, tendo o nome que conhecemos, são diversos:

Señor, tu muerte y tu gloria
es lo que aqui meditamos
enternecidos:
tu muerto fué la victoria
y tu gloria el grande arcano
que nos vino.

SAETAS, folclore andaluz, coleção de Agustin Aguilar y Tejera (p. 3) Madri, s.d.

Era precisamente a fórmula inicial do "pé-quebrado", tão comum nos autos de Gil Vicente (século XVI). O nosso já é a deformação, as rimas emparelhadas e o verso ausente de intuitos literários. O pé-quebrado é o verso social, crítico, sarcástico, anotador de episódios políticos. Nos cancioneiros modernos é raro o espécime. Não parece muito popular no litoral pernambucano. Sílvio Romero a nenhum registou nos "Cantos populares" e Pereira da Costa apenas uma "salve-Rainha" de 1848. A. Americano do Brasil ("Cancioneiro de Trovas do Brasil Central") não encontrou exemplos em Mato Grosso e Goiás. Para o Ceará, Rio Grande do Norte e Paraíba é verso popular, empregadíssimo outrora. No Rio Grande do Sul, J. Simões Lopes Neto recolheu várias produções ("Cancioneiro Guasca").

Existiam na Península Ibérica as duas formas do pé-quebrado. A das "saetas" e de Gil Vicente, mostrando sua área divulgadora, e a que o Padre Anchieta escreveu na segunda metade do século XVI. As duas formas eram contemporâneas e sobrexistiu a que sabemos, com rimas em dueto e o 4º verso rimando com o 1º da outra quadra. Empregado em menor escala na Espanha e melhormente em Portugal, haja vista a cópia de "pelo-sinais" e versos de partidarismo local todos no estilo, é óbvio que o "pé-quebrado" sertanejo nos veio de Portugal e com suas alterações estróficas e disposição das rimas.

A denominação que nos veio de Portugal conserva-se inalterável. Nos conhecidos versos gaúchos "Lá...", evocando os "pagos", encontramos a citação:

> Ouvirás após cantiga
> De versos de pés-quebrados,
> Coisas de tempos passados,
> Que talvez a rir te obriga...

No auto popular "Fandangos", também chamado "A nau Catarineta", os pé-quebrados aparecem. O sertão nunca ouviu a "nau Catarineta" mas todo o litoral a conhece e sabe de cor estrofes e solfas das "jornadas". Na segunda parte, uma das declamações mais vulgarizadas é a "queixa do Ração", toda em pé-quebrado. Dou uma cópia completa:

|  1  |  2  |
|---|---|
| Eu te renego, oh vida! | Quando descansando estamos |
| que nos dá tanta canseira | e ao rancho se vai tocar |
| pois sem uma bebedeira | É quando ouço gritar: |
| não passamos... | Oh! Leva arriba! |

### 3

O mestre logo se estriba
dizendo desta maneira:
Ferra lá a cevadeira,
E o grumete.

### 4

E também diz em falsete
por mais não poder gritar
cada qual no seu lugar
até ver isto!...

### 5

Antes quisera ser visto
na porta de um botequim
de que agora ver o fim
de minha vida.

### 6

Pois suponho ser comprida
a para descansar
É quando ouço tocar
certa matraca...

### 7

O sono se me aplaca
E o meu coração treme
vendo que vou para o leme,
às duas horas...

### 8

Lembra-me certa Senhora
a quem deixei lá em terra
e que me faz cruenta guerra
todos os dias...

### 9

Já não vejo a ardentia
nem um ar a respirar
Valha-me a Virgem Maria
Para me ajudar!...

Gil Vicente, na "Comédia da Rubena", imagina um longo recitativo de Felício, respondido pelo Eco. Curiosamente a disposição é a mesma do pé-quebrado.

Oh o mais triste onde vou?
Onde vou, triste de mim?
Oh dores, matai-me aqui,
Onde nunca homem chegou.

O Eco: – Hou.

Hou, males, quem me vos deu
Deu-vos para me acabar.
Oh! quem sofreu por amar
Tamanho mal como o meu?

Eco: – Eu.

Eu em me matar não peco
etc.

O pé-quebrado, privativo das sátiras, não mudou de nome e sempre o conhecemos pela denominação que a Península Ibérica fixou.

Agora, musa minha,
sai a luz em pé-quebrado,
apesar de ir acanhado
glosar.

O caso que vou contar
merece muita atenção
a todos da povoação
do Livramento...

etc.

Esses versos, anteriores a 1888, foram feitos, informa Rodrigues de Carvalho, por um crioulo de 17 anos, em Livramento, entre Aracati e Mora-da Nova, descrevendo uma complicada história local, escabrosa e típica.

# Trechos de um "Testamento de Judas"

Nos sábados da Aleluia rasgava-se um Judas de pano velho, papel e trapos, no meio de assuadas. Dizia-se *romper a Aleluia*. Os Judas eram preparados secretamente e postos em lugares públicos e mesmo à porta de adversários políticos. O Sr. Gustavo Barroso recorda que no Ceará fazia-se outrora um júri, presidido por pessoa respeitável, para julgá-lo. O *veredictum* infalível condenava-o à forca. Na maioria dos casos o Judas trazia seu "testamento" em versos de pé-quebrado, alusivo às pessoas da localidade, com intenções satíricas, políticas ou apenas humorísticas.

O gênero é secular. Na gesta de animais o sacrifício terminava pelo testamento do vencido, deixando carne, ossos e gorduras para os próprios perseguidores ou entidades da região. Sílvio Romero coligiu algum material na espécie. Gustavo Barroso cita vários testamentos de animais no Folclore da Bretanha, em "Através dos Folclores", p. 40, São Paulo, 1927.

Citando Pompeius no "De Significatione Verborum" (Paris, 1846, v. 2) Gustavo Barroso crê que a origem do Judas tenha provindo das efígies de lã que os romanos usavam, como bonecos que representavam os donos de escravos, nas Compitales; *viriles et muliebres ex lana esse deorum inferiorum quos vocant Lares, putarent, quibus tot pilae, quot capita servorum; tot effiges, quit essent liveri, ponebantur, ut vivis parcerent, et essent his pilis et simulacris contenti* ("O Sertão e o Mundo", p. 300, Rio, 1923).

Em Portugal o testamento jocoso era popular e, já no século XVI, Gil Vicente com ele terminava o seu "Pranto de Maria Parda":

> A minha alma encomendo
> A Noé e a outrem não,
> e o meu corpo enterrarão
> onde estão sempre bebendo...

No "Cancioneiro de Garcia de Rezende" há o "Testamento do Macho Ruço de Luiz Freire, Estando Para Morrer" que assim ironicamente finda:

> Sobre minha sepultura,
> depois de ser enterrado,
> se ponha este ditado
> por se ver minha ventura:
> — Aqui jaz o mais leal
> macho ruço que nasceu!
> Aqui jaz quem não comeu
> a seu dono um só real!...

São populares na Espanha vários testamentos rimados, como o de Don Juan de Áustria, de Don Tomas Mardones etc., muito conhecidos no folclore ibero-americano, ver "Romances Populares y Vulgares", por Júlio Vicuña-Cifuentes (Santiago, Chile, 1912, p. 251, 461 e 557).

O "testamento" que registo é de 1886 e nunca foi publicado. Minha Mãe sabe os trechos que me comunicou. O autor, Joaquim Apolinário de Medeiros, nascido em 9 de fevereiro de 1852 e falecido a 19 de novembro de 1919 em Augusto Severo (RN) foi elemento destacado na política local.

|  |  |
|---|---|
| **1** | **2** |
| Chegou o dia fatal | Como o grande Prometeu |
| vou morrer, não há recurso. | vou morrer heroicamente, |
| Peço somente o concurso | levando minha patente |
| dos amigos... | no bolso... |
| Creio não ter inimigos | Daí farei um esboço |
| nem a menor desavença, | da minha vida presente |
| E declaro que, de crença, | porque, ultimamente, |
| sou ateu! | fui maçon... |

### 3

Mas o grande Fénelon
Também foi, segundo creio,
Não sei se será enleio
da História.

### 4

É no mundo uma vitória
morrer como eu pretendo.
O que possuo, despendo
neste escrito...
Por pobre vendi a Cristo,
Fui falso mas não sou só.
Mas hoje me causa dó
o que vejo...

### 5

Contra a Igreja o manejo
Em política, a cabala,
O governo, uma canalha
caricata...

### 6

A lei se torna abstrata,
Não tem letra nem espírito,
Para quem vendeu a Cristo
Não há crime...

### 7

Que vergonha não deprime
corruta sociedade...
Também a tua amizade
Detesto!

### 8

Eu bem sei que ninguém serve
A Joana do Curralinho,
Exijo que Manuelzinho
Tome conta...

### 9

Dirá ele que já conta
uma família pesada
Perdeu um bom camarada
e é pobre...

### 10

Tereza não, esta é nobre,
Não aceita cousa pouca
Devia subir à forca,
em meu lugar.

### 11

Cardosa quando chegar,
se vier com fúria, abrande...
Levem a João do Alto Grande
Meu couro.
O meu relógio de ouro
Deixo a Manuel de Martinho
E reservo-lhe um cantinho
na feira...

### 12

Pela verba derradeira,
todo meu remanescente
Quero que se dê somente
à pobreza...

### 13

Vede irmãos quanta nobreza
Contém o meu coração...
Pois sempre tive aversão
à usura...

### 14

Todo meu sebo e gordura
derretam, façam sabão,
Pra lavar o cabeção
da Cardosa...

### 15

Oh Vênus! Mulher formosa,
deixo-te mais um legado
para suprir o resguardo
de Maria...

### 16

Na verdade quem diria
que Torquato, meu vaqueiro,
ficasse por derradeiro
sendo neto...

### 17

A ele deixo por certo
A gravata e as botinas
E deixo para as meninas
Um tostão...

### 18

Também deixo um capão,
Para o resguardo de Cosma
E Fausto, da mesma forma,
Me ajude...

### 19

Inda desta vez não pude
Fazer a despesa só...

São misérias, tenham dó
Dos cristãos...

### 20

Também tenho dois irmãos,
Antônio da Cruz e Lino...
Mas é gente que Avelino
protege...
............................................................

### 22

Eu sei que alguém descobre
Faltas em meu testamento.
Também não tenho elemento
De ciência...

### 23

Tenho inteira consciência
Que cumpri o meu dever.
Quero somente fazer
um pedido...

### 24

José Lúcio fique entendido
Que desejo seu concurso,
Peço que faça um discurso
em meu enterro...

### 25

Não digam que fui doloso,
Digam que fui bom amigo,
Que nunca tive inimigo,
Digam que fui caridoso.
Digam que tive um tesouro,
Que dividi com a pobreza,
Digam que tive nobreza,
Façam lá como puder,
Digam tudo que quiser
Não digam que fui doloso!...

# C) OS A. B. C.

Os A. B. C. são versos narrativos. Contam a "gesta" dum boi, dum touro, dum bode, duma onça suçuarana. Não há A. B. C. satírico. Os criminosos que deixaram renome de comprovada coragem no sertão possuem um poema registando-lhes a vida ou um episódio mais famoso. A característica do A. B. C. é constituir um poema de uma "gesta" verdadeira. Os A. B. C. antigos eram dispostos em quadras e os mais novos em sextilhas. São conhecidíssimos em todo Centro, Nordeste e Norte do Brasil. Do Rio Grande do Sul sei apenas do A. B. C. que registou a batalha de Passo do Rosário em 24 de fevereiro de 1827. Em Goiás e Mato Grosso o gênero é cultivado, mantendo-se a forma de quadrinhas setissilábicas.

A menção mais antiga que encontrei de versos dispostos em ordem alfabética é uma poesia de Santo Agostinho, escrita em 393, o *"Psalmus contra partem Donati"*, também chamado *"Psalmus abecedarius"*. São vinte estrofes que acompanham as letras do alfabeto, de A até V. A escolha de Santo Agostinho denuncia a antiguidade da espécie e sua divulgação porque o salmo era cantado nas Igrejas.

> La obra más antigua de San Agustín contra los donatistas es una poesía rítmica de fines del 393, titulada: PSALMUS CONTRA PARTEM DONATI, que se llama también PSALMUS ABECEDARIUS, porque las 20 estrofas siguen el orden de las letras del alfabeto, desde la A à la V. El fin de ella era que el pueblo se enterase de la historia y naturaleza del Donatismo, y à este propósito los fieles reunidos debian cantarla à voces em la Iglesia.
>
> O. BARDENHEWER: "Patrologia", trad. do Pe. Juan M. Solá, Barcelona, 1910, p. 498.

Outro exemplo secular é o *"Versus de bella que fuit acta Fonteneto, auctore ut videtur Angelbert"* contando a batalha de Fonteneto ou Fontenoy, em Bourgogne, a 25 de junho de 841, entre os netos de Carlos Magno, Carlos, Luís e Lotário. Este canto do século IX é em versos trocaicos, em disposição alfabética, de três em três versos, de A até N. O ritmo é três por quatro.

Luís de Camões escreveu um A. B. C. em tercetos, na fórmula ABB, CDD, EFF etc. A maior curiosidade é o assunto lírico, verdadeira exceção, somente vista por mim nos cancioneiros goianos e mato-grossenses. O poema de Camões finda na letra X.

1

Ana quisestes que fosse
O vosso nome de pia,
Para mor minha agonia.

2

Bem vejo que sois, Senhora,
Extremo de formosura
Para minha sepultura.

3

Cleópatra se matou
Vendo morto a seu amante:
E eu por vós em ser constante.

4

Xpõ vos acabo em graça
E vos faça piedosa
Tanto quanto sois formosa.

5

Xantopeia tornou atrás
Por Apônio a invocar
E vós não a meu chamar.

("Obras de Luís de Camões", Lisboa, 1852, t. III, p. 372-77.)

Nas velhas cartas de A. B. C. depois da última letra havia o til.[11] O sertanejo recitando o alfabeto nunca esquecia de citar o sinal que lhe parecia uma letra também. Todos os versos de A. B. C., por este motivo, incluem o til. Como não é possível arranjar-se tema com ele, aproveitam para uma frase de ironia, uma despedida, um motejo.

O til é letra do fim,
Quero findá minha história;
Devemo ter alegria
Pois Alamanha já chora...
E o Brasil não foi brigá
Porém festeja a vitória...

Por til palavra alguma
Dá começo nesta vida;
Aqui fica este ABC
Como exemplo da bebida (Goiás).

---

11  Meu Pai guardava um dos velhos "traslados" do professor público da Vila de Campo Grande, Augusto Severo, Joel Elói Peixoto de Brito, com vários tipos de letra. Todos os abecedários terminavam por um til.
Na "Comédia Eufrosina", de Jorge Ferreira de Vasconcelos, edição dirigida por Francisco Rodrigues Lobo, Lisboa, 1616, folha 116, verso, lê-se: – *sabei que ainda que queiram não passam do* **i grego til**.
São essas as razões lógicas para o sertanejo considerar o til como uma letra do alfabeto.

O til é letra do fim,
Vai-se embora o navegante,
Me procure quem quiser,
Cada hora, cada instante,
Me acharão sempre às ordens:
Jesuíno Alves Brilhante.

O til por ser pequenino
Contém um prazer jocundo;
Relógio para baiano
É mais que Pedro Segundo;
Botina e chapéu de sol
São as grandezas do mundo. (Mato
[Grosso).

Falta o til que não pode ser escrito
Porque o mundo já dele não faz
[conta,
Por ser um risco que é um infinito
Já hoje entre os homens pouco monta,
Não há predestinado e nem perfeito
Que não tenha seu til sempre na ponta
Só Cristo e sua mãe podem dizer...

Hipicilone e til
Juntei ambas para o fim
Para terminar a obra

Só pude compor assim
Não sei se está direito
Ou se está bom ou ruim.

Til, oh letra singular!
Que apenas tens assento,
Findo pois esta história
Conto todos meus tormentos.

Til é til... e do barqueiro
Perdeu-se o canto no mar,
E o seu eco derradeiro
Pôs-me em profundo cismar.
A mulher, sim, a mulher
É como a flor malmequer,

É qual veneno sutil,
Afinal é do noviço
A perdição, o feitiço,
E deste ABC o til...

Til é a letra do fim
Com que findo este rojão,
Não façam cara de choro
Me ajudem na precisão.
Cada um compre um livrinho
Que a chuva cai no sertão...

O Sr. Gustavo Barroso diz ter visto uma gramática portuguesa toda em versos. Meu pai sabia inúmeros versos religiosos, tirados do catecismo explicando os deveres do cristão, pecados mortais e veniais, os "novíssimos do Homem". Afirmava-se que eram correntes no sertão e teriam sido feitos, ou distribuídos, pelas Santas Missões dos frades capuchinhos. As aulas paroquiais, apenas alfabetização e rudimentos de Língua Materna e a "artinha de Pereira" para o latim, são responsáveis pelas tinturas de classicismo que os cursos modernos desterraram. Lembro-me de ter ouvido na Fazenda Carnaubal um cantador declamar as regras da retórica, citando Cícero e Tertuliano. Era papagaio recitando ladainha mas estava certa a indicação e os nomes eram justos.

A função primitiva dos A. B. C. devia ser mnemônica, como os Jesuítas empregaram, em autos, bailos e cantigas, para os piás selvagens do século XVI.

É o A. B. C. o gênero menos abundante hoje. Raramente aparece mesmo nos folhetos vendidos nas feiras. Também é de notar quase o desaparecimento dos A. B. C. cantando aventuras de animais.

Não há notícia de A. B. C. em prosa, mesmo conceituoso, como se usou em Portugal. Deles conheço apenas o de Gonçalo Fernandes Trancoso, o da "Histórias de proveito e exemplo" (1515-1596):

A, quer dizer que seja amiga de sua casa; o B, benquista da vizinhança; o C, caridosa com os pobres; o D, devota da Virgem; o E, entendida em seu ofício; o F, firme na fé; o G, guardadeira de sua fazenda; o H, humilde a seu marido; o I, inimiga de mexericos; o L, lial; o M, mansa; o N, nobre; o O, onesta; o P, prudente; o Q, quieta; o R, regrada; o S, sisuda; o T, trabalhadeira; o V, virtuosa; o X, xã; e o Z, zelosa da honra.

Antologia Portuguesa – "TRANCOSO" – p. 92-3, Lisboa, 1921.

Esse A. B. C. português deve ter sido gênero que determinou a criação de outros, em verso, com ligeiros conceitos morais ou amorosos. Rodrigues de Carvalho registrou um deles, do Ceará, lembrando que, segundo o "Cancioneiro" de Teófilo Braga, os A. B. C. poéticos eram usados nos Açores:

A letra A quer dizer amor-perfeito,
A letra B quer dizer boa esperança,
A letra C quer dizer sê cuidadosa,
A letra D Deus te traga bem formosa,
etc. ("Cancioneiro do Norte", p. 300-1).

O A. B. C. é gênero atualmente quase desaparecido. Só tenho encontrado os velhos modelos, os antigos A. B. C. de meio século atrás.

Desses velhos documentos poéticos um exemplar interessante, e com intuitos mnemônicos evidentes, foi-me comunicado pelo Dr. Bianor Fernandes (Mossoró) que, infelizmente, não o guardara completamente:

| 1 | 2 |
|---|---|
| *Cedilha é barba do C.* | *O til é um S estirado,* |
| *B com I é bê-e-bi.* | *Nada vale estando só;* |
| *O 3 é o bucho do B,* | *E a constipação do som* |
| *O pingo é o boné do I...* | *Faz fanhoso o A e o O!...* |

Esse A. B. C. incompleto é naturalmente saído de mão intelectual no gênero popular. Os A. B. C. conceituosos foram, já o citado de Trancoso, vulgares na Península Ibérica. Recém-casado, Lope de Vega escrevia um A. B. C. para a esposa:

Amar y honrar su marido
Es letra deste abece,
siendo buena por la B,
que es todo el bien que te pido.
Harate cuerda la C,
la D dulce, y entendida,
la E, y la F en la vida
firme, fuerte y de gran fee.
La G grave, y, para honrada
la H, que con la I
te hará ilustre, si de ti
queda mi casa ilustrada.
Limpia serás por la L
y por la M, maestra
quien de sus vicios se duele.
La N te enseña un no a solicitudes locas;
que este no, que aprendem pocas,

está en la N y la O.
La P te hará pensativa,
la Q bien quista, la R
con tal razón, que destierre
toda loucura excesiva.
Solicita te ha de hacer
de mi regalo la S,
la T tal que no pudiesse
hallarse mejor mujer.
La V te hará verdadera,
la X buena cristiana,
letra que en la vida humana
has de aprender la primera.
Por la Z has de guardate
de ser zelosa; que es cosa
que nuestra paz amorosa
puede, Cacilda, quitarde...[12]

Os A. B. C. rareiam atualmente. Seu manejo não se presta ao desafio e daí a escolha fortuita apenas para registo social de acontecimento de relevo. Mesmo assim, com limites restritos para a descrição, o poeta popular apela para outros tipos, maiores e mais fáceis.

# UM A. B. C. DE HUGOLINO DO TEIXEIRA

Hugolino Nunes da Costa (1832-1895), conhecido por Gulino do Teixeira, cantador famosíssimo e glosador respeitado, deixou espalhados na memória popular inúmeros versos. Infelizmente os originais foram

---

12 Povina Cavalcanti – "Cartilla de amor", *in* "Revista Contemporânea", p. 116, julho de 1925, Rio de Janeiro. Juan de Enzina escreveu também "A. B. C." poéticos.

destruídos num incêndio. Era geralmente chamado pelos cantadores "Mestre Gulino".

Francisco das Chagas Batista conta a seu respeito um episódio curioso. Hugolino, em companhia de Germano Alves de Araújo Leitão (Germano da Lagoa), chegou a uma festa inesperadamente. O cantador Ferino de Góis Jurema, que estava como "dono da festa", vendo aparecer Hugolino *emborcou* a viola, humildemente, e não quis cantar. Ferino, entretanto, era um repentista admirável e vencedor de incontáveis duelos poéticos. Germano improvisou imediatamente uma décima, registando o fato.

### 1

Tua presença, Hugolino,
Faz temer e faz terror;
Faz mais medo a cantador
Do que boi faz a menino;
Fez ficar mudo Firino.

### 2

A tua veia composta;
Do teu cantar tudo gosta,
És um forte, és um dunga,
És um deus de Ariapunga,
Gulino Nunes da Costa!...

Creio ainda não ter sido impresso o A. B. C. que ouvi recitado no sertão e dou fiel cópia:

### 1

A 16 de setembro
A mão à pena lancei
Para compor uma obra
Da melhor forma que achei,
Cada letra doze nomes,
Cada qual explicarei.

### 2

Adão, Abel, Almirante,
Antigo, Albano, Alpifânio,
Ásia, África, Alemanha,
Angústia, América, Amazonas.

### 3

Bento, Bernardo, Basílio,
Barra, Barreira, Bonança,
Brasil, Brasão, Brasileiro,
Borge, Barcelona, Bragança.

### 4

Cama, Cadeira, Cabana,
Cana, Cachaça, Cutelo,
Cajá, Castanha, Caju,
Conde, Condessa, Castelo.

### 5

Deus, Divindade, Donzela,
Duque, Dourado, Dragão,
Dario, Drástico, Daniel,
Doutor, Dobrado, Dobrão.

### 6

Espanha, Engenho, Estandarte,
Estrago, Estrela, Ezequiel,
Eufrásio, Eugênio, Eufêmio,
Espanto, Espécie, Ester.

### 7

Fogo, Fuzil, Facho,
Franco, Fernão, Ferimento,
Formoso, França, Francês,
Fidalgo, Fim, Fingimento.

### 8

Gramonem, Granja, Ganância,
Gavião, Ganso, Gangorra,
Glória, Gozo, Gabinete,
Gomara, Goma, Gomorra.

### 9

Homem, Huma, Hermenegildo,
Henrique, Hermeto, Herculano,
Hilário, Honório, Honorato,
Humilde, Humildade, Humano.

### 10

Isidro, Inácio, Izabel,
Império, Imposto, Isaías,
Indivíduo, Independência,
Ilha, Itália, Iludias.

### 11

Jesus, Juízo, Jornada,
Jordão, Jafé e Jardim,
Janela, Jangada, Jorge,
Joca, Jacó e Jasmim.

### 12

Kalendário estou cantando,
Kalendas, Kilo, Kilão,
Kapricho, Kapela, Kágado,
Kafé, Kain, Kireleizão...

### 13

Laranja, Lima, Limão,
Luz, Luzeiro e Lanterna,
Lamento, Lousa, Ligeiro,
Lúcifer, Lápis, Lucerna.

### 14

Manga, Mangaba, Mamão,
Mato, Martelo, Muriçoca,
Mosca, Mosquito, Mutuca,
Milho, Melão, Mandioca.

### 15

Naufrágio, Navio, Novo,
Nuvem, Neve, Narração,
Nico, Nicácio, Nínive,
Norte e Napoleão...

### 16

Órfãos, Onofre, Oficial,
Ora, Ofensa, Obrigação,
Ourives, Ouro, Oliveira,
Ouro, Orgulho, Ostentação.

### 17

Pontífice, Poncius Pilatos,
Pasma, Palma e Palmeira,
Pará, Paraíba, Ponte,
Pato, Pavão, Padroeira.

### 18

Quartel, Quaresma, Quitanda,
Quintal, Quadrado, Quentura,
Quirino, Queixo, Queixada,
Quarto, Quente, Quebradura.

19

Rei, Rainha, Redenção,
Reino, Roberto, Regente,
Razão, Roque, Rafael,
Rosa, Raquel, Requerente.

20

Silvestre, Silva, Silvano,
Saudoso, Sono, Sabor,
Sagrado, Sol, Sacramento,
Salomão, São Salvador.

21

Terrível, Torpe, Torpeza,
Tenente, Torres, Trovão,
Tonelada, Tina, Taxa,
Temente, Torrada, Torrão.

22

Urna, Urga, Urugana,
Una, Utinga, Unidade,
Última, Unção, Utilíssimo,
Uva, Urtiga, Utilidade.

23

Vila, Viola, Vanguarda,
Ventura, Vileta, Veneza,
Vital, Vítor, Vitalino,
Vidro, Vidraça, Vileza.

24

Xarope, Xan, Xalaça,
Xampanha, Xocambo, Xão,
Xavier, Xancho, Ximenes,
Xonana, Xan, Xananão.

25

O TIL é última letra
Se assenta pouco ou muito
Porém que nela eu componho
Todo o *A. B. C.* conjunto.

(Falta a letra Z)

# *A. B. C. dos Negros*

Este curiosíssimo abecedário foi colhido no Maranhão por Leonardo Mota e publicado no seu "SERTÃO ALEGRE", p. 218-221.
É posterior a 13 de maio de 1888 e anterior a 15 de novembro de 1889.

Agora tocou a sorte
dizer o que o peito sente,
falar dos 13 de Maio
que também querem ser gente.

Bacalhau de couro cru
com três palmos de comprido,
é o que dá ensino a Negro
mode não ser atrevido.

Comendo peia no lombo
Negro vivia tossindo;
mas hoje, como estão forro,
do tempo vivem se rindo.

Do Negro quero distância,
apreceio o cidadão...
abraço qualquer caboco
porém Negro só pro Cão!

Entre mil nação da terra
O Negro é o mais infeliz...
Não entra em Casa de Caimbra
nem conversa com o Juiz...

Fugir pra Negro é desbanque,
é sestro, é costume, é visso...
anda sempre degradado
só com medo do serviço...

Gosta só de pagodeira,
se mete em toda fonção,
mode ver se alguém lhe abraça
ou se alguém lhe estende a mão.

Hoje Negro quer ser home,
quer carregar presunção...
porém eu não lhe dou palha
nem que seja meu irmão.

Inxerido e metediço,
mesmo onde não é chamado,
Negro é sempre negro em tudo
Negro é bicho apresentado!...

Jogo de branco é dinheiro,
de caboco é frecharia,
vida de cabra é cachaça,
de Negro é feitiçaria...

K é letra decadente
meu mestre assim me dizia,
é como os "13 de Maio"
mesmo depois da forria...

Lombo de Negro não tem
um só pedaço pagão:
Couro de boi o batiza
pra minha satisfação.

Moça que casa com negro
tem coragem com fartura,
tem estambo de cachorro
e coração de mucura.

O Negro que pede moça
só merece bacalhau
Negro que casa com Negra
é cunha do mesmo pau...

Quem disser "Bom dia" a Negro
não dá-se a respeito, não,
não procede de família
nem se dá a estimação.

Semblante de Negro é fumo
a cor é café torrado.
Mão de paca, pé de urso,
calcanhar todo rachado.

Um home tendo carate
tendo vergonha e fineza
não presta atenção a Negro
nem senta com Negro à mesa.

Xambari de boi cansado
era o que Negro comia
feijão cheio de gorgulho,
fato cheio de polia...

Zombando vou acabar
este abecê tão querido
que fala a pura verdade
dos Negros intrometido.

Nunca vi rasto de alma
nem visage em meu camim...
nunca vi mulher sem peito
nem Negro sem pituim...

Pará é terra de cobre,
Piauí pra criar gado,
Mas este tal Maranhão
É pra Negro apresentado.

Rico só dorme na rede,
Negro dorme no girau.
O rico toma café
e o Negro engole mingau...

Tudo no mundo se acaba
tudo no mundo tem fim,
só Negro é que não se acaba
por se praga da mais ruim...

Viola desafinada
não pode tocar lundu;
manguá em costa de Negro
é quem tira calundu...

Ypissilone é furquia
tem do Negro a perna torta;
por isso é que ninguém usa
tá ficando letra morta...

TIL como é letra do fim
por ser acento moderno,
inda tenho fé de vê (r)
"13 de Maio" no Inferno!...

Caboco-caboclo, Cão-Diabo, Casa-de-Caimbra – Casa de Câmara, visso-vício, serviço-
-serviço militar, tarefa, obrigação de trabalhar, estambo-estômago, pituim-mau cheiro,
manguá-cacete, calundú-dengues, xambari – parte mais nervuda da coxa do animal, polia-
-polilha, inseto roedor, intrometido-enxerido-metido-apresentado-oferecido, pessoa que se
apresenta e convive onde não foi convidado, intruso.

# A. B. C. DA BATALHA DO PASSO DO ROSÁRIO

O alferes Davi Francisco Pereira, poucas horas depois da batalha de
Passo do Rosário, Ituziangó, entre as forças brasileiras, comandadas pelo
Visconde de Barbacena, e as argentinas, dirigidas pelo General Alvear,
escreveu um A. B. C. narrando o combate e explicando as razões do recuo
das tropas imperiais. Embora incompleto, esse A. B. C. denuncia a divulgação do gênero mnemônico nas províncias sulistas do Brasil. Foi registado no "Cancioneiro Guasca", de J. Simões Lopes Neto, p. 189:

A desgraça do governo
Nos levou a tal estado,
Que deu valor ao inimigo,
Fez o Exército desgraçado.

Bravos heróis se perderam!...
Faz pasmar a triste cena,
Devido a rude vileza
Do general Barbacena[I]

Como condutor de negros,
Que trouxesse do Valongo[II]
Conduziu a nossa gente
Muito pior que um rei Congo!

Deu princípio ao ataque,
Sem junção duma brigada...
Nem mandou juntar bagagens,
Carretas, bois, cavalhada.

E assim acometeu
Sem nada determinar;
E só entrou nessa luta
Aquele que quis entrar!

Fazendo carga no centro,
Sem dar proteção ao flancos,
Lá deixou bastantes mortos.
Muitos feridos e mancos.

Ganha força o inimigo
A cavalaria do Rio.
Que por ser pequena força
Logo rompida se viu.

Hum grande Abreu em socorro
A cavalaria entrevela.
E aí um batalhão nosso
O matou junto com ela[III].

Já então a vil canalha,
Que ficou fora da forma,
Vai a correr pelos altos
Sem disciplina nem norma.

Lá se foram os cobardes
Que na luta não entraram;
Creio que alguns três mil homens
A ela desampararam!

Muitas chinas percorriam[IV]
Pelas margens dos banhados,
Levando, cada uma delas,
Aos dez e doze soldados...

Neste número de cobardes
Iam muitos oficiais,
Que esqueciam-se das honras
E vozes dos generais!

Oh Augusto Imperador!
Dai-lhes, Senhor, castigo!
Pois que devem ser julgados
Inda mais do que ao inimigo.

Por esse motivo enorme
Nossa ação foi malfadada,
Por haver nas nossas tropas
Oficiais feitos do nada...

Quando devem ser exemplo,
Exercitam a fugida:
Por isso, Augusto Senhor,
Foi vossa gente perdida.

Rege a ordem militar
Dar o soldo mas também
Castigar o delinquente,
Premiar o que serve bem.

| | |
|---|---|
| Se quereis ser triunfante | Vou apostar se quiserdes |
| Mudai desde logo a cena, | Uma soma não pequena, |
| Não dês heróis combatentes | Que ignoram as praças |
| Ao cargo de um Barbacena. | Como atacou Barbacena. |
| | |
| Tendo vos sido visível, | Zelou muito a retirada! |
| Quase inteira a perdição, | Deixou aos centos cansados! |
| O herói Bento Gonçalves | Assim perde um general |
| Foi a nossa salvação!...[v] | A vida dos seus soldados! |

A batalha de Ituziangó, 20 de fevereiro de 1827, durou seis horas de fogo cerrado e onze de tiroteios isolados. Os argentinos estavam fortes de 10.000 homens, com 18 bocas de fogo, e os brasileiros com 5.567 homens e 12 bocas. Barbacena retirou-se em ordem do campo o qual Alvear abandonou no mesmo dia. Nenhum batalhão brasileiro perdeu sua bandeira. As bandeiras que existem expostas em Buenos Aires, como "troféus de Ituziangó", foram bandeiras retiradas do serviço das tropas e recolhidas às cargas para a incineração ritual. Das cargas foram retiradas e não da força imperial.

I – BARBACENA, Felisberto Caldeira Brant Pontes Oliveira e Horta (1772-1842). Foi deputado pela Bahia, Ministro de Estado, Senador do Império e diplomata. Marechal de Campo. Bibliografia "Vida do Marquês de Barbacena", Antônio Augusto de Aguiar, Rio de Janeiro, 1896. "O Marquês de Barbacena", J. Pandiá Calógeras. No "O Marquês de Olinda e seu Tempo", do autor, há largas referências a Barbacena e sua atuação guerreira e diplomática.

II – Valongo era o mercado de escravos no Rio de Janeiro.

III – ABREU, José de. Marechal de Campo, Barão de Serro Largo, morreu à frente dos esquadrões, comandando uma carga em Ituziangó. Havendo confusão entre as cargas de cavalaria dirigidas pelo Barão de Serro Largo e os gaúchos que Alvear sacudira contra ele, o General João Crisóstomo Calado mandou sua tropa repelir, a tiros, a cavalaria que galopava sem ordem, ameaçando envolver, num começo de pânico, a linha que lhe tinham confiado. Nas primeiras descargas, o Barão de Serro Largo caiu, vivando o Imperador e ordenando mais uma carga.

IV – China é a camponesa do interior do Rio Grande do Sul, descendente de índios com espanhóis ou colonos portugueses.

V – BENTO GONÇALVES da Silva (1788-1847) era coronel-comandante de uma brigada ligeira. Fez inesquecíveis esforços de coragem para dominar a confusão da batalha. Perdida esta, acompanhou sua tropa, velando pela boa ordem e segurança de quantos estavam sob seu comando. Posteriormente foi o chefe militar da rebelião dos Farrapos no Rio Grande do Sul. General de Brigada do Exército Imperial (brigadeiro).

# A. B. C. de Nossa Senhora Aparecida

O "Abecedário em louvor a milagrosa Nossa Senhora da Conceição Aparecida", lembrança de sua coroação em Aparecida (São Paulo) a 8 de setembro de 1904, foi espalhadíssimo pelo Sul do Brasil. Já o ouvi cantar como "bendito".

É curioso registar esse hino popular à Padroeira do Brasil:

### 1

A vós, pura e imaculada
Conceição Aparecida
vem rezar ajoelhada
a minh'alma desvalida.

### 2

Beijando-vos com fervor
o vosso manto sagrado,
confesso-vos, meu amor,
contrito e resignado.

### 3

Conceição Aparecida
neste Itaguassu formoso,
dai-me a paz apetecida,
fazei-me sempre ditoso.

### 4

Domingos Martins Garcia,
foi um dos três pescadores
que vos acharam, divina
salvação dos pecadores.

### 5

Era Felipe Pedroso,
um outro, que na canoa
foi um pescador ditoso
que o Pai celeste abençoa.

### 6

Falta-me agora falar
de João Alves, pescador,
que quando as redes colhia
abraçou-vos com amor.

### 7

Guiai-me agora na vida,
salvai-me depois na morte,
milagrosa Aparecida
que dispões da minha sorte.

### 8

Hoje eu vos quero adorar
a rogar, sagrada imagem,
que quando um ano passar
eu faça a mesma romagem.

### 9

Indicai-me o bom caminho
que à paz celeste conduz.
Como irei ao Céu, sozinho,
se me faltar vossa luz?

### 10

Jurando-vos com fervor
nossa ardente devoção,
pelas chagas do Senhor
imploramos salvação!

### 11

Kalendários numerosos
por sec'los hão de marcar
vossos feitos milagrosos
quer na terra, quer no mar...

### 12

Livrai-me de todo mal,
das traições dos inimigos,
de toda peste mortal
e de todos os perigos.

### 13

Milagrosa Aparecida,
oh bálsamo da amargura!
em que um'alma desvalida
encontra sempre doçura.

### 14

Não fosse a vossa bondade
e eu não vinha em romaria,
gozar a suavidade
da devoção que me guia.

### 15

Os milagres que fazeis
ninguém no mundo os esquece;
sempre vos compadeceis
de quem vos ergue uma prece.

### 16

Perdoai nossos pecados
que é mesquinha a força humana!
Só faz bem-aventurados
a luz que de Vós dimana.

### 17

Que a minha súplica ardente,
erguida com devoção,
penetre suavemente
lá no vosso coração.

### 18

Resplandece em vossa fronte
um diadema fulgente
sagrada e perene fonte
do vosso poder clemente.

19

Senhora da Conceição
por milagre aparecida,
eu vos peço proteção,
na terra e na outra vida.

20

Tenho fé que o vosso manto,
imaculado e divino,
há de enxugar o meu pranto
e guiar o meu destino.

21

Um só imenso pesar
eu levo, desta romagem,
é que me vou apartar
da vossa sagrada imagem!

22

Virgem santa rediviva,
trespassada pela dor...
intercedei, compassiva,
pelo triste pecador.

23

Xisto V, Papa austero,
numa encíclica famosa,
fez saber a todo o Clero
o quanto sois milagrosa!

24

Ytaguassu é o lugar
onde foste encontrada,
pra os pecadores salvar
e serdes sempre adorada.

25

Zelai com vossa clemência
a devoção que me guia,
para que em toda a existência
eu faça esta romaria.

26

TIL é letra derradeira
que pede por nosso bem,
milagrosa Padroeira
abençoai-nos, amém!...

## D) Pelo-Sinais e Orações

Sempre, ou quase sempre, em pé-quebrado, são os "pelo-sinais", "salve-Rainhas" e "Ave-Marias", todas satíricas. Aproveitam apenas um período da oração e orientam o verso para um sentido irônico ou simplesmente crítico. Os "pelo-sinais" são abundantes e comuns em todo Brasil.

J. Simões Lopes Neto recolheu-os no Rio Grande do Sul. Em todo o Norte do Brasil eles existem. O "pelo-sinal da Beata", dedicado ao General Junot, é evidentemente de Portugal.

Em mais alta percentagem os "pelo-sinais" têm um tema único e se dirigem a uma só entidade.

### 1

Esta família sacrílega,
Autora da fradaria,
Há de ser castigada um dia
Pelo Sinal...

### 2

Doutor Vicente Pereira
Do engenho Guaporé,
Eu sei como você é
Pelo Sinal...

Um modelo raro é o que transcrevo. Não se dirige a ninguém e parece mais ser obra de um desocupado neurastênico:

### 1

Sendo eu desconfiado
De bicho magro e tinguim
Pois conheço gente ruim
Pelo Sinal.

### 6

Raspando carne dos ossos,
Quebrando lenha nos matos
Sempre chamo aos carrapatos,
Inimigos.

### 2

Há gente de todo mal
E pra que seja primeiro
Carrega até o dinheiro
Da Santa Cruz.

### 7

Livra-te bem dos amigos,
Corra de todo doutor
Quando fizer o favor
Em Nome do Padre...

### 3

Guardai-me o Bom Jesus
De faca, copo, atoleiro,
De bala de cangaceiro
Livre-nos Deus.

### 8

Com bondade ou sem bondade,
Tenha medo do escrivão.
Ele diz que é má-tenção
Do Filho.

### 4

Miunça e roçados teus
Guarda bem no teu cantinho
Se não o leva mansinho
Nosso Senhor.

### 9

Seja homem dum só trilho.
Desconfie do boi ladrão.
Peça toda proteção
Do Espírito Santo.

### 5

Com delegado-doutor
Em negócio não se veja
Embora diga que seja
Dos Nossos.

### 10

Aqui fico no meu canto,
Rezando o Pelo-Sinal,
Pra que me livre do Mal,
Amém!

Uma "Ave-Maria" de Leandro Gomes de Barros, a "Ave-Maria da Eleição":

### 1
No dia da eleição
O povo todo corria,
Gritava a oposição –
Ave-Maria!...

### 2
Viam-se grupos de gente
Vendendo votos na praça,
E a urna dos governistas
Cheia de graça.

### 3
Uns a outros perguntavam:
– O senhor vota conosco? –
Um chaleira respondeu: –
Este O SENHOR É CONVOSCO.

### 4
Eu via duas panelas
Com miúdos de dez bois,
Cumprimentei-a, dizendo:
Bendita sois.

### 5
Os eleitores com medo
Das espadas dos alferes,
Chegavam a se esconder
Entre as mulheres.

### 6
Os candidatos andavam
Com um ameaço bruto,
Pois um voto para eles
É bendito fruto.

### 7
Um mesário do Governo
Pegava a urna contente,
E dizia – "Eu me gloreio
Do vosso ventre"!

Leandro Gomes de Barros, o mais fecundo de todos os poetas sertanejos, não empregou nesse "pé-quebrado" a disposição clássica. O vate popular José Francisco de Lima escreveu uma "Ave-Maria", no modelo antigo e com a exceção de não ser uma sátira. Aí deixo uma cópia fiel:

### 1
Oh! Deus de misericórdia
Que nos deseja amparar
Se vós não nos ajudá,
Ave Maria.

### 2
Seja sempre nossa guia,
Maria, Mãe de Jesus,
Nos cubra com vossa luz,
Cheia de graça.

### 3

Sem vossa luz não se passa,
Eu desejava seguir,
Depois de morto sentir,
O Senhor é convosco.

### 4

Seu poder seja conosco,
Oh mãe do Verbo Encarnado,
Estamos certificado
Bendita sois vós.

### 5

Nos socorra sem demora,
Vós nos pode socorrer,
Espalhando seu poder,
Entre as mulheres.

### 6

Sois a dona do mister
Pra com ele vos valer
Pois tivesses em seu poder
Bendito é o Fruto.

### 7

Não nos deixe absoluto
Sofrendo tanto rigor
Pois vos peço por amor
De vosso ventre.

### 8

Vossa luz marche na frente
Nos levando ao criador
Seja sempre em meu favor,
Jesus...

Os versos sobre o "Padre-Nosso" também tiveram época. Durante a questão religiosa, o poeta natalense Lourival Açucena (1827-1907), mação convicto que fazia versos para as procissões e era devoto de Nossa Senhora da Apresentação, escreveu uma série de decassílabos que fez sucesso. Não sei de outro exemplo. O "Padre-Nosso" de Lourival Açucena saiu no nº 5 do "Eco Miguelino", em Natal, 29 de setembro de 1874:

### 1

Lá desse trono excelso e radiante
Onde justo exerceis o poder vosso,
Compassivo atendei as nossas preces,
Divino Criador, oh *Padre Nosso*.

### 2

Os Bispos dom Vital e dom Antônio,
Estes homens fatais, estes dois réus,
Torcendo a santa Lei do vosso Filho,
Conspiram contra Vós, *que estais no Céu*...

A poesia mnemônica, especialmente os "pelo-sinais", outrora divulgadíssimos, constitui hoje exceção entre os cantadores ou pessoas amigas de recitativos. Era comum, há muito tempo, dizer-se, sobre qualquer caso: *fizeram um pelo-sinal*. Hoje os sinais são outros...

As orações parafraseadas em versos são antigas e já mencionadas no século XVI. O Padre Dr. Diogo Mendes de Vasconcelos, cônego da Sé de Évora, falecido em dezembro de 1599, é autor de uma "Oração do Padre Nosso e Ave Maria em verso latino e português", editada por André de Burgos, em Évora, sem data, segundo informação de Ricardo Pinto de Matos ("Manual Bibliographico Portuguez", p. 395, Porto, 1878).

Desde o século XVI há menção, entre nós, de orações rimadas. Além do popularíssimo "Ofício de Nossa Senhora", com a divisão simbólica das oito horas canônicas, já o Padre Fernão Cardim mencionava as rezas em versos, habitualmente ditas pelos sacerdotes da Companhia de Jesus. Assim regista ele, no segundo dia em que chegara a Pernambuco (15 de julho de 1584): "*se festejou dentro de casa, como cá é costume, o martírio do Padre Inácio de Azevedo e seus companheiros com uma oração em verso no refeitório*". E na recepção que os irmãos-estudantes fizeram ao Visitador "*recitou-se uma oração em prosa, outra em verso*" ("Tratados da Terra e Gente do Brasil", p. 327-328).

A característica das orações versificadas sertanejas sempre foi a sátira. As exceções dizem de sua mesma raridade. Era ainda um resquício da tradição clássica literária. Gregório de Matos escrevera o "Anjo Bento" e Pedro Batista encontrou no sertão paraibano cinco quintilhas terminando pelo "*libera nos Domine...*" e as divulgou no seu livro biográfico "Cônego Bernardo" (1933):

> De homens mal-encarados,
> de partos atravessados,
> de passar em Afogados
> quando está cheia a maré...
> LIBERA NOS DOMINE!

E cita, oportunamente, versos colhidos por Lehmann-Nitsche no Peru:

> *De hombre sin nombre,*
> *mujer sin pudor,*
> *de carta sin firma*
> *y sastre hablador:*
> *LIBRANOS SEÑOR...*

É um gênero meio-morto no folclore sertanejo. O vasto material existente vive na memória dos velhos, na ressurreição ocasional das citações.

# PELO-SINAL DE JUNOT

O Sr. Gustavo Barroso recolheu esse "Pelo-Sinal" no Ceará onde era conhecido como o "Pelo-sinal da Beata" e o publicou em seu livro "Ao Som da Viola" (p. 469-470), ed. Leite Ribeiro, Rio de Janeiro, 1921.

Trata-se de "pé-quebrado" de origem portuguesa, vindo na época da transmigração da Família Real para o Brasil em 1808. Paul Brandão, o historiador de "El-Rei Junot", não encontrou em Portugal esse interessante documento da repulsa popular contra o General Andoche Junot que Napoleão mandara governar a terra lusitana. A forma dialogada desse "pelo-sinal" é ainda uma outra raridade no folclore poético:

### 1

Comadre, conhece o Junot?
Eu nunca o cheguei a ver!
Pois o podia conhecer
Pelo sinal.

### 2

É francês o general
Impostor e usuário.
E ainda mais adversário
da Santa Cruz.

### 3

Santo nome de Jesus!
E não haver quem dê cabo
De semelhante diabo!
Livre-nos Deus.

### 4

Os malignos dos Judeus,
Segundo o que se tem visto,
Não fizeram tanto a Cristo,
Nosso Senhor.

### 5

Tomara eu por favor
Que os seus pérfidos soldados,
Andassem bem separados
dos nossos.

### 6

Não há quem lhe quebre os ossos,
Já que trouxe cá, o vil
Mais de cinquenta mil
Inimigos.

### 7

Temendo acaso os perigos
Dos que não lhe fazem mal,
Até obteve a Pastoral
Em nome do Padre,

### 8

Olhai, senhora, comadre,
O pai viveu de roubar:
O que havia, então, a esperar
do Filho,

### 9

Faz sem pejo o peralvilho
De todo convento praça:
Paulistas, Jesus e Graça
E do Espírito Santo.

### 10

Não haverá quem a um canto
Lhe dê estalo tão forte
Que o ponha às portas da Morte?
Amém!

# PELO-SINAL DOS "FARRAPOS"

J. Simões Lopes Neto publicou esse "pelo-sinal" com o nome de "Persignação" com a data de 1835, em plena guerra "farroupilha" no Rio Grande do Sul. "Cancioneiro Guasca", p. 197-198, 2ª edição, Echenique & Cia., Pelotas, 1917. É uma página viva do populário gaúcho sob o velho modelo português dos "pelo-sinais":

### 1

Tristes tempos malfadados,
Nunco vistes maravilhas,
Distinguem-se os Farroupilhas
pelo sinal,

### 2

De pistola, de punhal,
A vaga, raivosa gente,
Assola o continente
da Santa Cruz,

### 3

Chamam-nos Caramurus[I]
Nos ameaçam de saque:
Mas, de semelhante ataque
Livre-nos Deus,

### 4

As leis andam a boléos,
O povo tremendo, foge:
Bento Gonçalves é hoje[II]
Nosso Senhor,

### 5

Os que furtam sem pudor,
Espancam os seus patrícios,
Chamam-se, sem artifícios,
dos nossos

### 6

Os que, temendo alvoroços
Querem viver retirados,
Logo são apelidados
Inimigos.

### 7

Dizem inda tais amigos
Que há de Caldas governar[III]
Que a lei se há de ditar
Em nome do Padre,

### 8

No entanto anda o compadre
Do compadre dividido,
Foge a esposa do marido
E do Filho,

### 9

Grande Deus! Eu me humilho
Ante vossa divindade!
Mandai-nos a claridade
Do Espírito Santo.

### 10

Enxugai o nosso pranto,
Acalmai nossa discórdia;
Por vossa misericórdia,
Amém, Jesus!

I – CARAMURU, alcunha dada aos fiéis legalistas rio-grandenses-do--sul. Os legalistas imperiais também eram cognominados "camelos" e "galegos". O nome mais popular dos insurretos era "farrapos", "farroupilha". O populário gaúcho ainda guarda os versos dessa luta que durou dez anos:

### 1

Tenho uns arreios velhos,
Carona de couro cru,
Com que pretendo ensilhar
O Partido *Caramuru*.

### 2

Oh *galego*, talão grosso,
Cara dura, unha de gancho,
Hei-de correr-te a rebenque
Se pisares no meu rancho.

### 3

Mais vale uma farroupilha
Que tenha uma saia só,
Do que duas mil *camelas*,
Cobertas de ouro em pó.

II – BENTO GONÇALVES DA SILVA, a figura máxima da revolução farroupilha, presidente da República de Piratini, general em chefe das tropas republicanas, nasceu na Freguesia de Triunfo a 23 de setembro de 1788 e faleceu na Povoação de Pedras Brancas a 15 de julho de 1847. Gaúcho típico, voluntarioso, arrebatado, valente, teve derredor de si, em vários anos, uma verdadeira onda de fanatismo.

III – JOSÉ ANTÔNIO DE CALDAS, padre, 1783-1850. Nascera na Província das Alagoas. Espírito inquieto, trepidante, irregular, foi deputado-geral por sua terra à Constituinte Brasileira. Esteve mais ou menos complicado em todas as revoluções. Preso, fugiu da prisão e refugiou-se no Uruguai. Serviu de capelão militar junto a Lavalleja contra o Brasil, na batalha de Passo do Rosário. O Governo do Brasil cassou-lhe a cidadania que só voltou a conceder em 1839. Seus planos políticos, suas reviravoltas, seu incessante dinamismo, fazem dele uma personalidade curiosa e digna de estudo. Aurélio Porto fixou magnificamente sua individualidade. Ver nas "Publicações do Arquivo Nacional", v. XXXI, p. 521, Rio de Janeiro, 1935, as notas de Aurélio Porto ao "processo dos Farrapos".

# Salve-Rainha dos Luzias

O Partido Liberal em Pernambuco era conhecido como o Partido Praieiro por ter seu órgão as oficinas na Rua da Praia em Recife. A rebelião praieira durou de novembro de 1848 a março do ano imediato, com perdas de vidas, tropelias e prejuízos. Foi uma explosão local de política exaltada, intolerante e pessoal. A popularidade dos praieiros deixou funda tradição no folclore. As figuras de alguns chefes, o Desembargador Nunes Machado, morto em refrega, Pedro Ivo, o lendário soldado, tiveram as honras de vasta poética anônima e assinada. Para bibliografia da Rebelião Praieira, ler: "Chronica da Rebelião Praieira", Figueira de Melo; "Apreciação da Revolta Praieira", Urbano Sabino; "Um Estadista do Império", Joaquim Nabuco, o 1º volume.

A "Salve-Rainha" alude aos "luzias" deportados para a Ilha de Fernando de Noronha, presídio militar. "Luzias" eram chamados os Liberais, alcunha irônica que lhes recordava a derrota sofrida no Arraial de Santa Luzia, em Minas Gerais, a 20 de agosto de 1842.

*Saquarema* era o nome dado ao Partido Conservador do Império por ter um dos seus chefes mais prestigiosos, Joaquim José Rodrigues Torres (Visconde de Itaboraí, 1802-1872) uma fazenda de repouso em Saquarema, na Província do Rio de Janeiro. O Visconde de Itaboraí foi dez vezes Ministro de Estado.

Pereira da Costa dilvugou essa "Salve-Rainha" às páginas 546 e seguintes de seu "Folclore Pernambucano" (*in* "Revista do Instituto Histórico Brasileiro", t. LXX, parte II, Rio de Janeiro, 1908):

### 1

Valei-me, Mãe piedosa!
Prostrados, vos adoramos
E sempre vos proclamamos:
Salve, Rainha!

### 2

Os monstros de fé mesquinha,
Não somente nos empecem,
Como não vos reconhecem
Mãe de Misericórdia.

### 3

Sois na trina concórdia
Mãe e filhos oprimidos:
Dai-nos, em vez de gemidos,
Vida e doçura.

### 4

Esmigalhai a pedra dura,
Que fende a nau do Estado:
Sois lá do Eterno ao lado,
Esperança nossa.

### 5

Esta Pátria já foi vossa,
E por vossa maternidade,
Donde nos veio liberdade
Deus vos salve!

### 6

O povo Luzia se ressalve
Dos escravos Saquaremas;
Contra seus estratagemas
A vós bradamos.

### 7

Em vós sempre confiamos:
E do sul, lá no degredo,
Não se aterram, não têm medo
Os degradados.

### 8

Só Saquaremas malvados,
Governam com perseguição!
Enjeitados!... eles não são
Filhos de Eva.

### 9

Nossa aflição se eleva
Muito além do sofrimento:
Em nosso padecimento
A vós suspiramos.

### 10

Pelos Luzias vos rogamos:
Com a lei do quero-e-mando
Estão de Noronha em Fernando,
Gemendo e chorando.

### 11

Oh! se hoje eles lutando,
Sofrem com tal resignação,
Algum dia livres serão
Neste vale de lágrimas!

### 12

A par de tantas lástimas,
Quase feitas a trabuco,
Nos dirá o velho Pernambuco
Eis pois!

### 13

Mostrai que meus filhos sois!
Na dor, na minha agonia,
Recorrei à Virgem Maria
Advogada nossa!

### 14

Com a dor, quanta ser possa,
Disse: Vede nossos conflitos!
Lançai a meus filhos aflitos,
Estes vossos olhos!

### 15

Em tempo de outros abrolhos
Quando os Lusos me respeitaram,
Eles para mim se mostraram
Misericordiosos!

### 16

Os holandeses valorosos
Contra os Lusos se atiravam!
Os ingratos a mim bradavam:
A mim volvei!

### 17

Libertai-nos daquela grei!
Oh! Dor, e hoje os malvados
Contra mim estão armados
E depois

### 18

Como de Jesus mãe sois,
Dai a meus filhos guarida,
Antes da última partida
Deste desterro!

### 19

Velho sou mas não me aterro
Com bravatas saquaremas!
Quebradas suas algemas
Nos mostrai!

### 20

A estes monstros profligai
Pelo mal que nos fizeram:
São iguais aos que prenderam
A Jesus!

### 21

Esta é a terra da Santa Cruz,
Na qual liberdade nos deu
A quem Deus reconheceu
Bendito fruto!

### 22

Com este salvo-conduto
Quis dos céus a terra descer,
Dignando-se também nascer
Do nosso ventre!

### 23

Permiti, pois, que não entre
Meu Povo em alguns delírios:
Dai fim a tantos martírios,
Oh Clemente!

### 24

Os Saquaremas; vis entes,
Sempre, sempre abominei-os!
Os meus Luzias, defendei-os
Oh Piedosa!

### 25

Sois Rainha poderosa
Nossa única Senhora!
Sede nossa Protetora,
Oh Doce!

### 26

Eu espero que se adoce
A dor do meu coração!
Tendo de nós compaixão,
Sempre Virgem Maria!

### 27

Eu e o meu povo Luzia,
Somos da paz defensores,
Somos dela zeladores:
Rogai por nós!

### 28

Oh! Pai! Filho, amor e vós
Salvem o Povo Brasileiro
Que é da terra do Cruzeiro,
Santa Mãe de Deus!

### 29

Os Saquaremas e os seus
Levaram o primeiro ao fundo!
Querem o mesmo ao segundo!
Para quê?...

### 30

Mas, para com certeza e fé
Nós não vermos tais desgraças
Fazei que das vossas graças
Sejamos dignos!

### 31

Os Saquaremas indignos
Vivam quais Judeus errantes!
Não sejam participantes
Das promessas de Cristo!

### 32

Como são o Anticristo
Da liberdade brasileira,
Sofram perpétua lazeira
Para sempre, amém, Jesus!

# Ciclo do Gado

## A) Vaquejadas e Apartações

Na literatura colonial não há registo das "Vaquejadas" como as conhecemos no Nordeste brasileiro. Viajantes, mercadores, naturalistas, aventureiros, traficantes de escravos, todos quantos deixaram impressões sobre o Brasil dos séculos XVII e XVIII e princípios do XIX, assistiram festas inumeráveis mas nenhuma parecia com as nossas "apartações" e derrubadas de gado. Como em Portugal, especialmente durante o século XVIII, as touradas dominaram, veio o costume para o Brasil mas não se aclimatou no Norte.

Em São Paulo, Minas Gerais e Rio de Janeiro "corria-se" o touro, com farpas ou aguilhão. Assim Saint-Hilaire viu no Rio Grande do Sul, La Barbinais na Bahia, o Príncipe de Wied-Neuwied nas fronteiras baianas--mineiras. A "cavalhada" paulista e mineira, tão comum nas festas espaventosas de nascimento real ou comemoração de predicamento municipal, limitava-se à "corrida da argolinha" como em Portugal. Depois seguiam-se provas de destreza, apanhar objetos no solo na disparada da galopada, quadrilhas equestres, com mudanças, chaças e volteios, jogos de bolas. Quando o touro surgia era para ser "picado" à castelhana, com quadrilhas e bandarilheiros, capas vermelhas e "sortes" finais de espada. Assim em São Paulo, nas festas da elevação da vila a cidade, 1712, o Coronel Antônio de Oliveira Leitão recebeu uma ovação entusiástica por ter decepado com a espada a cabeça de um touro.

Nenhuma festa tinha as finalidades práticas das "apartações" do Nordeste. Criado em comum nos campos indivisos, o gado, em junho, sendo o inverno cedo, era tocado para grandes currais, escolhendo-se a fazenda maior e de mais espaçoso pátio de toda ribeira. Dezenas e dezenas de vaqueiros passavam semanas reunindo a gadaria esparsa pelas serras e tabuleiros, com episódios empolgantes de correrias vertiginosas. Era também a hora dos negócios. Comprava-se, vendia-se, trocava-se. Guardadas as reses, separava-se um certo número para a "vaquejada". Puxar gado, correr ao boi, eram sinônimos. A "apartação" consistia na identificação do gado de cada patrão dos vaqueiros presentes. Marcados pelo "ferro" na anca, o "sinal" recortado na orelha, a "letra" da ribeira, o animal era reconhecido e entregue ao vaqueiro. A reunião de tantos homens, ausência de divertimentos, a distância vencida, tudo concorria para aproveitar-se o momento. Era um jantar sem-fim, farto e pesado, bebidas de vinho tinto e genebra, aguardente e "cachimbo" (aguardente com mel de abelha). Antes, pela manhã e mais habitualmente à tarde, corria-se o gado.

Vacas, bezerros, bois velhos, eram afastados. Só os touros, novilhos e bois de era mereciam as honras do "folguedo". Alguns homens, dentro do curral onde os touros e novilhos se agitavam, inquietos e famintos, tangiam, com grandes brados, um animal para fora da porteira. Arrancava este como um foguetão. Um par de vaqueiros corria, lado a lado. Um seria o "esteira" para manter o bicho numa determinada direção. O outro derrubaria. Os cavalos de campo, afeitos à luta, seguiam como sombras, arfando, numa obstinação de cães de caça. Aproximando-se do animal em disparada, o vaqueiro apanha-lhe a cauda (bassôra) envolve-a na mão, e puxa, num puxão brusco e forte, é a *mucica*. Desequilibrado, o touro cai, virando para o ar as pernas, entre poeira e aclamações dos assistentes. Se o animal rebola no solo, patas para cima, diz-se que o *mocotó passou*. É um título de vitória integral. Palmas, vivas, e corre-se outro bicho. Quando não conseguem atingir o touro espavorido pela gritaria, dizem que o vaqueiro *botou no mato*. E é caso de vaia...

Ao pôr do sol, acabava-se. O jantar mantinha-os em jovialidade, narrando façanha, revelando derrotas alheias. Indispensavelmente havia um ou dois cantadores para "divertir". O cantador, analfabeto quase sempre, recordava outras apartações, outras vaquejadas famosas, ressuscitando nomes de vaqueiros célebres, de cavalos glorificados pela valentia. Cantava-se a desafio até madrugada. Pela manhã, ao lento passo da boiada, os vaqueiros se dispersavam, aboiando...

Falta apenas saber-se de onde nos veio o hábito de derrubar o boi puxando-o pela cauda. Não me foi possível deparar com exemplo nos livros de viajantes antigos. Henry Koster descreve o sertão e o vaqueiro com aquela fidelidade seca que lhe mereceu de Richard Burton o epíteto de *the accurute Koster*, mas lembra apenas a vara de ferrão bruscamente tocada no flanco do animal.

Lorsqu'il atteint le boeuf, il le frappe de sa lance dans le flanc, et, s'il le fait avec adresse, il le renverse.

KOSTER, "EN AMÉRIQUE, Brésil", trad. de M. A. Jay, v. 1, p. 266, Paris, 1846.

O Príncipe de Wied-Neuwied vê o mesmo nos sertões fronteiros de Bahia e Minas Gerais em 1816. Os desenhos de Debret e de Rugendas trazem cenas de pegas de touros sempre com aguilhada e laço. Para o Nordeste a "Boleadeira" ficou desconhecida e o laço pouco seguido. A derrubada com a vara de ferrão foi, incontestavelmente, a primeira forma, a mais comum e dela a poética tradicional conserva vestígios abundantes.

Nos versos do Boi Pintadinho ("Cancioneiro do Nordeste", p. 224):

1

O cabra partiu a mim,
Porém veio de meia esgueia,
Desviou-se da cabeça
Pressionou-me na sarneia.

2

Eu com a dor do ferrão,
A ele me encostei:
De debaixo de suas pernas,
O cavalo lhe matei.

Do "Rabicho da Geralda", versos de 1792:

Antes que de lá saísse
Amolou o seu ferrão;
Onde encontrar o Rabicho
Dum tope o boto no chão.

Do "Boi Espácio":

Lá vem seu Antônio do Monte
Com sua lança na mão;
Rendam armas, camaradas,
Vamos botar o boi no chão!...

Da "Vaca do Burel":

Senão podem botar no chão,
Eu meto a minha aguilhada.

Irineu Jofili ainda alcançou a vara de ferrão empregada ao mesmo tempo que a derruba pela cauda.

A queda era motivada por um forte e rápido impulso lateral que o vaqueiro dava, ou puxando na cauda da rês – QUEDA DE RABO – ou por meio do ferrão de sua aguilhada – QUEDA DE VARA; e quando o impulso era tal que, na perda do equilíbrio, a rês girava sobre o lombo, chamavam "virar o mocotó": e essa prova de destreza fazia o orgulho desses centauros.

Ainda no "Cancioneiro do Norte", Rodrigues de Carvalho transcreveu versos sobre uma "apartação" e não alude à derrubada pelo puxão da cauda:

Na sexta por todo o dia
Corre apartação geral,
Muito Gado no curral,
Nas porteiras em porfia,
Todo Zé Povo aprecia.

Trepado pelos varões
Vendo os touros nos ferrões
E a boa cavalaria,
É um samba de alegria,
Um dia de apartação...

"Zé Povo" e a rima "aprecia", em vez da popular "apriceia", dizem que os versos são mais ou menos recentes e de semiletrados. Tudo, pois, leva a crer que a vaquejada atual é uma reminiscência das antigas "quedas de vara", segundo Jofili e datarão de uns oitenta anos. A *queda-de-rabo*, a derrubada pela mucica,[13] não era conhecida pelos nossos vaqueiros até a Maioridade. Não há traços nem alusão nos versos populares, melhores documentos da vida sertaneja de outrora.

Não há "apartação" sem vaquejada mas são atos diversos. Vaquejar, na acepção legítima, é apenas procurar o gado para levá-lo ao curral. Hoje a apartação rareia. Todo sertão está sendo cercado. A pecuária possui métodos modernos. Já apareceram veterinários. A maioria do gado é "raceado", filho de reprodutores europeus ou adquiridos em Minas Gerais. Não sabem esses bois atender ao "aboio". Não são bons para *puxar*. São touros pesadões e caros, ciúme dos donos que não desejam ver perna quebrada em quem lhes custou dinheiro grosso. O algodão assenhoreou-se das terras. O vaqueiro "encourado", com sua armadura cor de tijolo, suas esporas de prateleira, seu gibão medieval, seu guantes que apenas cobrem o dorso da mão, recua. Recuam os vaqueiros e com eles desaparece a "gesta" secular e anônima dos heroísmos sem testemunhas e das coragens solitárias e atrevidas.

Voltando do sertão do Seridó, tardinha, o auto, numa curva, deteve-se para uma verificação. Cada minuto os caminhões, os ônibus cheios de passageiros, passavam, levantando poeira nas estradas vermelhas e batidas. Iam fazer em horas o que se fazia em dias inteiros de comboio. Bruscamente, numa capoeira, saiu um boi mascarado. O pequeno tampo de couro não o deixava ver senão para baixo. Vinha tropeçando, num choto curto e áspero. Perto, encourado, orgulhoso, um vaqueiro moço, louro, a pele queimada de sol, seguia, num galope-em-cima-da-mão,

---

13 Mucica – corr. *mô-cyca*, fazer chegar; puxar para si, o puxão. Dar a *mucica* é derrubar a rês, na carreira, por meio de um puxão pela cauda, dado pelo cavaleiro ou vaqueiro que com ela se emparelha. Teodoro Sampaio – "O tupi na Geografia Nacional", p. 267.

aboiando. Todas as cidades derredor estavam iluminadas a luz elétrica e conhecem o avião, o gelo e o cinema. O vaqueiro aboiando, como há séculos, para humanizar o gado bravo, era um protesto, um documento vivo da continuidade do espírito, a perpetuidade do hábito, a obstinação da herança tradicional. Fiquei ouvindo, numa emoção indizível. Mas o automóvel recomeçou o ronco do motor. E no ar melancólico a plangência do aboio era apenas uma recordação...

As poesias de vaquejada e apartação são em número menor e estritamente locais. Narram as habilidades dos vaqueiros e descrevem a assistência, o coronel, o vigário, os fazendeiros, as palmas, as vaias, o jantar abundante, os cavalos velozes e os animais felizes que escaparam, núcleos de futuras "gestas" ou os que foram atirados brutalmente no chão numa nuvem de pó.

| | |
|---|---|
| Perseguiram um novilho | Miguel Barbosa foi páreo |
| Que pelo pátio estirou... | Treze com Isidro Machado. |
| Torquato fazendo esteira, | Barbosa deu tal mucica |
| Francisco tarrafiou | Em um boiato lavrado |
| E deu tal queda no bicho | Que o bicho morreu da queda, |
| Que o mocotó passou!... | Tendo o pescoço quebrado. |

Naturalmente essas versos não podem ter a vibração e despertar o interesse daqueles que cantam as aventuras das suçuaranas, dos touros bravos, dos bois perdidos, em disparadas fantásticas pelos carrascais e serrotes, em plena liberdade selvagem. Os versos das apartações e vaquejadas, depois de ouvidos alguns, ficam monótonos pela uniformidade do assunto. Há, entretanto, necessidade em transcrever aqui uns versos de Fabião das Queimadas (1848-1928) descrevendo uma vaquejada na Fazenda "Potengi Pequeno", Município de São Tomé, no Rio Grande do Norte, realizada em outubro de 1921, na casa de Manuel Adelino dos Santos. É um documento fiel da técnica dos cantadores, isto é, dos glosadores, para o registo de acontecimentos futuramente aproveitados. Em vez de deter-se em narrar a vaquejada, o velho Fabião apaixona-se por um novilho cabano (de orelhas pendentes) que não foi alcançado pelos vaqueiros. Insensivelmente o cantador encarna o animal, descreve seu orgulho, sua alegria de derrotar os melhores parelheiros da redondeza. Pela voz do negro poeta o animal saúda ironicamente os cavalos, manda lembrança aos vaqueiros e anteprepara uma "gesta" que outro cantador fará, a perseguição do novilho tornado célebre. Também é de notar-se a convicção que Fabião das Queimadas tinha do seu próprio mérito, de sua presença indispensável e gloriosa. A banalidade dos versos é esquecida pela fidelidade completa com que o "glosador" retrata e comenta as cenas assistidas:

1

Eu peço a Vamicês todos
Os senhores que aqui estão,
Olhe lá, escute bem,
O que que diz Fabião,
Vou contar o sucedido
De uma apartação.

2

Que houve no Potengi
Em casa do Adelino,
Juntou-se um pessoal,
Home, muié e menino,
Tava até um bom vigário
Mandado por Deus divino.

3

O vigário disse a missa
E veio pra apartação.
Convidou o Adelino
Pra vê a vadiação
E veio com muita gente,
Conduzindo o sacristão.

4

E não quis saber da casa,
Atrepou-se num mourão,
Passou o dia no sol,
Vendo botar boi no chão,
Se rindo e gostando muito,
Batendo palma de mão...

5

Chegou Manuel Adelino:
– Vá pra sombra, seu Vigaro.
Ele disse: – Eu lá não vou,
Isso pra mim é ragalo.
Quero ver nesta corrida
Quem são os milhor cavalo.

6

Gritou Manuel Adelino
Com os curral cheio de gado,
Mais de 200 cabeças,
Vinte touro separado:
– Quem tiver cavalo, encoste,
Que os touro estão jejuado...

7

Tornou a dizer de novo
Ali aos seus camarada:
– Boi e vaca que morrer
Hoje, de perna quebrada,
Tudo é para se comer
A mim não se deve nada.

8

Ficou o povo animado
Com as palavras do patrão.
– Vamo agora comer muito
Farofa, carne e pirão...
Até eu estive lá
Também dei meu empurrão...

## 9

Correu um touro cabano,
Este rajado da cor,
Foi tirado cinco vez
E cavalo nenhum tirou,
Bateram palma e dissero:
– Já vi bicho corredô...

## 10

E tinha cavalo bons
Ali nesta apartação;
"Veneno" da Serra Azul,
"Castanho" da Divisão,
O "Medalha" do Satiro
E o "Pedrês" do sertão.

## 11

Tinha o cavalo "Veado"
Do senhor José Ferreira,
Que nunca correu a touro
Que não levantasse a poeira,
Mas o dono esmoreceu
Quando me viu na carreira...

## 12

O "Pedrês" do sertão
Tem fama no Acari,
Correu muito em Caicó,
Conceição do Sabugi,
Hoje está logrando fama
Na ribeira Potengi.

## 13

Logo eu tive uma fortuna
Que me safei bem contente,
No dia da apartação
Achei "Medalha" doente,
Porém pude conhecer
Qu'era cavalo de frente...

## 14

O "Medalha" e o "Pedrês"
Corriam sempre irmanado,
Um duma banda, outro doutra,
E eu no meio emprensado,
Porém sempre me safando
Pois corria com cuidado.

## 15

Fui jurado neste dia
Do "Medalha" e do "Pedrês".
Com'eles não me pegaro
Fui jurado pr'outra vez
Para outra apartação
Que se juntasse nós três...

## 16

Dê-me lembrança ao cavalo
De Zé Lopes da Condessa,
Que veio a mim com muito roço,
Mas tirei-o da suspeita,
Esses cavalinho novos
A mim não me faz careta.

## 17

Dê-me lembrança ao cavalo
Do senhor José Lebora
Qu'eu sei que é corredô
Pra pegá boi não demora,
Mas porém nas minhas unha
Não pôde cantá vitora...

## 18

Dê-me lembrança ao cavalo
"Veneno" da Serra Azu,
E o "Veado" do Ferreira
Qu'é mesmo que um garapu.
Esses ainda chegarum
Perto do meu mucumbu.

### 19

Lembrança ao cavalo velho
"Castanho" da Divisão,
Está com 22 ano,
Porém não dá seu quinhão,
Ainda pode vadiar
Em qualquer apartação.

### 20

O que foi de cavalo bons
Todos correram a mim
Porém não teve nenhum
Que me quebrasse o cupim,
Eu não fui com o lombo ao chão
Nem amassei o capim.

### 21

O "Veneno" da Serra Azul
Inda saiu me pisando,
No arranco da porteira,
O vaqueiro foi pegando,
Mas tinha o pátio ao meu favor
Depressa me fui safando...

### 22

Lembrança aos vaqueiros todos
Que vinham em bons cavalo,
Que correram atrás de mim
Mas porém não me pegaro.
E eu dei tabaco a todos
Na presença do Vigaro...

### 23

Lembrança a José Ribeiro
E também a Aureliano
E aos camaradas dele.
Dê-me lembrança que eu mando,
Se a morte não me matar,
Adeus, até para o ano...

### 24

Dê-me lembrança também
Ao velho José Catita,
Que ele já é home velho
Mas ficou comigo em vista,
Que a carreira do cabano
Ele achou muito bonita.

### 25

Dê-me lembrança a Ovídio,
Filho de senhor Macio,
Que também gostou de ver
A carreira do "nuvio"...
E ao camarada dele.
Chamado Manué Bazio.

### 26

Tem aí dois camarada
Ou'esses me ficar atrás,
Dê-me lembrança que eu mando,
Ao senhor Manué Morais,
E um camarada dele
Chamado Bento Tomaz...

### 27

Elpídio mais Bernardino,
Home puchadô de gado,
Mas tivero uma desculpa
Porque estavum mal montado,
Porém levaram em lembrança,
O cabaninho rajado...

### 28

Matou-se uma vaca gorda
Mode comer panelada.
Comeu-se mais outras duas,
Que foi de perna quebrada,
Quando foi no fim da festa
Todas três tavum acabada...

### 29

Quand'uma quebrava a perna,
O patrão criava fogo.
Dizia logo pra mulher:
– Nós temos carne de novo,
Toque fogo na panela,
Pra dar de comer ao povo.

### 30

Gritava o filho Pedro,
Com uma venda de "molhado"
E outra só de "fazenda",
E muito dinheiro guardado:
– Meu Pai não esmoreça,
Quero vê falá arrojado...

### 31

Gritava seu Adelino,
Falava dona Janoca,
De vez em quando botava
Ela a cabeça na porta:
– Se eu ganhar dentro do samba
Hoje o diabo se sorta!

### 32

Entrava dona Janoca
Pra dentro do cupiá,
Vinha a porta de diente,
Vê o povo derrubá
– Meu veio a mesa tá pronta,
chame o povo pra jantá...

### 33

Era povo em demasia,
Que não se podia contá,
Home, muié e menino,
Que chegava a negrejá,
Só se acreditava bem
Foi quem viu, quem estava lá...

### 34

Primeiro entrou o Vigário,
O home de mais valô,
Por ter mais merecimento,
Desde que se ordenou,
Por ser ministro de Cristo,
Mandado pelo Senhô...

### 35

Estava home ilustrado,
Onde um foi seu Mangabeira,
Seu Ulisse e major Afonso,
Seu Duarte e João Siqueira,
O filho de seu Chicó,
O capitão Zé Ferreira...

### 36

Estava seu Sebastião,
França Dias e seu Marinho,
Zé Pedro e Manuel Anrique,
João Batista e seu Toninho,
Estava seu José Claudino
E o cunhado Francisquinho.

### 37

Estava dois home ilustrado,
Home de muito valô,
Moradô na capitá,
Manos do Gunvernador...
Estava também Fabião,
Qu'é poeta glosadô....

### 38

Esteve um moço da cidade,
Chamado Joca Galvão,
Que é casado com a filha
Do Teófilo Barandão,
Retratou o povo todo
E o gado da apartação...

### 39

| | |
|---|---|
| Esteve home ilustrado, | Junto com o sacristão... |
| Doutores e capitão, | Porém nenhum deles faz |
| Onde estava seu Vigaro | O que faz o Fabião!... |

## B) "GESTA" DE ANIMAIS

Para o Nordeste a pastorícia fixou a população. Os velhos "currais de gado" foram os alicerces pivotantes das futuras cidades. As fazendas coincidem como denominadoras das regiões povoadas. Vezes ainda mostram a primitiva "casa-da-fazenda", núcleo irradiante de todo casario agora iluminado a eletricidade e ouvindo rádio. A toponímia recordadora é vultuosa e por si só atesta o prestígio e a vastidão do trabalho pastoril. Das margens do Rio São Francisco vieram vaqueiros e povoaram as sesmarias requeridas, de léguas e léguas, pelos capitães-mores pernambucanos e baianos. A guerra dos índios no século XVII, determinando a ida de centenas e centenas de homens nas forças de repressão, antecipou a penetração das terras entregues aos silvícolas. As fazendas se multiplicaram. O gado era tudo. Capistrano de Abreu chama a "era do couro" porque o couro significava quase a própria economia da época. A pecuária dava, como na Grécia antiga, o sentido de riqueza e de força social. A figura máxima era o fazendeiro, com sua gadaria, seus vaqueiros e trabalhadores do eito. A fazenda não exigia tantos braços como a lavoura. O trabalho era o mesmo para todos, vaqueiros, donos da fazenda e escravos. O isolamento, a distância dos centros que se iam civilizando fazia daquela pequenina população entregue aos cuidados de um homem, um mundo que se bastava. Os cercados de milho, de mandioca, de feijão, de inhame, de jerimu garantiam, como o gado, a subsistência. O leite coalhado, os queijos frescos ou de prensa, os bolos secos e beijus, davam o sabor às refeições breves e silenciosas, sem talher e sem copo, feitas no couro sem mulheres derredor.

Nas grandes festas do ano, São João e Natal, ia-se à missa do povoado. As fazendas maiores tinham suas capelas. Estas são atualmente as Igrejas das cidades sertanejas.

A distração era o cantador. Dedilhando a viola ou arranhando a rabeca, o negro-escravo ou um curiboca "alvarinto", recordava aventuras de cangaceiros ou doces romances de amor. Cantava xácaras portuguesas. O assunto mais sugestivo, depois do desafio, era a história dos entes que povoavam a vida do sertão, bois, touros, vacas, bodes, éguas, as onças, os veados. Essa fauna era evocada com detalhes de localização, indicações de nomes próprios que faziam rir a assistência. Os touros e bois, onças e bodes velozes contavam suas andanças, narrando as carreiras e os furtos cometidos. O auditório, rudes vaqueiros encardidos de sol, veteranos das "catingas" e dos tabuleiros, vencedores dos saltos dos serrotes e das galopadas frenéticas no lombo das serras sem nome, acompanhava num interesse supremo o assunto que era a explicação pessoal de cada um.

Os mais antigos versos são justamente aqueles que descrevem cenas e episódios da pecuária. Os dramas ou as farsas da gadaria viviam na fabulação roufenha dos cantadores.

Às vezes os versos anunciam o ano. Na "décima do Bico Branco", que A. Americano do Brasil recolheu em Goiás, cita-se:

> Na era de cincoenta e quatro,
> Na ribeira do Enforcado,
> A onze do mês de outubro
> Me alembro que fui pegado...

No "A. B. C." do "Boi Prata" que Sílvio Romero diz ser cearense e incluiu no seu "Cantos Populares do Brasil", há outra alusão ao ano:

> A dois de agosto de quarenta e quatro
> Nasci no Saco da Ema;
> Bebi na Lagoa Grande,
> E malhei lá na Jurema...

Dessa antiguidade de função social vêm os versos que retratam o ambiente, focando o motivo essencial do trabalho humano da época. Os versos velhos, aqueles que não podem mais ter reconstituição para o Folclore, são dedicados a bois, a touros, a vacas. Foram escritos e cantados, numa toada triste de xácara portuguesa, em quadrinhas de sete sílabas. Em 1910 ainda ouvi em Augusto Severo, Caraúbas, Açu, no Rio Grande do Norte, em Souza, São João do Rio do Peixe e fazendas na Paraíba, histórias de bois, cantadas. Daí conservei de cor a solfa do boi Surubim.

Muitos destes versos estão misturados com outras "gestas" modernas, confundidos e baralhados na homenagem a outro bicho. Os primitivos eram todos em quadras e, repito, a sextilha denuncia a relativa modelagem recente.

Os velhíssimos romances do Boi-Espácio, do Boi-Barroso, do Boi-Surubim, da Vaca do Burel, foram todos cantados em tom menor e eram em quadras, como a maioria dos registados em Goiás e Mato Grosso onde não se deu maior influência litorânea, modificando a versificação tradicional.

Outro sinal de antiguidade é o fantástico que cerca a figura dos velhos animais glorificados.

Meu Boi nasceu de manhã,
A mei-dia se assinou,
Às quatro horas da tarde
Com quatro touros brigou!

O couro do Boi-Espácio
Deu cem pares de surrão,
Para carregar farinha
Da praia de Maranhão.

O romance do Boi-Espácio, Sílvio Romero mostrou ser contemporâneo às lutas da Independência do Brasil. Alude-se a "marotos", denominação pejorativa dada aos portugueses.

Os cascos do Boi-Espácio
Deles fizeram canoa
Para se passar Marotos
Do Brasil para Lisboa...

E, no romance do Boi Liso, que Pereira da Costa registou no sertão pernambucano, outra indicação de data:

Fui bezerro em vinte e sete,
Em vinte e oito garrote,
No ano de trinta e dois
Passei o golpe da morte.

Não há exemplo, no sertão nordestino, de versos do ciclo do cangaceiro, romances de aventuras, citações de Carlos Magno e dos Doze Pares de França, anteriores às datas registadas nesses versos do ciclo do gado.

No romance "O Rabicho da Geralda", um dos mais tradicionais de todo sertão, vê-se a citação da "grande seca", que é 1792. O historiador cearense Antônio Bezerra de Menezes guardava entre seus papéis uma cópia e afirmou a Rodrigues de Carvalho que a história se passara em Quixeramobim, no ano de 1792. A quadra assim diz:

Chega enfim noventa e dois
Aquela seca comprida
Logo vi que era a causa
De eu perder a minha vida.

Na versão publicada por Sílvio Romero em 1883:

Veio aquela grande seca
De todos tão conhecida;
E logo vi que era o caso
De despedir-me da vida.

Americano do Brasil encontrou uma versão do "Rabicho da Geralda" em Goiás, à margem do Rio Vermelho. Alude aos vaqueiros de Pau Jaú de Fulô (Pajeú de Flores, em Pernambuco) mandados buscar para a captura do boi famanaz. Na parte da seca apenas menciona:

No ano da seca grande,
Daquela seca comprida,
Secaram os olhos d'água
Donde era minha bebida.

Na versão coligida por Sílvio Romero, incontestavelmente a mais antiga e sem maiores interpolações, vários termos são do século XVIII e correntes do sertão. Há tantíssimos anos que ninguém diz "mortório" por funeral e construções ainda lembrando Portugal:

Encontrou Tomé da Silva
Que era velho topador,
– Dá-me novas do Rabicho
Da Geralda, meu senhor?

A curiosidade maior é a identificação do cantador com o seu modelo. A quase totalidade dos versos é anônima e todo sertão repete a obra mas não conhece, e jamais conhecerá, o autor. Sabe-se apenas a história, seguida e concatenada, duma existência bravia, sem cotejos e sem estímulos em cancioneiros ibero-americanos. O poeta sertanejo desaparece inteiramente. Só o animal, touro ou onça, boi ou bode, falará para a memória fiel de gerações de vaqueiros e de cantadores.

### 1

Eu sou o liso Rabicho,
Boi de fama conhecido.
Nunca houve neste mundo
Outro boi tão destemido.

### 2

Na fazenda do Burel,
Nos verdes onde pastei,
Muitos vaqueiros de fama
Nos carrascos eu deixei...

Assim falam, na abertura da odisseia, o boi Rabicho da Geralda e a Vaca do Burel. Assim falam as onças do Sitiá e do Cruxatu:

### 1

Eu sou a célebre onça,
Massaroca destemida,
Que mais poldrinhos comeu,
Apesar de perseguida!
Achando-me perto da morte,
Vou contar a minha vida.

### 2

Sou onça sussuarana,
Filha da onça-pintada,
Sou neta da massaroca,
Trouxe sina de enjeitada,
Nasci no Curral do Meio,
Onde fiz minha morada.

Assim dizem sua loa a "besta" da serra de Joana Gomes no Rio Grande do Norte e a "mateira", veada do populário de Goiás:

### 1

Besta nasci, besta sou,
Apois besta é o meu nome,
Mas besta é os vaqueiro,
Qui nasceru sendo home,
Porque pensavum qu'eu era
O gado da Joana Gome...

### 2

Antes que dê princípio
A contar minha vida,
É de acerto dizer
Aonde fui nascida.

### 3

Eu nasci numa fazenda
Rica de capão e mata,
A qual se me não engano,
É a fazenda do Prata.

Assim o Boi Vítor e o Pintadinho:

### 1

Digo eu, boi do Vítor,
Desta terra bem conhecido,
A grandeza do meu nome
Neste mundo tem corrido.

### 2

Eu sou o boi Pintadinho,
Boi corredor de fama,
Que tanto corre no duro
Como na várzea de lama...

A "gesta" dos animais é a mais tradicional e querida pelos sertanejos. Sua abundância de outrora com a raridade de sua existência presente, marcam o predomínio e o declínio da pecuária nordestina.

# Solfa do "Boi-Surubim"

O "romance" do Boi-Surubim é um dos mais antigos e de maior área de influência. Todo o Nordeste conhece a música característica e alguns versos são cantados em toda parte. O "romance" completo não me foi possível obter. Sílvio Romero recolheu uma versão. São elas de número incalculável. Aparecem nos "testamentos", em cantigas de embalar, em desafios. A solfa se mantém quase a mesma. Ouvi-a em Pernambuco, na Paraíba, no Rio Grande do Norte, em Ceará. Quando criança sabia muitos versos. Nunca pensei em decorá-los porque os aprendera automaticamente, por muito ouvi-los. Vez por outra a música do Boi-Surubim surge vestindo uma história de vaquejada. Tiram o refrão "oh Maninha!" e cantam a luta dum marruá ou a velocidade duma poldra, que ninguém podia alcançar.

O verso único que me ficou na memória é o seguinte:

> Meu Boi nasceu de manhã, oh Maninha!
> Ao meio-dia se assinou...
> Às quatro horas da tarde, oh Maninha!
> Com quatro touros brigou!...

Os versos em quadras mostram a antiguidade do "romance". Surubim é o peixe azulado, *çoo-obi*, animal, caça, bicho, azul, em nhengatu. É um rio do Piauí, o grande produtor de gadaria logo na primeira vintena do século XIX. Creio que o topônimo denuncia que o "romance", pertencendo ao Ciclo do Gado, é de fins do século XVIII ou princípios do XIX.

# ROMANCE DO BOI DA MÃO DE PAU

De Fabião das Queimadas (1848-1928). Fabião Hermenegildo Ferreira da Rocha. Rio Grande do Norte.

É de notar-se o emprego, vez por outra, das rimas toantes, como na poética do século XVI.

### 1

Vou puxar pelo juízo
Para saber-se quem sou.
Prumode saber-se dum caso,
Talqual ele se passou.
Que é o Boi liso vermelho,
O Mão de Pau corredor!

### 2

Desde em cima, no sertão
Até dentro da capitá
Do norte até o sul,
Do mundo todo em gerá,
Em adjunto de gente,
Só se fala em Mão de Pau.

### 3

Pois sendo eu um boi manso
Logrei a fama de brabo,
Dava alguma corridinha
Por me ver aperiado,
Com chocalho no pescoço,
E além disto algemado...

### 4

Foi-se espalhando a notícia;
Mão de Pau é valentão.
Tando eu enchocalhado,
Com as algemas nas mão,
Mas nada posso dizer,
Que preso não tem razão.

### 5

Sei que não tenho razão,
Mas sempre quero falá,
Porque além d'eu estar preso
Querem me assassinar...
Vossamercês não ignorem;
A defesa é naturá...

### 6

Veio cavalos de fama
Pra correr ao Mão de Pau.
Todos ficaram comido
De espora e bacalhau...
Desde eu bezerro novo
Que tenho meu gênio mau...

### 7

Na serra de Joana Gomes
Fui eu nascido e criado,
Vi-me a morrer de sede,
Mudei-me lá pro Salgado.
Daí em vante os vaqueiro
Me trouveram atropelado...

### 8

Me traquejaram na sombra,
Traquejavam na comida,
Me traquejavam nos campo
Traquejavam nas bebida,
Só Deus terá dó de mim,
Triste é a minha vida...

### 9

Tudo quanto foi vaqueiro
Tudo me aperriou,
Abaixo de Deus eu tinha
Fabião a meu favor.
Meu nêgo, chicota os bicho...
Aqueles pabuladô...

### 10

Pegaram a me aperiar,
Fazendo brabo estrupiço,
Fabião na casa dele,
Esmiuçando por isso,
Mode no fim da batalha
Pudê fazê o serviço...

### 11

Tando eu numa maiada,
Numa hora d'amei-dia,
Que quando me vi chegá
Três vaqueiro de enxurria,
Onde seu José Joaquim
Este me vinha na guia...

### 12

Chegou-me ali de repente,
O cavalo "Ouro Preto",
E num instante pegou-me,
Num lugá até estreito,
Se os outro tiveram fama
Deles não vi o proveito...

### 13

Ali fui enchocalhado,
Com as algemas na mão,
Butado por Chico Luca
E o Raimundo Girão,
E o Joaquim Siliveste
Mandado por meu patrão.

### 14

Aí eu me levantei,
Saí até choteando,
Porque eu tava peiado,
Eles ficaram mangando,
Quando foi daí a pouco
Andava tudo aboiando...

### 15

Me caçaram toda a tarde,
E não me puderam achar,
Quando foi ao pôr do sol,
Pegaram a si consultar,
Na chegá-la de casa
Que história iam contar.

### 16

Quando foi no outro dia
Se ajuntaram muita gente.
– Só pra dá desprezo ao dono
Vamos beber aguardente...
Pegaram a si consultar,
Uns atrás, outro aguente...

### 17

Procurei meus pasto veio,
A serra de Joana Gome,
Não venho mais no Salgado,
Nem que eu morra de fome,
Pru que lá aperriou-me
Tudo o que foi home...

### 18

Prefiro morrer de sede,
Não venho mais no Salgado,
No tempo em que tive lá,
Vivi muito aperriado,
Eu não era criminoso
Porém saí algemado...

## 19

Me caçaram muito tempo,
Ficaram desenganado,
E eu agora de-meu.
Lá na serra descansado...
A cabo de muito tempo,
Vi-me muito agoniado.

## 20

Quando foi com quatro mês,
Um droga dum caçadô
Andando lá pelos matos,
Lá na serra me avistou,
Correu depressa pra casa,
Dando parte a meu sinhô...

## 21

Foi dizê a meu sinhô
– Eu vi Mão de Pau na serra –
Daí em vante os vaqueiro,
Pegaro a mi fazê guerra,
Eu não sei que hei de fazê
Para vivê nesta terra...

## 22

Veio logo o Vasconcelos
No cavalo "Zabelinha",
Veio disposto a pegar-me,
Pra ver a fama qu'eu tinha,
Mas não deu pra eu buli
Na panela das meizinha...

## 23

Sei que tô enchocalhado
Com as argemas na mão,
Mas esses cavalos mago
Enfio dez num cordão,
Mato cem duma carreira,
Deixo estirado no chão...

## 24

Quando foi no outro dia
Veio Antônio Serafim,
Meu sinhô Chico Rodrigue,
Isto tudo contra mim...
Vinha mais muito vaqueiro
Só pro-mode dá-me fim.

## 25

Também vinha nesse dia
Sinhô Raimundo Xexéu,
Este passava por mim
Nem me tirava o chapéu,
Estava correndo atoa,
Deixei-o indo aos boléus...

## 26

Foram pro mato dizendo
O Mão de Pau vai a peia.
Se ocuparo neste dia
Só em comê mé-de-abeia,
Chegaro em casa de tarde,
Vinham de barriga cheia...

## 27

Neste dia lá no mato
Ao tira duma "amarela"
Ajuntaram-se eles todo,
Quase qui brigam mor-dela
Ficaram todos breados,
Oios, pestana e capela...

## 28

Quem vinhé a mim percure,
Um cavalo com sustança,
Ind'eu correndo oito dia
As canela não me cansa
Só temo a cavalo gordo
E vaqueiro de fiança...

124

### 29

Eu temia ao "Cubiçado"
De Antônio Serafim,
Pra minha felicidade
Este morreu, levou fim.
Fiquei temendo o "Castanho"
Do sinhô José Joaquim.

### 30

Mas peço ao José Joaquim,
Se ele vier no "Castanho",
Vigi não faça remô,
Qu'eu pra corrê não me acanho,
Nem quero atrás de mim
De fora vaqueiro estranho.

### 31

Logo obraram muito mal
Em correr pro Trairi,
Buscar vaqueiro de fora,
Pra comigo divirti,
Tendo eu mais arreceio
Dos cabras do Potengi...

### 32

Veio Antônio Rodrigues,
Veio Antônio Serafim,
Miguel e Gino Viana,
Tudo isto contra mim,
Ajuntou-se a tropa toda
Na casa do José Joaquim.

### 33

Meu senhô Chico Rodrigue
E quem mais me aperriava.
Além de vir muita gente,
Inda mais gente ajuntava,
Vinha em cavalos bons,
Só pra vê se me pegava...

### 34

Vinha dois cavalos de fama,
"Gato Preto" e o "Macaco".
E os donos em cima deles,
Papulando no meu resto,
Tive pena não nos vê
Numa ponta de carrasco...

### 35

Ao senhô Francisco Dias,
Vaqueiro do Coroné,
Jurou-me muito pegar-me
No seu cavalo "Baé",
Porém que temia a morte,
S'alembrava da muié...

### 36

Vaqueiro do Potengi,
De lá inda veio um,
Um bicho escavacadô,
Chamado José Pinun,
Vinha pra me comê vivo
Porém vortô em jijum...

### 37

Veio até do "Olho d'Água"
Um tal Antônio Mateu,
Num cavalo bom que tinha,
Também pra corrê a eu.
Cuide de sua famia,
Vá se encomendá a Deus...

### 38

Veio até senhô Sabino,
Lá da "Maiada Redonda",
É bicho que fala grosso,
Quando grita a serra estronda,
Conheça que o "Mão de Pau"
Com careta não se assombra...

### 39

Dois fio de Januaro,
Bernardo e Maximiano,
Correram atrás de mim
Mas tirei-os do engano
Veja lá que "Mão de Pau"
Pra corrê é boi tirano...

### 40

Bernardo por sê mais moço
Era mais impertinente,
Foi quem mais me perseguiu
Mas enganei-o sempre,
Quem vier ao "Mão de Pau"
Se não morrer, cai doente...

### 41

Cabra que vier a mim,
Traga a vida na garupa,
Se não eu faço com ele
O que fiz com Chico Luca,
Enquanto ele fô vivo
Nunca mais a boi insulta...

### 42

Senhô Antônio Rodrigue
Mais seu Gino Viana,
Vocês tão em terra aleia
Apois vigie como anda,
Se não souberam dançá
Não se metessem no samba.

### 43

Vaqueiro do Trairi
Diz. Aqui não dá recado,
Se ele dé argum dia santo
Todos ele são tirado,
Deix'isso pr'Antonho Ansermo
Que este corre aprumado...

### 44

Quando vi Antonho Ansermo,
No cavalo "Maravia",
Fui tratando de corrê
Mas sabendo que morria...
Saiu de casa disposto,
Se despidiu da famia...

### 45

Vou embora desta terra,
Pru que conheci vaqueiro,
E vou de muda pros Brejo
Mode dá carne aos brejeiro,
Do meu dono bem contente
Que embolsou bom dinheiro...

### 46

Adeus "Lagoa dos Veio",
E "lagoa do Jucá",
E serra da Joana Gome,
E "riacho do Juá"...
Adeus até outro dia,
Nunca mais virei por cá...

### 47

Adeus "cacimba do Salgado",
E "poço do Caldeirão",
Adeus "lagoa da Peda",
E "serra do Boqueirão",
Diga adeus que vai embora
O Boi d'argema na mão...

### 48

Já morreu, já se acabou,
Está fechada a questão.
Foi s'embora desta terra
O dito Boi valentão.
Pra corrê só "Mão de Pau",
Pra verso só Fabião!...

*ELUCIDÁRIO*: Não é necessário mencionar a construção da frase sertaneja nem o processo simplificador de sua prosódia. A queda e substituições de consoantes já foram estudadas por Amadeu Amaral, Mário Marroquim, Antenor Nascentes (no linguajar carioca), Jaques Raimundo, na parte da influência negra, etc.

Veio-velho, mago-magro, maiada-malhada, os pró, pru mode: os rr por ll, o uso das vogais abertas, a queda da consoante final, os ii por ee, a ausência do plural, os im-riba, por em cima, a colocação pronominal, são aspectos elucidados. Alinho apenas alguns vocábulos para melhor compreensão do romance sertanejo que se passou na ribeira do Potengi, no rio que banha Natal.

O número é da sextilha na qual a palavra foi empregada.

(2) adjunto-de-gente, reunião, ajuntamento, grupo. (3) aperiado, aperreio, aperriando, insistir, incomodar, perseguir. (7) truveram, forma obsoleta, comum nos quinhentistas, "de quem novamente a trouve a elle" – Antônio Ferreira, Comédia do Bristo, prólogo. (8) traquejaram, exercitaram. O verbo traquejar não é estrangeirismo e sim arcaísmo, traquejar por experimentar, adestrar, é encontrado nos quinhentistas. (9) pabulador, de pabulagem, arrogância, teatralidade, cabotinismo. (11) amei-dia, ao meio-dia. (14) aboiando, de aboio, canto sem palavras com que os vaqueiros conduzem o gado. Corresponde, mais ou menos, a "briolage" dos criadores do Berry em França. (15) caçaram, por procuraram. (16) aguente-adiente-adiante, diante. (17) Home, por homem, de fácil encontro nos escritores e poetas do século XVI. (19) de-meu, estava de-meu, estou de-meu, à vontade, tranquilo, sossegado, confortavelmente. (20) droga, drale, diabo. Também droga vale dizer coisa sem préstimo, falhada, inútil. (21) daí em vante, daí em diante. (22) panela da meizinha, alusão ao cozimento de ervas empregadas nos ritos da feitiçaria. Meizinha, remédio, está em Ferreira e Gil Vicente. (27) Amarela é uma abelha que fabrica um mel fino e delicioso. (34) ponta de carrasco é o princípio de um capão de mato áspero, com plantas espinhosas. (38) maiada-malhada, lugar onde o gado passa as horas de soalheira, pouso onde comumente a gadaria descansa.

# O Cantador

Que é o Cantador? É o descendente do Aedo da Grécia, do rapsodo ambulante dos Helenos, do Glee-man anglo-saxão, dos Moganis e metris árabes, do velálica da Índia, das runoias da Finlândia, dos bardos armoricanos, dos escaldos da Escandinávia, dos menestréis, trovadores, mestres-cantadores da Idade Média. Canta ele, como há séculos, a história da região e a gesta rude do Homem. É a epea grega, o barditus germano, a gesta franca, a *estória* portuguesa, a xácara recordadora. É o registo, a memória viva, o Olám dos etruscos, a voz da multidão silenciosa, a presença do Passado, o vestígio das emoções anteriores, a História sonora e humilde dos que não têm história. É o testemunho, o depoimento. Ele, analfabeto e bronco, arranhando a viola primitiva, pobre de melodia e de efeito musical, repete, através das idades, a orgulhosa afirmativa do "velho" no poema de Gonçalves Dias: – "Meninos, eu vi...".

Antigamente a maioria era analfabeta. Não o eram tantos trovadores famosos da Idade Média, príncipes e cavaleiros armados em justas e usando na chapa do escudo a honra de brasões dados pela mão do Rei? Todos os historiadores da poesia do norte e do sul da França não registam que certos trovadores eram acompanhados de secretários para que escrevessem os versos, tarefa impossível de ser feita pelo poeta?

Dois exemplos, em literaturas diversas e longínquas. Ulrico de Lichtenstein (1200-1276), um dos mais célebres *Minnesinger da Alemanha*, pajem da Duquesa Beatriz de Merania, armado cavaleiro em Viena, 1223, guerreiro ilustre, amigo de príncipes e disputado como uma joia pelos cantos, era analfabeto. *Ce qu'il ne lui apprit pas, parce qu'il ne le savait probablement pas lui-même, ce fut à lire et à écrire; Ulric en fait l'aveu, disant, dans une de ses chansons, qu'ayant reçu une lettre de sa maîtresse, il dut rester dix jours sans en prendre connaissance, son secrétaire étant alors absent,* informa F. J. Fétis ("Histoire Générale de la Musique", v. V, p. 71, Paris, 1876).

Os dois mais celebrados e gloriosos poetas e cantores árabes foram Mualammes e seu sobrinho Tarafa.[14] Ambos, protegidos pelo sultão de Hira, desgostaram-no pelas sátiras impensadamente feitas e comunicadas ao soberano. Para desfazer-se deles, o sultão mandou-os a um seu amigo, rei em Bachreim, a oeste do Golfo Pérsico, com cartas que ordenavam a morte imediata dos portadores. As duas glórias não sabiam ler.

hablar y cantar sabian:
sus discursos y canciones
se conservan todavia;
mas ni el arte de leer
nil el de escribir conocian[15]

Assim, os grandes cantadores nordestinos de outrora eram analfabetos.[16] A percentagem hoje é inferior a 20%. Também a "cantoria" não se pode comparar em força, agressividade e arrojo, com a dos outros tempos. Não saber ler dispensava justificação e constituía ainda um elemento de prosápia:

Inda eu caindo dos quartos,
fico seguro das mão...
Trato bem pra ser tratado,
Carrego esta opinião!
*Embora sem saber ler,*
*Governo todo o sertão!...*

Curiosa é a figura do cantador. Tem ele todo orgulho do seu estado. Sabe que é uma marca de superioridade ambiental, um sinal de elevação, de supremacia, de predomínio. Paupérrimo, andrajoso, semifaminto, errante,

---

14 Sobre o poeta Tarafa ibn Abd Al Bakhri há extensa bibliografia. Conheço apenas um "moallaquat" que Armand Kahn publicou em sua "La Littérature Arabe", p. 40 (Louis--Michaud, Paris, s.d.).

15 S. Ruckert, "Sete libros de leyendas e historias orientales", p. 136, Stuttgart, 1837, citado por Augusto Muller, "El Islamismo", p. 341, da História Universal dirigida por Guilhermo Oncken, v. XIII, Barcelona, 1929.

16 "L'éducation des chanteurs (plus artistique en cela, que la nôtre), se faisait par la mémoire, par l'oreille et l'intelligence, non par les yeux" – J. Cambarieu, "Histoire de la Musique", p. 242, t. 1, Armand Colin, Paris, 1920.

ostenta, num diapasão de consciente prestígio, os valores da inteligência inculta e brava mas senhora de si, reverenciada e dominadora.

São pequenos plantadores, donos de fazendolas, por *meia* com o fazendeiro, mendigos, cegos, aleijados, que nunca recusam desafio, vindo de longe ou feito de perto. Não podem resistir à sugestão poderosa do canto, da luta, da exibição intelectual ante um público rústico, entusiasta e arrebatado. Caminham léguas e léguas, a viola ou a rabeca dentro de um saco encardido, às vezes cavalgando animal emprestado, de outras feitas a pé, ruminando o debate, preparando perguntas, dispondo a memória. São cavaleiros andantes que nenhum Cervantes desmoralizou.

Os que têm meios de vida, afora a cantoria, tudo abandonam para entestar com um adversário famoso.[17] Nada compensaria sua ausência da pugna assim como a recompensa material é sempre inferior às alegrias inferiores do batalhador. Deixam o roçado, a miunça, a casinha, e lá se vão palmilhando o sertão ardente, procurando aventuras. Doutra forma não eram Amadis de Gaula, Palmeirim da Inglaterra, os cavaleiros da Távola Redonda, os do Santo Graal, caçadores de duelos, defensores dos fracos, vencedores de gigantes e de anãos mágicos.

Dessas *tournées* ficam os versos celebrando os combates e a fama derramada nas regiões atravessadas, teatro da luta ou da derrota imprevista. Nas biografias dos Cantadores dou uma carta de Firino de Góis Jurema, relatório da campanha, indicando locais e nomes onde foi espalhando seus sucessos.

Admirável é que o tempo não lhes vença o ânimo nem apouque a admiração do povo. Continuam como eram. Agora em menor porção mas sempre queridos, cercados, cantando valentias, passando fome, vendendo folhetos, sonhando batalhas. Seu público não mudou. É o mesmo. Vaqueiros, mascates, comboieiros, trabalhadores de eito, meninada sem profissão certa e que trabalha em tudo, mulheres. Nas feiras são indispensáveis. Rodeados como os camelôs nas cidades, de longe ouvimos a voz roufenha, áspera, gritante. Nos intervalos, o canto chorado da viola, acompanhadeira.

---

17     Eu, no inverno estou na enxada,
       na seca, estou na viola!
       No inverno, vivo dos braços.
       Na seca, vivo da *bola*...

*Bola* é cabeça, tino, inteligência. É uma quadra, da coleção Leonardo Mota, que fotografa a vida de uma grande percentagem de cantadores.
A quadra citada é do cantador Asa Branca.

Perto, cem olhos se abrem, contentes de ver mentalmente o velho cenário combativo de seus avós. Ninguém interrompe. Não há insulto, pilhéria, a pilhéria dos rapazes espirituosos das capitais. Há silêncio e ouvida atenta.

Os cegos são acompanhados pelas esposas ou filhos. Ficam a noite inteira, impassíveis, imóveis, ouvindo a voz familiar e querida no aceso dos "martelos", guerreando. Nenhum vitupério, por mais reboante e feliz, despertando a gargalhada em toda multidão, diminui a confiança na vitória do ente afetuoso e amado que eles seguem, protegendo e sendo protegidos. Anos e anos depois a cantoria possui mais um fiel. A voz paterna, emudecida na morte, ecoa nos lábios filiais, numa homenagem de saudade:

> Eu aqui sou Josué,
> filho do grande Romano,
> foi o maior cantor
> que teve o gênero humano,
> tinha a ciência da abelha
> e a força do oceano...

E uma noite, em casa do Dr. Samuel Hardmann, Secretário da Agricultura em Pernambuco, ouvi um cantador negro, alto, seco, espigado, sereno. Minutos antes de iniciar um "romance" para um auditório ilustre, informou, como um Rei d'Armas diria os nomes infindáveis dum Herdeiro de Trono: *eu sou João da Catingueira, filho de Inaço da Catingueira, o grande cantador*[18]...

E todos nós compreendemos e sentimos aquele manso orgulho obstinado.

Os versos mais felizes são conservados na memória coletiva. Essa literatura oral é riquíssima. Vezes é uma solfa secular que se mantém quase pura. Noutra, a linha do tema melódico se desfigurou, acrescido de valores novos e amalgamado com trechos truncados de óperas, de missas, de "baianos" esquecidos, do tempo em que vintém era dinheiro. Como para o "payador" argentino Santos Vega, a tradição oral guarda as obras que não foram impressas e elas vivem perpetuamente no idioma popular.

---

18  Leonardo Mota, presente a essa reunião, encontrou o romance cantado por João da Catingueira, e publicou no seu livro "Violeiros do Norte" (Comp. Grap. Ed. Monteiro Lobato, São Paulo, 1925), p. 48 e ss. O autor dos versos é Antônio Batista Guedes, de quem dou notícia na Biografia dos Cantadores.

Aplicar-se-ão fielmente a qualquer dos nossos cantadores os versos de Bartolomeu Mitre, cantando Santos Vega:

Santos Vega, tus cantares
No te han dado excelsa gloria,
Mas viven en la memoria
De la turba popular;
Y sin tinta ni papel
Que los salve del olvido,
De padre a hijo han venido
Por la tradición oral!
.....................................................

Que te importa, si en el mundo
Tu fama no se progona,
Con la rústica corona
Del poeta popular?

Y es más difícil que en bronce,
En el mármol o granito,
Haber sus obras escrito
En la memoria tenaz.

.....................................................
Cantando de *pago* en *pago*,
Y venciendo payadores,
Entre todos los cantores
Fuiste aclamado el mejor;
Pero al fin caiste vencido
En un duelo de armonias,
Después de payar dos dias;
Y moriste de dolor...

O cantador sente o destino sagrado, a predestinação, o selo que o diversifica de todos. Só as derrotas o fazem recuar para a sombra. Envelhece lutando. Todos estão convencidos que a fama imorredoura haloar-lhes-á o nome. Não há melhor título nem mais alta indicação que citar a profissão maravilhosa. Curiosamente, é raro o cantador que tem boa voz.

Ouvindo-os, em desafio acelerado e glorioso, tem-se a mesma impressão que Jacquemont registrou dos Vetalicas do Hindustão. Ouvimos apenas *des sons glapissants ou nasillards.* Nenhuma sonoridade. Nenhuma delicadeza. Nenhuma nuança. Ausência de tons graves. O cantador, como o rapsodo, canta acima do tom em que seu instrumento está afinado. Abusa dos agudos. É uma voz dura, hirta, sem maleabilidade, sem floreios, sem suavidade. Cantam soltamente, quase gritando, as veias entumecidas pelo esforço, a face congesta, os olhos fixos para não perder o compasso, não o compasso musical que para eles é quase sem valor, mas a cadência do verso, o ritmo, que é tudo.

Nenhuma preocupação de desenho melódico, de música bonita. Monotonia. Pobreza. Ingenuidade. Primitivismo. Uniformidade. *Cependant la phrase initiale de quelque chant que ce soit, est, sans aucune exception, ce qu'il y a de plus satisfaisant: le reste, vague, monotone est sans la moindre tentative pour exprimer le sentiment indiqué par les paroles, fait naître la fatigue et l'ennui,* ensinava Fétis da música dos Troubadours. Aplica-se justamente para o cantador nordestino.

Demais o sentimento musical sertanejo não é elemento que prepondere em sua alma. Um índice é a ausência de música própria para cada espécie da cantaria. No momento de cantar improvisa-se uma, qualquer, por mais inexpressiva que seja servirá para ritmar o verso. Não se guarda a música de "colcheias", "martelos" e "ligeiras". A única obrigação é respeitar o ritmo do verso. Case-se este com qualquer música, tudo o mais estará bem. O sertanejo não nota o desafinado. Nota o arritmismo.

Deforma o que canta. As modinhas do litoral, langues e sestrosas, aparecem no sertão transfiguradas, com "fermatas" e agudos assombrosos, com aquele ar de recitativo, de declamação acompanhada, que os gregos chamavam "Paralelogue", característico visível e pronto na cantoria. Servirá ainda de índice o fato do cantador empregar a mesma solfa para os versos de vários metros. O trabalho é prolongar a solfa, sem respeito pela sua beleza ou cuidado pela sua expressão. O essencial é que fique a ideia, trazida de Portugal, da quadratura, fechando o pauperismo melódico.

Quando o cantador sabe ler, lê naturalmente. Há uma série de livros indispensáveis para o cantador. Os mais letrados já denominaram esse conjunto de conhecimentos de "ciência popular". É uma ciência que avança lentamente, muito devagar, respeitando a memória de quem primeiro decorou informações e dados.

Que livros serão esses? Têm os livros básicos, infalíveis e inamovíveis e os velhos romances portugueses, outrora parafraseados e sempre lidos nos sertões.

As principais fontes da erudição da cantoria são:

"*O LUNÁRIO PERPÉTUO*". A primeira edição deste livro é de Lisboa, em 1703, na casa de Miguel Menescal. O título expressa a ciência contida: "O 'Non Plus Ultra' do Lunário e Prognóstico perpétuo, geral e particular para todos os reinos e províncias, composto por Jerônimo Cortez, Valenciano, emendado conforme o expurgatório da Santa Inquisição, e traduzido em português". Possuo uma edição de 1921, da Parceria Antônio Maria Pereira, de Lisboa. O tradutor é Antônio da Silva Brito, já registrado pelo Dicionário Bibliográfico de Inocêncio, em 1858, sem nota biográfica. O título atual é o mesmo, exceto o "Non Plus Ultra". Diz apenas: "Lunário Perpétuo, prognóstico geral e particular etc. etc.". Tem 350 páginas. Um pouco de tudo. Astrologia, deuses mitológicos, horóscopos, receitas, calendário, vida de santos, biografias resumidas de papas, conhecimentos agrícolas, ensinos para fazer relógio de sol, conhecer a hora pelas estrelas, Veterinária, influência dos astros nas plantas, animais e homens etc. etc. No exemplar da edição de 1921, depois de muitos conselhos de Avincena, vem uma série de receitas. Para "esquinência ou garrotilho", crupe, é a seguinte: "É muito bom remédio tomar um ninho de andorinhas inteiro, e fazer dele um emplastro com azeite de macela e de amêndoas doces e aplicá-lo à garganta". Outra é: "Para tirar qualquer bicho que tenha entrado no corpo" (p. 298-9) e assim ensina: "Quando o bicho ou cobra entrar no corpo de alguma pessoa, que estiver dormindo, o melhor remédio é tomar o fumo de solas de sapatos velhos, pela boca, por um funil, e o bicho sairá pela parte de baixo; coisa experimentada". Há também vastas seções de meteorologia, terremotos, eclipses etc. O "Lunário Perpétuo" é secularmente o livro mais popular de todo sertão. Todos os conhecimentos de Física, Química, Astronomia dos cantadores vinha do "Lunário Perpétuo". Hoje ainda é "livro de valor"...

*"MISSÃO ABREVIADA"*. Menos lido mas inseparável dos cantadores letrados, todos campeões do ortodoxismo católico. Os recursos de orações, explicações de fácil teologia, resposta às curiosidades irreverentes, regimes de jejuns, dietas sagradas, abstinências, catecismo, regras morais, tudo vinha da "Missão Abreviada". As primeiras edições traziam receitas, astronomia, agricultura, hagiologia, horóscopos, previsões de tempo, mil coisas, como um "Lunário Perpétuo". Só pude ver um exemplar da décima sexta edição, Livraria Popular Portuense, de Antônio José Fernandes, Porto, 1904. Muitas edições haviam sido de 12.000 volumes. O autor, Padre Manuel José Gonçalves Couto, não deixou rasto em Inocêncio nem me foi possível descobrir mais informações. Na edição que examinei não há mais a parte da "ciência popular". Resta apenas na "Missão Abreviada" um catolicismo parecido com os solitários de Port'Royal, um jansenismo hirto, seco, minucioso e detalhista. Desapareceu a "ciência" de achar água sem o auxílio dos vedores e a relação dos planetas que influem nos membros do corpo humano.

*"HISTÓRIA DO IMPERADOR CARLOS MAGNO, E DOS DOZE PARES DE FRANÇA"*. *Traduzida do castelhano em português*, era o grande livro de História para as populações do interior. Nele espelhava-se a velha cavalaria andante com seus lances de heroísmo incrível e de audácia sobre-humana. Os cantadores aproveitavam-se abundantemente do repositório de andanças inverossímeis de guerras inacabáveis. Carlos Magno, Roldão Oliveiros,

os duques, mouros, reis bárbaros, corriam e correm de memória em memória numa continuidade de admiração profunda.

Essa "história" de Carlos Magno, de proezas extraordinárias e valentias só comparáveis às dos *cowboys* cinematográficos, nada tem de real nem de possível. É um tecido de lendas assombrosas, convergência de algumas dezenas de gestas francesas, reunidas, confundidas e sobrepostas, outrora pertencentes a vários heróis lendários. Aparece, como chefe supremo dos mouros inimigos de Carlos Magno, o Almirante Balão (Balaão) que já surgira no "romance" de "Flor e Blancaflor", como o todo-poderoso "almirante de Babilônia" e, ao passar por Castelha, arrebanhou um gigante Ferrabrás[19] seu filho e trouxe, como apêndice indispensável, às abracadabrantes façanhas de Bernardo del Cáspio. A mais popular dessas "histórias" do ciclo carlovíngio era a do espanhol Nicolau de Piemonte que reunira várias tradições, fazendo um verdadeiro rosário aventuroso do grande rei dos francos.

Dessa versão castelhana, vinda de original, ou originais, de França, o português Jerônimo Moreira de Carvalho, Físico-mor no Algarve, doutor em Medicina, calcou sua tradução que publicou em Lisboa, em 1728, e a segunda em Coimbra, 1732, já com 339 páginas complicadíssimas. Surgiu posteriormente (Lisboa, 1737) nova tiragem, com uma segunda parte e tendo por subtítulo: *"fielmente tirada das crônicas francesas"*. Sucederam-se outras, reunidas as duas partes, e a edição conhecida no sertão vem da portuguesa de 1814. São todas em prosa. Os poetas sertanejos, obrigados pela "cantoria", passaram alguns episódios para as costumeiras sextilhas, a prisão de Oliveiros, a luta de Ferrabrás e mesmo resumo da biografia do próprio Imperador.[20]

---

19   Escreve James Fitzmaurice-Kelly: "Among the Caballerias we may also class some narratives derived from the Carolingian epic – the HISTORIA DEL IMPERADOR CARLOMAGNO Y DE LOS DOCE PARES, a very popular version still reprinted of the French romance of FIERABRAS"...

20   O original francês tem o título de "Conquêtes du grand Charlemagne". É de 1485. Quarenta anos depois espalhava-se a 1ª edição castelhana, fonte das impressões em Portugal. Essa edição castelhana é de Sevilha, 1525. "História del emperador Carlo Magno, y de los Doze Pares de Francia: e da cruda batalha que uvo Oliveros com Fierabras Rey de Alexandria, hijo del grande Almirante Balan". A impressão é de Jacó Cromberger e saiu em Sevilha a 24 de abril de 1525. Rapidamente esgotada a primeira, saíram várias, em 1528, 34, 47, 48 etc. Na de 1570 aparece o nome do tradutor francês para o castelhano: *"Por onde, yo, Nicolas de Piamonte, propongo de trasladar la dicha escriptura de leguage francez en romance castellano, sin discrepar, nin añadir, ni quitar*

"*DICIONÁRIO DA FÁBULA*" e "*MANUAL ENCICLOPÉDICO*". Do primeiro vi um exemplar, sem nome de autor. Era um dicionário feito para os amadores de charadas, com biografias mitológicas greco-romanas, geografia da Grécia e Roma míticas etc. O "MANUAL ENCICLOPÉDICO" não deparei com nenhum volume. O título, entretanto, dispensa comentários. É, naturalmente, uma réplica do "Lunário Perpétuo" e das antigas "Missões Abreviadas".

"*DONZELA TEODORA*". Dou referências quando transcrevo a versão poética sertaneja. O original português é em prosa.

"*PRINCESA MAGALONA*". Como acima. Igualmente em prosa no opúsculo português e em verso na versão que colhi e registo. Transcrevo uma versão portuguesa em versos.

"*IMPERATRIZ PORCINA*". É dado como sendo do cego quinhentista Baltazar Dias, da Ilha da Madeira e que viveu no tempo del-rei Dom Sebastião. História popularíssima em Portugal e colônias, espalhou-se rapidamente. A edição *princeps* é de Lisboa, 1660, 4ª edição feita por Domingos Carneiro, em versos octossilábicos, ou setessílabos, na convenção divulgada por Castilho e hoje comumente seguida na métrica luso-brasileira. Há várias reimpressões conhecidas e a maioria sem indi-

---

cosa alguna de la escriptura francesa". Teófilo Braga ("O Povo Português nos seus costumes, crenças e tradições", v. 2, p. 474) informa que a crônica do Imperador Carlos Magno popularizou-se intensamente em Portugal e foi reimpressa em Lisboa por Domingos Fonseca em 1615, fólio de trinta folhas, a duas colunas, e em Coimbra, 1732, in-8º. A tradução de Jerônimo Moreira de Carvalho compreendida duas partes, a primeira impressa em Lisboa (1728) e a segunda em 1737, abonada por Inocêncio, como verifiquei. No prólogo da edição de Nicolau de Piamonte (em 1570) diz que o livro é dividido em três partes. Jerônimo Moreira de Carvalho, para tornar o volume mais atraente, misturou a segunda parte com as narrativas de Boiardo e de Ariosto, no sincretismo das gestas. Anos depois, em 1745, surgiu uma "*Verdadeira terceira parte da História de Carlos Magno, em que se escrevem as gloriosas acções e vitorias de Bernardo del Caspio, e de como venceu em batalha aos Doze Pares de França*". Seu autor, o Padre Alexandre Caetano Gomes Flaviense, graduado em Cânones, protonotário apostólico e natural de Chaves, divulgara a réplica castelhana à epopeia dos Doze Pares, na criação de Bernardo del Caspio. Simão Tadeu Ferreira reuniu as três partes num só volume. São estas as fontes bibliográficas do livro indispensável aos nossos cantadores.

cação bibliográfica. Pertencendo à literatura de cordel, estava nas cabanas dos pobres como continua nos cupiás sertanejos. Conheço edições brasileiras de Laemmert, no Rio, Livraria Editora Pauliceia, de São Paulo etc. Francisco das Chagas Batista escreveu a história da Imperatriz Porcina em sextilhas e a publicou na Paraíba. O original português é de metro constante mas irregular na forma. Traz quadras, sextilhas, oitavas, décimas etc. com insistentes rimas em *ia*, denunciando sua antiguidade. O título primitivo era: "História da Imperatriz Porcina, mulher do Imperador Lodônio, de Roma, na qual se trata como esse Imperador mandou matar a sua mulher por um falso testemunho que lhe levantou o irmão, e como esta escapou da morte e muitos trabalhos e torturas por que passou e como por sua bondade e muita honestidade tornou a recobrar seu estado, com mais honra de que antes".

"*ROBERTO DO DIABO*". História do Grande Roberto do Diabo, episódio citadíssimo nos velhos cantadores como exemplo de contrição e de arrependimento salvador. É de origem francesa, vindo atrás de Espanha para Portugal. Inúmeras reimpressões em Portugal e Brasil, todas em prosa, começando pela de Jerônimo Moreira de Carvalho em Lisboa, no ano de 1733. Em 1837 Tributien publicou em Paris o velho poema do século XIII sobre a lenda de "Robert le Diable". A outra fonte francesa é "*La vie du terrible Robert le Diable, lequel fut après i l'homme de Dieu*", impressa em Paris, 1496. O título completo diz: "História do grande Roberto do Diabo, Duque de Normandia e Imperador de Roma, em que se trata de sua concepção e nascimento, e de sua depravada vida, por onde mereceu ser chamado Roberto do Diabo e do seu grande arrependimento e prodigiosa penitência, por onde mereceu ser chamado Roberto de Deus e por prodígios que por mandado de Deus obrou em batalhas". O original português é em prosa assim como a maioria das edições brasileiras. Há versão em sextilhas, resumindo as proezas do paladino, sua penitência e morte contrita.

Não há fundamento histórico nessa tradição. Prende-se, no tema inicial, a Roberto o Magnífico, Duque da Normandia, falecido em Niceia em 1035 e pai de Guilherme, o conquistador da Inglaterra. Roberto da Normandia foi efetivamente cognominado "Robert le Diable" pela sua conduta áspera nas guerras em que se ocupou. Foi a Jerusalém, por penitência ou política, mas sua figura constitui centro de interesse para as gestas heroicas. O seu poema já estava fixado no século XIII. Os episódios narrados no opúsculo português e brasileiro são todos imaginários.[21]

*"MISENO, OU O FELIZ INDEPENDENTE DO MUNDO E DA FORTUNA"*. Romance filosófico, soporífico e cloroformizante, muito querido dos nossos avós que liam suas páginas de cimento armado e algodão em rama e ficavam deliciados. Impossível foi-me passar das dez primeiras folhas, asfixiado pela sapiência pedante e palavrosa do Rei Miseno, um Lear sem filhas. Agememon sem eloquência, disposto ao sacrifício coletivo de todos os leitores incautos. O autor é o oratoriano Teodoro de Almeida, falecido em 1804, da Academia de Ciências de Lisboa e de Londres, exilado pelo Marquês de Pombal e adorado na Lisboa freirática e patética de 1787, onde Beckford o viu e dele fez um retrato caricatural. A edição que vi é de Lisboa, 1844, em dois tomos. O proprietário, meu vago primo, tinha mais ciúme dos volumes do que das tábuas da Lei teria um Levita. Era um dos velhos livros amados pelos pais de família de outrora. Meu Pai o ouvira ler em casa, pelo Pai, reunidos os filhos para a noturna e tremenda degustação de algumas páginas em cada jornada.

# Modelos de "Louvação"

As trovas de louvor são conhecidas em todos os cancioneiros. De louvor ou deslouvor Garcia de Resende escreveu e recitou-as na corte. Não havia, outrora, festa sertaneja sem um par de cantadores para a *louvação*. Casamento, batizado, chegada, apartação, o cantador tinha que brindar donos e donas de casa, descrevendo virtudes existentes ou imaginárias. No folclore poético de outros países sul-americanos os exemplos abundam.

No "Romancero del Cid" encontra-se a menção das "trovas" quando o Campeador se casou com a dona Jimena Gómez:

---

21  A *princeps* castelhana é de Burgos, 1509, com o título de *"Vida de Roberto admirable y espantosa"*. A 2ª edição é de Alcalá de Honares. O Índex Expurgatório de 1581 menciona *Roberto do Diabo*.

En las ventanas alfombras,
en el suelo juncia y ramos,
y de trecho en trecho habia
mil trovas al pesposado...

("Romancero del Cid", 12, 13-16, p. 11, ed. La Novela Ilustrada, Madri, s.d.)

Quase não há auto de Gil Vicente que não termine por uma louvação. Não têm outra finalidade os próprios versos sacros de Afonso El Sabio, as "cantigas de louvor".

Dois exemplos de louvação:

Meu amo, dono da casa,
eu vou louvá o senhô;
um moço assim que nem vós
é pra subi num andô,
pr'onde não vente nem chova,
nem faça frio nem calô,
juntim de Nossa Senhora,
pertim de Nosso Senhô!
Escute, me dê licença,
pelo leite que mamou,
se lembre dos nove mês
que sua mãe lhe carregou,
foram nove mês de ventre,
foram nove mês de dô!
e afinal, um belo dia,
a partera lhe pegou;
segurou c'as duas mão,
c'as duas mão segurou;
numa bacia de prata,
com cuidado lhe banhou,
Numa toaia de renda
com cuidado lhe enrolou,
e um barretim enfeitado
na cabeça lhe amarrou;
Vamicê tava chorando,

sua mãe lhe acalentou;
o punho de sua rede
ela mesma balançou;
cantando uma cantiguinha:
– ti-ri-lá-ti-ri-lô-lô.
Agora vós, que sois home,
pague o tributo de amô
a quem o seu nascimento
nesta viola cantou,
e está reinando cantá
tronco, rama, fruita e flô!...
Lovo isso e lovo aquilo,
eu lovo e torno a louvá;
Agora pergunte a ela
se tá direito ou não tá!...

(colhidos por Leo Mota)

Vou lová sua esposa
da cabeça ao calcanhá;
lovo mão e lovo dedo,
lovo braço e lovo pá;
ao despois lovo a cabeça,
cabelo de penteá;
ao despois a sobranceia,
lindos oios de enxergá;

ao despois mimosa boca
e os dentes de mastigá;
ao despois o pescocinho
que é quem confeita o colá;
e lovo até o joeio
qu'é dela se ajoeiá,
quando chega nas Igreja
fazendo o pelo-siná,
passando o dedo na testa
mode o Cão não atentá;
Lovo a botinha do pé,
Lovo as meia de calçá,
O jeito da criatura
Quando sai pra caminhá,
Tão bonita e tão faceira,
Pra seu marido espiá...

*Louvação de batizado:*

Vou louvá este menino
que acaba de chegá,
Ele veio lá do céu
pra toda terra alegrá.
Vivê no meio do ouro
e o ouro não mareá;
brincar com pedra de prata
e ela não embaçá;
crescer como pé de pau,
ser tão rico como o Má,
ter mil cavalo de sela
e neles todo montá,
não conhecer inimigo
nem com eles se avistá,
ter saúde de pau-ferro
e força de marruá,
ser destro como Roldão
e pra doutor estudá;
Poder em todo sertão,
em todo o sertão mandá;
Deus primita qu'ele seja
O dono deste lugá!...

Não me foi possível conseguir cópia das velhas "louvações de boda". Lembro-me ainda ter assistido, menino, antes da ceia dos recém-casados, os dois cantadores se ergueram, como num cerimonial, e pediram a presença dos Noivos. Estes vieram ao salão, repleto de amigos. Os cantadores curvaram-se e cada um depôs seu instrumento aos pés dos desposados, suprema homenagem, oferecimento das honras da noite artística. Os nubentes levantaram a viola e a rabeca e entregaram aos cantadores. Estes, de pé, um de cada vez, cantaram a louvação. Era no mesmo estilo das que citei anteriormente, mas lembravam obrigações e direitos, cenas da vida futura, lutas e alegrias que iam sofrer em comum. Aquela cena ficou-me na memória, com as cores que a saudade traz: era como um código de honestidade, simples e rude, entoado pelas vozes másculas e autoritárias que evocam, naquela hora de ebriedade, o mundo que ia surgir para ambos, numa continuidade de sonho e de batalha na herança das velhas famílias sertanejas que também tinham sido louvadas em minuto igual. Havia qualquer coisa de religioso, de primitivamente sadio, espontâneo, natural e comovente.

Meus pais, que casaram em outubro de 1888, numa fazenda, ainda tiveram uma louvação simbólica, tradicional, ouvida em silêncio e respeito, cantada pelos dois menestréis analfabetos e comovidos, de pé, como anunciadores de felicidade, reis d'armas esfarrapados que pregoavam a eternidade soberana do amor conjugal.

Os votos de felicidade feitos aos recém-casados era uso velho em Portugal. Fernão Lopes menciona por duas vezes na "Crônica del-rei dom João primeiro de boa memória", a usança dos cantos das "donzelas burguesas" saudando os casados. Alexandre Herculano incluiu essa tradição nas festas por ocasião das bodas del-rei dom Fernando com dona Leonor Teles.

# Ciclo Social

## A) O Padre Cícero

Cícero Romão Batista nasceu no Crato, Ceará, a 24 de março de 1844, filho de Joaquim Romão Batista (1813-1862) e D. Joaquina Vicência Romana (1826-1896). Estudou primeiras letras com Rufino Montezuma e cinco anos depois Latim, com o Padre João Marrocos Teles. Segundo outras fontes viajou ele para Cajazeiras, Paraíba, onde cursou o famoso Colégio do Padre Mestre Inácio de Sousa Rolim (1800-1900) que também foi professor de Joaquim Arcoverde de Albuquerque Cavalcânti, o primeiro Cardeal da América Latina. Em 1865 veio para o Seminário de Fortaleza. Ordenou-se presbítero em 30 de novembro de 1870. Em 11 de abril de 1872 fixou-se no Arraial do Juazeiro, entre Missão Velha e Crato. O povoado tinha cinco casas de telha, trinta choupanas de palha e uma capelinha em ruínas. Em 1911 Juazeiro era vila, sede de município. Em 1914 cidade, com trinta mil almas. O Padre Cícero esteve em Roma de janeiro de 1898 a dezembro de 1899. Foi vice-presidente do Ceará. Deputado Federal em 1926. Faleceu no Juazeiro a 20 de julho de 1934. Foi o mais avassalador e completo prestígio sertanejo em todos os Estados do Nordeste. As populações do interior prestavam-lhe um verdadeiro culto religioso, venerando-o como a um Santo, obedecendo suas ordens, adivinhando-lhe predileções, simpatias e ódios. Padrinho de milhares e milhares de pessoas, era o *meu padrim Pade Cisso* suprema potestade indiscutível e indiscutida. Ao seu aceno havia paz ou guerra. Cangaceiros ajoelhavam-se para vê-lo passar. Uma sua carta de recomendação valia como o mais sagrado dos salvo-condutos. Ninguém recusava render-lhe homenagem nem desatender um seu chamado. Os governadores do Ceará iam ao Juazeiro visitá-lo e timbravam em documentar essa jornada *ad limina* com fotografias. Um ambiente de fanatismo irreprimível cercou-o.

Riquíssimo proprietário, senhor feudal, o Padre Círero deixou tudo quanto possuía para os Padres Salesianos.[22]

Tem admiradores fanáticos e inimigos integrais. Como elemento religioso, foi de influência maléfica e anticristã. Viveu tolerando e animando a onda fanática de "romeiros" e mantendo uma multidão de "beatos". O Juazeiro multiplicou-se sob sua gestão mas era um castelo de propriedade individual. Sem um espírito sacerdotal, o Padre Cícero nunca repeliu a baixa exploração dos seus afilhados e beatos consentindo na venda abundante de seu retrato entre nuvens e anjos, tendo Nossa Senhora no anverso. O Bispo do Crato suspendeu-o de ordens mas o Padre Cícero, embora resignado às determinações do seu Prelado, continuou a manter derredor de sua pessoa o mesmo halo de veneração coletiva e assumir, em palavras e atos, as funções de profeta e anunciador de coisas futuras.

Pela lei da convergência, o Padre Cícero nucleou as tradições e os milagres atribuídos aos missionários capuchinhos do Brasil imperial. Frei Serafim de Catania, Frei Herculano, o Padre Ibiapina, perderam muitas lendas que se vieram fixar junto ao sacerdote cratense. Hoje o Padre Cícero é o centro de formação duma gesta, soma de episódios fantásticos, de milagres tradicionais, de intervenções fulminantes, outrora pertencentes a outros personagens impressionadores da multidão.

Dominador de valentes, guia de guerrilhas, decididor de eleições, dono de riquezas, ficou vivendo sem fausto, e alarde, conservando-se em pureza eclesiástica. Sua vaidade era dizer-se influentíssimo em acontecimentos inteiramente acima de sua fama. Afirmava dever-lhe o Mundo a terminação da Guerra de 1914-1918, a continuação das Obras contra as Secas, a vitória da Revolução de 1930, o sucesso de chefes da Nação e administradores estaduais. Simples, afável, acolhedor, caritativo, nunca atuou como uma força civilizadora. Não educou nem melhorou o nível moral de seu povo. Antes, desceu-o a uma excitação febril, guardando segredos de perpétua irritação coletiva, para mais decisiva obediência geral.

Diziam no sertão que o Padre Cícero "aparecera" na matriz do Juazeiro, fazendo profecias, na manhã de 10 de fevereiro de 1937. O poeta popular Gregório Gomes "soltou" uns versos, narrando o caso. Os tópicos essenciais são:

---

22 Na bibliografia sobre o Padre Cícero, que dou adiante, cito o MISTÉRIOS DO JOAZEIRO do Sr. M. Dinis. É um volume de 196 páginas curiosas de informações, datas e episódios. O autor, amigo pessoal do Padre, revela casos curiosíssimos, alucinações, sonhos proféticos, visões etc. É um dos melhores documentos locais.

Da versalhada inesgotável quando da morte do Padre Cícero, destaco esta sextilha expressiva:

Quem assistiu sua morte
ficou demais convencido
que o SANTO DO JOAZEIRO
fora por Deu escolhido
pra ser na terra um Profeta
por todos obedecido...

A sedução do Juazeiro continua e essas "décimas" denunciam a ininterrupta atração da Mesa sertaneja:

De Roma, a religião,
da ciência, a astronomia;
dos sábios, a teoria,
dos amigos, a atenção.
Do pregador, o sermão,
do verso, José Cordeiro,
de escritor, Guerra Junqueiro,
das plantas só quero o fruto,
da terra quero o produto,
do Ceará, Joazeiro!

Do Rio quero o costume.
De São Paulo quero a moça,
do Araripe, a mandioca,
de Paris quero o perfume;
do amor quero o ciúme,
do piqui só quero o cheiro,
da prisão, o cangaceiro,
e do rico, a proteção,
do bispo, quero a bênção,
do Ceará, Joazeiro!...

O Padre CÍCERO ROMÃO BATISTA (1844-1934) espécie sertaneja dum João de Cronstadt, núcleo irradiante de lendas e de milagres, fundador consciente de um ciclo folclórico no Nordeste brasileiro. Ultimamente (1937) as autoridades eclesiásticas de vários Estados têm descoberto que os "afilhados" do Padre Cícero usam trazer, dentro dum saquinho ao pescoço, areia do túmulo do patriarca do Juazeiro.

### 1

Mas agora em 37,
houve isto que vou narrar,
no dia l0 de fevereiro,
fez muita gente chorar.
O que meu padrinho foi dizendo,
meu tio foi escrevendo
e mandou para eu *versar*...

### 2

Ouviram tocar uma *chamada*
muita gente logo chegou,
só viram uma voz dizer:
sou eu que aqui estou,
é o padre Cícero Romão...
E nesta mesma ocasião
por esta forma falou...

### 3

Daqui até 45
tem muito o que aparecer
coisa que causar grande medo,
fazendo o povo tremer
e para todos ficar ciente,
basta saber toda gente
que eu me mudei para não ver...

### 4

Eu pelo menos me rejo
pelas antigas profecias.
Estou lembrado das palavras
de Moisés e de Elias,
mas o povo está enganado
porém o mundo vai ser queimado
e não faltam muitos dias...

### 5

35 e 36
foram dois anos de farturas
mas 37 e 38
ficam poucas criaturas,
finalmente até 45
as batalhas são sangrentas,
assim dizem as Escrituras.

### 6

Os horrores são demais
que muito breve há na terra,
o que não morrer de fome,
morre de peste ou de guerra.
Porém os conselhos meus
é que todos morram por Deus
que acerta e nunca erra...

O poeta Albertino de Macedo (de Açu) queima seu incenso:

### 1

Privado dos paramentos,
sem administrar sacramentos,
é firme sem vacilar!
Os mandamentos da Igreja
não importa suspenso seja
venera sem blasfemar...

### 2

O Padre do Joazeiro,
sacerdote verdadeiro,
ministro de Deus, bondoso,
levando a cruz ao Calvário
neste afã de seu fadário
é radiante, é virtuoso...

### 3

Assim pois, calmo e sereno
*Semelhante a um Deus Pequeno*,
lá no posto a pregar,
estimula o povo em massa,
concitando que na graça
de Deus, vive a venerar...

### 4

Me dizem que milagre,
que do vinho faz vinagre,
e muitas curas de assombrar,
De dia é branca a cabeça,
e logo que a noite desça
Já começa a renovar...

### 5

Não morre, assim diz o povo,
de velho passando a novo,
e não se sabe a sua idade,
e acredito que assim sendo
aumenta mais reverendo
o fervor da Humanidade.

### 6

Mas... se conserva em seu posto,
guardando n'alma o desgosto,
sem falar do Onipotente...
E um *Semideus* eu cá na terra,
que arrasta de serra em serra
grande e forte contingente...

O vate faz alusão a uma crendice dos "romeiros" do Juazeiro. O Padre Cícero era imortal. A cabeça, encanecida durante o dia, ficava coberta de cabelos negros durante a noite. Nos versos de João Mendes de Oliveira, "o cantor do Juazeiro", poeta ambulante e uxoricida que um júri local absolveu, o entusiasmo pelo "padrim" é mais vivo e desmarcado. Os sertões do Nordeste foram e continuam cheios de medalhas de alumínio, ouro e prata, com o retrato em relevo, em fotocromia, gravado ou pintado, do Padre Cícero, tendo Nossa Senhora no anverso. Milhares de retratos mostram-no cercado de anjos que tocam liras e harpas em honra do Justo. Centenas e centenas de orações, ensalmos, jaculatórias, apelam para os Santos por intermédio do Padre Cícero. Mesmo em Natal, Fortaleza, João Pessoa e Recife os jornais publicam "graças" alcançadas pela *santa intercessão do meu virtuoso padrinho padre Cícero*. Em 1935 (o padre morrera em 1934) foram vendidos, só por uma casa, 30.000 broches com sua efígie. Não seria de esperar medida e ritmo no fervor de João Mendes de Oliveira, um dos mais expressivos vates do ciclo.

### 1

Faz quarenta e tantos ano
que chegou no Juazeiro,
construiu uma Matriz,
botou na frente um cruzeiro...
Celebrou a Santa Missa,
deu bênção ao Mundo Inteiro...

### 2

É um pastor delicado,
é a nossa proteção,
é a salvação das alma,
o padre Cisso Romão,
é a justiça divina
da Santa Religião!...

### 3

É dono do Horto Santo,
É dono da Santa Sé,
É uma das Três Pessoas,
É filho de São José,
Manda mais que o Venceslau,
Pode mais que o João Tomé.[23]

### 4

Quem não prestar atenção
ao que meu Padrinho diz
também não crer na Matriz
da Virgem da Conceição,
nem no profeta São João,
não poderá ser feliz.

### 5

Com relação à ciência
ele é quem tem toda ela!
Tudo ele faz diferente,
até o benzer da vela,
sítio, fazenda de gado,
Matriz, sobrado e capela.

### 6

Viva Deus primeiramente,
Viva São Pedro Chaveiro,
Viva os seus santos Ministro,
Viva o Divino Cordeiro!
Viva a Santíssima Virgem,
Viva o Santo Juazeiro!...

### 7

Viva o Bom Jesus dos Passo,
Viva Sant'Antônio também,
Viva o Santo Juazeiro,

Que é o nosso Jerusalém!
Viva o Padrim Pade Cisso
Para todo o sempre, Amém!

### 8

Eu sou a Virgem das Dores,
Cisso é o dono do Sacrário;
Conheçam bem, pecadores,
A ele dou meu Rosário,
Quem a Cisso respeitar
Ficará com Deus Eterno,
Não consinto ir pro Inferno
Quem ouvir Cisso falar!...

### 9

Viva o autor da Natureza,
Viva São Miguel Arcanjo,
e viva a Corte dos Anjos,
Viva toda a Realeza!
Viva Santa Luz Acesa,
Viva esta boa semente,
Viva Deus Onipotente.
Viva a Cruz da Redenção,
E o Padre Cisso Romão
Viva! Viva, eternamente!

### 10

Não tenho mais a dizer,
Sou João Mendes de Oliveira,
nesta língua brasileira
eu nada pude aprender,
porém posso conhecer,
de tudo quanto é verdade!
Não tenho capacidade,
mas sei que não digo à toa:
PADE CISSO É UMA PESSOA
DA SANTÍSSIMA TRINDADE!...

---

23  Estes versos são de 1917. Venceslau Brás Pereira Gomes era o Presidente da República
    e o Dr. João Tomé de Saboia e Silva, governador do Estado do Ceará. O Padre Cícero
    podia e mandava muito mais que ambos os chefes do Estado e da República.

As lendas, milagres, curas, aparições, bilocações, receitas miraculosas do Padre Cícero correm os sertões. As orações, aos milheiros, levam aos que não conheceram o "santo do Juazeiro" a sedução do mesmo arrebatamento, a identidade da mesma crença e a continuidade duma veneração que a morte não pôde apagar dos corações rudes e simples.

A "Oração de Nossa Senhora das Dores" é, de todas, a mais espalhada e popular. Um milhão de lábios a dizem lentamente. N. S. das Dores é a Padroeira do Juazeiro, a Santa de especial devoção do "padrim". Vive, ao lado do retrato do padre, na maioria dos ranchos, dos mocambos, dos cupiás sertanejos.

A "oração de Nossa Senhora das Dores" foi lida pelo médico, deputado federal pelo Ceará, Floro Bartolomeu, na Câmara dos Deputados, na sessão de 23 de setembro de 1923:[24]

"Santa Mãe de Deus e mãe Nossa, mãe das Dores, pelo amor de meu Padrinho Cícero, nos livre e nos defenda de tudo quanto for perigo e misérias; dai-nos paciência para sofrer tudo pelo vosso amor, ainda que nos custe mesmo a morte. Minha Mãe, trazei-me o vosso retrato e o do meu Padrinho Cícero no vosso altar retratados no meu coração daqui para sempre; reconheço que vim aqui por vós e por meu Padrinho Cícero; dai-me a sentença de romeiro da Mãe de Deus; dai-me o vosso amor, e a dor dos meus pecados para nunca mais cair em pecado mortal; abençoai-me todos os dias, dai-me a vossa graça, que precisamos para amar com perfeição nesta vida, para podermos gozar na outra, por toda a eternidade. Amém".

Um poeta sertanejo do Rio Grande do Norte, Francisco Germano, não deixou significar sua admiração ao Padre Cícero dentro dos moldes de um A. B. C.

É este o "A. B. C. do Juazeiro":

---

24  Floro Bartolomeu da Costa nasceu em São Salvador, Bahia, a 17 de agosto de 1876 e faleceu no Rio de Janeiro em 8 de março de 1926. Era médico pela Faculdade da Bahia. Fixou-se no Juazeiro em 1908. Pessoa de intimidade e absoluto prestígio junto ao Padre Cícero, foi deputado estadual e federal, dirigiu parcialmente o movimento armado contra Franco Rabelo, guerreou Luiz Carlos Prestes e o presidente da República, Artur Bernardes, fê-lo general honorário do Exército.

### 1

Agora peço atenção
ao povo e ao companheiro
pra tratar de um A. B. C.
peço licença primeiro.
E esta deve ser tanta
segundo a *beata santa*[25]
do Padre do Joazeiro.

### 2

Bem me parece este Padre
um Sagrado Testamento,
vindo para nos livrar
de tanto iludimento.
Deus mandou-o nos avisar
para nós acompanhar
o melhor regulamento.

### 3

Conduz este Padre Santo
a favor dos pecadores,
primeiramente a virtude
do maior dos pregadores,
uma santidade exata
e uma santa beata
da Santa Mãe das Dores.

### 4

Devemos o acompanhar
e fazer o que ele manda,
Vamos fazer deixação
da cegueira em que se anda,
com a vista tão escura
ele mesmo nos procura
e nós tirando de-banda...

### 5

Este Padre, com efeito,
segundo a pregação,
os exemplos que apresenta
são iguais aos de São João...
Como este, eu suponho,
só o Padre Santo Antônio
quando pregava em sermão!

### 6

Faz confusa muita gente
no Mundo, em todo canto,
o Padre e sua Beata,
os milagres já são tanto,
para nossa remissão,
já causa admiração
o que faz o Padre Santo.

---

25  A *beata santa* é Maria de Araújo, nascida a 24 de maio de 1863 em Juazeiro do Crato
e aí falecida em 17 de janeiro de 1914. Está sepultada na capela de N. S. do Perpétuo
Socorro. Diz a tradição que em 11 de junho de 1890, na capelinha de N. S. das Dores,
a beata Maria de Araújo comungava quando a partícula se transmudou em sangue vivo.
As autoridades diocesanas repudiaram formalmente o *milagre*. Para os beatos do
Juazeiro é um fato incontestável.
Lourenço Filho opina ser Maria de Araújo uma cacodemoníaca. Alencar Peixoto
descreve-a como uma criatura triste, vagarosa, essencialmente caquética, entanguida,
com os cabelos cortados à escovinha, com olhos pequenos e sem expressão. Ver "Joa-
zeiro do Cariri", p. 41 e ss. Alencar Peixoto, Tipografia Moderna. Fortaleza, Ceará, 1913.
Sobre os milagres da beata Maria de Araújo é de indispensável leitura o livro do Sr. M.
Dinis. Narra toda a história, com certidões médicas, comentários, detalhes etc. Ver
MISTÉRIOS DO JOAZEIRO, Juazeiro, 1935, p. 8-24, 61 etc.

### 7

Geralmente em seus exemplos
muitos não acreditavam...
Ele reuniu a todos
quando a ele duvidavam
em tão diminuto tempo
deu prova dentro do templo
perante os que lá estavam.

### 8

Homem, mulher e menino,
que achavam duvidoso,
viram que o Padre Santo
era um Padre Virtuoso,
que com ardor no coração,
recebeu em suas mãos
este sangue precioso.

### 9

Ia aquela Beata Santa
para a Santa Confissão,
quando recebeu a Hóstia
na mesa da Comunhão;
Ninguém duvide nem mangue
que a Hóstia virou-se sangue
e todos viram esta ação!...

### 10

Já se fala neste Padre
quase em todo país,
o Padre e sua Beata,
Igualmente faz e diz,
e Nossa Senhora das Dores
é a luz dos pecadores
e é a dona da Matriz...

### 11

Kalendário das Escrituras,
acompanhado de aviso...
Olhemos que estamos perto
de entrarmos em juízo
de darmos conta presente
a um Deus onipotente
lá no eterno Paraíso.

### 12

Louvemos todos a Deus
que a morte temos na certa,
sem este ninguém sabia
quando a hora era completa.
Nos faltando este acordo
Deus para avisar a todos
nos mandou este Profeta...

### 13

Missa não há quem procure
nem na missa a comunhão...
Penitência não se faz
nem se pede a Deus perdão,
da Morte não há saída,
tudo se faz pela vida
nada pela salvação!

### 14

Nosso Padre Missionário
uns exemplos tem nos dado,
riqueza, tempo e futuro,
ele tem desenganado.
Diz ao Povo: − Filhos meus
deixai o Mundo e buscai a Deus,
nosso tempo está chegado!

### 15

Olhemos o outro mundo
de que modo se acabou.
Que Noé nos avisava
porém não se acreditou,
todos quantos duvidaram
quando eles não esperavam
veio o Dilúvio e os matou.

### 16

Pedimos ao Padre Santo
penitência e caridade.
Os ricos peçam a esmola
na maior necessidade.
Favoreçam a pobreza,
que terão maior riqueza
no reino de Eternidade...

### 17

Quem vê este Padre Santo
tanto pede como chora,
quem já teve não tem mais
quem foi rico até agora
use da humanidade,
faça esmola e caridade
para ser rico na glória.

### 18

Reparemos que é tempo
de a Deus prestarmos conta.
E um Deus onipotente
como o Padre Santo aponta,
dando conselho e exemplo,
mandou avisar com tempo
para ver quem não se apronta.

### 19

Só podemos ter aviso
mesmo pelos pregadores;
pois Deus mandou este Padre
avisar aos pecadores.
A Beata é conselheira
e a Divina Padroeira
é Nossa Senhora das Dores.

### 20

Temos nós quatro sentenças
que há muito foram dadas:
Sede, fome, peste e guerra...
As Secas estão faladas,
as águas estão faltando,
e a fome e a peste matando
e as guerras estão pegadas.

### 21

Uso, escândalo e namoro,
soberba, império e *bondade*,[26]
riqueza e divertimento,
tudo isto é só vaidade,
não deve esperar do Mundo,
quanto espera o moribundo
do reino da Eternidade...

### 22

Vamos agradar a Deus
qu'ele está nos procurando...
Nós servimos é ao Demônio
quando estivermos pecando.
Nosso Anjo vai fugindo
e o Demônio entra sorrindo
e Deus se despede chorando...

------

26  No sertão, *bondade* não é benevolência, magnanimidade, significa antes orgulho, exigências no trato social, exagerados melindres etc. *Fulano é muito cheio de bondade;
Fulano não tem bondade*, dizem justamente o inverso da nossa sinonímia atual.

### 23

Xora Deus pelos desejos
que tem de nos dar a glória...
Quando nós estamos pecando
Deus se retira, vai embora,
nós, com o nosso ar risonho,
abraçamos ao Demônio
e a Jesus lançamos fora...

### 24

Y o mais vistoso
e tirador das vogais;
triste devemos viver,
suspirando e dando ais!
Triste vivemos na Terra,
A Jesus fazendo guerra
com os pecados mortais!...

### 25

Zombando dos evangélicos,
murmura dos pregadores,
quem duvidar que este Padre
não é a luz dos pecadores,
comete grande pecado,
de Deus será castigado
e de Nossa Senhora das Dores!

### 26

O Til é a letra do fim,
com ela findei agora,
o Padre e sua Beata,
Nossa Mãe, Nossa Senhora,
ela mesmo nos reduz
para ver se nos conduz
ao santo Reino da Glória!

Um cantador que não louve ao Padre Cícero corre perigo de vida. Romano Elias da Paz é uma dessas raridades. Naturalmente não ousa cantar em terras próximas ao Cariri, mas seu verso é atrevido:

Vi dizer no Joazeiro
Que o Pade Cisso Romão,
só protege criminoso,
gosta muito de ladrão...
Esgota a humanidade,
não faz uma caridade
nem ao menos de um tostão!

Mas é exceção. Os folhetos que tenho ante os olhos aclamam o Padre como se o trouxessem num andor. Moisés Matias de Moura é autor de uma vasta versalhada contando a história singular duma "Moça que virou cachorra porque disse uma palavra contra o Padre Cícero Romão Batista" (Fortaleza, Ceará, em 26-6-36). Outros detalham milagres, viagens, esmolas, caridades, conselhos, missões, prodígios, sua última moléstia, agonia, morte, enterro, aparições, avisos, sonhos, profecias.

Sem sua presença os romeiros continuam visitando o "santo Juazeiro", impregnando-se do santo entusiasmo. Nos versos biográficos de Virgolino Ferreira, o sinistro Lampião, vê-se que:

> Lampeão desde esse dia
> Jurou vingar-se também,
> Dizendo – foi inimigo
> Mato, não pergunto a quem...
> Só respeito nesse mundo
> Pade Cisso e mais ninguém...

As mais estranhas notícias correm entre a população crédula. A invocação de Cristo-Rei, propagada pelo Papa Pio XI, a carta-encíclica "QUAS PRIMAS", de 11 de dezembro de 1925, encontrou uma oposição que está cedendo graças ao contínuo martelar de explicações. Com misturas do Apocalipse e da Missão Abreviada, os cantadores fiéis ao Juazeiro desenvolveram uma campanha tremenda contra Cristo-Rei que eles denunciavam como "falso-Cristo". Um folheto de A. Correia de Araújo, do Juazeiro, em dois fascículos, se intitula: – "O aviso do advogado da religião contra a vinda do Anticristo". Diz que os *cães* (demônios) escolheram o nome de "Cristo-Rei" para melhor e mais rápida perdição dos católicos.

> Todos os cães se reuniram
> fizeram uma eleição,
> formaram de Lúcifer,
> um rei pra toda nação.
> Deixou a triste enxovia
> para ver se assim podia
> laçar a todo cristão
>
> *Atitularam* o maioral
> com o nome de Cristo-Rei!...
> etc. etc.

Ultimamente a memória do Padre Cícero ergue a suprema ameaça de outro Canudos. Um "beato" de nome José Lourenço, negro sexagenário, atlético, libidinoso e cheio de imaginação, fundou a "Ordem dos Penitentes". Centenas e centenas de homens, mulheres e crianças vivem em pleno regime comunista, vestindo luto perpétuo pelo Padre Cícero e cercando José

Lourenço das prerrogativas de santidade. O negro vive como um legítimo Padichá, com harém, domínio absoluto e exploração sistemática da população analfabeta que tudo abandona para fixar-se derredor das barracas onde o negro instala o santuário da sua lascívia. A "Ordem dos Penitentes" foi, pela primeira vez, dissolvida à força, pela polícia do Ceará, em setembro de 1936. Localizara-se a "Ordem" na Serra do Caldeirão. O beato Lourenço fugiu. O chefe de polícia cearense, Capitão Cordeiro Neto, encontrou 400 casas construídas, uma capela e toda uma organização teocrática, encimada pela superstição e pela luxúria. O secretário do Pajé retinto, de nome Isaías Guedes, está convicto de que o Padre Cícero voltará para salvar o Mundo!...

A horda foi dispersada mas, dezembro de 1937, já se agrupa noutras regiões, fronteiras do Rio Grande do Norte, reunindo fanáticos de seis Estados. José Lourenço confia que a tolerância do Governo Federal revele um outro Euclides da Cunha para o registo trágico da repressão desapiedada.[27]

# Bibliografia Sobre o Padre Cícero

O "taumaturgo do Juazeiro" possui centenas de folhetos cantando sua vida e obras. Além dessa literatura de cordel conheço onze volumes que lhe estudam a figura, haloando-a de glória ou pincelando-a de acusações veementes. Anos atrás, o Professor Lourenço Filho anunciava que o Padre Cícero teria um ciclo folclórico. O ciclo existe e cada vez mais cresce. Dou uma resenha dos livros publicados sobre o singular patriarca do Cariri.

JOAZEIRO DO CARIRI – Alencar Peixoto. Tipografia Moderna. Ceará. Fortaleza. 1913.

BEATOS E CANGACEIROS – Xavier de Oliveira. Tipografia da Revista dos Tribunais. Rio de Janeiro. 1920.

SERTÃO A DENTRO – (alguns dias com o Padre Cícero). L. Costa Andrade. Tipografia Coelho. Rio de Janeiro. 1922.

A SEDIÇÃO DO JOAZEIRO – Rodolfo Teófilo. Monteiro Lobato, editor. São Paulo, 1922.

---

27 Sobre a Ordem dos Penitentes, ver a "Exposição" do Tenente José Góis de Campos Barros (Fortaleza, Ceará, Imprensa Oficial, 1937), narrativa ilustrada fotograficamente e com impressionantes detalhes. Das lutas, ver o "Diário de Pernambuco", Recife, 8-10 de outubro de 1937, p. 5.

O JOAZEIRO E O PADRE CÍCERO – (discurso na Câmara dos Deputados em 23 de setembro de 1923). Imprensa Nacional, 1923, pelo Deputado Floro Bartolomeu.

O JOAZEIRO EM FOCO – Padre Manuel Macedo. Empresa Editora de Autores Católicos. Fortaleza. 1925.

O PADRE CÍCERO E A POPULAÇÃO DO NORDESTE – Simoens da Silva. Ed. do *Jornal do Comércio*. Rio de Janeiro. 1927.

JOAZEIRO DO PADRE CÍCERO – Lourenço Filho. Companhia Melhoramentos de São Paulo, sem data.

MISTÉRIOS DO JOAZEIRO – M. Dinis. Tipografia do "Joazeiro". Juazeiro. Ceará. 1935.

PADRE CÍCERO – Reis Vidal. Edições Argus. (of. tip. da S. A. A NOITE). Rio de Janeiro. 1936.

O JOAZEIRO DO PADRE CÍCERO E A REVOLUÇÃO DE 1914 – Irineu Pinheiro. Ed. Pongetti. Rio de Janeiro. 1938.

# B) Louvor e Deslouvor das Damas

No cancioneiro de Garcia de Rezende o poeta incluiu vinte e quatro oitavas em louvor e deslouvor das Damas. No sertão, o folclore poético regista muitíssimo mais deslouvor que gabos femininos. Raros versos, como estes de João Martins de Ataíde, entoam loas:

Qualquer um religioso
querendo experimentar
fazer uma procissão,
sem a mulher ajudar,
chegando em mei-do-caminho
o santo fica sozinho
sem ter quem o carregar.

A mulher indo pro meio,
como está acostumada,
anima-se o povo todo,
aí não falta mais nada...
Da minha parte eu garanto
que o povo carrega um santo
que pesa uma tonelada!...

A igualdade dos sexos é assim explicada por Anselmo Vieira:

Não quis tirá da cabeça
pra mais alta não ficá,
nem também tirou dos pés

mode não a rebaixar;
Foi mió tirar do meio
pra todos dois igualá.

Defendem as mulheres de trabalho, atacando os "chopins", os maridos de professoras, os homens casados sem profissão, certa e conhecida.

### 1

Outrora a mulher casava
para o homem sustentar...
Hoje, uma que se case
vá disposta a trabalhar.
Se for moça preguiçosa
fica velha sem casar.

### 2

Há homens que hoje vivem
do trabalho da mulher,
embora que ele só faça
aquilo que ela quiser...
Há de carregar no quarto
os filhos que ela tiver...

### 3

Os homens de hoje só querem
mulher para trabalhar...
A mulher da casa é ele,
faz tudo qu'ela ordenar.
Para ser ama de leite
só falta dar de mamar!

Leandro Gomes de Barros assim descreve os conselhos de uma mãe a sua recém-casada filha:

### 1

Esta recomenda à filha:
– Você não confie na sorte,
não consinta seu marido
calar-lhe o pé no congote;
Seu Pai era um perigoso,
Tão ciumento e maldoso
como um lobo carniceiro,
veio a mim, eu fui a ele,
fiz rédeas das barbas dele,
está manso como um cordeiro.

### 2

Quando a moça é doméstica,
diz a velha: tu és mole,
vejas não te arrependas,
quando ninguém te console;
O Homem é como o gato,
deita-se ao formar o salto
para o rato não fugir,
e com esta macieza,
crava-lhe as unhas e a presa
e trata de o consumir...

Moços e velhos, todos os cantadores são saudosos dos tempos passados e para o Passado dirigem as melhores lembranças. Recordam, como se tivessem vivido há cem anos, cenas da simplicidade longínqua, o respeito dos filhos, a veneração da esposa, a candidez das filhas. João Martins de Ataíde ataca horrorizado as modas modernas, uma poesia extensa e indignada:

As senhoritas de agora
é certo o que o povo diz,
não há vivente no mundo
de sorte tão infeliz;
Vê-se uma mulher raspada,
não se sabe se é casada,
se é donzela ou meretriz...

Traz a cabeça pelada,
bem raspadinho o cangote.
O vestido qu'ela usa
tem três palmos de decote,
sendo de frente ou de banda,
vê-se bem quando ela anda,
o seio dando pinote...

Veja alguém como ficava
onde esta moça passou,
lhe diziam: – Faz que olha!...
Porém ela não olhou.
Deu desgosto a muita gente
mas ela ficou contente
pois o que tinha mostrou.

Mostrou os seios bem alvos,
fez o povo estremecer.
O sovaquinho raspado
para o suor não arder.
Mostrou as pernas também,
e para o que conhece bem
nada mais tinha o que ver.

Muitas moças da elite
por onde elas vão passando,
encontram um homem vexado,
ele para e fica olhando...
Olhando por desaforo,
a roupa ligada ao couro
com as carnes balançando.

Quando ela sai a passeio,
não usa dizer pra onde...
Se a viagem é prolongada
precisa tomar um bonde,
cousa que a gente ignora,
fica do lado de fora,
que o vestido não esconde...

A violência com que o cantador vitupera os hábitos atuais indica a idade de sua formação mental. Versos, rimas, imagens, ritmos, tudo lhe veio de cem anos e ele conserva, respeitoso e deliciado, o ambiente imóvel onde julga viver a perfeição e a alegria para sempre perdidas. Nos primeiros anos de sua vida criminosa, Virgolino Ferreira da Silva, o Capitão Lampião, mandava surrar todas as moças que encontrava a "la Garçonne". Hoje está habituado. Sua companheira, "Maria do Capitão", é inseparável duma "Gilette".[28]

---

28  O cangaceiro Lampião, sua companheira "Maria Bonita" e o grupo foram mortos num assalto feito pela Polícia alagoana na Fazenda Angico, Município de Porto da Folha, Sergipe, a 28 de julho de 1938.

# C) O Negro nos Desafios do Nordeste

Quando o Visconde de Bryce visitou o Brasil, o marinheiro João Cândido comandava a esquadra revoltada na Baía do Rio de Janeiro. O navio do sociólogo passou ao alcance de um olhar dos tombadilhos repletos de negros. Ao escrever suas impressões o nobre dolicocéfalo não pôde deixar de suspeitar do futuro do Brasil, entregue a uma sub-raça e com a determinante étnica africana. Lapouge também fizera profecias ilustres, dando-nos como um país fatalmente destinado a realizar na América austral uma réplica de São Domingos e Haiti. Ultimamente o bolchevista Waldo Franck, com notável acuidade psicológica, escreveu que só a gente negra que habita o Brasil pode criar uma autêntica cultura brasileira. Alberto Rangel citou ("No Rolar do Tempo", p. 50, Rio de Janeiro, 1937) uma outra opinião saliente. É a do senhor Conde Alexis de Guigard Saint Priest, Ministro da França no Rio em 1833-34. Disse S. Exa.: *"Tout brésilien est, plus ou moins, sang mêlé. Le Brésil est une monarchie mulâtre"*. Todo esse material, registado por homens superiormente cultos, imparciais e sapientes, está tão próximo da verdade como estamos na órbita de Sírius. Os nossos estudiosos brasileiros, não inoculados do vírus "científico" do bolchevismo, responderam com algarismos, fatos, episódios, raciocínios. Verdade é que a resposta foi quase abafada pela campanha do silêncio da imprensa e dos sábios, furiosos com o atrevimento da discordância. Oliveira Vianna, Batista Pereira, Roquette Pinto, sociológica e mesmo antropologicamente, mostraram a falência do tabu de Lapouge, de Bryce os "bolchevismus" de Waldo *and others*. Jorge de Lima publicou um ensaio magnífico, compendiando, logicamente, o que de mais percuciente e incisivo havia sobre o tema. Infelizmente teimou em não dar versão brasileira e os nossos eruditos comunizantes não leem alemão. A Rússia para eles viaja através da Espanha e França. Jorge de Lima demonstra que houve no Brasil uma política racial instintiva, automática, contínua. O processo de, *excusez*, arianização começou no próprio "momento" em que o velho *Homo afer* chegou às terras brasileiras.[29]

Não é de somenos os dados folclóricos sobre o "estado" do Negro no Brasil. Não tivemos repulsa por ele e o sexualismo português foi um

---

29 "Raffsenbildung und Raffsenpolitik in Brasilien", Verlag Adolf Klein, Leipizig, 1934, p. 39, 45 e 49.

elemento clarificador, em pleno aceleramento. Ninguém se lembrou de vetar ao negro os galões do Exército e a promoção na vida burocrática. Negros, fulos, crioulos, foram Ministros de Estado e governaram o Brasil ao lado de dom Pedro II, neto dos reis de Portugal, Espanha, França, Áustria. Nenhum instituto de educação excluiu negros, nenhuma criança brasileira se recusou brincar com um negrinho. A Mãe Negra é uma instituição comovedora e romântica e 90% dos brasileiros beberam leite de negro, mais ou menos caldeado.

O folclore do Nordeste brasileiro traz como seus melhores cantadores os negros Inácio da Catingueira, Preto Limão, Manuel Caetano etc. Bateram-se com os maiores improvisadores e nenhum afastou seu antagonista sob a alegação da epiderme escura. Quando muito esta tem servido para comentários humorísticos, material de sátira, forma para motejos, jamais sem resposta e contragolpe.

Um A. B. C. que Leonardo Mota colheu no Maranhão mostra que a sátira é mais de razões pessoais que reais. Os mais agressivos cantadores nunca tiveram dúvida da inteligência, da agilidade mental negra. Satirizam a cor, os hábitos, a culinária. Socialmente, ponto essencial para os observadores marxistas, o negro é um brasileiro como outro qualquer. Um inquérito, agora desgraçadamente parcial, que se fizesse sobre a situação do negro-escravo no Brasil e do cidadão-negro na África durante o século XIX, daria conclusões inesperadas e paradoxais. Tenho conversado com diversos ex-escravos e os horrores que a campanha abolicionista pôs em giro literário ficam ao lado das atrocidades alemãs que a imprensa norte--americana e francesa criou.

Nas lutas políticas é fatal a alusão à cor, a lembrança do estado subalterno ainda mais acrescido da ignorância. Quando um cantador esgota as comparações ferinas e remoques mais ou menos felizes, recorre ao vocabulário tradicional do desaforo. O cego Aderaldo cantando com José Pretinho do Tucum atirou-lhe estes golpes:

Negro, és monturo,
mulambo rasgado,
cachimbo apagado,
Recanto de muro...
Negro sem futuro,
Perna de tição,
Boca de purão,

Beiço de gamela,
Venta de moela,
Moleque ladrão!...

Negro careteiro
eu te rasgo a giba,
Cara de guariba,

Pajé feiticeiro...
Queres o dinheiro,
Barriga de angu?
Barba de quandu,
Camisa de saia,
Te deixo na praia
escovando urubu...

Negro é raiz
que apodreceu...
Casco de Judeu,
Moleque infeliz
Vai pra teu país
Sinão eu te surro,

Dou-te até de murro
Te tiro o regalo,
Cara de cavalo,
Cabeça de burro!...

Se eu der uma tapa,
No Negro de fama,
ele come lama
dizendo que é papa.
Eu rompo-lhe o mapa,
lhe rasgo de espora,
o Negro hoje chora,
com febre e com íngua,
eu deixo-lhe a língua
com um palmo de fora...

Os cantadores Manuel Macedo Xavier (Manuel Ninnô) e Daniel Ribeiro encontraram-se no Povoado Barcelona, Município de São Tomé, no Rio Grande do Norte. A peleja iniciou-se calmamente. Daniel Ribeiro é negro e Ninnô "alvarinto". Não demoraram na troca de insultos sobre a melhoria de pigmento e, recorrendo ao "martelo" (de dez pés), permutaram essa série de amabilidades. E terminaram cordialissimamente, como não seria de esperar.

*M* – Negro feio do quengo de cupim
Nefasto da perna de tição
Babeco da boca de furão
Tu vieste enganado para mim
Este negro, rescende um petuim
Que mata na terra todo vivo
Me acho bastante pensativo
Em ver-me com ele aliás
Dou-te figa nojento satanás
Nefário moleque incompassivo

*D* – Capanga do beiço arrebitado
Fateiro, bode da mão torta

Maldizente, machado que não corta
Preguiçoso, cachorro arrepiado
Negligente, luzório, acanalhado
Lambareiro, frei-sabugo, péla-bucho
Língua preta, bigode de capuxo,
Barulhento, sufocante e abafado,
Sem vexame, pateta debochado
Sapo-sunga, faminto, rosto murcho

*M* – Pedante, cambado, mentiroso
Gatuno, nojento, feiticeiro
Gabola, ridículo, desordeiro
Bandido, fiota, vaidoso

Sambista, pilhérico, audacioso
Soberbo, pezunho e traidor
Abuzo, bichão, conspirador
Amarelo, sumítico, desvalido
Babaquara, cavalo entrometido,
Infame, infeliz conquistador

D – Malfazejo, sujeito falador
Amarelo da cara de pandeiro
Ovo choco fedorento, estradeiro
Incrédulo, tapia, roubador
De mentir esse bicho muda a cor
Quando abre o bicão na sala alheia
Estronda igualmente uma baleia
Cantador do gesto aborrecido
O teu nome aqui'stá conhecido
Por alpercata furada sem correia

M – Quisília, relaxo, sem futuro
Pisunho, chibante caraolho
Te retira daqui bicho zarolho
Beiço murcho, recanto de monturo
Zumbido, sujeito do pé duro
Ladrão, macilento, flagelado
Maluco, cachimbo desbocado

Lambe-olho, aleijo cabeçudo
Remelento, cavalo barrigudo
Te descreio, maldito escomungado

D – Todo cabra amarelo é traiçoeiro
E você com especialidade
Que vive fazendo falsidade
Com teu pai um amigo verdadeiro
Tenho brio, maroto galhofeiro
Tramela, prestimanio, parolento,
Refratário, rabioso, peçonhento
Solfeiro, nefando, presunçoso
Surumbático, tristonho, caviloso
Poeta interino, rabugento

M – Carola, falsário, espraqueijado
Bandido, safado, paspalhão
Tipo devasso sem ação
Polia de couro maltratado
Corpe seco, fastio, acovardado
Em Deus você nunca teve crença
Com cristão você não tem parença
Quando canta só solta termo imundo
Maluco, visão do outro mundo
Papa molho, cachorro da doença.

Naturalmente quando se batem negro e branco o segundo procura
abater seu adversário com a exibição da passada inferioridade social:

O mel pode ser bom de mais,
as abelhas dão-lhe fim...
você não pode negar
que a sua raça é ruim,
pois é amaldiçoada
desde o tempo de Caim.

Você falou em Caim?
Já me subiu um calor!
Nesta nossa raça preta
nunca teve um traidor...
Judas, sendo um homem branco,
Foi quem traiu Nosso Senhor!...

(Leonardo Mota – "Violeiros do Norte", p. 94.)

Há muito negro insolente,
com eles não quero engano!
Veja lá que nós não somos
fazenda do mesmo pano...
Disso só foram culpados
Nabuco e Zé Mariano...

Quando as casas de negócio
fazem sua transação,
o papel branco e lustroso
não vale nem um tostão,
escreve-se com tinta preta
– fica valendo um milhão!...

(Pereira da Costa – "Folclore Pernambucano", p. 562-563.)

Negro não vai para o céu
nem que seja rezador...
Negro tem um pixaim
que espeta Nosso Senhor!

Se quiser cantar comigo
tome jeito tome tento:
mais vale ser negro por fora
do que ser negro por dentro!

Se o negro sofre a morte
o branco também sofreu...
O sangue das minhas veia
é vermelho como o seu...

Se você nasceu nuzinho
nasci também todo nu...
Eu venho de Adão e Eva
a mesma cousa que tu!

Leonardo Mota publicou ("Cantadores", p. 90-92) uma longa sátira contra os Negros. Também será bom notar-se que a maioria absoluta das sátiras vem de mestiços e *cabras*. São estes netos do preto seus maiores detratores na poesia tradicional.

Agora vou descobri
as farta que o nego tem;
Nego é falso como Juda,
nego nunca foi ninguém.

Enfim, esse bicho nego
é de infeliz geração...
Nego é bicho intrometido:
Si dá-se o pé – qué a mão!
Rede de nego é borraio,
seu travesseiro é fogão.

Nego é tão infeliz,
infiel e sem ventura
que, abrindo a boca, já sabe:
três mentiras tão segura!
Quanto mais fala – mais mente,
Quanto mais mente – mais jura!

Das farta que o nego tem
esta aqui é a primeira:
Furta os macho no roçado,
furta em casa as cozinheira,
os negos pras camaradas,
e as negas pras pariceira...

Nego é tão infiel
que acredita em barafunda;
Nego não adora o santo,
Nego adora é a calunga,
Nego não mastiga – rismoi...
Nego não fala – resmunga...

Sola fina não se grosa,
ferro frio não caldeia...
Eu só não gosto de Nego
porque tem uma moda feia:
quando conversa com a gente
é bolindo com as oreia...

Joei de nego é mondrongo,
cabeça de nego é cupim,
cangote de nego é toitiço,
venta de nego é fucim,
Não sei que tem tal nação
que arrasta tudo que é ruim.

Não quero mais bem a nego
nem que seja meu compade
Nego só oia pra gente

Pra fazê a falsidade.
Mermo em tempo de fartura
Nego chora necessidade.

Nego não nasce – aparece!
E não morre – bate o cabo!
Branco dá a alma a Deus
E Nego dá a alma ao Diabo.

Perna de nego é cambito,
peito de nego é estambo,
barriga de nego é pote
roupa de nego é mulambo
chapéu de nego é cascaio,
casa de nego é mucambo.

Eu queria bem a nego
mas tomei uma quizila
Nego não carrega maca,
Nego carrega é mochila...
Nego não come – consome...
Nego não dorme – cochila...
Nego não munta – se escancha
Nego é que nem cão de fila...

A grande cópia de lundus e "baianos" do Brasil imperial tendo como motivos poéticos os negros não pertence ao elemento inspirador. Os *moleques* cheios de dengues e calundus nasciam das modinhas do Padre Sousa Caldas. O Negro só cantou, e cantou muito, no eito ou nas senzalas, nas noites de festa. O canto era outro e diverso desses que julgamos pertencer--lhe. O canto de conjunto era raro e em sua maioria religioso, adaptando--se inteligentemente, por convergência natural, os cultos africanos às invocações católicas. As toadas eram infindáveis e monótonas. A negra Silvana, que foi libertada pelo 13 de Maio, tomou mais de uma hora da minha vida cantando uma "tuada" dos negros. Dizia-me que os companheiros batiam palmas enquanto uma negra mais espevitada rebolava no centro do círculo, volteando no compasso. A solfa diz bem com a letra que é apenas esta:

*Ajoelha, Negro, ajoelha!*
*Ajoelha, Negro, no colo de Sinhá!...*

Silvana, a quem devo várias informações para as minhas "Notas sobre o Escravo" que publiquei no "Boletim de Ariel" (Rio) afirma que nesse "ajoeia, Nego" passava-se a noite deliciosamente. Como o essencial é o ritmo e nele a necessidade da dança, aqui se encontram negros escravos e índios Parecis livres. Com eles Roquette Pinto dançou e cantou uma noite inteira, num bailado de poucas palavras. Mas a cadência era impecável.

Um índice digno de registo é a liberdade do cantador-escravo ausentar-se do trabalho, viver airadamente, batendo-se com os violeiros distantes. O senhor nada cobrava de seus ganhos nem tinha direito a percentagem no rendimento. A inteligência de Inácio da Catingueira e Manuel Caetano deu-lhes a liberdade. Fabião das Queimadas juntou o dinheiro de sua alforria trabalhando livremente. Com o senhor de escravo, tirano típico como a literatura abolicionista fixou e os camelôs da luta de classe desenvolvem, era absolutamente impossível um negro do eito viver cantando, e derrotando brancos sem um castigo imediato.

Há, na versalhada popularesca no Nordeste, inúmeros "lundus" comentando certas simpatias da Sinhá pelo negrinho cheiroso e limpo que era recadeiro e pajem fiel. Mas, como diria Rudyard Kipling, isto é outra história...

## OS NEGROS NO ADAGIÁRIO

Negro não é Homem. Em menino é negrinho, moço é molecote e
[grande é Negro.
Mais se ensaboa o Negro mais preto ele fica.
Negro só acha o que ninguém perdeu.
Negro não casa; se ajunta.
Negro não nasce: vem a furo.
Negro não morre: se acaba.
Negro não é inteligente: é espevitado.

Negro sabido, negro atrevido.

Negro espiou, mangou.

Negro não come; engole.

Branca que casa com negro é preta por dentro.

Negro deitado é um porco e de pé é um toco.

Negro chorando, negro mangando...

Negro quando pinta tem três vezes trinta.

Negro não acompanha procissão: corre atrás.

Preto não quer mingau? Mingau no preto...

Negro quando não suja, tisna.

Negro só parece com gente quando fala escondido.

Negro não entra na Igreja: espia do patamar.

Negro só entra no céu por descuido de São Pedro.

Do Branco o salão, do Negro o fogão.

Negro só dança mordido de maribondos.

Negro quando não suja na entrada, suja na saída.

Negro só é valente atrás de pau.

Negro em função (festa)? Rebenque na mão!...

## Adágios em Defesa dos Negros

Judas era branco e vendeu a Cristo.

Pinico também é branco.

Negro é o carvoeiro e branco seu dinheiro.

Negro que come com branco, o branco come e o Negro paga.

Negro só trabalha para Branco carregar (levar).

O trabalho é do Negro e a fama do Branco.

Preto na cor e branco nas ações.

Roupa preta é roupa de gala.

Branco é quem bem procede...

Branco dançando, negro suando...

Sangue de Negro é vermelho como o de branco.

Carne de branco também fede...

No escuro tanto vale a rainha como a negra da cozinha.

Papel é branco e limpa-se tudo com ele.

Negro furtou é ladrão e branco é barão.

Negro furta e branco aproveita.
Negro furta e Branco acha.
Negro no salão, no bolso patacão.
Suor de Negro dá dinheiro.
Galinha preta põe ovo branco.
Carne de Negro sustenta fazenda.
Negro é comer de onça porque chega perto dela...
Trabalha o Negro pro Branco comedor...
Sou Negro mas não sou seu escravo!
Branco vem de Adão e o Negro não?[30]

O adagiário contra os "cabras" (mestiços) não é menos extenso nem virulento. Aqui deixo os mais conhecidos:

Entre Cabra e Cobra a diferença é um risco. (Um risco fará do
[O um A).
Cabra agradando, está reinando.
O Cabra bom nasceu morto.
Para o primeiro Cabra bom falta um.
Cabra quando não furta é porque se esqueceu.
Cabra valente não tem semente.
Cabra só tem de gente os olhos e o jeito de andar.
Cabra só é honesto quando está acanhado.
O negro vem de Caim e o Cabra de Judas.
Valentia de Cabra é matar aleijado...

# D) O Cangaceiro

O sertanejo não admira o criminoso mas o homem valente. Sua formação psicológica o predispõe para isso. Durante séculos, enquistado e distante das regiões policiadas e regulares, o sertão viveu por si mesmo, com seus chefes e milicianos. As primeiras sesmarias, no longínquo século

---

30 O Padre John Ball, sectário do reformador Wycliffe, popularizou-se na Inglaterra divulgando versos com esses conceitos:
*When Adam delved and Eve span*
*Where was then the Gentleman?*

XVII, trouxeram o sesmeiro com seus trabalhadores que eram, nos momentos em que a indiada assaltava, homens de armas. Os mais ricos deram os sargentos-mores, os capitães-mores das ribeiras, títulos honoríficos mas de ação moral segura para a disciplina da região. Os fazendeiros tiveram necessidade de tropa pessoal, fiel e paga, para a defesa de propriedades visadas pelos adversários políticos. A justiça, cara, lenta e rara, era vantajosamente substituída pelo trabuco, numa sentença definitiva e que passava em julgado sem intimação do procurador-geral. Abria ensancha a uma série de lutas ferozes, de geração a geração, abatendo-se homem como quem caça nambus. Das emboscadas, tiroteios, duelos de corpo a corpo, assaltos imprevistos nas fazendas que se defendiam como castelos, batalhas furiosas de todo um bando contra um inimigo solitário e orgulhoso em seu destemor agressivo, nasciam os registos poéticos, as gestas da coragem bárbara, sanguinária e anônima.

Para que a valentia justifique ainda melhor a aura popular na poética é preciso a existência do fator moral. Todos os cangaceiros são dados inicialmente como vítimas da injustiça. Seus pais foram mortos e a Justiça não puniu os responsáveis. A não existência desse elemento arreda da popularidade o nome do valente. Seria um criminoso sem simpatia.

O sertão indistingue o cangaceiro do homem valente. Para ele, a função criminosa é acidental. Raramente sentimos, nos versos entusiastas, um vislumbre de crítica ou de reproche à selvageria do assassino.

O essencial é a coragem pessoal, o desassombro, a afoiteza, o arrojo de medir-se imediatamente contra um ou contra vinte. Outra não é a fonte das gestas medievais e nos povos do Oriente. Os árabes fazem, é verdade, uma distinção curiosa. Tem o "siret el Modschaheddin", o canto das façanhas dos guerreiros, e o "siret el Bechluwan", o canto das aventuras dos heróis. No primeiro pode-se cantar o cangaceiro nordestino. No segundo reserva-se para o Siegfried valoroso e são. Essa poética guerreira e valorizadora do homem valente, do sem-lei, está em todos os povos. Vive na Inglaterra com Robin Hood, na França com Pierre de la Brosse, "seigner" de Langeais, na Itália com Gasparone, com Bonnacchocia, com Nino Martino, com o napolitano Perella, o corso Romanetti cujo enterro, em Ajaccio, a 29 de maio de 1926, foi acompanhado por 30.000 pessoas e a polícia teve de ser recolhida, "por precaução", aos quartéis, para evitar "conflitos com o Povo" (Gustavo Barroso, "Almas de Lama e de Aço", p. 110). Não é doutra origem o halo popular que sempre cercou Ciro Annichiarico, dom Gaetano Vardarelli, que se fez padre, ou Louis Mandrin, contrabandista e assaltador, adorado pelos aldeões franceses que o têm como herói legítimo:

Par des faits d'un genre nouveau
Mandrin consacra sa mémoire,

Sa mort ne ternit pas sa gloire,
Il vit au delá du tombeau.

Como o cangaceiro é a representação imediata da coragem, o sertanejo ama seguir-lhe a vida aventurosa, cantando-as em versos:

Criando Deus o Brasil,
desde o Rio de Janeiro,
fez logo presente dele

ao que fosse mais ligeiro:
O Sul é para o Exército!
O Norte é pra Cangaceiro!...

Antônio Silvino, o "Rei do Sertão", durante vinte anos de domínio absoluto, era tido pelos cantadores como um ser infeliz, obrigado a viver errante por ter vingado a morte de seu Pai.

Eu tinha quatorze anos,
quando mataram meu pai.
Eu mandei dizer ao cabra:
Se apronte que você vai...
Se esconda até no inferno
de lá mesmo você sai...

Foi aí que resolvi
este viver infeliz.
Olhei para o rifle e disse:
– Você será meu juiz.
Disse ao punhal: – com você
eu represento o país!

Com quinze anos eu fui
cercado a primeira vez,
vinham quatorze paisanos
desses inda matei seis...
De dez soldados que vinham
apenas correram três...

Para Virgolino Ferreira da Silva, o Lampião, a história é a mesma:

Assim como sucedeu
ao grande Antônio Silvino,
sucedeu da mesma forma
com Lampeão Virgolino,
que abraçou o cangaço
forçado pelo destino...

Por que no ano de Vinte
seu Pai fora assassinado
da rua da Mata Grande

duas léguas arredado...
Sendo a força de Polícia
Autora deste atentado...

Lampeão desde esse dia
jurou vingar-se também,
dizendo: – foi inimigo,
mato, não pergunto a quem...
Só respeito neste mundo
Padre Cisso e mais ninguém!...

A exaltação dos cantadores pelas façanhas de Antônio Silvino chegara ao delírio. Subia das gargantas um hino áspero, selvagem e tremendo de glória rude, tempestuosa e primitiva.

Cai uma banda do céu,
seca uma parte do mar,
o purgatório resfria,
vê-se o inferno abalar...
As almas deixam o degredo,
corre o Diabo com medo,
o Céu Deus manda trancar!

Admira todo o mundo
quando eu passo em um lugar.
Os matos afastam os ramos,
deixa o vento de soprar,
se perfilam os passarinhos,
os montes dizem aos caminhos:
– Deixai Silvino passar!...

Assim mesmo inda há lugar
que eu passando tocam hino,
o preto pergunta ao branco,
pergunta o homem ao menino:
– Quem é aquele que passa?
E responde o povo em massa:
– Não é Antônio Silvino?

Pergunta o vale ao outeiro
o ima à exalação,
o vento pergunta à terra,
e a brisa ao furação,
respondem todos em coro:
– Esse é o Rifle de Ouro,
Governador do Sertão!...

E o Lampião afirma, nos versos que lhe são continuamente dedicados:

O cangaceiro valente
nunca se rende a soldado,
melhor é morrer de bala,
com o corpo cravejado,

do que render-se à prisão,
para descer do sertão
preso e desmoralizado...

E da justiça canhestra de que o sertão se queixava, dizia Antônio Silvino ter encontrado fórmula mais lógica e sumária:

No bacamarte eu achei
leis que decidem questão,
que fazem melhor processo
do que qualquer escrivão.
As balas eram o soldados
com que eu fazia prisão.

Minha justiça era reta
para qualquer criatura,
sempre prendi os meus réus
numa cadeia segura,
pois nunca se viu ninguém
fugir duma sepultura...

Preso a 28 de novembro de 1914, Antônio Silvino aprendeu a ler na Penitenciária de Recife. Educou os filhos. Um é oficial do Exército. Afável e simples, o "Rifle de Ouro" tornou-se um homem digno da viva simpatia que o cercou. O Governo Federal indultou-o e, a 19 de fevereiro de 1937, o "Rei do Sertão", velho, encanecido, risonho, mas impassível, deixou a prisão. Herda-lhe a fama o sinistro Lampião, cangaceiro sem as tradições da valentia pessoal, de respeito às famílias que sempre foram apanágios do velho Silvino.

A gesta do Cangaceiro faz ressaltar as grandes e pequenas figuras do "cangaço". Desde o negro Vicente que confessava:

Eu sou negro ignorante  
só aprendi a matar,  
fazer a ponta da faca,  

limpar rifle e disparar,  
só sei fazer pontaria  
e ver o *bruto* embolar  

até os bandidos famosos, de valentia louca e não menor arrogância.

Cirino Guabiraba, da Serra do Teixeira, Paraíba, sabendo que ia ser cercado por dez homens comandados pelo delegado Liberato, disse sorrindo:

– Com isso eu não tomo abalo,  
dez homens contra mim só  
são dez pintos contra um galo,  

para eu matar eles todos,  
basta os cascos do cavalo!...  

E morreu em luta, um contra dez, arrancando os intestinos varados a bala de latão e chumbo grosso. Seu irmão, João Guabirada, numa luta corpo a corpo com um soldado, conseguiu morder o adversário no pescoço. Crivaram-no de facadas mas o Guabiraba faleceu com os dentes na garganta do inimigo.

Esse tal João Guabiraba,  
no dia que foi cercado,  
pôde cravar duas presas  

na garganta de um soldado.  
Fez tanta força nos queixos  
morreu e ficou pegado!  

O sertão guarda a lembrança dessas dinastias de facínoras, heróis e bandidos, e deles evocava o cantador José Patrício a ausência nas grandes feiras tumultuosas do interior paraibano:

Então, me diga onde estão  
os valentões do Teixeira?  
Onde estão os Guabirabas?  

Brilhantes, de Cajazeiras?  
Aonde vivem estes homens  
que eu não os vejo na feira?

E como o sertanejo deduz de toda luta um aspecto moral, um direito preterido, um patrimônio violado, os poetas populares dizem que é o desrespeito às minorias, que nunca se fizeram sentir ante a arbitrariedade dos governadores, um dos motivos da eterna guerra:

Este governo atual
julga que a oposição
não tem direito ao Brasil,
pertence a outra nação...
Devido a isso é que o rifle
tem governado o sertão!...

E os cangaceiros convencem-se de seu papel de justiça social, defendendo pobres e tomando dinheiro aos ricos. Lampião confessa:

Porém antes de eu ser preso,
hei de mostrar o que faço,
dar surra em cabra ruim
roubar de quem for ricaço.
Só consinto em me pegar
no dia em que alguém pisar
em cima do meu cangaço...

Quando Antônio Silvino percorria o Nordeste com seu bando, os cantadores aludiam, com uma naturalidade espontânea, ao seu "serviço" social:

O forte bate no fraco,
o grande no pequenino,
uns valem do Governo,
outros de Antônio Silvino.
O rifle ali não esfria
sacristão não larga sino...

A gesta é uma poesia de ação. De luta e de movimento. Não há a sensação da paisagem, da natureza e do cenário. Verso descrevendo esses elementos denuncia inteligência semiletrada e nunca a produção se destina aos lábios dos cantadores. Os cangaceiros são as figuras anormais que reúnem predicados simpáticos ao sertão. A coragem, a tenacidade, a inteligência, a força, a resistência. Não são os cangaceiros uma organização técnica como os *gangsters* norte-americanos, financiado eleições, dirigindo imprensa e tendo biografias escritas por nomes ilustres. Nenhum Lampião se pode medir com a grandeza econômica e política dum Al Capone, dum Dillinger, dum Diamont, donos de palácios, iates, "vilas" maravilhosas e mulheres ainda mais maravilhosas. Os cangaceiros são a horda brava e rude, cavalaria frenética e primitiva até no processo de matar:

Já ensinei aos meus cabras
a comer de mês em mês.
Beber água por semente

Dormir no ano uma vez...
Atirar em um soldado
e derrubar dezesseis!

Quando Lampião atacou Mossoró, em 13 de junho de 1927, os cangaceiros viajavam a cavalo. Uma cavalaria de Hunos, descrita por Marcel Brion em sua biografia de Átila, estaria magnificamente evocada. Galopavam cantando, berrando, uivando, disparando fuzis, guinchando, tocando os mais disparatados instrumentos, desafiando todos os elementos. Derredor os animais despertavam espavoridos. Galos cantavam, jumentos zurravam, o gado fugia. Neste ambiente de tempestade a coluna sinistra voava, derrubando mato, matando quem encontrava, alumiando, com os fogos da depredação inútil, sua caminhada fantástica. Mossoró defendeu-se furiosamente. Deixaram que Lampião entrasse no âmbito da segunda cidade do Estado e tiroteasse dentro das ruas iluminadas a luz elétrica e povoadas de residências modernas. Indicaram-me, no "Alto da Conceição", onde os primeiros cangaceiros surgiram, cantando "Mulher Rendeira"...[31]

No Cemitério de Mossoró vi as pequenas covas de Jararaca e Colchete, tombados no ataque. Colchete morreu logo. Trazia várias orações e medalhas ao pescoço e uma efígie do Padre Cícero. Nos pés, meias de seda. Jararaca ainda durou vários dias, ferido de morte, acuado como uma fera entre caçadores, impassível no sofrimento, imperturbável na humilhação como fora em sua existência aventurosa e abjeta. Morreu como vivera – sem medo. Herói-bandido, toda a valentia física e a resistência nervosa da raça preadora de índios e dominadora dos sertões reviviam nele, empoçado de sangue, vencido e semimorto. Aquela força maravilhosa dispersara-se, orientada para o crime, improfícua e perniciosa.

---

31  Mário de Andrade recolheu várias cantigas que o grupo de Lampião costuma cantar. O "É Lamp, é Lamp, é Limpa", espécie de hino, e o "Mulher Rendeira". Ver p. 64-66 do "Ensaio sobre Música Brasileira", São Paulo, 1928.

# A Cantoria

A cantoria sertaneja é o conjunto de regras, de estilos e de tradições que regem a profissão de cantador. Há o cantador, sempre tocando instrumentos, e o glosador, poeta-glosador, que pode ser também um cantador ou apenas improvisar. Um conhecedor do assunto, Francisco das Chagas Batista, grande autor de folhetos, falecido em 1929, ensinava que "*o glosador inspira-se bebendo cachaça, como o cantador inspira-se tocando viola*".[32] A supremacia está, naturalmente, nos cantadores. São profissionais mais em maior percentagem. Vivem de feira em feira, cantando sozinhos os romances amorosos ou as aventuras de Antônio Silvino e Virgolino Lampião. Vez por outra deparam um antagonista, oficial do mesmo ofício. Não entram imediatamente em debate porque o rendimento seria mínimo. Procuram interessar alguém para arranjar-lhes uma sala, convidam o povo, despertam a curiosidade. Na hora aprazada, iniciam a peleja, designação clássica para esses duelos poéticos. Vencedor ou vencido, o dividendo é de 50%. Não há, como no "boxe", uma "bolsa" para o combatente mais célebre. A notoriedade dos cantadores está sempre dependendo do último encontro. Uma fama de vinte anos desaparece em trinta minutos de "martelo".[4]

Alguns cantadores escrevem, ou fazem escrever, os melhores versos compostos. Mandam imprimir e saem vendendo. O preço oscila entre 500 réis e 2$, os mais caros folhetos. Muitos não mandam imprimir para vender. Chamam "imprimir e vender", *soltar*. Serrador dizia a Leonardo Mota:

*"Eu faço romance em verso, mas não solto senão perde a graça"*...

Natural é que os melhores versos nas velhíssimas pelejas se hajam perdido. Algumas imagens felizes ficaram na memória e os autores popu-

---

32 Meu amo, meu camarada,
agora vou lhe dizer:
Carro não anda sem boi
nem eu canto sem beber!

lares completam as falhas, escrevendo novos versos, moldados no espírito dos antigos. Assim os encontros de Inácio da Catingueira com Romano do Teixeira, de Bernardo Nogueira com Preto Limão, têm várias versões. Leandro Gomes de Barros, Germano da Lagoa, Francisco das Chagas Batista, João Martins de Ataíde foram grandes aproveitadores desses temas.

Nas festas religiosas ainda é fácil encontrar-se um cantador, cercado de curiosos, historiando as guerras de Carlos Magno ou a lenda de Pedro Cem. Junto, em cima duma esteirinha, está um pires para as moedinhas. Às vezes o cantador é cego. Traz a mulher como guia e vigilante testemunha. Horas e horas passa ela acocorada, imóvel, olhos baixos, esperando o fim do trabalho. Em Acari, durante meia noite, via a figura melancólica de um cego, tocador de harmonia, narrando os romances de Garcia ou o ataque de Lampião a Mossoró. Junto, enrolada numa velha colcha desbotada, hirta, espectral, completamente imóvel, sem o menor som, sem um mais leve sinal de vida, a cabeça curvada como escondida, a mulher fazia sentinela ao pobre mendigo que cantava heroísmos, arrancadas, vida livre, afoita e largada, pelo mundo...

Dois cantadores juntos podem cantar a noite inteira sem que se duelem. Cantam romances, xácaras dispersas, descrições da natureza, quadros da existência sertaneja, episódios das lutas do sertão, a luta de cangaceiros com a polícia, sátiras etc. Só não cantam o que vemos facilmente no litoral, o *coco*, a *embolada* ligeira, repinicada, atordoadora.[33] A maior homenagem dos cantadores é depor o instrumento aos pés da pessoa escolhida. Manda a praxe restituí-lo com um "agrado". Segue-se ritualmente um agradecimento. Só usam a louvação quando não fazem a mesura de entregar as violas ou rabecas.

Quando não querem mais cantar, vencidos ou acanhados pela presença dum grande cantador famoso, "emborcam" os instrumentos. Firino de Góis Jurema, avistando Hugolino do Teixeira, emborcou a viola com que estava triunfando. *Emborcar a viola* durante a cantoria é confessar-se vencido. E com certas restrições pejorativas quanto ao mérito pessoal. Emborcar a viola porque está ou chegou pessoa de merecimento, é homenagem, respeito, timidez. Se a cantoria acaba com uma briga, pela virulência dos apodos, ganhará moralmente aquele que cantou o último verso, sinal que seu antagonista não pôde responder e recorreu às "vias de fato".

---

33 Os *Cocos* e *Emboladas* têm acompanhamento instrumental durante o canto. São os gêneros mais conhecidos nas cidades e daí a confusão com o desafio...

Perde aquele que não cantar logo após seu adversário ter terminado o *rojão*, o *baião* antigo, um breve repinicado de viola. Também é lei que não se mude de modelo na cantoria sem avisar o companheiro de que vai fazer. Cantando em sextilhas, o cantador informa que seguintemente cantará "martelo" e deve ser o primeiro a iniciar o novo molde. A regra determina que o cantador não pode recusar a cantoria em nenhum dos estilos propostos. Claudino Roseira, incontestavelmente vitorioso num encontro com o "cantor do Borborema", João Melquíades Ferreira da Silva, perdeu a "parada" porque não quis acompanhar seu colega num "martelo". José Pretinho, do Piauí, ficou derrotado pelo cego Aderaldo porque não soube desvencilhar-se de um trava-língua: *quem a paca cara compra, cara a paca pagará*, o que não está no feitio natural da cantoria.

Os exames de História Sagrada, Mitologia, Corografia, Geografia Física, episódios de Carlos Magno e dos Doze Pares de França, são rituais. Hoje já enfrentam temas monótonos de Geografia Política, rios amazônicos, divisões municipais etc. O modelo antigo era mais curioso:

Você falou-me em Roldão...
Conhece dos Cavaleiros,
Dos Doze Pares de França,
dos destemidos guerreiros
Falarás-me alguma coisa,
De Roldão mais Oliveiros?

Sei quem foi Roldão,
O duque Reginé,

e o duque de Milão,
e o duque de Nemé,
Sei quem foi Galalão,
Bonfim e Geraldo,
sei quem foi Ricardo
e Gui de Borgonha,
espada medonha,
alfange pesado...

E a duração do combate? Depende da ciência dos combatentes. Cantam algumas horas pelo correr de uma noite. Noutras ocasiões, sabendo da fama dos cantadores, o ambiente predispõe e o embate, espaçado para o breve-alimento ou dormida rápida, leva dias e dias, tomando-se a maior parte da jornada em ouvir o debate. Vezes é uma vila do interior que suspende quase sua vida social e comercial para ouvir o prélio famoso. Assim na Vila de Patos, Paraíba, em 1870, Inácio da Catingueira e Francisco Romano (Romano do Teixeira), reunidos na Casa do Mercado,[34] lutaram,

---

34  Waldemar Vedel lembra que as casas de mercado público eram os lugares prediletos dos cantadores medievais.

cantando desafio, durante oito dias. As grandes *payadas de contrapunto* na América espanhola exigem também espaço para o desenvolvimento da batalha. O duelo poético entre Santos Vega e um cantor desconhecido de raça africana durou três ou quatro noites.[35]

O cantador profissional é relativamente inferior ao sedentário. Outrora, havendo maior entusiasmo e utilidade para a cantoria, viver do canto era comum e economicamente explicado. Hoje, sendo impossível, o cantor profissional vende seus versos já impressos, canta nas feiras e onde é convidado. Alguns são quase mendigos. Claudino Roseira confessava sua ignorância, dizendo-a resultado de sua vida errante:

Melchide eu já fiz estudo      com a viola na mão,
não prestei atenção,      cantando de feira em feira
viver muito ocupado      a fim de ganhar o pão...

Cantando com Francisco Carneiro, Josué Romano confidenciou:

As vez, o jeito que eu tenho
é cantar com quem não presta...
Isso muito me arripuna,

mas a minha vida é esta;
bater bailão de viola
e ganhar dinheiro em festa.

Outros, Bernardo Nogueira, Nicandro, Francisco Romano, Fabião das Queimadas, Manuel Cabeceira, eram agricultores, ferreiros, passadores de gado, comprando e vendendo. Aproveitavam, sempre que era possível, a tendência insopitável para a cantoria, levantando a luva e mesmo procurando adversários nos momentos de festas. A festa queria dizer multidão e com esta o auxílio pecuniário era maior.

Que liam os cantadores alfabetizados? Os analfabetos socorriam-se da memória, guardando leituras que ouviam fazer, conservando preciosamente as respostas felizes de outros cantadores. A curiosidade viva obrigava-os a aproveitar todos os momentos para um *short curse* utilíssimo depois. Em Paraú, eu era menino, um cantador ouviu religiosamente as

---

35   Lehmann-Nitsche: "SANTOS VEGA", p. 402.

respostas, um pouco imaginárias, que lhe dei sobre a origem da chuva, das nuvens, porque as estrelas não caem do céu, de onde vem o vento e para onde vai etc. Os cantadores cegos têm como secretários as esposas ou rapazes que os acompanham nas peregrinações com soldada insignificante. Estão, por sua vez, fazendo um curso de cantoria, servindo o mestre e aprendendo os segredos, como nas escolas medievais que as corporações mantinham. Quando o cantador tem um ofício, sapateiro, ferreiro, pequeno plantador, o aprendiz ali fica, ajudando-o e decorando os truques. Lembra a época sonora dos "Mestres Cantadores" de Nuremberg, Strasburg, Mogúncia...

Para os que sabem ler, antigamente, a bibliografia exigida era diminuta. Rudimentos de História Sagrada, principais episódios bíblicos, figuras essenciais de profetas, patriarcas, algumas das parábolas de Jesus Cristo, os mandamentos de Deus, da Igreja. Tudo isto se compendiava num velho livro chamado "Missão Abreviada". O "Lunário Perpétuo" dava outra boa cópia de conhecimentos astronômicos, meteorológicos, regimes de vento, estações, divisão de festas, móveis e fixas etc. Outros livros, hoje raríssimos, como o "Manual Enciclopédico", o "Dicionário da Fábula" (sem nome de autor) emprestavam os nomes de deuses, deuses e heróis da Grécia e Roma.

Os romances de cavalaria não chegaram ao sertão. Nunca deparei com rastos de Amadis de Gaula, Palmeirim da Inglaterra ou do Imperador Clarimundo. Nesse particular a ciência se totalizava na "História do Imperador Carlos Magno, e dos Doze Pares de França", seguido de uma "História de Bernardo del Cáspio", o imaginário campeão castelhano, criação nacional para contrapor-se ao prestígio dos paladinos do ciclo carlovíngio.

A "História do Imperador Carlos Magno" era castelhana e foi traduzida para o português por Jerônimo Moreira de Carvalho em princípios do século XVIII. A primeira edição é de 1728. Seguiram-se várias outras, aumentando segunda e terceira parte. É a "História" que o sertão conhece de cor.

Vi um exemplar da edição de 1863, com estampas em madeira, e que pertecera a Hugolino Nunes da Costa (Gulino do Teixeira). Minha idade e a desatenção própria fizeram-me perder esse documento da cantoria. As xácaras portuguesas, tantas recolhidas por Sílvio Romero e Pereira da Costa no Norte do Brasil, eram populares e cantadas. Dizem-me que antigamente alguns cantadores entoavam essas histórias mas devia ser apenas das que se referiam às guerras com mouros, ao cativeiro de cristão, e parcamente as de fim amoroso ou moral. O cantador, em respeito ao auditório, ciosíssimo dos ouvidos femininos que ouviam por detrás das portas, não permitiria a alusão aos raptos, aos namoros e mesmo às cenas íntimas que as xácaras narravam sem rebuços. As mães sertanejas sim, estas sabiam as xácaras mais doces e amáveis e adormeciam os filhos no acalanto das vozes seculares. Assim obtive a solfa da "Bela Infanta" que Sílvio Romero colheu em Sergipe com o nome de "Conde Alberto".

As cantigas mais velhas que meu Pai dizia ter ouvido quando criança eram as referentes ao "valente Vilela", que Leonardo Mota registou no "Cantadores", e a cantiga de "João do Vale", que Sílvio Romero guardou. Por velhos parentes ouvi a solfa que incluí na parte musical do "DOCUMENTÁRIO".

Uma característica bem marcada na cantoria será o exagero, a teatralidade espetaculosa e gritante dos cantadores. Não é possível descobrir-se cotejo noutros cancioneiros. Julgava-se o cantor espanhol como demasiado amigo da tronitroância e da vanglória. Perde muito em confronto com os nossos Munchhausens de chapéu de couro. No próprio folclore sul-americano raros são os versos que saem duma razoável linha de modéstia. Santos Vega, o Máximo dos *payadores* argentinos, é apontado como imodesto por anunciar-se:

> "Soy yo el Santos Vega
> Aquél de la larga fama..."

No poetário de Venezuela encontro:

Yo soy el Rámon Palacio,        yo soy el que me paseo
el que vive en Yarumal;        en el filo de un puñal.


De uns versos *llaneros* da Colômbia destaco:

Me llaman el tantas muelas        la luna teñida en sangre,
aunque no las he mostrao,        los elementos trocaos,
y si las llego a mostrar        las estrellas apagadas
se ha de ver el Sol clipsao,        y el mesmo Dios almirao...

São afirmativas infantis para os nossos cantadores. Inácio da Catingueira e Romano do Teixeira trocaram as seguintes apresentações:

| | |
|---|---|
| Inácio da Catingueira, | Este aqui é o Romano, |
| Escravo de Manuel Luiz, | Dentaria de elefante, |
| Tanto corta como risca, | Barbatana de baleia, |
| Como sustenta o que diz... | Força de trinta gigante, |
| Sou Vigário Capelão | É ouro que não mareia, |
| E Sacristão da Matriz... | Pedra fina e diamante... |

Na "Chanson de Roland" (ed. Librairie A. Lemerre, Paris. s.d.), no "El Romancero del Cid" (ed. La Novela Ilustrada, Madri, s.d.), nas próprias Edas, sagas dos Niebelungos (na edição dirigida por Laveleye, Lib. Internationale, Paris, 1866) nada há que se compare com o orgulho desmedido do cantador sertanejo.

A cantoria reflete bem esses estados curiosos de hipertensão, de macromegalia espiritual. Malvestidos e alimentados, cantando noites inteiras por uma insignificância, cantadores apregoavam riquezas, glórias, forças, palácios, montões de pradarias, servos, cavalariças, conforto, requintes, armas custosas, vitórias incessantes. E, às vezes, estão passando fome...

# O DESAFIO

O velho Manuel Romualdo da Costa Manduri, de Patos, na Paraíba, dizia a Leonardo Mota: *"Antigamente, a gente cantava de quatro pés..."*. Era verdade. Os quatro-pés eram a quadra, de sete sílabas, a mais antiga forma do desafio sertanejo. Os desafios colecionados por A. Americano do Brasil em Mato Grosso e Goiás são todos em quadrinhas. As cantigas de atirar, as desgarradas portuguesas, são em quadrinhas também. Os exemplos apontados nas primeiras achegas do folclore brasileiro foram de quadras, a redondilha-maior de Portugal.

Os "descantes" foram sempre em quadras e assim os lembra a memória coletiva dos barqueiros do São Francisco, dos vaqueiros nordestinos, dos trabalhadores de eito dos engenhos, os banguês de outrora.

Euclides da Cunha registou ainda o desafio em quadras, modelo comum nos sertões da Bahia.

Enterreiram-se, adversários, dois cantadores rudes. As rimas saltam e casam-se em quadras muita vez belíssimas.

*Nas horas de Deus, amém,*   *Desafio o mundo inteiro*
*Não é zombaria, não!*    *Pra cantar nesta função!*

O adversário retruca logo, levantando-lhe o último verso da quadra:

*Pra cantar nesta função,*   *Aceita teu desafio*
*Amigo meu camarada,*    *O fama deste sertão!*

É o começo da luta que só termina quando um dos bardos se engasga numa rima difícil e titubeia, repinicando nervosamente o machete, sob uma avalanche de risos saudando-lhe a derrota...

EUCLIDES DA CUNHA – "Os Sertões", p. 131, Rio de Janeiro, 6. ed., 1923.

Euclides chama "machete" ao "cavaquinho" e mesmo a uma viola menor. No Nordeste esse nome não deixou rasto. Conheço-o nas trovas portuguesas:

*Hei de ir ao Senhor da Pedra*  *Procurar as raparigas,*
*Co'o meu machete traz-traz,*  *Para mim, que sou rapaz.*

Repetir o cantador o último verso do adversário para iniciar sua resposta é uma reminiscência dos *troubadours* medievais. Dizia-se ser a *canson redonda*:

... canson redonda, laquelle n'est pas tombée en désuétude et dont la forme primitive a été conservée, en ce sens que le dernier vers d'une strophe doit être le premier de la suivante.

F. J. FÉTIS – "Histoire Générale de la Musique", p. 11, tome cinquième, Paris, 1876.

O Sr. Gustavo Barroso cita no "Terra de Sol" (pp. 233-4, Rio de Janeiro, 1921):

Vou fazer-lhe uma pergunta,  Quantos ovos põe a ema?
Seu cabeça de urupema:  A ema nunca põe só:
Quero que você me diga  Põe a mãe e põe a filha,
Quantos ovos põe a ema?  Põe a neta e põe a avó...

Em Mato Grosso e Goiás, A. Americano do Brasil reuniu alguns desafios em quadras, mostrando a primitividade do modelo e a obrigatoriedade da repetição como na secular *canson redonda* dos menestréis:

### 1
Não tenho roça de mio (milho)
Mas tenho um carro de gaba,
Com cinco juntas de boi
Pra buscar sal no Uberaba.

### 3
Para dançar no pagode
Na casa aqui do patrão,
Eu vejo a bela moçada
De saia curta e balão.

### 2
Pra buscar sal no Uberaba
Eu tenho um carro de bode,
Que trouxe a bela morena
Para dançar no pagode...

### 4
De saia curta e balão,
Eu noto aqui nesta roda,
Muié rastando os tundá
Vestido ao risco da moda.

### 5

Vestida ao risco da moda
Com a trança grande e cheirosa,
Eu vejo tanta morena
Dançando dança sestrosa...

### 6

Dançando dança sestrosa,
Enxergo a moça que estimo,
E unhando a corda do pinho
Eu fico bobo e não rimo...

O desafio em sextilhas atual e geralmente usado, apareceu nos últimos anos do século XIX. Os desafios tradicionais de Inácio da Catingueira e outros creio ter sido todos em quadras e se foram em sextilhas, estas estão hoje deturpadas. Mesmo numa cópia deste célebre encontro de Inácio com Romano do Teixeira vemos quadras alternarem-se com as sextilhas, sinal que o modelo se estava mudando para a forma que se conhece agora. Pereira da Costa registou versos dessa forma ainda indecisa, dando-os como pertencendo ao embate dos dois famosos cantadores, *in* "Folclore Pernambuco", p. 564.

Entre os sentenciados na Penitenciária de Recife, Pereira da Costa recolheu um desafio, anterior a 1900, onde a sextilha é ainda denominada "seis-pés":

Eu não vejo quem afronte
Nestes versos de seis-pés,
Pegue o pinho, companheiro
E canta lá se quisé,
Que eu mordo e belico a isca
Sem cair no gereré...

Deixa dessa pabulagem
Que tu só pesca de anzó,
Eu não pesco mas atiro
E não erro um tiro só;
Disparo aqui no Recife,
Mato gente em Cabrobó...

O desafio regular era em quadras e agora é em sextilhas. Mas não é a forma única. Existem outras que só aparecem como exibições de agilidade mental, raramente empregadas e assim mesmo em duelos de pouca duração. Pertencem mais à classe das "curiosidades" que ao molde clássico do desafio.

Há o "Mourão" que também se diz "Trocado". Pode ser de cinco e de sete pés. No segundo, o cantador diz dois versos, seu adversário outros dois e o primeiro fecha-os com três versos finais. No "mourão" de cinco--pés cada cantador diz um verso e o primeiro termina cantando três. As fórmulas da disposição da rima são, respectivamente, AABBC e ABABCCB:

1º – Vamo cantá o *moirão*
2º – Prestando toda atenção.
1º – Que o moirão bem estudado
É obra que faz agrado
E causa satisfação...

2º – Pode trazer seu roteiro
Que me encontra perparado...
1º – Em verso não lhe aborreço,
Mas em trocado eu conheço
Quem é que canta emprestado...

1º – Agora, meu companheiro,
Vamos cantá um *trocado*...

A "ligeira" também é cantada como desafio. Cada cantador improvisa dois versos, canta e estribilho "ai, d-a, dá", seu antagonista repete o "ai" e canta dois outros versos, completando o sentido da quadra ou dando resposta. A fórmula é ABCB. Como apenas uma rima é obrigatória, em *a* ou *e*, o verso é rápido mas fica monótono.

### 1

Ai, d-a dá!
O que é que vai, não chega,
Nunca acaba de chegá?

### 2

Ai!
É a rede em que me deito
Começo a me balançá...

### 3

Ai!
Diga uma coisa engraçada
Para este povo mangá...

### 4

Ai, d-a dá!
Coisa engraçada que eu acho
É dois cegos namorá...

Em Mato Grosso e Goiás a "ligeira" obedece aos mesmos preceitos, substituindo o "ai, d-a, dá" por um "E baliá".

E baliá!
Doutro lado grita gente
Sá Dona manda passá;

E baliá!
E si for bonita eu passo.
Se for feia deixo lá...[36]

---

36  No Chile chama-se a "ligeira" *Palla a dos razones*. Júlio Vicunha Cifuentes ("He dicho", p. 64, Santiago, 1926) regista algumas passagens de um *palla a dos razones* entre Clemente Ruiz e José Tejada.

RUIZ: – Eres un tejo, Tejada,
Pero yo soy un demonio.
Tejada: – No importa que seáis el diablo
me ayudará San Antonio.

Tejada: – Ya que sois tan caballero,
dime cómo era tu padre.
RUIZ: – Si quieres saber cómo era
pregúntaselo a tu madre.

O "seis por nove" está quase desaparecido e não mais é ouvido nos desafios. Citam apenas estrofes mas não me souberam informar se o "seis por nove" foi tão popular quanto os outros modelos. Era, incontestavelmente, de uso difícil. Constava de nove versos, de sete e de três sílabas. A fórmula era AABCCBDDB. O 1º, 3º, 4º, 6º, 7º e 9º de sete sílabas. O 2º, 5º e 8º de três sílabas. Era verso individual.

Querendo mudá agora,
Sem demora
Noutra obra eu pego e vou!
O que eu quero é que tu diga
Que em cantiga Doutô!
Eu sou formado
Vamo mudá de toada,

Camarada,
Quero vê se és cantadô!...

Havia o refrão:

Um-dois-três!
Vamos ver se você canta
Nove palavras por três!...

No Rio Grande do Sul só conheço desafio em quadras setissílabas, ABCB. No Brasil Central, informa A. Americano do Brasil:

Entre os rimadores goianos, e disso dou completo conhecimento adiante, há três modalidades de desafio: a simples amostra da fecundidade dos violeiros em rimar, mostrando resistência, pois, não raro, atravessam a noite no curioso torneio; a fórmula clássica do desafio, consistente em receber um dos campeões a deixa do último verso do adversário; e finalmente a composição da quadra ou sextilha pelo mútuo concurso de ambos, pertencendo metade a cada rimador. Parece-me o último espécime o mais difícil e cheio de imprevistos.

A. AMERICANO DO BRASIL – "Cancioneiro de Trovas do Brasil Central" p. XI, São Paulo, 1925.

Os desafios mais célebres do sertão nordestino são hoje lidos em sextilhas. Creio que foram "transcritos", aproveitando algumas das primitivas quadras, desdobrando o assunto e mesmo forjando outras imagens. Francisco das Chagas Batista, Leandro Gomes de Barros, João Martins de Ataíde foram grandes compositores de desafios imaginários uns e apontados outros como tendo sido reais entre antagonistas famosos. Assim, informa Chagas Batista, grande parte do encontro publicado no "Cancioneiro do Norte", entre Francisco Romano e Inácio da Catingueira, é de Hugolino Nunes da Costa, outros trechos revelados por Leonardo Mota no "Cantadores", p. 84, foram escritos e publicados em 1910 por Leandro Gomes de

Barros, e a "porfia" de Romano com Carneiro, Leonardo Mota, "Violeiros do Norte", p. 77, é de Germano da Lagoa (Germano Alves de Araújo Leitão).

No folclore poético sul-americano, pelo que leio no magnífico livro do poeta colombiano Ciro Mendia ("En Torno a la Poesia Popular", Medellin, Colômbia, 1927) a maneira dos *contrapuntos*, correspondentes aos nossos desafios, é idêntica. Em todos os países sul-americanos os *guitarreros* ou *payadores* cantam a trova (quadra) e as sextilhas. Em "trovas":

Arriba mano Manuel,
busté ques tan buena ficha,
bregue a sostener la trova
pa que ganemos la chicha.

Pa que ganemos la chicha
No se necesita tánto,
Canto se me da la gana,
y si no me da, no canto.

E em sextilhas, como os nossos cantadores. Assim El Moreno, argentino, responde a Martins Fierro que lhe perguntara o que era a Lei:

La ley es tela de araña,
en mi ignorancia lo explico,
no la tema el hombre rico,
no la tema el que mande,
pues la ruempe el bicho grande
y sólo enrieda a los chicos.

Es la ley como la lluvia
nunca puede ser pareja,
El que la aguanta se queja
pero el asunto es sencillo:
la ley es como el cuchillo:
no ofiende a quien lo maneja.

A diferença é a existência mais abundante das rimas nos versos da fala castelhana. No Nordeste brasileiro as sextilhas têm apenas rima dos três versos entre si. As fórmulas sul-americana e brasileira são: ABBCCB e ABCBDB. Como se vê, em ambos os exemplos, o primeiro verso é de rima livre, o que possivelmente denuncie o velho costume da canção redonda medieval.

# A) Antecedentes

O desafio poético existiu na Grécia como uma disputa entre pastores. Esse duelo, com versos improvisados, chamado pelos romanos *amoeboeum carmen*, dizia em seu próprio enunciado a técnica usada pelos contendores. O canto amebeu era alternado e os interlocutores deviam responder com igual número de versos. Os vestígios são fáceis de encontro em Teócrito, idílios V, VIII e IX, e em Virgílio, écoglas III, V e VII. A técnica do canto amebeu fora empregada por Homero na "Ilíada", I, 604, e na "Odisseia", XXIV, 60. Horácio alude a uma disputa entre os bufões Sarmentus e Messius Cicerrus nas "Sátiras" (liv. 1º, sát. V, p. 193, da Ed. Garnier).

Apolo bateu-se num desafio com o sátiro Marsias, dado como inigualável tocador de flauta e, vencendo-o, esfolou-o vivo. Pã aceitou medir-se com o deus na execução de flauta, tendo o Rei Midas como juiz. Midas conferiu o prêmio a Pã. Apolo fez as orelhas de Midas tomarem um comprimento asinino. No idílio VIII de Teócrito os dois pastores Dáfnis e Menalco apostam sirinxs novas e elegem um cabreiro como árbitro.

Charles Barbier aclarou bem o canto alternado dos pastores gregos. Deduzir-se-á sua influência sobre Roma e a irradiação pelo Mundo que a Loba conquistou.

> D'ailleurs des concours de chants entre bergers existaient dans la réalité, non pas sans doute des concours reconnus et réglés par l'État, comme l'avaient été ceux de la tragédie, mais de véritables joûtes poétiques, données à l'occasion de certaines fêtes champêtres, et dont l'usage avait fixé les lois. C'est là que se récitaient ces Boucoliasmes ou Chants des Bouviers, qui sont comme la manifestation première de la poésie bucolique et que Théocrite lui-même avait pu entendre. C'est là probablement qu'était née aussi l'habitude des Chants Amoebées ou Alternés. On sait en quoi consistait cette curieuse pratique. L'un des concurrents lançait une idée et la développait en quelques vers; son rival devait saisir au vol cette idée et reprendre le même thème en y introduisant quelques légères variations de forme ou de sentiments. La lutte durait plus ou moins longtemps, et toujours le parallélisme devait se poursuivre entre les strophes. Des deux côtés, d'ailleurs, la difficulté était égale; au premier interlocuteur, le mérite de l'invention qui devait être vive, rapide, sans hésitations ni répétitions; au second, le mérite d'un esprit assez souple pour tirer parti d'idées qu'il n'avait pas lui-même conçues et qu'il devait reproduire avec fidélité et variété tout à la fois.

> CHARLES BARBIER – "Une Étude sur les Idylles de Théocrite", p. 33-34, Paris, 1899.

O gênero sendo eminentemente popular e rústico não parece ter agradado intensamente aos romanos. Não deixou maiores traços na literatura. Horácio, na "Poética", omite. Juvenal não regista entre os modelos que aludiu quando lamentou a miséria dos homens de letras ("Sátira sétima – *Litteratorum egestas*"). Petrônio não inclui, no longo cortejo das distrações durante o infindável banquete de Trimalcião, qualquer pugna entre poetas. Não é possível identificar o canto amebeu entre os romanos pelo documentário que nos resta. Sua existência não pode, todavia, ser excluída mas possivelmente real na campanha, para os pastores, boieiros, condutores de gado e mesmo para os soldados.

O canto alternado reaparece na Idade Média, nas lutas dos *Jongleurs*, *Trouvères*, *Troubadours*, *Minnesingers*, na França, Alemanha e Flandres, sob o nome de *tenson* ou de *Jeux-partis*, diálogos contraditórios, declamados com acompanhamento de laúdes ou viola, a viola de arco, avó da rabeca sertaneja. Também a luta se podia dar sem acompanhamento musical. Na miniatura conhecida como "A Guerra de Wartburg", no Cancioneiro de Heidelberg, fixando um combate poético de trovadores no Castelo de Wartburg, não aparece um só instrumento musical no certâmen.[37]

O gênero que aparece mais próximo ao nosso "desafio" e que conservou as características do canto amebeu foi, na Idade Média, o "tenson". Correspondia ao "Débats" das "cortes d'Amor" provençais. Nas províncias da Itália meridional e na Sicília, o "tenson" era chamado "Contrasti". No Mosela francês ainda há uma espécie de "desafio", entre rapazes e moças, como os "cantares" de Portugal. Pode ser também travado entre homens e mulheres de certa idade mas sempre se revestindo do caráter de improvisação e mesmo de certa acrimônia. Dão-lhe o nome de "Dayemans".

Os "Mestres Cantores" da Alemanha medieval (*Meistersingers*) sabiam cantar o "desafio". Eram os "Wettgesange", cantos alternados, sob regras fixas mas improvisados. Nos velhos "Cancioneiros" castelhano equivalem às "Preguntas y Respuestas".

O "tenson" era verdadeiramente a batalha poética entre improvisadores.

Un palenque especial para el afán de los travadores fueron aquellas justas poéticas que reciben el nombre de *tensiones*. Trátase de una antigua modalidad poética de raigambre popular; estas luchas poéticas improvisadas eran igualmente conocidas por los Tiroleses y por los labriegos escandinavos, asi como por los pastores de Toscana y de Sicilia. Dicho genero de poesia social fué objeto en Provenza de una elaboración erudita. En un principio, tratábase siempre de disputas personales efectivas, llevadas a cabo por ambos cantores sobre un pie poético forzado. Pero a medida que se fué concediendo mayor importancia a la forma, fué perdiendo terreno la improvisación...

WALDEMAR VEDEL – "Ideales culturales de la Edad Media – Romantica Caballeresca", trad. de Manuel Sánchez Sarto, p. 59, Editorial Labor, 1933.

O "tenson" significava disputa, combate. O "jeux-partis" seria o "tenson" quando versando sobre objetos amorosos. De um antigo dicionário

---

37  *Codice* do século XIV.

francês, sem nome de autor, existente no Instituto Histórico do Rio Grande do Norte, encontro que *"la Tenson n'avait pas toujours pour objet une question d'amour; c'étaient parfois des plaintes alternatives langoureusement exprimées, et parfois encore des reproches amers de sanglantes injures qu'échangeaient deux adversaires"*. O "tenson" ou "Tensôs", como o Canto Amadeu, o Canto Alternado, a Disputa Poética dos bufões de Horácio no caminho de Brindis, é o Desafio em toda sua genuína expressão de ancianidade. No século XIII os *Jongleurs* amavam empregar essa luta que despertava entusiasmo no auditório. A Biblioteca Nacional de Paris guarda um manuscrito (nº 7218, fol. 213, verso) registando o embate "Les deux bordéors ribauds", inteiramente no espírito ainda existente. A virulência dos "tensons" era a mesma dos versos satíricos chamados "sirventis" ou "sirventois". Um poeta fidalgo, o cavaleiro Luc de la Barre, fez um "sirventois" tão pouco reverente contra Henrique I da Inglaterra, que este, em 1124, mandou arrancar-lhe os olhos.

O "tenson" (tençon) passou para a península castelhana com seus ímpetos e delicadezas. A poesia dos *troubadours*, os vates do sul da França, os provençais de onipotente influência, estendeu-se para Espanha-Portugal, reencontrando as fontes onde nasceram alguns dos mais altos motivos melódicos e imaginativos de seu próprio estilo. Pela demora dos Sarracenos na Aquitânia e Gália Narbonesa, pela aproximação dos Mouros espanhóis e ainda pelo contato dos Cruzados com o Oriente, a música se impregnou de acentos indecisos e melancólicos, intraduzível quando cantada e dificilmente fixável em notação musical. Castelha conheceu os "jeux-partis", os "tensôs" amáveis e donairosos, chorando mágoas de amor. Também os "desafios" podem tomar, embora fortuita e raramente, as formas polidas e maneirosas de um duelo gentil. O "tensôs" de Abril Perez com Don Beraldo[38] possui réplica brasileira e mesmo sul-americana.

Em Portugal existiu logo o "cantar ao desafio". Pelo que conheço não é vasta a documentação da luta poética entre dois cantadores, indo da louvação até o impropério. O mais comum é o duelo, meio irônico, meio enamorado, entre moça e rapaz, nas "esfolhadas", batidas de trigo e horas de trabalho coletivo. Esses oaristos Júlio Diniz evocou nas "Pupilas do senhor Reitor" e Alberto Pimentel nas "Alegres Canções do Norte". O acompanhamento à viola é fortuito. Ao "desafio" do Minho corresponde a "desgarrada" do Sul português. Mesmo assim não sei de combate que

---

38  Antología de la Lirica Gallega (Alvaro de las Casas), p. 29, Madri, A. D.

tivesse assumido as asperidades homéricas dos cantadores nordestinos do Brasil. No Minho o "desafio" é mais uma reminiscência dos "tentamens" das Cortes d'Amor provençais, dos Descantes palacianos da primeira metade do século XIX, ainda vivos, lá e no Brasil de meados do século passado, na breve exibição poética dos "outeiros", amostras de improvisação satírica ou religiosa, exclusivamente.

Ao verso satírico, que o *troubadour* dizia "sirvente", chama o português "cantigas a atirar".

Para a América do Sul e Central os gêneros emigraram. É o "corrido" em Venezuela, Colômbia e Bolívia, espécie de "rimance" e também, às vezes, tomando formas de desafio, familiar a meia América, *el poema narrativo de andanzas lleneras*, como o batizou Rufino Blanco Fombona; a "pallada" do Chile,[39] a "payada" de Argentina e Uruguai. A "payada de

---

39 Graças à gentileza do Embaixador Maurício Nabuco e a obsequiosidade de dom Julio Vicunha Luco, li "He Dicho", um dos trabalhos de Julio Vicunha Cifuentes, o máximo dos folcloristas chilenos. Cifuentes (*op. cit.*, p. 51 e outras) assim descreve a *palla*, o desafio no Chile:

"... en coplas octosílabas improvisam los *palladores* sus famosas controversias llamadas *pallas* o *contrapuntos*, aunque no siempre es perfecta la sinonimia de estos dos vocablos. El nombre de *pallador* no conviene a todos los bardos populares, sino a los que son capaces de medir sus fuerzas con un adversario en público certamen improvisando al son de un instrumento músico – guitarra o guitarrón – preguntas y respuestas, problemas y soluciones, en que a la ironia del concepto va unida la insolencia desvergonzada de la expresión.

En estas justas, en que los émulos lidian copla a copla durante horas y aun dias enteros, es donde mejor se puede descubrir la índole de la poesia popular chilena, más ingeniosa que delicada, y en todo momento burlesca y acometedora.

Esta es la *palla* propriamente dicha.

Esta es la *palla a dos razones*, cada uno de los contendientes no improvisa sino dos versos de la copla, hirientes como banderillas, en que la intención crece cuanto el espacio mengua, pero en los que, por esto mismo, no es ya fácil a los ingenios rivales propornese las cuestiones de difícil solución que tan interesantes resultan en la *palla* tradicional. Sea como fuere, lo que caracteriza esta clase de torneos, en cualquiera de sus formas, es que se desarrollen improvisando, por eso cuando los contendores 'cantam de verso hecho', a lo divino o a lo humano, para lucir su destreza lírica y la fertilidad de su memoria, nadie dice que aquello sea una *palla*, sino un *contrapunto*, diferencia que se puede establecer diciendo que la *palla* es siempre un *contrapunto*, pero que no todo *contrapunto es palla*. Estas justas populares han decaído mucho en nuestros dias, y si aun es posible asistir a algunas entretenidas escaramuzas, en las grandes batallas no hay que pensar, porque ya no se riñen".

As "collas octosílabas" correspondem verdadeiramente às nossas "colcheias" do Sertão.

contrapunto" é justamente o nosso desafio. É o brasão senhorial dos "paya-dores". Já Martin Fierro ensinava:

A un cantor le llaman bueno
cuando es mejor que los piores;
y sin ser de los mejores,

encontrándose dos juntos,
es deber de los cantores
el cantar de contrapunto.

Esse "cantar de contrapunto" ou "payada de contrapunto" descreve-o Lehmann-Nitsche:

> ... payada de contrapunto. Se llama así la lucha a guitarra y canto, sostendina por dos payadores, los que, alternando, dan preguntes que el adversario tiene que contestar, como en las luchas de los trovadores medievales de los cuales los payadores argentinos son descendientes diretos. Se trata muchas vezes de un verdadeiro examen en ciencias naturales, historia etc., y como en el colegio, el que más sabe, gana.

ROBERT LEHMANN-NITSCHE – "Santos Vega", p. 163, Buenos Aires, 1917.

A glória do cantador está no desafio. O melhor sucesso é o número de vencidos, arrebatados no turbilhão dos versos sarcásticos e atordoantes.

Numas quadrinhas velhíssimas, cantadas indistintamente nas lutas, um recém-nascido enfrentava improvisadores no mesmo dia em que viera ao Mundo:

Chegou meu pai, perguntando
Muié, cadê nosso fio?

Está sentado no banco
Cantando desafio!...

Outros emprestam ao gênero efeitos surpreendentes e mirabolantes:

Eu cantando desafio
Puxando prima e burdão,
Faço boi subir nas nuvens

E cobra dar tropeção.
Capa-Verde dizer Missa
E o Fute fazer sermão.

A denominação "desafio" nos veio de Portugal onde a disputa poética de improviso depressa se vulgarizou e possuiu fanáticos. Recordação teimosa dos "amebeus" gregos, o desafio português ficou entre os pastores, cantando ao som do arrabil ou de violas primitivas, mas com o fervor e o entusiasmo de herdeiros legítimos do "canto alternado" que Teócrito divulgara. Sua passagem nos versos dos poetas do século XVI e XVII é comum.

Rodrigues Lobo, na "Écloga contra o desprezo das boas artes" (Lisboa, 1605, ed. Pedro Craesbeeck) menciona, em vários pontos, o desafio, com direito a prêmios de gado:

Bieto:
E d'onde houve aquela rês,
Que ele poucas vacas cria?

Aleixo:
Ganhou-a numa porfia
Nas festas, que Ergasto fez,

Houve então grão desafio
Em luta, canto, e louvores,
Venceu todos os pastores
Da serra, e d'além do rio.

O desafio, porfia ou disputa, aparecia nas feiras, rodeado de gente curiosa. Na mesma "Écloga":

Fui domingo a ver a luta,
E outros com grande alvoroço;
Vim encantado d'um moço,
Que ali cantava em disputa.

Dos pastores mais gabados
Tinha à roda mais de mil,
Que ao som do seu rabil
Estavam como enlevados.

O rabil ou arrabil, do árabe *ar-rabed*, tinha duas cordas e depois, na Idade Média, ganhou mais uma. É a rabeca em sua forma primitiva. O desafio mantém, através dos séculos, a continuidade do gênero e mesmo de um dos dois instrumentos acompanhadores.

Os cantos dos indígenas brasileiros, a deduzir-se dos registos de Gabriel Soares de Souza, Cardim, d'Evreux, Abbeville, Léry, Thevet eram sempre coletivos e acompanhados de danças. Às vezes um só cantar solava no meio do círculo dos dançadores, mas o refrão era entoado por todos. Havia, naturalmente, a improvisação. Cantigas novas apareciam mas referentes à vida social da tribo, caça, pesca, costumes cinegéticos, hábitos etc. Conhecemos em Barbosa Rodrigues, Koch-Grunbergs, Dionísio Cerqueira, trechos de canções amerabas, amorosas ou mesmo irônicas. Nada encontrei que se semelhasse ao desafio nem creio na existência desse gênero entre os nossos aborígines. A "poranduba" era a narrativa dos feitos pessoais ou dos antepassados, uma legítima canção de "gesta", abundantemente observada pelos velhos cronistas coloniais. Não era desafio nem os indígenas cantavam alternadamente improvisando. Seus cantos e danças saídos dos ritos religiosos estavam apenas numa fase intermediária para a socialização. Dançava-se e cantava-se para festejar as felizes partidas de caça, as pescarias rendosas. Assim, não havia lugar para ouvir-se um cantador isolado. Todos desejavam tomar parte na festa, inclusive os homenageados, hóspedes, visitantes, tuixáuas de outras tribos etc. A documentação de Brandão de Amorim, do Conde Ermano de Stradelli, de Koch-Grunberg, de Roquette Pinto, os trabalhos da Comissão Rondon, são concludentes. Nem mesmo a paciência brilhante de Alfredo Métraux conseguiu recensear, no acervo das civilizações tupi-guaranis, algum episódio que se parecesse com o desafio sertanejo.

Entre os africanos nada há de semelhante ao que conhecemos no sertão. Os cantadores profissionais, *griotes*, como os *alatychs* árabes, são mais decoradores de histórias gloriosas e guerreiras que verdadeiramente improvisadores. Quando o fazem é na acepção que o sertanejo denomina "loa", a louvação, o agradecimento antecipado ou posterior a um presente. O desafio, de improviso, acompanhado musicalmente, não há nas terras da África.

No ponto de vista unicamente musical ainda seria de notar a ausência da síncopa que serviria para uma possível indicação negra, dada como responsável pela *syncopated orchestras*...[40]

O que existe no sertão, evidentemente, nos veio pela colonização portuguesa e foi modificado para melhor. Aqui tomou aspectos novos, desdobrou os gêneros poéticos, barbarizou-se, ficando mais áspero, agressivo e viril, mas o fio vinculador é lusitano, peninsular, europeu.

# B) Os Instrumentos

O mais antigo instrumento do cantador sertanejo devia ter sido a viola. Ela já aparece citadíssima em Fernão Cardim. Os padres catequistas

---

40  Sempre compreendi "música negra" como expressão vaga e complexa. O mesmo que Música Oriental ou Música Europeia. Tenho agora comigo a autoridade de C. W. Myers ("Traces of African Melody in Jamaica", cit. *in* "De la Musica Afrocubana", Fernando Ortiz, "Universidade de La Habana", nº 3, mayo-junio 1934, p. 121:
"... *puede asegurar-se con certeza que no existe una música africana, pues hay casi tantos estilos de música nativa en Africa como en Europa, cuyas variedades difieren no solamente en cuanto a su forma y estructura en general, sino más especificamente tocante a los ritmos empleados*".

ensinam os curumins a tangê-la. Era um dos instrumentos preferidos pela sua sonoridade, recursos e relativa facilidade de manejo. O segundo, que não teve voga no sertão, era a frauta. A orquestra clássica das festas jesuíticas em viagem era a viola, o pandeiro, o tamboril e a frauta. Espalhou-se, como uma pequena orquestra, para todo Brasil. A viola de pinho, viola de arame, com cinco ou seis cordas duplas, afina-se como o violão. Hoje as afinações variam. Mi-si-sol-ré-lá e si-fá-ré-lá-mi são as mais usadas atualmente. Tendo seis cordas repete-se o *mi* ou o *si*. O encordoamento é de aço as duas *primas* e *segundas*, a terceira de metal-amarelo (latão), o bordão de *ré*, de aço, o de *lá* e de *mi*, de latão. A maioria é de dez trastos. O acompanhamento comum dos desafios é na altura do quinto trasto. Viola é verdadeiramente o grande instrumento da cantoria. Violeiro é sinônimo de cantador. Todos os cantadores tocam. Ultimamente apareceram cegos-cantadores com harmônica (acordeão, sanfona, realejo, fole, com dez a dezesseis chaves). Mas a harmônica está fora de ser levada para um desafio. Para o Rio Grande do Sul a harmônica, que o gaúcho chama "gaita", é indispensável nos desafios e substituiu a viola.

O outro instrumento clássico na cantoria nordestina é a rabeca. Tocam apoiando-a na altura do coração ou no ombro esquerdo, sempre a voluta para baixo. É a posição ritual que encontramos nas histórias da Música. Assim Hugo Riemann publica um anjo tocando a Giga e Gaudenzio Ferrari, em posição idêntica, retratou os seus "Angeles musicos". Nenhum tocador de rabeca é capaz de executar qualquer trecho pondo o instrumento na posição usual do violino.

Essa continuidade demonstra a velhice da rabeca sertaneja e sua fidelidade ao passado. A rabeca é um violino de timbre mais baixo, com quatro cordas de tripa, afinadas por quintas, sol-ré-lá-mi, e friccionadas com um arco de crina, passado no breu. Tem uma sonoridade roufenha, melancólica e quase interior. Nos agudos é estridente. Lembra certos instrumentos árabes. A rabeca veio justamente do *arabéd*, passando pelo antigo *crouth*. Fora, em encarnação anterior, a viola de arco, instrumento preferido pelos trovadores da Idade Média. Havia mesmo o verbo *violar* na acepção de executar a viola.

*Pons de Capduilb e trobava e violava e cantava be...*

Ou se dizia de Perdigon, trovador aclamado pelos Reis:

*Perdigos fo joglar e sap trop ben violar e trobar e cantar...*

Muitos dos velhos cantadores que conheci, já aposentados, vivendo de pequenas roças, sem voz e sem história, guardavam a tradição das rabecas, dos temas tristes, executados antes e depois da cantoria. Fabião das Queimadas nunca tocou viola. Usava a *rabequinha* fanhosa, áspera e primitiva. Assim ouvi seus romances de "apartação", as lendas de vacas e bois invencidos nas derrubadas ou os versos satíricos, cantados na solfa do "redondo-sinhá".

Nos desafios sertanejos os instrumentos únicos são a viola e a rabeca. Nenhum instrumento de sopro ou de percussão é tolerado. Os maracás ou ganzás são ritmadores dos "cocos" praianos ou dos arredores da cidade. As "emboladas" são relativamente novas e pertencem a um gênero que ainda não conquistou adeptos sertanejos. Seu domínio é o engenho de cana, a fazenda do agreste, a praia ensombrada de coqueiros.

Cada violeiro vitorioso amarrava uma fita nas cravelhas do instrumento. Era um emblema de glória e ele narrava, pela ação de presença, a história dos embates ilustres. Cada cantador de outrora dizia, sem vacilar, a origem de cada fita que voava, desbotada e triste, amarrada na viola encardida.

Uma viola assim enfeitada era o sonho de todos os bardos analfabetos. Depois, dizem, alguns cantadores mais "modernos" deram na mania de comprar fita e enrolar na viola como sinal de vitória. Cada viola ficou mais cheia de fita que Santa Cruz de promessas. O abuso desmoralizou a

O folclorista cearense Leonardo Mota ao centro, tendo à esquerda Sinfrônio (viola) e à direita o cego Aderaldo (rabeca). A posição dos instrumentos é clássica entre os cantadores.

tradição. Mesmo assim, viola de cantador afamado sempre tem um lacinho e uma história bonita de luta e de sucesso...

Curiosamente o sertanejo, da Paraíba ao Ceará, que esteve enquistado até 1910, conservando idioma, hábitos, tradições, indumentária, cozinha de séculos passados, guardando modismos que Portugal já perdera, não manteve a gaita (pífano, gaita de sopro) e o pandeiro, instrumentos indispensáveis dos velhos portugueses cantadores. Gil Vicente ainda os registou no "Triunfo do Inverno" (edição das "Obras Completas de Gil Vicente", dirigida pelo Professor Mendes dos Remédios, t. II, p. 198, 1912):

> Em Portugal vi eu já
> Em cada casa pandeiro,
> E gaita em cada palheiro.

No Minho a gaita ainda sacode as danças. No Brasil o negro valorizou-a nas toadas africanas dos "caboclinos".

No velho sertão de outrora o pandeiro esteve na sua época. Resistiu até a primeira metade do século XIX mas já usado parcamente. Inácio da Catingueira, que faleceu em 1879, ainda cantava desafio batendo pandeiro enquanto o colega pontiava a viola, também chamada "guitarra". No seu longuíssimo embate com Francisco Romano, em 1870, este dizia:

> Inácio, esbarra o pandeiro,
> para afinar a guitarra...

Sílvio Romero registou uma quadrinha pernambucana que dizia:

> Quando eu pego na viola
> Que ao lado tenho o pandeiro...

A morte do pandeiro e demais instrumentos de percussão seria a ausência das danças coletivas, as danças de roda, cantadas, quase privativas das crianças. O canto alternado, incisivo, arrebatado, insolente, dispensa o pandeiro que, no litoral e no agreste, perdeu terreno para o ganzá,[41] marcador de ritmos por excelência.

---

41 O ganzá ou canzá é o antigo "Pau de semente". O ganzá africano é oblongo. O maracá ameraba é ovoide. Hoje o que existe é o ganzá com a forma do maracá. O instrumento indígena está com nome negro. O Professor Fernando Ortiz afirma ser o maracá um instrumento das Arnacas.

Para a cantoria a viola satisfaz as pequeninas exigências melódicas. Só lhe pedem, nos solos, alguns compassos. Ainda hoje no Minho, a viola chuleira, tristurenta e doce, acompanha bailaricos e prendas. No Brasil é o instrumento de maior área de influência. Indispensável no Nordeste e Norte, é igualmente a inseparável do gaúcho no Rio Grande do Sul, do mineiro, do fluminense, do goiano e mato-grossense.

É o supremo auxílio material dos cantadores. Claudino Roseira confessa:

> Melquide eu já fiz estudo
> Mas não prestei atenção,
> Por viver muito ocupado
> Com a viola na mão,
> Cantando de feira em feira
> A fim de ganhar o pão.

Josué Romano adianta:

> As vez, o jeito que eu tenho
> É cantar com quem não presta...
> Isso muito me arripuna,
> Mas a minha vida é esta:
> Bater o baião de viola
> E ganhar dinheiro em festa.

Outros cantadores afirmam que:

> O pau que canta é viola,
> Pau com dois ss é rebeca.

O negro Azulão declamava:

> Eu sou caboclo de guerra
> C'uma viola na mão!

No cancioneiro de Goiás e Mato Grosso as quadrinhas falam abundantemente na viola:

A viola tem cinco cordas
cinco cordas, mais não tem.
Em cinco infernos se veja
Quem me apartou de meu bem.

A viola sem a prima
A prima sem o burdão,
Parece filha sem pai,
No poder de seu irmão.

Vou comprar uma viola
Com vinte e cinco burdões,
Para ver se assim distraio
As tuas ingratidões.

A viola sem a prima
Sem a toeira do meio,
Parece moça bonita
Casada com homem feio.

A viola me pediu
Que queria descansar,
Desaforo de viola
De querer me governar.

Aprendi tocar viola
Para o meu distraimento,
Mas saiu pelo contrário;
Redobrou meu sofrimento.

Não é menor o contingente nordestino. Quadras recolhidas pelo Dr. Rodrigues de Carvalho:

Minha viola de pinho,
meu instrumento real,
As cordas são estrangeiras
E o pinho de Portugal.

Minha viola de pinho
Ninguém há-de pôr-lhe a mão,
Sinão a minha cunhada,
A mulher do meu irmão.

Minha viola de pinho
Tem boca para falar;
Se ela tivesse olhos
Me ajudaria a chorar.

Nesta viola do norte
A prima disse ao burdão:
O rapaz que está dançando
Veio lá do meu sertão.

Nesta viola de pinho,
Cantam dois canários dentro,
Não pode ter bom juízo
Quem tem vários pensamentos.

Antônio da Piraoca,
Raimundo do Lagamar,
Eu ronco junto à viola
No céu, na terra e no mar.

Preto Limão cantava:

Quando eu vim pra esse mundo
Truve uma sina pachola;
Foi tê, pra ganhá a vida,
Ciença e esta viola...

No desafio de Francisco Romano, Romano do Teixeira, com Manuel Carneiro, em Pindoba, Pernambuco, há uma quadra deste:

| | |
|---|---|
| Posso morrer na pobreza, | Quem quiser ser bem querido |
| Me acabar pedindo esmola, | Aprenda a tocar viola |
| Mas Deus me deu, pra passar, | Vista camisa lavada, |
| Ciência e esta viola!... | Seja preguiçoso embora. |

(rec. por Pereira da Costa)

Francisco das Chagas Batista, tão familiarizado com os cantadores, afirma que o autor do desafio Romano-Carneiro foi Germano da Lagoa, que o escreveu e cantava, dando-o como real entre os dois famosos improvisadores.

O outro instrumento tradicional, a rabeca, e rebeca[42] também, possui seus elogios. Deve ter vindo posteriormente à viola porque esta já é mencionada nos cronistas coloniais. O cego Sinfrônio Pedro Martins fez a louvação de sua companheira fiel:

> Esta minha rebequinha
> É meus pés e minhas mão
> Minha foice e meu machado,
> É meu mío e meu fejão,
> É minha planta de fumo,
> Minha safra de algodão!

---

[42] Sobre o nome da rebeca há uma menção numa das lendas mais conhecidas da Europa feudal. É o episódio de Blondel, pajem de Ricardo Coração de Leão. Aprisionado pelo Duque da Áustria, Leopoldo, o rei da Inglaterra, foi encerrado numa torre do Castelo de Durrenstein e vigiado dia e noite. Para descobrir o paradeiro de seu senhor, Blondel fez-se cantor ambulante e percorria a Áustria. Sabendo vagamente, em Durrenstein, da existência de um prisioneiro de alta hierarquia, o menestrel cantou, perto da torre, uma das canções conhecidas pelo rei. Ricardo respondeu cantando o verso seguinte. Estava localizada a prisão. Blondel voltou para Inglaterra e no ano seguinte, 1194, o rei era resgatado. Que instrumento tocava Blondel para acompanhar seu canto? As mais antigas crônicas medievais, citadas e transcritas pelo Conde de Puymaigre ("Le Folclore", *la légende de Blondel*, Paris, 1885), indicam a *viele* ou a rebeca. Num dos textos mais velhos encontra-se que Blondel *prist sa viele et comencha à violer une note, et em violant se délitoit de son signeur qu'il avoit trouvé*. Noutra fonte já o instrumento tem a denominação dos nossos dias. *Un sien menestrel, natif de Normandie, nommé Jehan Blondel, bien jouant et chantant sur la rebeke*. Apesar das controvérsias musicógrafas, sabe-se que a *Viele* e a *Rebeke* eram quase iguais e se fundiram depois. Ver Hugo Riemann, *"Historia de la Música"*, ed. espanhola, fig. 13, p. 40.

Esse casal acompanha, há séculos, a poesia popular.

Não me foi possível rastejar influência negra no desafio e nos instrumentos para o canto sertanejo. Na África o canto é sempre ritmado pela percussão. Canto e dança têm nos tambores negros (com variada nomenclatura que o Dr. Artur Ramos resumiu no seu "Folclore Negro do Brasil", p. 151, Rio, 1935) o máximo da exigência. Os instrumentos de corda são raros. O "berimbau de barriga", *humbo* dos angoleses, rucumbo para os povos da Lunda, que Henri Koster descreveu em Pernambuco de 1812, não atingiu ao alto-sertão nem foi usado pelos cantadores, mesmo negros e mesmo escravos. *Rucumbo* ou *urucungo, berimbau de barriga* ou *humbo*, ouvi uma vez, na feira semanal do Alecrim, em Natal, cadenciando o canto de um negro. Mas o canto era uma das rapsódias do gado e o instrumento aí era acidental e fortuito. Violas e rabecas, a dupla real, não aparece nas viagens sertanistas dos exploradores do continente negro.[43]

Verdade seja que Serpa Pinto, no Bié, encontrou um músico tocando uma rebeca, feita por ele mesmo. Tinha o instrumento três cordas de tripa, friccionadas por um arco com duas cordas e não clinas. Serpa Pinto achou que a rabeca *"dava sons tão melodiosos e fortes como o melhor Stradivarius"* ("Como eu atravessei a África", t. I, p. 162, Londres, 1881). Mas era visível tratar-se de uma cópia africana do instrumento europeu. *"Era de certo uma imitação das rabecas da Europa, e não um instrumento primitivo"* (*idem*). Teria melhor dito, instrumento local ou regional.

O canto negro é, em maior percentagem, dançado. No sertão a função é distinta. A dança sofreu um colapso demorado, não se dando o mesmo com o canto.

Os instrumentos, pelo exposto, são de origem portuguesa.

O violão aparece igualmente mas não no Nordeste. Pelo extremo-norte há notícia de sua aplicação no desafio mas sem a fórmula regular. Creio ter sido apenas um caso fortuito. Mesmo assim encontro na peleja de João Siqueira Amorim com o cego Aderaldo (publicada em Fortaleza, Ceará) uma indicação:

Antes de Siqueira afinou       deu calmamente vibração,
o seu brando violão.            lançou um olhar risonho
Firmou-se no tom de ré,         e ficou de prontidão.

---

43  Contraprova demonstrando a mesma conclusão dará uma leitura do monumental trabalho do Prof. Dr. Artur Ramos – "AS CULTURAS NEGRAS NO NOVO MUNDO", Civilização Brasileira, Editora, Rio de Janeiro, 1937.

Aderaldo quando ouviu
o baião que fez Siqueira,
boliu com o violino

numa corda tremedeira,
formou um verso dizendo
assim por esta maneira:

É uma citação que autentica o violão nos desafios e ainda o "baião" anunciando e seguindo o verso cantado.

Mas a rabeca e a viola são os instrumentos soberanos. No encontro de José Pretinho do Tucum com o cego Aderaldo, narrado por este, lê-se:

Ele tirou a viola
Dum saco novo de chita,
e cuja viola estava
toda enfeitada de fita.
Ouvi as moças dizendo:
Grande viola bonita!...

Eu tirei a rabequinha
dum pobre saco de meia,
Um pouco desconfiado
por estar na terra alheia,
e umas moças disseram:
Meu Deus! Que rabeca feia!...

Essa fidelidade denuncia a nenhuma interpenetração do litoral e sertão durante tantíssimos anos. No Rio Grande do Sul, a viola, soberana incontestada, foi substituída pela acordeona, o fole nordestino, que o gaúcho chama "gaita". Assim regista uma quadra que Souza Docca revelou ("O regionalismo sul-rio-grandense na literatura", na Revista das Academias de Letras, n. 1, dezembro de 1937, Rio):

A gaita matou a viola,
O fósforo matou o isqueiro,
A bombacha o xiripá,
A moda o uso campeiro.

Para o Nordeste, entretanto, viola e rabeca continuam...

# C) CANTO E ACOMPANHAMENTO

Na "cantoria" não há acompanhamento musical durante a solfa. Os instrumentos executam pequeninos trechos, antes e depois, do canto. São reminiscências dos prelúdios e poslúdios com que os Rapsodos gregos desviavam a monotonia das longas histórias cantadas?

O trecho tocado é rápido e sempre em ritmo diverso do que foi usado no canto. A disparidade estabelece um interesse maior, despertando atenções e preparando o ambiente para a continuação. Em música tem outra finalidade. É o tempo de espera para o outro cantador armar os primeiros versos da resposta improvisada. No desafio, no canto dos romances tradicionais, na cantoria sertaneja enfim, não há acompanhamento durante a emissão da voz humana.

O canto amebeu dos pastores gregos, origem do desafio sertanejo, fora dessa forma. A explicação é que tocavam flauta, sírinx, instrumentos de sopro. Nenhum pastor, de Teócrito ou dos idílios e oaristos gregos, aparece senão com a flauta. Não há instrumento de corda. A harpa é posterior e pertenceu ao rapsodo, às vezes cego e, compensativamente, de melhor e mais límpida memória.

Aos pastores do canto amebeu era impossível o acompanhamento, simultâneo com os versos, uma vez que o instrumento era de sopro. Assim começara o canto alternado...

Os gregos falam de Arquíloco (falecido em 560 a.C.) e especialmente numa sua inovação genial. A inovação consistia *à faire déclamer les vers pendant que la cithare et d'autres instruments, quelquefois réunis à elle, faisaient entendre des espèces d'intermèdes* (Fetis, *op. cit.*, v. III, p. 322). O canto acompanhado teria tido, desta forma, seu início popular.

O rapsodo grego cantava ao mesmo tempo que arpejava. Ainda havia um traço do canto primitivo, isolado e solto. Como os gregos colocavam o apoio tonal no agudo, quando nós o fazemos no grave, os sons do acompanhamento eram dados no agudo, acima da melodia entoada pelo cantador.[44]

O rapsodo cantava acompanhando-se simultaneamente. Em várias passagens da "Odisseia" Homero descreve o canto junto à musica das harpas.

No canto IV: *"Un chantre divin accordait à sa voix les sons de sa lyre"*. Luciano de Samosata é mais explícito: *"Qui aurait pu leur enseigner cette harmonie parfaite, qui apprend à ne jamais excéder le rythme, à mesurer le chant avec précision, à accompagner de la cithare, à faire entendre en même temps et l'instrument et la voix, à placer ses doigts avec justesse et avec grâce?* (LUCIEN, "Oeuvres complètes", Garnier, v. II, p. 73).

---

44  Mário de Andrade, "Compêndio de História da Música", 2. ed., L. G. Miranda, São Paulo, 1933, p. 16-17.

Na Idade Média os cantores acompanhavam o canto com a música instrumental. No romance "Tristan et Iseut", um dos mais espalhados e sabidos na Europa, há uma alusão ao canto acordado:

*La dame chante dulcement*
*la voix accord a l'estrument*

*les mains sunt belles, li lais bons,*
*dulce la voix et bas li tons...*

No sertão o cantador independe do acompanhamento. No fim de cada pé, findando cada linha do verso, dá um arpejo na viola ou um acorde na rabeca. Entre um verso e o seguinte, entoado pelo antagonista, executa-se um trecho musical, alguns compassos. Durante o canto, junto com a voz humana, nada, absolutamente nada. Em nenhuma outra parte, exceto o Nordeste, o desafio possui essa característica singular. Em qualquer outra parte do Brasil o canto é acompanhado juntamente.

O pequenino trecho executado depois de cada cantador cantar (sextilha, décima etc.) chama-se "rojão" ou "baião":

*Aderaldo quando ouviu*
*o baião que fez Siqueira.*

*Mas a minha vida é esta –*
*bater baião de viola*
*e ganhar dinheiro em festa...*

dizem versos populares descrevendo cenas de desafio:

*Como é doce o "rojão das viola" nas aldeias!*
*A lua cheia de abril refrescando as areias...*

cantava Ferreira Itajubá. São, como disse, alguns compassos apenas. O essencial é que o "baião" não coincida com os valores do canto. É preciso ser diverso. Muitos "rojões" desdobrados servem para dançar. O "canto" só lhe devemos dar esta denominação, em muitíssimos casos, por convenção. É antes uma declamação onde a linha musical apenas disfarça o recitativo seco, continuado, solto do motivo melódico, quase sem ligação. O cantador respeita supersticiosamente a cadência do verso que está sendo escolhido para o canto, solando, ou, no desafio, setissilábico, decassílabo, alexandrino. Apenas esse respeito atinge ao ritmo. A solfa é obrigada a sujeitar-se às exigências do metro,[45] desdobrando-se, adaptando-se, dando de si resultados imprevistos pelo portamento, que é típico em cada cantador, subindo em agudos infixáveis ou terminando por um processo de nasalação indispensável e, para eles, natural. Todo cantador é fanhoso quando canta.

Difícil seria catalogar a própria voz do cantador sertanejo. Tenor, barítono, baixo? Não se sabe que som é aquele, acima ou abaixo dos diapasões, sem graves, com agudos estridentes; uma voz roufenha mas duma resistência admirável; indo, após seis e oito horas de canto, aliadas ao

---

45 Essa sujeição da música ao ritmo poético é uma característica da música primitiva:
"*Cette dépendance du texte et de la musique est si stricte que le rythme de la mélodie n'a d'autre origine que le mètre du vers*", p. 9.
"*Aucune musique n'existait sans poésie, aucune poésie sans musique. Poète et compariteur étaient toujours unis dans la même personne*", p. 10 (CHARLES NEF, "Histoire de la Musique", Payot, Paris, 1925).

esforço de improvisar ou de repetir decorações de poemas complexos e mais atender ao acompanhamento, a um estado de frescura que para outros corresponderia ao desfalecimento. Os instrumentos, feitos no sertão, sob modelos tradicionais, com ressonâncias e recursos estranhos aos instrumentos das cidades, são outros elementos para afastar a cantoria de uma sistematização regular sem amplos e demorados estudos no próprio ambiente. A entonação é peculiar. O timbre áspero, alto, tem um ímpeto agressivo de combate, de corpo a corpo. A voz do cantador nordestino não é, como as vozes que ouvimos no teatro, no rádio ou no cinema, uma voz de efeito esperado, regular, esquemado. É uma voz livre dentro dum canto livre. Essa independência, sem que se perca do compasso que rotula o gênero indicado para a cantoria, foi observada primeiramente por Mário de Andrade.

O cantador aceita a medida rítmica justa sob todos os pontos de vista a que a gente chama de Tempo mas depreza a medida injusta (puro preconceito teórico as mais das vezes) chamada Compasso. E pela adição de Tempos, tal e qual fizeram os gregos na maravilhosa criação rítmica deles, e não por subdivisão que nem fizeram os europeus ocidentais com o compasso, o cantador vai seguindo livremente, inventando movimentos essencialmente melódicos (alguns antiprosódicos até) sem nenhum dos elementos dinamogênicos da síncopa e só aparentemente sincopados, até que num certo ponto (no geral fim da estrofe ou refrão) coincide de novo com o metro (no sentido grego da palavra) que para ele não provém duma teorização mas é de essência puramente fisiológica. São movimentos livres *desenvolvidos da fadiga*. São movimentos livres específicos da moleza da prosódia brasileira. São movimentos livres não acentuados. São movimentos livres acentuados por fantasia musical, virtuosidade pura, ou por precisão prosódica. Nada têm com o conceito tradicional da síncopa e com o efeito contratempado dela. Criam um compromisso sutil entre o recitativo e o canto estrófico. São movimentos livres que se tornaram específicos da música nacional.

MÁRIO DE ANDRADE – "Ensaio sobre a Música Brasileira", p. 14, São Paulo, 1928.

Essa liberdade, embora vagamente enquadrada no mensuralismo que Portugal nos trouxera, funde-se coerentemente com as peculiaridades da entoação. Mário de Andrade, ouvindo sambistas e cantadores de cocos de ganzá nas cidades do litoral norte-rio-grandense e paraibano, registou a observação que é justíssima para o interior. Os violeiros-cantadores tinham um ligado típico, dum "glissado" *tão preguiça*, que Mário julgou-os empregar o desaparecido quarto de tom. Não era. *"Mas o nordestino possui maneiras expressivas de entoar que só graduam seccionadamente o semitom por meio do portamento arrastado da voz, como esta às vezes se apoia positivamente em emissões cujas vibrações não atingem os graus da escala. São maneiras expressivas de entonar, originais, características e dum encanto extraordinário"* (*idem*, p. 24-25).

O cuidado do cantador em obedecer ao ritmo, mas o ritmo da métrica, deixa em liberdade, ou sem responsabilidade, para o canto, sua força de invenção. Essa se traduz fielmente nas frases felizes, nas respostas fulminantes, nas comparações pitorescas, nas críticas ridículas. O desenho musical se desenvolve automaticamente, por impulsão do ritmo poético ou por sua única necessidade declamatória. É um acessório.

Esse respeito ao metro-poético ultimamente é dado como sendo uma das bases, senão a maior, da própria poesia portuguesa. Um professor da Universidade de Coimbra, o Dr. Oliveira Guimarães, está convencido do que me parece lógico e documentadamente possível.

Sabe-se hoje que a poesia portuguesa não se baseia somente no isossilabismo dos versos e na homofonia ou rima das suas cadências finais, aliás puramente acidental e de mero ornamento, mas principalmente na sequência harmônica das unidades rítmicas ou pés métricos, que constituem o compasso da dicção que acompanha o das ideias.

OLIVEIRA GUIMARÃES – "Fonética Portuguesa", p. 100-101, Coimbra, 1927.

O canto do improviso sertanejo se tem pobre o desenho é porque é um detalhe, uma forma, do essencial que é o recitativo, único centro de interesse para a o auditório, ainda que seja como entonação irregular e obediente aos caprichos pessoais de cada executor. A nasalação final, característica inseparável, se consegue obter efeitos curiosíssimos, dificulta enormemente uma notação séria, cuidada e fiel. No linguajar sertanejo a nasalação é um recurso natural para *"dar mais corpo à vogal isolada, se não for um fenômeno de analogia – falsa analogia, em vista do profuso emprego do prefixo IN, que de infeliz, insosso, insensível, impossível etc. estendeu-se a inregular, inlusão, inleição (inliçon no português arcaico) indo a correção até intaliano, inlogio, e, em geral, a todas as palavras começadas em i"*, como notou Mário Marroquim ("A Língua do Nordeste", pp. 27-28, São Paulo, 1934). Essa tendência para dissolver o *n* intervocálico e nasalar a vogal anterior (*idem*) é uma constante na dialetação do Norte. Indo para o canto, o poeta analfabeto e cioso dos hábitos do seu povo, não esquece o modismo, especialmente se este o auxilia desmarcadamente para ralentar os finais dos versos, tornando-os longos, impressionantes e sugestivos. Também é possível que a fadiga predisponha para esse arrastamento de tom, profundo e cavo. Quando, numa raridade, o cantador não nasala seu *finale*, emite as notas terminantes entre os dentes cerrados, numa acentuação gutural, rouca, inconfundível.

Não é possível traduzir esse resultado por sinais. Ninguém poderá transmitir, na intensidade da audição, o arrastado dolente mas incessante e ágil, o indeciso enérgico duma vibração sonora que ainda aguarda a fórmula sintetizadora em que seu musicógrafo fixará a criação musical.

Solfa de um "martelo" de dez pés, exemplo do classicismo sertanejo:

Solfa de "ligeira":

Não foi possível explicar esse processo de canto declamado e com acompanhamento final e intervalar.

No Rio Grande do Sul, informação do Dr. F. Contreiras Rodrigues que o meu amigo Ari Martins teve a bondade de transmitir, o desafio é em décimas, com rimas emparelhadas, chamadas sempre "quadra". Acompanhado o desafio gaúcho com gaita (sanfona, acordeão) ou antigamente com viola, sempre se fazia ouvir durante o canto. Em Minas Gerais, diz-me o Sr. Flausino R. Vale: "*Por aqui só se usa a redondilha menor, isto é, de sete sílabas, em quadras, com acompanhamento de viola. Tocam durante o canto, e entre um e outro verso fazem uma espécie de pequenino* inter-mezzo *de dois ou quatro compassos*". Ari Martins tivera quase as mesmas palavras: "*Quanto ao uso da viola, de há muito já passou ao rol das coisas pretéritas. A acompanhante obrigatória dos nossos desafios é a gaita ou cordeona, que toca durante todo o canto e entra com o 'refrain' entre o verso dum contendor e o do outro*". Minas Gerais é a mesma zona musical de Goiás, Mato Grosso e parte de São Paulo. Ari Martins, em sua carta amável, mostra a identidade do Rio Grande do Sul e, deduzidamente, para Santa Catarina, Paraná etc.

Em Portugal o processo para o desafio é idêntico. Os maiores cantores populares de Portugal empregam a décima, de fórmula ABBAACCDDC, glosando uma quadra setissilábica, ABCB, como verifico no "versos dum Cavador" de Manuel Alves, e cantam acompanhados à viola ou guitarra, a guitarra portuguesa. É o "descante"...

Carlos Santos, o paciente codificador do folclore musical da Ilha da Madeira, informou-me que "*os acompanhamentos são sempre feitos durante o canto. Quando o cantor para por necessidade de inspiração ou para dar mais solenidade ao ato, a música continua à espera que ele volte a cantar. Em certas fainas (trigo, erva etc.) canta-se sem música*".

O processo da cantoria nordestina é, evidentemente, uma peculiaridade.

# D) Os Temas

O início do desafio depende do maior ou menor conhecimento que o cantador tenha de seu companheiro. Se ambos são celerados e o auditório se estreita para ouvi-los ansiosamente, trocam saudações irônicas anunciando derrota e detalhando a glória pessoal. O cantador "*letrado*" é aquele que sabe ler e tem de cor o dicionário da fábula, resumos de figuras mitológicas, o Lunário Perpétuo com suas explicações sobre ventos, nuvens, fenômenos meteorológicos, a história de Carlos Magno e dos Doze Pares de França, denominações dos acidentes geográficos e divisão corográfica do Brasil, História Sagrada, compreendendo as principais passagens do Velho e do Novo Testamento. Antigamente, criados nas velhas escolas paroquiais ou ouvintes das "santas missões", os cantadores subiam a disputas emaranhadas e hoje atordoantes, sobre os Novíssimos do Homem,

Penitências, os sete pecados mortais, mandamentos da Igreja. Eram todos católicos estridentemente defensores da sua Igreja, inimigos figadais da Nova Seita (Protestante) que eles emparelhavam com as mais detestadas entidades, o Fiscal, o Inspetor de Consumo, o Polícia da feira.

A memória dos cantadores é, nalguns casos, de surpreendente precisão. Horas e horas, no ritmo das *colcheias* ou no estalão dos *martelos*, respondem e perguntam. Nos melhores cantadores as perguntas são verdadeiras charadas, interrogações capciosas, sentidos falsos, deliciosamente respondidos e desfeitos nos segundos das arremetidas. Nos cantadores modernos o estro, inferior e mais erudito, liga-se exibindo "ciência" a uma monótona declamação de cabos, baías, rios, Estados, municípios, nomes de deuses e deusas gregas, divisões da geografia etc. Saindo desse terreno o cantador, consciente ou não, canta versos que pertenceram aos gigantes de outrora, Inácio da Catingueira, Romano, Ugolino do Teixeira, Bernardo Nogueira etc. É um patrimônio comum, uma base que se estende para todas as alianças e a todos socorre. Os nomes dos grandes cantadores desaparecidos ficam no espírito popular e muitos violeiros se dizem parentes, filhos, netos, sobrinhos, como articulando a habilidade poética na fonte prestigiosa do batalhador levado pela Morte.

Raramente, no tempo passado, um cantador citava, no vivo da peleja, a família do outro companheiro. Insultando ferozmente, respeitava-lhe o lar. A briga de Manuel Caetano com Manuel Cabeceira, quando se enfrentaram em Chã de Moreno, terminou pelo vitupério e, pela sua inusitada presença no populário, ficou famosa como exemplo de agressão. Mas os dois companheiros, serenados pelo dono da casa, ficaram amigos e nunca cantaram desafio senão com tácita ressalva.

O conhecimento da Mitologia e da Geografia elevava o cantador a uma fama invencível. Os irresistíveis violeiros como Inácio da Catingueira, negro escravo analfabeto, não podiam competir quando seu antagonista começava a falar em Amaltéa, Cibele e Baco. Ficavam injustamente vencidos. Fossem combatidos com as armas forjadas pelas próprias inteligências e outro seria o resultado. Na célebre luta de Francisco Romano com Inácio da Catingueira, o formidável negro não soube responder ao "grande Romano" quando este, desalojado de vários redutos, recorreu aos nomes mitológicos.

Inácio:

Eu bem sei que seu Romano
Está na fama dos anéis;
Canta um ano, canta dois,
Canta seis, sete, oito e dez:
Mas o nó que der com as mãos
Eu desato com os pés.

Romano:

Romano, deste jeito
Íris, Vulcano, Netuno,
Minerva, Diana, Juno,
Anfitrite, Androquéa,
Vênus, Clemente, Amaltéa

Plutão, Mercúrio, Tezeu,
Júpiter, Zoilo, Perseu,
Apolo, Ceres, Pandora;
Inácio, desata agora
O nó que Romano deu!...

Inácio:

Seu Romano, deste jeito
Eu não posso acompanhá-lo;
Se desse um nó em martelo
Viria eu desatá-lo;
Mas como foi em ciência
Cante só que eu me calo.

Em São Fernando, perto de Caicó, durante horas seguidas, adormeci e acordei-me ao som obstinado duma viola e de dois cantadores que, para um bando de espectadores teimosos e sonolentos, narravam a criação do mundo, o nascimento, vida, paixão e morte de Jesus Cristo, o descobrimento do Brasil e o que vinha a ser Corografia, Geologia, Orografia, Limografia, Vulcanografia, divisão dos Estados, limites, capitais, rios brasileiros, ventos reinantes, tempo para semear, tudo quanto as folhinhas trazem. Dum encontro de Romano Elias da Paz com Azulão, depois de confrontarem a Ciência, deram para um exame sobre o território cearense. Deram, um e outro, em sextilhas, a denominação de todos os municípios, área do Estado, costa marítima etc. O começo foi curioso:

1

Romano, eu já conheci
Que o senhor vai e vem,
Vamos nós dois descrever
Quantos municípios tem
Neste solo cearense
Visto você cantar bem.

2

Tinha oitenta e nove
Municípios com o Crato.
Mas quinze foram supressos
Já vê que nesses não trato.
Quem de oitenta e nove tira
Quinze, fica setenta e quatro.

Os cantadores de meio século passado sabiam melhor a História Sagrada, a Mitologia, mas toda perícia estava nas perguntas fulminantes, enunciadas com entono e ripostadas num ímpeto que desnorteia lembrar que estavam improvisando.

O final dos desafios é a cansaço dos contendores, a saída dos convidados meio-mortos de sono. Há tempos velhos os cantadores iam às vias de fato mas hoje não há perigo. Entende-se bem o financiador e eles terminam cantando juntos, verso a verso, louvações à natureza, aos presentes, ao dono da casa ou, a pedido de algum entendido, repetindo as cantorias dos inesquecíveis cantadores que deixaram fama.

Uma tradição que reaparece nos cantadores sertanejos é a citação dos "marcos", "fortes", "lagoas", "castelos", obras irriçadas de dificuldades, alçapões, ferros, bichos ferozes, marimbondos, venenos, explosões, gigantes antropófagos, serpentes infinitas, raios, trovoadas, represas que se abrem ao contato de mãos estranhas, subterrâneos povoados de mistérios. Cada cantador construiu seu "marco" ou seu "castelo", seu "forte" ou sua "lagoa" e o descreve minuciosamente ao adversário, multiplicando os óbices semeados.[46] O contendor, sem mudar o ritmo do canto, é obrigado a ir abatendo aquela construção ciclópica, matando feras e desviando rios, destroçando gigantes e achatando montanhas, erguidas ao aceno do poeta analfabeto.

Ficaram famosas as construções antigas de alguns cantadores. O "forte" de Ugolino, a Lagoa de Germano.

Lembro o "castelo" de Josué Romano, citado em luta com Manuel Serrador, e que foi registado por Leonardo Mota:

A parede da muralha
Tem cem metros de largura,
Também tem um alicerce
Com bem trinta de fundura,
E do nível para cima
Mais duma légua de altura.

Eu chego lá c'uma broca,
Furo a parede no centro,
Abro cinco, seis buracos,
Boto dinamite dentro,
Toco fogo, avoa o muro,
Por que razão eu não entro?

Inda que tu faças isso,
Fica coisa na muchila;
Tem uma cobra medonha,
Tem também um cão de fila
Qu'é ver um destacamento
Na defesa de uma vila.

Pra tudo que lá tiveres
Tenho trabalho de sobra:
Boto bola no cachorro,
Bato o cacete na cobra,
Derrubo-te a fortaleza,
Escangalho a tua obra.

---

46 São evidentes reminiscências dos castelos de amor (*Minneburg*), palácios imaginários povoados por mulheres que se defendiam jogando rosas. A ideia do cantador criar sua fortaleza em estilo feudal, lembra que a memória inconsciente lhe trouxe os velhos artifícios de seus ancestrais.

Inda que tu faças isso,
Não fica o forte deserto:
Lá tem um braço de mar,
Tem também um rio perto;
Lá você morre afogado,
Porque o cerco eu aperto.

Inda que tu faças isso,
Inda tem outro perigo:
É uma tribo de caboclos,
É um vulcão muito antigo,
É um grupo de cangaceiros
Qu'é um perigoso inimigo.

Do rio eu faço um açude,
Faço uma ponte no mar,
Deixo tudo realengo
Para quem quiser passar...
No lugar onde eu habito
Tudo pode transitar.

Os teus caboclos eu expulso,
Entupo o vulcão de terra;
Pro grupo de cangaceiros
Trago dois canhões de guerra,
Que só de um tiro que eu der
Derribo duas, três serra...

Manuel Caetano, na peleja com Manuel Cabeceira, também recorreu ao antigo molde:

Então eu vou dar um pau
Para você se atrepá,
No tronco eu boto uma onça,
No meio um maracajá,
Em cada galho um inxu
E no olho um arapuá...

Eu passo fogo na onça
E derrubo o maracajá,
Chamusco os inxus a facho,
E queimo o arapuá;
Deixo o pau limpo, indefeso,
Pra você nele trepá...

Naturalmente eram temas longamente explorados, os defeitos físicos, a cor da pele, negros, cabras, lendas a respeito de cada um vício de beber, jogar, andar armado, brigar, ficar devendo etc. A documentação poética é variada e rica em qualquer desses motivos. Os negros então, muitos saídos da escravidão ou ainda escravos, eram duramente alvejados nos desafios e respondiam com maravilhosa agilidade mental, aparando os golpes e dando outros de não menor eficácia.

De um modo geral poder-se-á dizer que os antigos desafios tinham mais imaginação e os modernos maior cópia de dados, recursos de memória e de conhecimentos de acesso impossível para os velhos cantadores de antanho. Menos interessantes, apesar da "Ciência".

# E) Convite e Apresentação

A povoação, vila ou arruado onde mora um cantador é a região de seu domínio absoluto. Cantar sem sua permissão é desafiá-lo mortalmente. Como um guarda fiel acode e a luta se inicia violenta. O auditório aparece e os níqueis vão caindo nos pires humildes. Cantam horas e horas, à viola, bebendo, ora um ora outro, goles de aguardente.

Essa invasão é rara. Outrora os cantadores afamados costumavam ir desafiar os adversários em seu próprio terreiro, suprema afronta. Manuel Cabeceira, norte-rio-grandense, cantador famoso, cantava na Fazenda da "Pedra d'Água", Paraíba, quando foi informado pelo Capitão João de Melo, de Chã do Moreno, sua residência habitual, que o cantador Manuel Caetano estava cantando, ousadamente, como se fosse em terra sem dono. Ao despedir-se de Pedra d'Água, Cabeceira afirmou:

| | |
|---|---|
| O Moreno está tomado | Mas se eu apanhar do negro, |
| Eu volto e vou defendê; | Dez anos ninguém me vê... |

Acompanhado por um grupo de admiradores, o poeta galopou até Moreno. Caetano cantava, cercado de povo. Ouvindo o tropel dos cavalos, sabendo que o antagonista fora avisado de sua presença, perguntou no mesmo ritmo em que estava cantando:

| | |
|---|---|
| Deus vos guarde, meus senhores, | Dos cavaleiros que vêm? |
| Que eu estou cantando bem; | Pode ser cantor de fama, |
| Quem é o Manuel Cabeceira, | Mas, pra mim não é ninguém! |

Cabeceira, descendo do cavalo, no mesmo tom, levantou a luva para um embate que durou horas e horas:

| | |
|---|---|
| Negro Manuel Caetano | Como tu tens de cinzento: |
| Focinho de papa-vento, | Porque entraste em Moreno |
| Tanto eu tenho de vermelho | Sem o meu consentimento? |

Vezes outras o cantador, sem adversário, pede um antagonista. O dono da casa manda buscar, ou dele mesmo parte a iniciativa, de pôr os dois homens frente a frente. A literatura tradicional guarda célebres encontros em que o convidado narra comicamente seus preparativos e a entrada na batalha. Nesse caso o tratamento, na recepção, é cortês. Manuel Caetano foi convidado pelo mesmo Manuel Cabeceira para cantarem juntos num casamento. Caetano conta a história:

Diga a Manuel Cabeceira
Que eu lá não posso ir,
Que estou desfabricado,
Que não tenho o que vestir,
Mande um cavalo selado,
Liforme de gazimira
Pra Caetano poder ir.

Um caçuá de sabugo
Conduzi lá pro açude,
Quanto mais eu me esfregava,
Quando mais saía grude.
Passei um grande tormento,
Pois só me tinha lavado
No dia do nascimento.

Então calcei a botina
Depois de muito trabalho,
Botando o bico pra trás

A gravata na cintura,
E o relógio no pescoço,
Na mente qu'era chocalho
E saí por acolá afora,
Abanando os arovalho,
E agora acabei de crer
Qu'é assim que os homens faz.

Amontei no meu cavalo
A galope, na carreira,
Fui acudir ao chamado
De seu Manuel Cabeceira.
E quando avistei a casa,
Que apeei-me no terreiro,
Antes de apertar-me a mão
Deu-me um abraço primeiro...
Entramos de braço dado
Como bem dois pareceiros...

Quando Zefinha do Chabocão mandou chamar Jerônimo do Junqueiro este descreveu a indumentária, a chegada e a primeira impressão da inimiga ilustre:

Nesse tempo eu era limpo,
Metido um tanto a pimpão,
Vesti-me todo de preto,
Calcei um par de calção,
Botei chapéu na cabeça
E um chapéu de sol na mão;
Calcei os meus bruziguim,
Ajeitei meu correntão,
Nos dedos da mão direita
levava seis anelão,
Três meus e três emprestados;
Ia nesta condição...

Quando eu cheguei no terreiro
Um moço vei me falá:
"Cidadão, se desapeie,
Venha logo se abancá.

Faz favô de entrar para dentro,
Tome um copo de aluá".

Me assentei perante o povo
(parecia uma sessão)
Quando me saiu Zefinha
Com grande preparação:
Era baixa, grossa e alva,
Bonita até de feição;
Cheia, de laço de fita,
Trencelim, colar, cordão;
Nos dedos da mão direita
Não sei quantos anelão...
Vinha tão perfeitazinha,
Bonitinha como o cão!
Para confeito da obra:
Uma viola na mão!

Ainda há o encontro fortuito. Cantadores não profissionais viajam comprando e vendendo; outros vivem da venda dos folhetos de versos, nas feiras. Antônio Batista Guedes foi à Santa Luzia avistar Germano da Lagoa. Os primeiros golpes trocados são palacianos. Depois é que a guerra começou:

### 1

Germano cumprimentou-me
Com muita solicitude,
Dizendo: "Senhor Batista,
Deus lhe dê boa saúde;
Tenho o prazer de consigo
Cantar hoje. Que virtude!"

### 2

Obrigado, senhor Germano,
Aceite também os meus
Votos de felicidade
E saúde, na paz de Deus;
É isso o que lhe desejo,
A si e a todos os seus.

### 3

Amigo Antônio Batista,
O senhor que veio ver?
Aqui na minha ribeira,
Veio comprar ou vender?
E se vem desafiar-me
Faça favor me dizer.

### 4

Germano, eu venho aqui
Só pela necessidade
Que tinha de conhecê-lo,
Lhe digo com lealdade:
Eu venho vender cantigas
Para comprar amizade.

Noutras circunstâncias o cantador procura o outro deliberadamente e anuncia seu propósito de combate. João Benedito, dos brejos paraibanos, foi visitar Antônio Corrêa Bastos, carpinteiro-cantador, e trocaram logo tiros de pontaria:

### 1

Senhor João Benedito
Que veio ver neste lugar?
Foi iludido por alguém?
Ou foi por pouco pensar?
Está desgostoso da vida
E quer mesmo se acabar?

### 2

Vim porque tive notícia
Que eras bom cantador;
E que aqui na capital
Estavas sem competidor;
Quero ter disso a certeza
E te mostrar meu valor!...

O início do desafio, ou logo a seguir, implica na apresentação dos combatentes. Cada um apregoa as excelências do outro e as miraculosas capacidades pessoais. Nenhum cancioneiro possuirá documentos de tão alta poesia imaginativa, fantástica e crédula, ingênua e insolente, exagerada e pueril.

Assim se confessam os velhos cantadores do sertão nordestino, de Pernambuco ao Ceará, as vozes mais gloriosas que a Morte não conseguiu emudecer na admiração sertaneja de quatro Estados.

*João Martins de Ataíde:*

Valente não teme a luta,
Enchente não teme o rio,
Machado não teme o pau,
Touro não teme o novio...
Violão não teme a prima,
Poeta não teme a rima,
Nem eu temo desafio...

Sou Veríssimo do Teixeira,
Fura-pau, fura-tijolo,
Se mando o mão, vejo a queda
Se mando o pé, vejo o rolo...
Na ponta da língua trago
Noventa mil desaforo!...

Sou Jerônimo do Junqueiro,
De fala branda e macia,
Pisa no chão devagar
Que folha seca não chia...
Assubo de pau arriba
E desço pela furquia...

Sou Romano da Mãe d'Água,
Mato com porva soturna,
Para ganhar inleição
Não meto a chapa da urna.
Salto da ponta da pedra
E pego a onça na furna.

Eu sou Claudino Roseira,
Aquele cantor eleito,

Conversa de Presidente,
Barba de Juiz de Direito;
Honra de mulher casada,
Só faço verso bem-feito.

Sou Início da Catingueira,
Aparador de catombos;
Dou três tapas, são três quedas,
Dou três tiros, são três rombos.
Negro velho cachaceiro,
Bebo, mas não dou um tombo.

Eu sou Pedro Ventania,
Morador lá nas "Gangorras",
Se me vires, não te assustes;
Se ti assustares, não corras,
Se correres, não te assombres,
Se ti assombrares, não morras!

Quem canta com Azulão
Se arrisca a perder diploma!
Seja duro que nem ferro,
Fica que parece goma...
Não tem santo que dê jeito,
Nem mesmo o Papa de Roma!

*Josué Romano:*

Eu já suspendi um raio
E fiz o vento parar.
Já fiz estrela correr,
Já fiz sol quente esfriar.
Já segurei uma onça
Para um muleque mamar!...

Zé Maria quando canta
A terra joga e estremece,
É mesmo que dois curiscos,
Quando um assobe, o outro desce.

Com respeito a cantoria
Mané Joaquim do Muquem,
Faz galinha pisar milho
E pinto cessar xerém
Mas nas unhas cá do Neco
Nunca se arrumou bem.

Já ouviram falar
Em Zé Antônio da Cauã?
Que mata cabra de noite
Para almoçar de manhã?

Que faz chocalho de cera
Bota badalo de lã?
Que ronca embaixo na grota
Se ouve em cima na chã?
Isso tudo são destrezas
De Zé Antônio da Cauã...

*João Pedra Azul:*

Digo com soberba e tudo:

Sou filho do Bom Jardim,
Inda não nasceu no mundo
Cantador pra dar em mim;
Se nasceu, não se criou,
Se se criou, levou fim...

O cantar de Serrador
É pra quem Deus é servido!
Faz as muié descasadas
Precurá os seus maridos.
E até veio de cem ano...
Fica moço e infuluído.

Preto limão quando canta
Até os paus se balança,
Chora meninos e velhos
Soluça toda criança.

*Fabião das Queimadas:*

Comecei a divirtir
Derna de pequenininho.
Fabião quando diverte
Diz: – Alegra os passarinho...
Morrendo o Fabião veio
Fica o Fabiãozinho...

Esse autoelogio não tem lugar fixo no desafio. É indispensável e regular mas aparece no começo, em meios, nos momentos de mais aceso embate ou nos finais. Sua ausência é que é impossível. Faz parte intrínseca da própria técnica. É uma fase que propicia elementos curiosos para a classificação desses aedos de chapéu de couro.

# F) Perguntas e Respostas

Nos velhos "cancioneros" castelhanos o desafio aparece com o nome de "Preguntas y Respuestas". É razão lógica da minha divisão.[47]

No desafio um trecho regular e curiosíssimo é a série de perguntas e respostas trocadas no ímpeto das improvisações. Possivelmente a percentagem da improvisação é menor do que pensamos. Os cantadores têm processos pessoais de mnemotécnica e guardam centenas e centenas de versos felizes para aplicação oportuna. Não dizem o verso inteiro mas incluem duas ou três linhas, ou as imagens, no trabalho individual, dando a impressão de obra original. Como seria de esperar, há um fundo documental extenso que aluda a todos os filiados. São reminiscências de velhos desafios, quadrilhas, sentenças das folhinhas do ano, pilhérias ouvidas, "causos" humorísticos. Tudo vem para a fornalha na hora do fogo.

Nas perguntas e respostas medem o valor dos antagonistas.

*Carneiro e Romano:*

<table>
<tr><td>1</td><td>2</td></tr>
<tr><td>Romano, num pingo d'água</td><td>Sendo coisa aqui na terra,</td></tr>
<tr><td>Eu quero ver se te afundo:</td><td>Pena, papel, algodão...</td></tr>
<tr><td>Diga lá em quatro pés</td><td>Sendo coisa do outro mundo,</td></tr>
<tr><td>As coisas leves do mundo.</td><td>Alma, fantasma e visão...</td></tr>
</table>

---

47 Julio Vicuña Cifuentes, cujo falecimento privou o Chile do seu melhor e maior folclorista, regista um trecho de "preguntas y respuestas" numa *pallada* chilena, entre don Javier de la Rosa e o mulato Taguada:

> Taguada: – Señor poeta abajino,
> con sua santa teología,
> digame: cuá! ave vuela
> y le da leche a sus crías?
>
> Don Javer: – Si fueras a Copequén,
> allá en mi casa verias
> como tienen los murcielagos
> un puestro de lecheria.

*Claudino Roseira com Melquíades:*

### 1

Eu não canto perguntando
Porque já fiz meu estudo,
Do que existe no mundo
Eu já conheço de tudo,
Conheço vista de cego
Sei da linguagem do mudo.

### 2

Roseira, não desembeste
Que eu corro e lhe pego,
Bote estilo em seu cantar
Que seu direito eu não nego,
Como é a língua do mudo,
Qual é a vista do cego?

### 3

Melquide, você não pode
Comigo em cantoria,
Vista de cego é a vara,
Puxada na mão do guia,
Língua de mudo é aceno,
O que você não sabia...

*Perguntas e respostas de Zefinha do Chabocão com Jerônimo do Junqueiro:*

### 1

É isso mesmo, Gerome,
O senhor sabe cantá;
Qual foi o bruto no mundo
Que aprendeu a falá,
Morreu chamando Jesus
Mas não pôde se salvá?

### 2

Isso nunca foi pergunta
Pra ninguém me perguntá:
Foi o Papagaio dum veio
Qu'ele ensinou a falá;
Morreu chamando Jesus
Mas não pôde se salvá...[48]

------

48  No "Porto Rico Folk-Lore, riddles", nº 190, há uma "adevinhação" referente a *cotorra* (espécie de papagaio):
   *Una que nunca pecó,*
   *Ni supo qué fué pecar.*
   *Morió llamando a Jesus*
   *Y no su pudo salvar.*

### 3

Gerome, tu pra cantá
Fizestes pauta c'o cão...
Qual é o passo que tem
Nos atos do teu sertão,
Que dança só enrolado
E solto não dança não,
Dança uma dança firmada
C'um pé sentado no chão?

### 4

Zefinha, eu lhe digo o passo
Que tem lá no meu sertão,
Que dança só enrolado
E solto não dança não,
Dança uma dança firmada,

C'um pé sentado no chão:
É folguedo de menino,
É carrapeta ou pinhão!

### 5

Se você é cantador,
Se você sabe cantá,
Me responda num repente
Se pedra fulorará?

### 6

Se pedra fulolará
Eu lhe digo num repente:
Ao depois de Deus querê,
Fulóra e bota semente...

*De Inácio da Catingueira com Romano:*

### 1

Inaço, tu tem cabeça
Porém juízo não tem:
Um gigante nos meus braço
Aperto, não é ninguém!
Aperto um dobrão nos dedo
Faço virá um vintém...

### 2

Tem coisa que dá vontade
Meter-me na vida aleia:
Quem mata assim tanta gente
Inda não foi pra cadeia!
Pegá um gigante à mão
E não ficá c'o a mão cheia!
Rebenta dobrão nos dedo
E não quebrá uma veia:
Esse dobrão é de cera,
Esse gigante é de areia!...

*De Maria Tebana com Manuel do Riachão:*

### 1

Vou fazê-lhe uma pergunta
Pra você me distrinchá,
Quero que me diga a conta
Dos peixes que tem no má...

### 2

Você vá cercá o má
Com moeda de vintém,
Eu então lhe digo a conta
Dos peixes que nele tem...
Se você nunca cercá,
Nunca eu lhe digo também!...

### 3

Pois agora me responda,
Nego Manuel Riachão,
Que é que não tem mão nem pé,
Não tem pena nem canhão,
Não tem figo, não tem bofe,
Nem vida nem coração,
Mas, eu querendo, ele avoa,
Trinta palmo alto do chão?

### 4

O que não tem mão nem pé,
Não tem pena nem canhão,
Não tem figo, não tem bofe,
Nem vida nem coração,
É um brinquedinho besta,
De menino é vadiação:
É um papagaio de papel
Enfiado num cordão...

*De Chica Barrosa com José Bandeira:*

### 1

Sim-sinhô, seu Zé Bandeira,
Já vejo que sabe lê:
Pelo ponto que eu tô vendo
Inda é capaz de dizer
O que é que neste mundo
O home vê e Deus não vê?

### 2

Barroza, os teus ameaço
Eu não troco pelos meus;
O home vê outro home
Mas Deus não vê outro Deus.

*Ainda Tebana e Riachão:*

### 1

Senhor Manuel do Riachão,
que comigo vem cantar,
o que é que os olhos veem
que a mão não pode pegar,
depressinha me responda,
ligeiro, sem maginar...

### 2

Você, Maria Tebana,
Com isso não me embaraça,
Pois é o Sol e é a Lua,
Estrela, fogo e fumaça,
Eu ligeiro lhe respondo,
se tem mais pergunta, faça...

### 3

Seu Manuel do Riachão,
torno outra vez perguntá:
Quatrocentos bois correndo,
quantos rastos deixará?
Tire a conta, deu-me a prova,
depressa, pra eu somar...[49]

### 4

Bebendo numa bebida,
Comendo tudo num pasto,
Dormindo numa malhada,
São mil e seiscentos rasto.
Some a conta, tire a prova,
Que deste ponto não fasto...

---

49 Uma variante dessa pergunta de Tebana a Manuel do Riachão, que Sílvio Romero diz ter sido cantador das margens do Rio São Francisco, está no Rio Grande do Sul, em forma de quadras e evidentemente os fins do século XVIII e princípios de XIX.

### 5

Leão sem ser de cabelo,
Cama sem ser de deitá,
De todos os bichos do mato,
Entre todos, o que será?
Depressa você me diga
sem a ninguém perguntar..

### 6

Você, Maria Tebana,
Nisto não me dá lição;
Pois é um bicho escamento,
Chamado Camaleão,
Que sempre vive trepado,
Poucas vezes vem ao chão.

*De Madapolão com Bemtivi (Antônio Rodrigues):*

### 1

É verdade, Bemtivi,
que tu és bom cantadô,
mas é se tu me disseres
– a maré com quem casou?

### 2

A maré casou com o mangue,
O mangue casou com o cisco,
A mulher casou com o homem,
O homem com seu serviço...

### 3

É verdade, Bemtivi,
que o teu cantá tem talento,
mas é se tu me disseres
– o que se criou com o vento?

### 4

Este bicho é muito feio,
Tem um grande rabalhão,
Serra do rabo a cabaça,
se chama Camaleão!...[50]
Mora nos olhos dos pau,
toma fresca no sertão!

---

Quatrocentos guardanapos,
seis vinténs em cada ponta,
Você diz que sabe tanto,
Venha somar esta conta...

Seis vinténs em cada ponta
tem meu Pai em seu tesouro;
Quatrocentos guardanapos
São quinze dobras de ouro...

50 Na velha "Comédia de Bristo", do Desembargador Antônio Ferreira, 1528-69, no segundo ato, cena primeira, há uma alusão a essa crendice que emigrou de Portugal:
BRISTO: – *Esse teu senhor, cuida que eu sou Camalião, que me hey de manter com vento?*...
"Obras Completas do Doutor Antonio Ferreira", v. II, p. 306, edição Garnier, 1865. No "Auto das Fadas", Gil Vicente assim escreve o moto do Camaleão:

> *Tem este fraco animal*
> *Tão estranho alimento*
> *Que não se farta de vento.*

"Obras Completas de Gil Vicente", direção de Mendes dos Remédios. V. II, p. 307, Coimbra, Portugal, 1912.

### 5

Meu velho Madapolão,
agora vou perguntar:
O que é que há no mundo
que anda por terra e por mar?
Tudo come, nada bebe,
Tem medo de se afogar?...

### 6

Bemtivi tua pergunta
Eu não a sei explicar;
Pode ser homem ou barcaça
que anda nas costa do mar...

### 7

Meu velho Madapolão,
Não pareces cantador,
É um bicho muito quente
Que Deus no mundo deixou
Tudo come, nada bebe,
Caiu n'água ... se apagou!

Os cantadores norte-rio-grandenses João Zacarias e João Vieira, o primeiro "cabra" e o segundo negro, entre perguntas curiosas, tiveram estas, registadas pelo Dr. Rodrigues de Carvalho:

### 1

Oh Vieira! eu lhe peço
Me arresponda num momento;
Quero que você me diga
De que se gerou jumento?

### 2

Tu me perguntas, meu João,
De que se gerou jumento?
Foi de tua ruim cantiga,
Do teu mau procedimento.

As perguntas que o vate popular Laurindo Pereira, conhecido por Bernardo Cintura, fez a Leonardo Mota em Campina Grande (Paraíba) são curiosas. Evidentemente o improvisador ouviu-as em desafios:

### 1

Parença não é certeza...
Quero vê me responder:
Um sujeito que ande muito,
Indo um passeio fazer,
Saindo de madrugada,
Onde vai amanhecer?

### 2

Sendo ele muito ligeiro
E cabra esperto pra andar,
Saindo de madrugada,
Não vindo a fracatear,
Garanto qu'ele amanhece
Aonde o sol o encontrar...

### 3

Vontade também consola...
Faz favor de me dizer:
Em légua e meia de terra
Que capim poderá ter?
E em quantos cestos, medida,
Tal terra pode caber?

### 4

Em légua e meia de terra
Tem o capim que nasceu...
Se alguma coisa faltar,
Foi o que você comeu...
A terra só dá um cesto,
Sendo este cesto dos meu...

Bernardo Cintura recitou a "adevinhação" cuja resposta é Adão:

Um homem houve no mundo
Que sem ter culpa morreu,
Nasceu primeiro que o pai,

Sua mãe nunca nasceu,
Sua avó esteve virgem
Até que o neto morreu...

A avô é a terra cuja virgindade foi violada pela primeira sepultura. Essa adivinha é europeia e corrente na América espanhola. Num ensaio de J. Alden Mason, "Porto Rico Folk-Lore Riddles" ("The Journal of American Folk-Lore", v. XXIX, nº CXIV, New York, 1916) há o registo da versão:

Un hombre murió sin culpa,
su madre nunca nació,

y su abuela estuvo doncella
hasta que el nieto murió.

Uma "nota" diz que *Adán, que fué hecho de tierra*. No tradicionalíssimo romance "História da Donzela Teodora", sabido e cantado no velho sertão, hoje deturpado mas reconhecível em suas linhas mestras, lê-se:

Pergunta o sábio a ela:
Que homem foi que viveu
Porém nunca foi menino,

Existe mas não nasceu;
A mãe dele ficou virgem
Até quando o neto morreu?

Este homem foi Adão
Que da Terra se gerou,
Foi feito já homem grande,
Não nasceu. Deus o formou.
A Terra foi a Mãe dele
E nela se sepultou.

Foi feita mas não nascida
Essa nobre criatura,
A Terra era a mãe dele
Serviu-lhe de sepultura
Para Abel, o neto dela
Fez-se a primeira abertura.[51]

---

51 Numa peleja de João Siqueira com Manuel Galdino Bandeira, em Piranhas, Paraíba, houve esta troca de resposta do primeiro para o segundo cantador:

Numa velha xácara que ouvi cantada na Fazenda "Logradouro", Augusto Severo, Rio Grande do Norte, havia estes dois versos:

| | |
|---|---|
| Se você é cantador, | Se você quer que eu pegue o Vento, |
| Se você sabe cantar, | Pois mande ele parar... |
| Quero ver pegar o Vento, | E mande os rios secarem |
| Medir as águas do Mar... | Pra poder medir o Mar... |

O Conde de Puymaigre, estudando as histórias do dominicano Etienne de Bourbon, pregador que viveu sob Luís IX, em França, destaca uma anedota em que um Rei dera três questões para serem resolvidas. A segunda era justamente medir as águas do Mar. O sábio respondeu *qu'il mesurerait la mer quand le Roi empêcherait les fleuves de la grossir* ("Le Folk-Lore", p. 241).[52]

Num encontro de Germano da Lagoa com Joaquim Jaqueira, em Santa Luzia do Sabugi, Paraíba, o início da peleja denuncia a destreza dos dois menestréis:

| | |
|---|---|
| Jaqueira, você me diga | Seu Germano, eu já lhe digo |
| O que é que anda fazendo | O que é que ando fazendo, |
| Aqui em Santa Luzia? | Aqui em Santa Luzia, |
| Anda comprando ou vendendo? | Nem comprando nem vendendo, |
| Anda dando ou apanhando? | Nem dando nem apanhando, |
| Anda ganhando ou perdendo? | Nem ganhando nem perdendo... |

Na luta mais acesa os dois improvisadores trocaram uma saudação deliciosa de habilidade e graça cavalheiresca. Pedro Batista que recolheu algumas amostras de vários embates num estudo oportuno ("Atenas de Cantadores", Revista do Instituto Histórico e Geográfico Paraibano, v. 6, p. 28, Paraíba, 1928) indicou os dois versos:

---

| | |
|---|---|
| Agora você me diga | Foi o nosso Pai Adão! |
| de uma forma ligeira, | Lá vai o meu paliogra, |
| o ser que viveu no mundo | Nasceu porém sem ter mãe, |
| e nasceu mas sem parteira... | soprando numa fonogra... |
| Quando nasceu foi barbado, | sendo ele o mais feliz, |
| pensando em mulher solteira? | casou-se e não teve sogra! |

52  Teófilo Braga recolheu em Coimbra uma variante portuguesa, no conto tradicional "Frei João sem Cuidados". O moleiro, disfarçado no frade, pede que o Rei mande tapar

O que eu disse do senhor
Vou lhe tirar do engano:
Se havia de eu querer ter
O poder de um Floriano,
Ou ter um par de botinas
Que durasse quinze ano...
Queria um par de alpercata
E conhecer seu Germano...

S'eu havia de querer ter
O poder de um Oliveira,
Ou ter um conto de réis
Para gastar numa feira,
Queria ter dois vintém
E conhecer Joaquim Jaqueira!

O Floriano cujo poder, assim como o Oliveira, é aludido como padrão, é o Marechal Floriano Peixoto. O Oliveira é apenas Oliveiros, o Par de França, companheiro de Roldão, figuras inseparáveis e inesquecíveis nos versos sertanejos. Ainda em julho de 1937, na festa de Nossa Senhora da Guia do Acari, um cego, tocando harmônica, agradeceu-me a esmola cantando:

DEUS lhe pague sua esmola
Que me deu de coração,
Lhe dê cavalo de sela,

E poder nesse sertão...
E lhe dê uma coragem
Como ELE deu a Roldão!...

Em João Martins de Ataíde, numa peleja de Laurindo Gato com Marcolino Cobra Verde em Patos, Paraíba, há esta pergunta e resposta com que findo a documentação viva desses encontros:

Laurindo:

Vou perguntar outra coisa,
e julgo que mal não faz,
se responder acredito

no teu talento, rapaz.
O que a Mulher tem na frente
e o Homem carrega atrás?

---

todos os rios para poder-se medir as águas do mar ("Contos Tradicionais do Povo Português", v. I, p. 158, Porto, s.d.). Alfredo Apell ("Contos Populares Russos", p. 343, Lisboa, s.d.) regista uma historieta idêntica, intitulada "O soldado que adivinha". O Professor Apell cita, nas notas de confronto, um poema burlesco italiano de Teófilo Folengo (1491-1544) *Orlandino*, onde, no 8º conto, o cozinheiro do abade de Sutri, indo em lugar do dono para levar as respostas a Roiner, explica:

*Quanto alla terza ambigua dimanda,*
*Ch'é di saper quant'acque siano in mare,*
*Rispondo, che se ai fiumi si comanda,*
*Con lui non debban l'onde sue meschiare.*

Marcolino:

O que a Mulher tem na frente  
Isto é muito singular,  
Apenas a letra M,  

que no Homem vai findar,  
repare bem, com cuidado,  
com certeza há de encontrar!

# G) A Batalha

Os cantadores têm plena liberdade no desafio. Cantam quadras, sextilhas, décimas. Os "martelos" soam de sete a dez sílabas, as "emboladas" ou "carretilhas" correm silvando ironias. As partes indispensáveis são sempre as perguntas e respostas, de onde veio, quem é, as humilhações do adversário e exaltamentos pessoais. Finda o desafio por um cantador confessar-se vencido, e o faz ainda em verso, ou deixar de cantar quando lhe chega a vez.

A batalha tremenda dura horas seguidas, noites inteiras e, como no célebre encontro de Inácio da Catingueira com Francisco Romano, oito dias.

Sinfrônio Pedro Martins com Manuel Passarinho:

### 1

Você tá fazendo arte  
De eu meter-lhe em sujeição,  
Chamo aqui por dois soldado  
E te boto na prisão...  
Você preso não é nada  
O diabo é levá facão...

### 2

Você ficando mais veio,  
E ainda se arrenovando,  
Tornando a nascê dez vez,  
Todas dez se batizando,  
Todas dez vindo cantá,  
Todas dez sai apanhando...

### 3

Passarim, se eu dé-lhe um baque,  
Tenho pena de você;  
Cai o corpo pr'uma banda  
E a cabeça, pode crê  
Passa das nuvens para cima,  
Só volta quando chovê.

### 4

Cantadô nas minhas unha,  
Passa mal que se agoneia,  
Dou-lhe almoço de chicote,  
Janta pau, merenda peia,  
De noite ceia tapona  
E murro no pé da oreia!

De Manuel Serrador com Josué Romano:

### 1

Serrador, dou-te um conselho
só porque sou teu amigo;
Uma cobra te mordendo,
Não é tão grande o perigo,
Antes brigar c'o governo,
Do que ter questão comigo.

### 2

E eu andava atrás de ti,
Que só guaxinim por cana,
Ou raposa por galinha,
Ou macaco por banana,
Inglês por linha de ferro
Ou preá por gitirana...

### 3

Serrador, fique ciente
Que inda nascendo outra vez,
Cantando em diversas língua,
Italiano ou francês,
Traga mais dois Serradores,
Que eu açoito todos três.

### 4

Eu inda estando doente,
Sem poder me levantar,
Sem arma alguma na mão,
Você não pode chegar...
Basta saber da notícia,
Dá vontade é de voltar.

### 5

Cantador que nem você
Pode chegar de magote;
Eu faço dele um cari,
Rebento logo o cangote,
Na toada da rebeca
Minha língua dança xote...

### 6

Cantador que nem você
Eu puxo pra estrivaria,
E, embora eu tenha trabalho,
Corto capim todo o dia.
Eu também quando me zango,
A língua dança quadria...

Trechos de Azulão, recolhidos por Leonardo Mota:

### 1

Quando me faltar repente,
Falta tubarão no má...
Falta padre nas igreja,
Falta Santo nos artá...
Falta frade nos convento,
E seca no Ceará...

### 2

Quando me faltar repente,
Falta choque em puraqué,
Falta preso nas cadeia,
Romeiro no Canindé,
Falta ferrão em lacraia,
E veneno em cascavé...

De Inácio da Catingueira com Romano:

### 1

Romano quando se assanha,
Treme o Norte e abala o Sul,
Solta bomba envenenada
Vomitando fogo azul,
Desmancha negro nos ares
Que cai virado em paul...

### 2

Inaço quando se assanha,
Cai estrela, a terra treme,
O Sol esbarra seu curso,
O Mar abala-se e geme,
Cerca-se o mundo de fogo,
Mas o negro nada teme...

### 3

Inaço, tu me conhece,
E sabe bem eu quem sou;
Eu posso te garanti
Que a Cantigueira indo vou,
Vou derribá teu castelo
Que nunca se derrubou.

### 4

É mais fácil um boi voar,
Um cururu ficar belo,
Aruá jogar cacete
E cobra calçar chinelo,
De que haver um barbado
Que derribe meu castelo!

### 5

Antes de eu ir, oito dia,
Te mandarei um aviso;
Você, tando em casa, corre
Porque você tem juízo,
E eu vou só fazê estrago:
Quebro, rasgo, queimo e piso!

### 6

Quando for procure um padre
Que o ouça de confissão,
Deixe a cova bem cavada
E feita a encomendação,
Leve água-benta também
E deixe feito o caixão.

### 7

Inaço da Catingueira,
Escravo de Manuel Luiz,
Tanto corta como risca,
Como sustenta o que diz,
Sou Vigário Capelão
E Sancristão da Matriz!

### 8

Aqui é este Romano,
Dentaria de elefante,
Barbatana de baleia,
Força de trinta gigante,
É ouro que não mareia,
Pedra fina e diamante...

### 9

O pau que eu tirar de foice,
Tu não tiras de machado;
No mato que eu entrar nu,
Cabra não entra encourado;
Barbatão que eu pegar solto
Botas no mato, peiado...

### 10

Seu Romano inda não viu
O tamanho do meu roçado;
Grita-se aqui dum aceiro,
Ninguém ouve do outro lado,
Eu faço cousas dormindo
Que ninguém faz acordado.
O que o senhor faz em pé,
Eu faço mesmo deitado...

### 11

No lugar onde eu campeio,
Tu mesmo não tiras gado;
Faço figura no limpo,
Faço melhor no fechado...
No poço que eu tomar pé
Você morre afogado...

### 12

Coisa que faço no mato
Ninguém faz no tabuleiro;
O que o branco faz no duro
Eu faço num atoleiro.
O que faz no mês de março
Eu tenho feito em janeiro;
O branco bem amontado,
O negro em qualquer sendeiro,
A concessão que lhe faço
É correr no meu aceiro...
Embora o Diabo lhe ajude,
Eu derrubo o boi primeiro!

### 13

Quem se mete pro meu lado
Pode jurar que se engana...
Me cortem que eu nasço sempre;
Sou que nem soca de cana.
Eu não me embaraço em mofundo,
Quanto mais em gitirana!
No lugar onde eu passar,
Não passa nem mucurana!...

### 14

Nego só bebe cachaça,
Caboclo bebe cauim;
Não há pequeno inimigo
Não há amigo ruim.
Eu sou como Deus me fez,
Quem me quiser é assim.
No mato em que vadiar
Calango não faz camim...
No lugá onde eu passar
Não passa nem mucuim...

Trechos soltos de desafios:

### 1

Inda eu caindo dos quarto,
Fico seguro das mão...
Trato bem pra ser tratado,
Tenho esta opinião.
Embora não saiba ler,
Governo todo o sertão!

### 2

Colega, pegue a viola
Qu'eu quero ver seu talento...
Sendo de metal, eu quebro,
Sendo de bronze, inspromento,
Sendo de aço, eu envergo,
Sendo de ferro, eu rebento!

Uma variante de versos de Inácio e Romano:

### 1

Inácio, eu estando irado,
Faço estremecer o sul...
Solto bomba envenenada
Com raios de fogo azul,
Tenho a força de Sansão
E a coragem de Saul!

### 2

E se Inaço se zangar,
Se abala o Sol, o mar geme:
Estremece a atmosfera,
Cai estrela, a terra treme,
Pega fogo o mundo em roda
E nada disso o negro teme!...

### 3

Inácio, a tua fama
E só lá na Catingueira,
Para o Saco da Mãe d'Água,
Tu não sobes a ladeira;
Juro com todos dez dedos
Que tu não vais ao Teixeira...

### 4

Meu branco não diga isso
Que o senhor não me conhece,
Veja quando o Sol sair
Com a luz que resplandece,
Olhe para os quatro lados
Que o negro velho aparece...

### 5

Inácio, tu nunca viste
Eu mais meu mano em serviço,
Somos como dois machados
No tronco dum pau maciço;
Um é raio abrasador,
Outro é trovão inteiriço...

### 6

Eu bem sei que seu Veríssimo
No "martelo" é Rei c'roado,
Mas, leve ele a Catingueira
Muito bem apadrinhado,
E verá como é que apanha
O padrinho e o afilhado!...

Do desafio de Manuel Cabeceira com Manuel Caetano alguns golpes dirão em que tonalidade puseram eles o combate:

### 1

Negro, podes ir embora,
Porque de ti não preciso;
Tu não podes cantar mais
No terreno em que eu piso;
Aqui na Chã do Moreno
Caso, confesso e batizo!

### 2

Você a mim não batiza
Porque já sou batizado.
Não confessa e nem me casa,
Porque eu já sou casado.
Quê-dê a tua batina
Vigário descoroado?...

### 3

Manuel, vi tua família
Em Punaré de Bondó;
Tua mãe vendia tripas,
E o teu pai mocotó.
Teu avô vendia azeite,
Lambuzava tua avó.

### 4

Também vi tua família
Lá no Porto de Macau;
Teu pai era um cabra velho,
Tocador de berimbau.
Tua mãe, uma curuja,
Morava em oco de pau.

### 5

Ontem eu vi tua mãe
Deitada dentro de um ninho;
Mais tarde foçando a lama,
Com uma argola no focinho,
Mastigando nó de cana,
Cercada de bacurinho.

### 6

Eu também vi tua mãe
Na capoeira amarrada,
Comendo capim de planta
Se espojando, encabrestada...
Parece muito contigo,
Tem até a cor rudada!

### 7

Seu capitão João de Melo
Dê licença, sem demora,
E veja eu rasgar um negro
No cachorro da espora!

### 8

Senhores que estão em casa
Do capitão João de Melo,
Venham ver como é que um negro
Estraçalha um amarelo!...

De Azulão com Romano Elias da Paz:

### 1

Peguei hoje sem querer,
O passo preto Azulão.
Arranco pena por pena,
Tiro canhão por canhão.
Quer voar porém não pode,
Fica saltando no chão.

### 2

Eu não temo a armadilha
Desde do ferro, a embira,
Você pegar-me é um sonho,
Deixar-me nu, é mentira,
Que de Azulão uma pena,
Você puxa mas não tira...

De Preto Limão com Bernardo Nogueira:

1

Você pra cantar comigo
Precisa fazer estudo,
Pisar no chão devagar,
Fazer o passo miúdo,
Dormir tarde, acordar cedo,
Dar definição de tudo.

2

Você pra cantar comigo
Tem de cumprir um degredo.
Pisar no chão devagar,
Bem na pontinha do dedo.
Dar definição de tudo,
Dormir tarde, acordar cedo.

3

Cantor que canta comigo
Estira como borracha,
O suor do corpo, mina,
Os olhos saltam da caixa,
Quer tomar pé mas não pode,
Procura o forgo não acha.

4

Nogueira, estás enganado,
Queira Deus você não rode,
Teimar com Preto Limão.
Você quer porém não pode
Se cair nas minhas unhas
Hoje aqui nem Deus acode.

5

Tive aperreado um dia,
Fiz a terra dar um tombo,
No recreio da parcela
O mar é surdo urubombo,
Cubri o mundo de fogo
E nada me fez assombro.

6

Você fazendo isto tudo
Dá prova de Homem forte,
Eu já o considerava
Pela sua infeliz sorte
Se você chegasse a ir
Ao Rio Grande do Norte.

7

Se eu for lá ao Rio Grande,
Até você desanima,
O sol perderá seus raios,
A Terra, o Mundo e o Clima.
Tapo a boca do rio
Deixo correndo pra cima!...

8

Se me tapares o rio
Verás como eu sou tirano.
Rasgo pela terra adentro
E vou sair no oceano.
Deixo a maré do Brasil
Enchendo uma vez por ano!

Cantando um desafio com o tangerino Jassanã, caboclo de Minas Gerais, o cego sergipano João Afonso trocou esse passe de armas que o Sr. Neri Camelo registou em seu Iivro "Alma do Nordeste" (p. 69-70, Rio de Janeiro, 1936):

Tenho pena deste velho
E muita pena, não nego,
Só não lhe dou uma surra
E com ele não me pego,
Porque julgo covardia
Bater-se num homem cego...

Sou cego. Deus o que faz
É sempre muito acertado,
Tirou a luz dos meus olhos,
Fez muito bem ter tirado
Pra não ver as más ações
Deste cabra malcriado!...

Ainda de Josué Romano e Carneiro há este choque:

Eu tenho encontrado bicho
Onça com filho no ninho,
Porém eu entro na furna,
Trago ela c'os gatinho,
Dou uma surra na onça,
Mando criar os filhinho...

Pode o sol nascer de noite,
E pôr-se de madrugada,
Pelo de onça dar trança,
Leite de sapo coalhada;
Difícil é tirar da furna
Filho de onça-pintada!

De Anísio Melhor ouviu Leonardo Mota essas duas quadras num desafio na Bahia:

Se eu fosse Nosso Senhor,
Dono do ouro e de prata,
Mandava fazer espelho
Dos olhos desta mulata.

Cabra deixa de ser besta,
Tu não sabe apreciar:
Espelho queria eu ser
Pra mulata me mirar...

De Manuel Martins de Oliveira (Neco Martins) com Francisco Sales, cego de Itapipoca, Rodrigues de Carvalho recolheu, entre outras, as seguintes sextilhas:

Cantador como você
Nem que venha de punhado,
Lá no meio dos infernos,
Fedendo a chifre queimado,
Hão de cair no chicote
De meu uso acostumado.

Cantador como você
Na minha terra se chama:
Gafanhoto de jurema,
Borboleta de imburana,
Roubador do tempo alheio,
Empatador de semana...

No mais aceso da luta os cantadores trocam insultos inesperados e curiosos. As comparações mais chistosas e humorísticas aparecem no galope das rimas. Quase sempre estende-se igualmente um programa de atrocidades incríveis, de sadismos imprevistos, de torturas dignas de carrascos chineses. A violência da linguagem atinge o nível da apóstrofe e é interessante ver aqueles dois homens inofensivos e tímidos alardearem façanhas e espalharem ameaças muitíssimo além das possibilidades materiais e morais de toda região. Os últimos descendentes de capitães-mores e capitães do mato não teriam rei-d'armas para melhor nem mais alto pregão senhorial.

Quando eu me ditrimino,
Faça tudo quanto entendo;
Pego, solto, agarro e deixo,
Toro, quebro, corto, emendo.
Broco o mato, aceiro e queimo,
Planto, limpo, colho e vendo.

Eu não tenho o que fazer
Porque não vejo ninguém.
Esse cego tem cabeça
Porque fósforo também tem,
Seca de setenta e sete
Boca de carro de trem!

Desgraçado do cabloco
Qu'eu ganhar-lhe o mucumbu;
Tiro carne pra cachorro,
Carniça pra urubu;
Ao cabo de quinze dias
Formiga faz munduru...
Quem quiser que coma assado;
Eu como é assim mesmo cru.

Orelha de abaná fogo,
Cabeça de bater sola,
Pestana de porco ruivo
Queixada de graviola,
Canela da massarico,
Pé de macaco de Angola.

Venta de pão de cruzado,
Bucho de cameleão,
Cara de cachimbo cru,
Pescoço de garrafão,
Testa de carneiro mocho,
Fucim de gato ladrão.

Pisa medonha dou eu,
Do cabelo se arrancar
De fofar couro do lombo,
Do pescoço ao calcanhar.
Minha pisa é venenosa
Que não se pode curar,
Cada tacada que eu dou
Vejo o pedaço voar!...

Barroza, em carnificina,
Coisa pior eu te faço,
Corte-te os pés pelas juntas
Sem encontrar embaraço.
Corto as juntas nos joelhos,

Separo cada pedaço,
Corto na junta das coixas
Desligo do espinhaço,
Corto as mãos pela munheca,
Para o pescoço me passo,
Tiro a cabeça do corpo,
Retalho todo cachaço.
Bato com tudo no chão
Até ficar em bagaço!

Nogueira, se eu ti pegar,
Até o Diabo tem dó..,
Desço de guela abaixo,
Em cada tripa dou nó,
Subo de baixo para riba
E vou morrer no gogó...

Você vai ficar pior
Sendo eu já tava chorando,
Porque de ora em diante
Hás de falar bodejando...
Corto-te a ponta da língua,
Fica o tronco balançando.

Eu agarro um cantador,
Tiro-lhe dente por dente.
Tiro a língua, arranco os olhos,
Deixo a caveira somente...
Tiro-lhe o couro dos beiços,
Deixo ele assombrando a gente!

Da forma qu'eu ti deixar
Não vale a pena viver,
Porque teus próprios amigos
Não hão de te conhecer...
Corto-te os beiços de cima,
Faço-te rir sem querer...

Sempre foi triste o destino
De quem intima Azulão;
Eu tando no meu destino,
Faço tuia de cristão,
Quebro braço, toro perna,
Rejeto munheca e mão.

Moleque, s'eu te pegar,
Mi escancho em tuas garupa,
Das pernas eu faço gaita,
Da cabeça uma combuca,
Dos queixo um par de tamanco,
Da barriga chupa-chupa...

De um embate de Antônio Gonçalves, vulgo Antônio Patativa, e José Francisco, José Carvalho destacou estas décimas ("O Matuto Cearense e o Caboclo do Pará", p. 125 e ss., Belém, Pará, 1930):

1

Menino, tu vai morrê
Tu cair em uma guerra
Tu sair de tua terra
Somente pra se perdê,
Que diabo vieste fazê

Aqui no meu Iguatu,
Qu'eu quando estou com lundu,
Sou poeta de bom jogo,
Engulo brasa de fogo,
Faço inveja a cururu...

### 2

Zé Francisco, não se apresse,
Tenha medo do perigo
Você pra cantá comigo,
Vá primeiro e se confesse,
Seu ronco não me estremece,
Não me faz esmorecê,
É necessário eu dizê,
Prepare seus documento,
Não vá chamar por São Bento
Depois da cobra mordê!...

### 3

Antônio, tu há de errá,
Vamos na reta carreira,
Na regra da bebedeira,
Tu tens de atrapaiá...
Eu proso neste lugá
Já cantei em Maranguape,
Quem dá o traço é o lapi,
Negro no relho é quem pula,
Tome, prove, beba, engula,
Desaroe, destampe e tape...

### 4

Zé Francisco, eu também digo,
Nasci para ser poeta,
Minha palavra é bem reta,
Todo home é meu amigo,
Eu entro em todo perigo

Embora que não escape,
Mas eu bebendo "acarape",
Comigo você não bula,
Tome, prove, beba, engula,
Desaroe, destampe e tape...

Da luta entre Serrador e Carneiro os golpes foram imprevistos e altos. Aqui estão os melhores:

Onde Serrador roncar
treme o mato, o campo estala,
se for no pé de uma serra
toda a montanha se abala,
se houver cantor por ali
quatro semanas não fala...

Grite, ronque em toda altura,
grosso, cheio, delgado ou fino...
Faça absurdos de louco
ou asneiras de menino,
perante Carneiro velho
todo vulto é pequenino...

Uma parada em "martelos de dez pés" entre os dois:

Diga logo, Serrador, com qual tenção,
vem você por aqui sem documento,
e quem foi que lhe deu consentimento,
para entrar sem minha ordem no sertão.
Nesta terra me conhecem por sultão,
da cidade do Crato ao Seridó,

Cajazeiras do Rolim e Piancó,
a cidade do Souza e Catingueira,
em Pombal, Catolé, Patos, Teixeira,
são lugares que Carneiro brinca só...

Josué, este está de língua branca,
e mesmo assim velho ainda tem medo,
não sou eu que meto o braço no rochedo,
rola pedra, estala a terra, ele se arranca,
broco pedra sem precisar de alavanca,
sou capaz de esgotar o Oceano!
Venham as almas de Nogueira e de Romano,
dê-me arame e viola, abram-me os portos,
deixem vir cantadores vivos e mortos
inda canto com eles mais de um ano...

De peleja de Serra Azul com Azulão há muito que escolher. Diz o primeiro, respondendo o segundo:

1

O meu peito é uma fonte
tem tudo que se deseja,
nunca encontrei cantador
que me vencesse em peleja,
e canto melhor quando vejo
dinheiro numa bandeja...

2

Eu canto vendo dinheiro,
e também canto sem ver...
Canto bebendo cachaça
canto mesmo sem beber...
Canto como professor
e canto para aprender!...

3

Serra Azul quando cair,
o mundo está desgraçado.
Morre gente, urubu come,
não fica em pé um sobrado,
e quem se encostar em mim
ou morre ou fica aleijado...

4

Agora o Azulão velho,
se o corpo desaprumar,
o mundo todo se abala,
a lua sai do lugar...
A terra fica tremendo
e o peixes fogem do mar...

Num embate seguido os adversários escolheram a "parcela", o "martelo agalopado" ou "carretilha":

Eu dou-te uma surra,
quebro o espinhaço,
e não me embaraço
com coisa tão pouca,
te escangalho a boca,
não te deixo um dente,
moleque indecente
te ajeita comigo
que estou no perigo,
sou renitente...

Estou no perigo,
sou renitente,
te ajeita comigo
cantor indecente,
não te deixo um dente,
escangalho a boca,
com coisa tão pouca
eu não me embaraço,
eu dou-te uma surra
quebro o espinhaço.

Aquilo que digo
tu estás dizendo,
pelo que estou vendo
estou cantando só...
é muito melhor
que você se ajeite,
você se endireite,
que estou zangado,
moleque safado,
você me respeite...

Você me respeite,
moleque safado,
que estou zangado,
você se endireite,
é bom que se ajeite,
eu acho melhor,
eu ir cantar só
pelo que estou vendo
você sai perdendo,
você me respeite...

Joaquim Francisco e José Claudino mediram-se no "verso de sete", setissílabos de sete pés, ultimamente popularizados entre os cantores:

### 1

És Francisco, eu sou Claudino,
faço medo a cantador
que só boi brabo a moleque;
nesta terra sou condor,
e mais além sou monarca,
sou grande como Petrarca,
tenho dos reis o valor...

### 2

Tudo isso é ninharia...
Se és Claudino, eu sou Francisco
Dou choque nos cantadores
como o trovão e o curisco.
Embora seja o Demônio
não entra em meu patrimônio...
onde vive um tigre arisco...

### 3

Já estou bem inteirado,
arrame seu matulão,
qu'eu lhe pego pela tromba,
bato com você no chão...
Deixo-lhe o corpo num trapo,
esmagado como sapo
nas rodas dum caminhão...

### 4

Isto é conversa fiada
Veja que eu sou topetudo!
Sacudo pau pela cara,
com galhos, raiz e tudo,
Mato, esfolo, faço manta
e dependuro a garganta
na ponta do meu escudo...

O cego Aderaldo bateu-se também com o cantador Jaca Mole, vencendo-o depois de renitente porfia. Um trecho curioso é o duelo em "décimas", depois das "colcheias" e "carretilhas", forma rara nos desafios do sertão. A curiosidade maior é que os dois antagonistas escolheram provérbios e cada um atacava – sem deixar de referir-re aos ditados-motes:

Agora mudo de assunto
para ver se tu és bom,
sustenta a nota do tom
que pesado é o conjunto,
se tu caíres eu te junto,
é peso bruto sem tara,
sustenta de rijo a vara
que é verso de boa rima:
"não há quem cuspa pra cima
que não lhe caia na cara..."

Eu nunca errei pontaria,
sustento a nota segura,
quem é homem não faz jura,
quem jura não tem valia...
Eu sustento a senhoria,
garanto tudo que fiz,
é certo, o ditado diz,
nunca que pode isto errar:
"No copo que a boca entrar
lá também entra o nariz..."

E voltando aos versos-de-seis, trocaram essas perguntas finais:

### 1

Quinhentas jaçanans mortas,
depois de mortas, peladas,
seiscentas línguas de vacas,
quase que todas salgadas,
vendidas a três réis a grama
quais as somas apuradas?

### 2

Eu te darei a reposta
quando tu me responder:
quatrocentos rabanetes
quantas folhas pode ter...
Um português com uma preta
o que é que podem fazer?

### 3

Esta pergunta que fez
Nada posso adiantar,
mas como você me disse,
lhe peço para explicar
pois hoje quero aprender
para amanhã ensinar...

### 4

A primeira foi deboche,
a segunda foi dispeque
A verdade conhecida
abre e fecha como um leque:
– Português junto com preta
só pode fazer moleque...

Uma das pelejas mais citadas na cantoria é a de João Martins de Ataíde (pernambucano) com Raimundo Pelado do Sul (alagoano) na cidade de União (Alagoas). A maioria dos versos foi o "martelo". Os cantadores confidenciaram, modestamente, algumas das habilidades pessoais. Nas citações feitas Ataíde vem em primeiro lugar e Raimundo Pelado do Sul em segundo:

Quando eu pego em longa discussão
bebo as águas caídas de um dilúvio,
e já tapei as chamas do Vesúvio,
passou um mês sem haver erupção...
A cratera eu cavei até o chão
Para o grande Oceano eu enterrar,
quando este serviço eu aprontar
fica até uma estrada muito boa,
quem quiser ir daqui para Lisboa
não precisa ir a bordo pelo mar!

Eu sozinho já amarrei uma baleia
em um dia de sábado da Aleluia.
Desgotei o Mar Negro com uma cuia,
alegre, ouvindo a canção de uma sereia...
O Mar todo ficou seco na areia.
Fui ajudante na tenda de Vulcano,
viajei lá por trás do Oceano,
tudo isto eu faço sem trabalho,
como é que agora eu me atrapalho
com este pobre cantor de Pernambuco?!...

Entre o sétimo túnel da Russinha
trem da Serra descia em desfilada,

e com um tombo que eu dei na retaguarda,
rebolei todo trem fora da linha.
Atendendo os amigos que ali vinha,
porque alguns não podiam ter demora,
de um cardeiro eu peguei fiz uma escora,
fiz alavanca de dois cambões de milho,
e novamente eu botei o trem no trilho
e o maquinista apitou e foi embora...

Eu fui um dia no porto de Alagoas
encontrei tudo em belas condições,
tinha cento e cincoenta embarcações,
entre navios, paquetes e canoas...
Na presença de mais de cem pessoas
num paquete alemão eu me encostei.
Quando ele quis partir, eu segurei,
desta vez o Pelado criou fama,
o Oceano ficou da cor de lama
e o navio só saiu quando eu soltei!...

Fui conduzido a um campo de batalha,
no momento que o tiro detonava.
Tinha a boca maior que uma fornalha,
eu escondido por trás duma muralha,
tapei a boca da peça de canhão,
deu um estrondo maior que um trovão
que a esquadra inimiga recuou,
o que é certo é que a peça detonou
porém a bala ficou na minha mão...

Muitas vezes que estou aperriado,
descarrego meu ódio em certa gente
deixando os astros de um modo diferente
e o horizonte sombrio, arroxeado...
Neste dia se eu for a teu Estado
nem o Exército me pode repelir.
Muita gente sem culpa há de sentir
no momento penoso deste apuro,
passa o Recife três dias no escuro
até quando eu mandar o Sol sair!...

# DESAFIO DE BERNARDO NOGUEIRA COM PRETO LIMÃO

O encontro de Bernardo Nogueira com Preto Limão é um dos mais célebres combates poéticos na memória dos cantadores. Faz parte integrante das batalhas supremas, recordadas para exemplo de alto valor de inteligência e poder de improvisação. Nunca vi esse desafio impresso mas o ouvi recitar entusiasticamente. Meu primo, Mirabeau Fernandes Pimenta, dizia-o todo, verso a verso. Dele obtive a cópia que transcrevo:[53]

### 1

Em Natal já teve um negro
chamado Preto Limão,
representador de talento,
poeta de profissão,
Em toda parte cantava
chamando o povo atenção.

### 2

Esse tal Preto Limão
era um negro inteligente,
em toda parte que chega
já dizia abertamente,
que nunca achou cantador
que lhe desse no "repente".

### 3

Nogueira sabendo disto
Prestava pouca atenção,
Dizendo: – eu nunca pensei
Brigar com Preto Limão
Sendo assim da raça dele
eu não deixo nem pagão.

### 4

O encontro destes homens
causou admiração
que abalou o povo em roda
daquela povoação.
Pra ver Bernardo Nogueira
Brigar com Preto Limão.

### 5

Eu sou Bernardo Nogueira,
santificado batismo,
força de água corrente
do tempo do Sacratíssimo.
Quando eu queimo as alpercatas
pareço um magnetismo.

### 6

Me chamam Preto Limão,
sou turuna no reconco,
quebro jucá pelo meio,
baraúna pelo tronco,
cantador como Nogueira
tudo obedece meu ronco.

---

53 Depois de escritas estas linhas adquiri em Fortaleza um exemplar impresso da famosa "peleja". A Impressão é da "Guajarina", casa editora de Belém do Pará.

### 7

Seu ronco não obedeço,
você pra mim não falou,
até o Diabo tem pena
das lapadas qu'eu lhe dou.
Depois não saia dizendo:
– Santo Antônio me enganou!

### 8

Bernardo eu não me enganei
agora é que eu pinto a manta,
Cantor pra cantar comigo
treme, gagueja, se espanta.
Dou murro em braúna velha
que o entrecasco alevanta!

### 9

Você pra cantar comigo
Precisa fazer estudo,
Pisar no chão devagar,
fazer o passo miúdo,
dormir tarde, acordar cedo,
dar definição de tudo...

### 10

Você pra cantar comigo
Tem de cumprir um degredo.
Pisar no chão devagar
bem na pontinha do dedo.
Dar definição de tudo,
Dormir tarde, acordar cedo!

### 11

Cantor que canta comigo
estira como borracha,
o suor do corpo mina,
os olhos salta da caixa,
quer tomar pé mas não pode,
procura o fôlego e não acha...

### 12

Nogueira, estás enganado,
queira Deus você rode,
teimar com Preto Limão
Você quer porém não pode...
Se cair nas minhas unhas
Hoje aqui nem Deus acode!

### 13

Moleque, se eu te pegar,
Me escancho em tuas garupas,
das pernas eu faço gaita,
da cabeça uma combuca,
dos queixos um par de tamanco,
da barriga chupa-chupa...

### 14

Nogueira se eu te pegar
Até o Diabo tem dó!
Desço de guela abaixo
Em cada tripa dou nó...
Subo de baixo pra cima
E vou morrer no gogó...

### 15

Da forma qu'eu te deixar
Não vale a pena viver
porque teus próprios amigos
não hão de te conhecer.
Corto-te os beiços de cima,
Faço-te rir sem querer!

### 16

Você vai ficar pior
Send'eu já estava chorando,
porque de ora em diante
Hás de falar bodejando...
Corto-te a ponta da língua
fica o tronco balançando...

### 17

O resto de tua vida
terás muito o que contar
Dês de perto, abertamente
se acaso desta escapar...
Diga que foste ao inferno
depois tornaste a voltar...

### 18

Tive uma pega com Inácio,
moleque bom na madeira,
É negro que não se afronta
com dez léguas de carreira...
Dum açoite que dei nele
quase larga a cantingueira...

### 19

Você cantou com Inácio
porém só foi uma vez
e faz vergonha contar
o que foi qu'ele te fez...
Te pôs doente um ano,
aleijado mais dum mês...

### 20

Inácio não me fez nada
porque vivia cismado
duma surra qu'eu dei nele
há vinte do mês passado,
de preto ficou cinzento,
quase morre asfixiado...

### 21

Moleque tu me conheces
como cantor afamado.
No lugar qu'eu ponho a boca
é triste teu resultado...
Tive uma pega com Inácio –
Já vi serviço pesado!...

### 22

É porque você não viu
Preto Limão enfezado...
acendia os horizonte
de um para o outro lado...
Rasga as *decondências* dele,
de um negro *encondensado*...

### 23

Tive aperriado um dia,
fiz a Terra dar um tombo.
No recreio da parcela
o mar é surdo urubombo...
Cobri o Mundo de fogo
e nada me fez assombro...

### 24

Você fazendo tudo isto
dá prova de homem forte
eu já o considerava
pela sua infeliz sorte,
se você chegasse a ir
ao Rio Grande do Norte.

### 25

Se eu for lá ao Rio Grande,
até você desanima...
O Sol perderá seus raios,
A Terra, o Mundo e o Clima...
Tapo a boca do rio,
Deixo correndo pra cima!...

### 26

Se me tapares o rio,
verás como eu sou tirano!
Rasgo pela Terra adentro
e vou sair no Oceano.
Deixo a maré do Brasil
enchendo uma vez por ano!

### 27

Moleque, o que você tem?
parece um pinto nuelo?
Contaste tanta façanha
como estás tão amarelo?
Quanto mais se você visse
Seu Nogueira no "martelo"...

### 28

Se eu cantar o "martelo"
você encontra banzeiro,
Qu'eu perco a fé em doente
quando muda o travesseiro...
Afinal siga na frente
Qu'eu irei por derradeiro.

### 29

O cantor qu'eu pegá-lo no martelo
Pego na guela
o cabra esmorece,
a língua desce,
os olhos racha,
salta da caixa,
por despedida
procura a vida
porém não acha...

### 30

Tenho chumbo e bala
para seu Nogueira,
cantador goteira,
pra mim não fala...
Dentro duma sala,
Fica entupido,
e amortecido,
e sem recurso,
até o pulso
lhe tem fugido.

### 31

É na bebedeira
que o preto morre,
tropeça e corre,
topa ladeira, mede porteira,
e passadiço,
e alagadiço,
se for com trama
se encontrar lama,
topa serviço!...

### 32

Duro de fama,
dura bem pouco,
Que o pau que é oco
não bota rama...
Chora na cama
qu'é lugar quente.
Quebro-te dente,
furo-te a língua,
faço-te íngua,
cabra insolente!

### 33

Vante o perigo
É qu'sou valente.
Sou a serpente
do tempo antigo.
Negro comigo
não tem ação,
boto no chão,
quebro a tigela,
arranco a moela,
Levo na mão...

### 34

Nogueira, tu reparaste
num sujeito que chegou?

Trouxe um recado urgente
que minha mulher mandou.
Por hoje eu não canto mais
fique cantando qu'eu vou...

### 35

Não quero articulação,
vá se embora seu caminho.
Canário que estala muito
costuma borrar o ninho.
Quem gosta de surrar negro
não pode cantar sozinho...

### 36

Naquele mesmo momento
saiu o Preto Limão.
Deixou o povo na sala
tudo em uma confusão.
Uns diziam que correu,
outros diziam que não.

### 37

Quando o Preto voltou,
Nogueira tinha saído.
Preto Limão disse ao povo:
– Vão chamar o atrevido,
Venham olhar bem de perto
como se açoita um bandido.

### 38

Foram chamar o Nogueira,
estando ele descansado,
deitado na sua rede
quando chegou-lhe o recado.
Nogueira com muito gosto
foi acudir ao chamado...

### 39

Quando Nogueira chegou
encontrou Preto Limão,
acuado numa sala,
ringia que só leão.
Naquele mesmo momento
começaram a descrição.

### 40

Cantador qu'eu pegá-lo de revés
com o talento qu'eu tenho no meu
                                    [braço,
dou-lhe tanto que deixo num bagaço
só de murro, tabefe e pontapés.
Só de surras eu dou-lhe mais de dez
e o povo não ouve um só grito...
Faz careta e se vale do Maldito...
Miserável, tua culpa te condena,
mas quem é que no mundo terá pena
deste monstro que morre tão aflito?

### 41

Cantador com Nogueira não peleja
sendo assim como o tal Preto Limão,
só se for pra tomar minhas lição,
ele engole calado e não bodeja,
Vai comendo da mesa o que sobeja,
precisa me tratar com muito agrado
no instante fazer o meu mandado,
é depressa, é ligeiro, é sem demora,
qu'eu não gosto de moleque que se
                                    [escora,
pois assim é qu'eu o quero por criado.

### 42

Vale a pena não seres cantador
é melhor trabalhares alugado...

Vai cumprir por aí teu negro fardo
Vai viver sob o ferro dum feitor.
Da senzala já és um morador...
Teu trabalho é lá na bagaceira
O que ganhas não dá pra tua feira
Ranego tua sorte tão mesquinha
Que te assujeitas às amas da cozinha
e te ofereces pra delas ser chaleira...

### 43

Este homem já vive desvalido
É descrente de Deus e da Igreja.
Lúcifer o teu nome já festeja
Tu só podes viver é sucumbido...
Sois tão ruim que só andas escondido
Para Deus nunca mais serás fiel
Tua raça é descendente de Lusbel
Que do Céu já perdeste a preferência
Farás tua eterna convivência
Lá debaixo dos pés de São Miguel!

### 44

Tu pareces que vinhas na carreira
Sempre olhando pra frente e pra trás,
Como quem chega assim veloz
        [demais
Eu vi bem quatro paus de macacheira,
Uma jaca partida e outra inteira,
Também vi dois balaios de algodão,
Creio que tu foste um ladrão,
Com o peso fazia andar sereno.
Às dez horas da noite, mais ou menos,
Encontrei-te com esta arrumação...

### 45

Meus senhores de dentro do salão,
Este enorme convívio de alegria,

Exaltar este homem é covardia,
Só lhe falta o nome de ladrão.
Eu dizer qu'ele furta, isto não,
Para o povo tem sido muito exato,
Só o que tem é que peru, galinha e
        [pato
No lugar que ele mora não se cria,
Muita gente aqui já desconfia
Que ele passa lição a qualquer rato.

### 46

Kiosque fechado não se vende,
Cantador sem rimar é desfeitado,
Como tu neste banco te alevantas,
Não precisa que o povo me
        [encomende,
Quem é cego de nada compreende,
Vive numa masmorra anzolado...
Porque eu já o tenho protejado
Desta tua incivil sorte mesquinha,
Eu te deixo no mato sem caminho,
Sob as garras dum gancho
        [pendurado...

### 47

Cantador capoeira não me aguenta,
Inda duro e valente qu'ele seja,
Com Bernardo Nogueira não peleja,
Adoece, entisica e se arrebenta,
Deu na testa, dou na boca, dou na
        [venta,
Desta pisa ele fica amortecido,
Endoidece, fica vário do sentido,
Eu o boto na roda e no manejo,
Ficará satisfeito meu desejo,
Pra não seres cantador intrometido...

## 48

Te arrepende da hora que nasceste,
Seu Nogueira como é tão infeliz!
Tua vida no mundo contradiz
Contra mim pelejando não venceste;
Na prisão de masmorra já sofreste,
Tua vida já perde as esperança,
Eu armei uma forca e uma balança,
Num minuto hás de ser bem degolado,
Ficará todo mundo consolado,
Preto Limão só assim terá vingança!

## 49

Eu já tenho um moinho de quebrar
[osso,
Uma prensa *inguileza* preparada,
Qu'inda ontem emprensei um
[camarada
Qu'era duro, valente e muito moço,
Eu já tenho guardado o teu almoço,
Qu'é um bolo de ovos com
[manteiga,
Pra cantor malcriado que lá chega
Eu agarro na gola desse cuba,
Piso a carne diluída e faço puba,
Se eu não matar levo ele para a pega...

## 50

Quando eu apareço numa casa,
Que me mandam então eu divirtir,
Quatro, cinco dias vê cair
Relâmpago, trovão, curisco e brasa...
Cantador comigo não se atrasa
E quem for valente, já morreu,
A tocha de fogo já desceu
Meu martelo é de ferro e aço puro,
Cantador comigo está seguro,
Nunca houve um martelo como o
meu...

## 51

Você diz que no martelo é atrevido,
É somente porque não considera,
Você nas minhas unhas desespera,
Fica louco e quase sem sentido...
Numa hora ficarás doido varrido,
Teu repente não passa de besteira,
As peiadas que eu te dou levanta
[poeira,
Todo o povo já lhe tem é compaixão,
Eu te deixo embolando pelo chão
Como porco que bebe manipueira...

## 52

Dou-te sufregada,
Dou-te tapa-queixo,
Com pouco te deixo,
Com a boca lascada,
A língua puxada
Três palmo de fora,
Casco-te as esporas,
Pros teus suvaco,
Faço raco-raco,
Danado, tu chora!...

## 53

Dou-te bofetão,
No pé do cangote,
Eu vou no pacote
do Preto Limão,
Eu boto no chão,
E piso a barriga,
Espirra lombriga,
Os pinto comendo,
O povo dizendo:
– Aguenta a espiga...

# DOCUMENTÁRIO

## PEDRO MALAZARTE NO FOLCLORE POÉTICO BRASILEIRO

*H*á em Portugal um duplo Pedro Malas Artes. O primeiro, mais antigo, é ardiloso, astuto, enredador e sempre vitorioso. Deste teria nascido a aplicação do nome como sinônimo demoníaco. Assim o incluiu em sua lista o Sr. Antero de Figueiredo ("Senhora do Amparo"). O segundo é um João Tolo, João Bobo, trapalhão, idiota, infeliz em palavras e atos. É nesta encarnação que Malas Artes se popularizou mais vastamente em Portugal. Reúne muitas "estórias" famosas pela imbecilidade congênita do personagem e incurável asnidade funcional. É desse Pedro de Malas Artes que Teófilo Braga recolhe uma série de desastres cômicos e publica nos "Contos Tradicionais do Povo Português", v. 1, p. 163. Para o Brasil não emigrou Malas Artes nessa acepção desavisada e pulha. O nosso é um Malazarte vivo, inquieto, ávido de aventuras, inesgotável de recursos e de tramas, vencedor infalível de todos e de tudo. Resume ele dezenas e dezenas de "estórias" espalhadas em Portugal com outras figuras. No folclore brasileiro, na parte em prosa, Pedro Malazarte é o criador de um ciclo completo. Gravitam-lhe derredor muitos contos portugueses, alguns de França e mesmo episódios do "Hitopadexa",[54] assim como o ciclo africano de Uhlakaniana, o herói dos cafres e zulus.

Teófilo Braga, nas notas rápidas ao conto que recolheu do Porto, lembra as citações de "Payo de Maas Artes" no Cancioneiro da Vaticana

---

54 "Um conto indiano no sertão brasileiro" – Luís da Câmara Cascudo *in* REVISTA NACIONAL, fevereiro de 1934, Rio de Janeiro.

(canção nº 1132) e a passagem de Dom Francisco Manuel de Melo: "que me puderam levantar estátuas como a Pedro de Malas Artes". Na literatura espanhola do século XVI há o "Pedro de Urde-Malas", citado na "Lozana andalusa". São, evidentemente, os tipos atilados e matreiros. É da mesma impressão de Tirso de Molina, também do século XVI (1571-1648). Na comédia "Dom Gil de las Calzas Verdes", ato 2º, cena 1ª, vemos: *QUIN-TANA: – Nó sé á quién te comparar*
*PEDRO DE URDEMALAS eres...*

Esse Urdemalas, Maas-Artes, Malas-Arte, Malazarte, é o que nos veio da Península, urdindo intrigas e sabendo-se delas livrar sem consequências. Com o nome de Pedro Urdemales figura no folclore do Chile.

O Malas-Artes português, atoleimado e sorna, viria duma confusão verbal de "maas-artes", malasarte, mal-avisado, pacóvio. Cândido de Figueiredo ("Dicionário de Língua Portuguesa", 4. ed., v. II, Lisboa, s.d.) regista:

*MALASARTE, adj. O mesmo que Malasado. M. Indivíduo desajeitado. (Naturalmente do nome lendário Pedro de Malas Artes.)*

Esses versos de Tadeu de Serpa Martins contam uma das inúmeras aventuras do nosso Malazarte. O "fazandeiro" das velhas "estórias" tradicionais está substituído por um "turco" enriquecido e pomposo, exigindo tiras de couro humano como o saudoso Shylok de Veneza.

Era um turco muito rico,
Tinha fazendas de gado,
Traficante em seus negócios
Como nunca tinha achado,
Quem se metia com ele
Sempre saía logrado.

Morava em sua fazenda
Se orgulhava da riqueza
Era um sujeito orgulhoso
Só pensava na grandeza,
Nunca ligou importância
Às misérias da pobreza.

Em outro lugar distante
Morava um velho ancião
Tinha dois filhos rapazes
Que era Pedro e João,
Era pobre de dinheiro
Mas tinha bom coração.

Um dia João saiu
À procura de serviço
E foi na casa do turco
Que era um precipício,
O turco quando viu ele
Parece que fez feitiço.

João lhe pediu dormida
Depois em conversação
Perguntou se ali não tinha
Alguma colocação?
O turco disse: você,
Veio em boa ocasião.

Eu tenho muito serviço
Porém sou muito exigente
Quem quer trabalhar aqui
Não se queixa de doente
Por mais que seja a doença
O freguês faz que não sente.

João disse: eu gosto muito
De quem me diz a verdade
Pois eu indo trabalhar,
Me arrependo mais tarde
Me queixo de está sofrendo
Por minha livre vontade.

Disse o turco: meu amigo
Se não aguentar o tombo
Se arrependendo eu lhe tiro
O couro todo do lombo,
Você voltará daqui
Todo cheio de calombo.

O turco tinha um costume
Que todo seu empregado
Se não fizesse o serviço
Por ele determinado,
Voltava da casa dele
Pra toda vida aleijado.

João assinou o contrato
Conforme o turco queria
E ainda lhe garantiu

Que nunca se arrependia,
O turco disse sorrindo:
– Você só trabalha um dia.

O turco no outro dia
Mandou João trabalhar
E disse: esta cachorra
Vai contigo te ensinar,
Você só vem pro almoço
A hora que ela voltar.

João lhe disse: sim, senhor
Está tudo combinado,
Se a cachorrinha morrer
Eu fico lá no roçado,
O turco disse à mulher:
Este sujeito é danado.

João saiu para o roçado
Junto com a cachorrinha
Saiu pensando na vida,
Sem saber que hora vinha
E dizendo – este negócio
Foi uma desgraça minha.

A cachorrinha chegando
No roçado foi deitar-se
Era meio-dia em ponto
João largou e foi sentar-se.
Pois só voltava pra casa
Quando a cachorra voltasse.

Deu quatro horas da tarde
E a cachorrinha deitada
João danado de fome
Já não valia mais nada,
Disse ele: esta cachorra
É muito bem ensinada.

Às oito horas da noite
Foi que a cachorra voltou
João saiu atrás dela
E quando em casa chegou
O turco disse, sorrindo:
– És muito trabalhador.

Então João respondeu:
Eu gosto de trabalhar
Mas esta sua cachorra,
Só falta mesmo é falar...
O turco disse: ela faz
Tudo quanto se mandar.

No outro dia saiu
Novamente pro roçado
E a cachorra também
Como no dia passado,
Ela praticou o mesmo
Que já tinha praticado.

Neste dia João chegou
Com a enxada no ombro
E foi dizendo ao turco:
Tire-me o couro do lombo
Antes que morra de fome,
Pois da desgraça não zombo.

O turco disse: eu sabia
Que tu não aguentava
E o couro do teu lombo
Com minha faca eu tirava,
Porque aquele contrato
Só você mesmo aceitava.

Tirou a tira de couro
Do espinhaço de João,
Este voltando pra casa

contou tudo ao seu irmão,
Ele disse: aquele turco
Me paga esta judiação.

E arrumou a bagagem
Se despediu do irmão
E disse ao pai: se eu morrer
Reze na minha intenção,
Só quero que não me falte
A sua santa bênção.

Pedro foi até à casa
Que o irmão tinha ensinado,
Chegou lá pediu dormida
Porque estava enfadado,
Em conversa o turco disse:
Preciso dum empregado.

Pedro disse: estou aqui
À procura de serviço
E não encaro trabalho
Nem tampouco precipício.
O turco disse: comigo
A coisa não é só isso.

O turco disse: pois bem
Faço um contrato consigo
De nós quem se arrepender
Fica sujeito ao castigo...
Pedro disse: sendo eu
Faça o que quiser comigo.

Aí o turco o chamou
Lhe dizendo: veja lá,
Aquelas tiras de couro
Que estão naquele lugar
Sou eu que tiro do lombo
De quem não quer trabalhar.

Pedro disse: eu lhe garanto
Que o senhor fica contente
Pois eu tenho trabalhado
Com toda raça de gente,
E com quinze dias de febre
Não digo que estou doente.

Então respondeu o turco
Amanhã vai trabalhar
E aquela cachorrinha
Vai pra roça te ensinar,
Você só vem pro almoço
A hora que ela voltar.

Quando foi no outro dia
Pedro foi para o roçado
A cachorra foi com ele
Como estava combinado,
Ele dizia consigo:
O turco está enganado.

Chegando ele ao roçado
Começou a trabalhar
A cachorrinha deitou-se
E ele pôs-se a pensar,
Depois disse: às onze horas
Eu preciso ir almoçar.

Quando foi às onze horas
Ele pegou a enxada
Descarregou na cachorra
Uma tão grande pancada
Que ela saiu pra casa
Numa carreira danada.

Quando Pedro foi chegando
O turco lhe perguntou:
Tu deste nesta cachorra

Que ela tão cedo voltou?
Disse Pedro: não fiz nada
Foi a fome que obrigou.

A mulher do turco disse:
Dispense este rapaz
O que fizeste com outros
Com este você não faz
Este moço tem astúcias
Para vencer Satanás.

O turco disse: ele perde
Pois um contrato que faço
Não tem homem que aguente
Nem sendo feito de aço...
A velha disse: ele tira
Couro do teu espinhaço.

Ainda disse: amanhã
Tu vais ver como te enganas
Porque eu vou mandar ele
Roçar o mato das canas
Só deixar ficar em pé
As touceiras de bananas.

Pedro disse: eu faço tudo
Quanto meu patrão quisé
Amanhã lá no roçado
Não fica uma cana em pé.
No outro dia saiu
Nem esperou o café.

Chegando lá no roçado
Fez tudo quanto dissera
Deixou o roçado limpo
Como se fosse tapera,
O turco ficou danado
Que parecia uma fera.

O turco disse: amanhã
Tens um serviço melhor
Eu quero um carro de lenha
Que não se encontre um nó
Pedro disse eu trago é dez
Se não for preciso um só.

No outro dia saiu
E ganhou as capoeiras
Cortou o carro bem cheio
De rolos de bananeiras,
O turco disse: você
Só vive de brincadeiras.

Pedro disse: neste mundo
Nada me merece dó,
O que fizeste com vinte
Agora pagas a um só,
Eis o pau que neste mundo
Nasceu e cresceu sem nó.

Aí o turco lhe disse:
Eu ando um pouco doente
E vou passar alguns meses
Desta fazenda ausente.
Quando voltar quero os bichos
Tudo sorrindo contente.

Disse Pedro isto é o menos
Muito mais tenho passado
Quando eu souber que ele vem
Eu mando juntar o gado,
Quando ele chegar encontra
Tudo de beiço cortado.

Já faziam cinco meses
Que o turco tinha saído
Um dia ele escreveu

Perguntando o ocorrido,
E como estava seu gado
Se estava muito nutrido?

Pedro recebeu a carta
E leu com toda atenção
O turco mandou dizer
Que voltava no verão,
E Pedro fosse esperá-lo
Na porta da estação.

Quando foi no outro dia
Pedro lhe escreveu dizendo
O seu gado está tão gordo
Que de gordo está morrendo
Ainda não está sorrindo
Porém está aprendendo.

O turco ao ler a carta
Que Pedro tinha mandado
Disse consigo: é capaz
Dele matar o meu gado,
Se assim for eu chego lá
E dou parte ao Delegado.

Um dia ele escreveu
Dizendo que vinha embora
Pedro mandou juntar o gado
E disse: chegou a hora
De pôr meu plano em ação
E vou cuidar sem demora.

Mandou chamar dois vaqueiros
E disse: juntem este gado
Eu quero estes animais
Tudo de beiços cortado,
Pra quando o dono chegar
Ficar bastante espantado.

E quando o turco chegou
Que foi olhar no curral
Os bichos tudo sorrindo
Com alegria geral.
Disse: agora desta vez
Meu espinhaço está mal.

E disse: você seu Pedro
Deu-me um grande prejuízo.
O serviço que fizeste
É de quem não tem juízo.
Pedro disse: não senhor
Só fiz o que foi preciso.

Aí o turco lhe disse:
Dou-te cem contos em ouro
Para você não tirar
De meu espinhaço o couro.
Pedro disse: eu não dispenso
Nem que me dê um tesouro.

O turco disse: pois bem
Como me aleijaste o gado
Também não faço questão
De me deixar aleijado,
Tira o couro do meu lombo
E fica como empregado.

Pedro lhe disse: não fico
Porque tu me faz traição
Tu já tiraste o couro
Do lombo do meu irmão,
Eu vim somente vingar
Esta tua judiação.

Tirou o couro do turco
E saiu no outro dia
Quando chegou em casa
O pai chorou de alegria
Pedro disse: eis o couro
Que prometi que trazia.

# PAI QUE QUERIA CASAR COM A FILHA

Rodrigues de Carvalho – "Cancioneiro do Norte", 2. ed., p. 53 e ss., Paraíba do Norte, 1928.

Estava ela chorando,
Viu São José chegar...
– Maria, minha afilhada,
o que foi isto por cá?
– É meu Pai, meu bom padrinho,
que comigo quer casar.

– Maria, tu diz a ele…
que estrada aberta é caminho.
Pede que compre um vestido
das árvores com as folhinhas.

No primeiro ele saiu
e nos dois pôde chegar;
Maria, minha noiva e filha,
o vestido fui comprar.
Maria entrou para dentro,
começou logo a chorar.

Quando ela estava chorando
Viu São José chegar.
– Maria, minha afilhada,
o que foi isto por cá?

– É meu Pai, meu bom padrinho,
que o vestido foi comprar.
– Maria, tu diz a ele
que casa perto é vizinha;
Manda comprar um vestido
do mar com os seus peixinhos.
Nos dois dias saiu ele,
e nos três pôde chegar;
– Maria, minha noiva e filha,
o vestido fui comprar.

Maria entrou para dentro,
começou logo a chorar;
quando ela estava chorando
viu São José chegar.
– Maria, minha afilhada,
o que foi isto por cá?
É meu Pai, meu bom padrinho,
que o vestido foi comprar.
Pelo modo que eu estou vendo
não há jeito, hei de casar!

Maria, tu diz a ele,
que a maré anda com o vento;
Manda comprar um vestido
com o Sol e a Lua dentro.

Nos três dias saiu ele,
nos quatro pôde chegar;
– Maria, minha filha e noiva,
o vestido fui comprar.

Maria entrou para dentro
começou logo a chorar;
quando ela estava chorando
viu São José chegar.
– Maria, minha afilhada,
o que foi isto por cá?
– É meu Pai, meu bom padrinho,
que o vestido foi comprar;
Pelo jeito que eu estou vendo
não há remédio, é casar!

– Maria, chama o carpina,
antes do galo cantar,
para fazer um engonço
para tu nele te socar...

Quando foi de madrugada
ela foi e se ocultou;
Quando foi de manhãzinha
o Velho não a encontrou.

Quando foi ao meio-dia,
o Velho já malucou;
Quando foi a noitezinha
veio o Diabo e o carregou.

São José levou Maria
pelas águas da maré;
tanto poder ele tem
que nem n'água molha o pé.
Não há santo milagroso
como o senhor São José.

O Dr. José Rodrigues de Carvalho, falecido em Recife a 20 de dezembro de 1935, não indica a procedência dessa xácara. Ouviu-a e registou-a. Evidentemente está fragmentada e com o final meio confuso. O veterano do folclore nordestino prestou um dos grandes serviços, salvando esses versos de cuja importância ele não cuidou nem relevo maior lhes deu.

É um tema universal e está em todas as literaturas tradicionais do Mundo. Nas variantes e versões recolhidas pelos folcloristas nenhuma está em versos, como esssa que Rodrigues de Carvalho guardou no seu "Cancioneiro do Norte".

Alfredo Apell ("Contos populares russos", Lisboa, s.d.) publica três contos russos sob o mesmo motivo: Pele-de-Porco, o Príncipe Daniel Govorila e a Filha que não queria casar com o Pai, com indicações biblio-gráficas. Em Portugal está na região do Algarve; no Brasil, Sílvio Romero encontrou-a em Sergipe. Afanasiev na Sérvia, Schleicher recolheu-a na Lituânia, Schott na Valáquia, Hahn na Grécia, Cosquin em França, Grimm na Alemanha, Prym na Síria, Straparola nos contos italianos do século XVI, Gonzenbach na Sicília, Campbell na Escócia, Busk em Roma.

Em parte alguma apareceu esse episódio sob forma poética. É sempre um conto, fazendo convergir para o tema detalhes de muitos outros, com a finalidade moral de livrar a menina dos desejos paternos, visivelmente debaixo do freudiano "complexo de Édipo".

Na versão, paraibana ou cearense, que Rodrigues de Carvalho colheu, em versos, já encontramos a história articulada do culto de São José, Padroeiro dos Lares Cristãos.

Trata-se evidentemente da mesma história portuguesa do Algarve, a mesma que Sílvio Romero ouviu em Sergipe, posta em verso e possivel-mente cantada. Mas em nenhuma há a presença de um orago católico com função protetora. Na variante atual a história, tornada xácara, embora seja dos fins do século XVIII e princípios do XIX, ao deduzir-se da fabulação, linguagem, rimas e técnicas denunciadoras de uma produção nordestina, prende-se às legítimas narrações "de proveito e exemplo", disseminadas pelas Santas Missões, como material mais ou menos acessível à imaginação dos fiéis.

No restante, como dizia o velho Max Muller, a viagem das histórias, de povo em povo, de folclore em folclore, através de países e de séculos, é mais maravilhosa que seu próprio enredo miraculoso.[55]

---

55 O tema desse romance é o mesmo da Delgadina ou Silvaninha dos cancioneiros de Portugal. Almeida Garrett registou a Silvaninha e depois transformou-a num poema de quatro cantos, "Adozinda". Com o nome de "Silvana" já era mencionada por Dom Francisco Manuel de Melo no "Fidalgo Aprendiz" (p. 247, segunda jornada) na edição de Leão de França, 1665. Menéndez Pelayo julga esta a mais antiga alusão. É, pois, um romance do século XVII, conhecido em toda a península. Chamado "Delgadina" divulgou-se enormemente em Espanha, com versões incontáveis. Menéndez Pidal

# Um Conto do "Decameron" no Sertão

Pedro Batista, livreiro e escritor paraibano, sempre curioso de assuntos folclorísticos, enviou-me um folheto impresso com o título de "História de D. Genevra", em sextilhas, na tradicional fórmula ABCBDB. Não tinha nome do autor. Pedro Batista, em carta, informava-me que possuía o original, de Zé Duda (José Galdino da Silva Duda), almocreve e comboieiro que depois se tornou cantador afamado. Leandro Gomes de Barros tivera o original por oferta do próprio José Duda. Avisava-me para que desconfiasse das edições publicadas sob a responsabilidade de João Martins de Ataíde *que jamais teve pejo de pôr o seu pomposo nome nas obras alheias...*

O folheto tem várias tiragens e é muito conhecido pelos cantadores. Li o poema dos martírios de dona Genevra, heroína da virtude doméstica e vítima da perfídia humana. Era, nada mais e nada menos, que a novela nona da segunda jornada do "DECAMERON", com insignificantes modificações. Essa novela IX, da "deuxième journée", intitula-se "L'imposteur confondu ou la femme justifiée" na edição francesa de Ernest Flammarion, em Paris (sem data) e em dois tomos. Não conheço edição italiana. Na outra edição francesa, ilustrada, traduzida e anotada por Francisco Reynard (Librairie Artistique H. Launette, v. I, p. 179, Paris, 1890) chama-se "Madame Ginevra". Não há, que me conste, versão portuguesa do "Decameron". Fielmente transcrevo a versão poética e popular da "Madame Ginevra" que bem pode ser cotejada com qualquer edição do "Decameron" para que seja possível anotar as transformações de ordem psicológica e

---

confessava recolhê-lo sem alvoroço *por lo mucho que abunda*. No continente americano Lehmann-Nitsche encontrou uma versão em La Plata, Argentina, Vicuña Cifuentes umas sete no Chile e Pereira da Costa registou no "Folk-Lore Pernambuco" (p. 321).

Silvana e Delgadina vivem confundidas no mesmo enredo. O "Cancioneiro do Arquipélago de Madeira", de R. Azevedo (p. 112) e uma versão de Montidiveo que está no "Romancero" (p. 228) de Menéndez Pidal denunciam a velhice do processo de justaposição pela semelhança do fio temático.

Os eruditos procuram explicar a gênese do romance com a lenda de Santa Bárbara, vítima dos desejos paternos. Giannini na Toscana e Mezzatinti na Umbria fixaram poemas populares nesse sentido. Em nenhuma parte vemos o que está narrado na versão de Rodrigues de Carvalho. Nesta, vários detalhes, os vestidos de encanto, a intervenção de São José, a direção apologética, desviam completamente o final que só pode ser o do salvamento da menina desejada. É um documento interessante de deturpação e de convergência, mantendo o assunto primitivo e secular.

moral que o mesmo tema sugeriu, na distância do tempo e do espaço, a Giovani Boccaccio e a Zé Duda.

Boccaccio escreveu o "Decameron" entre 1348 e 1358, segundo Geiger ("Historia del Renacimiento", p. 528, t. XVIII de Oncken). Não me foi possível obedecer ao professor da Universidade de Berlim e consultar a obra de M. Landau (Viena de Áustria, 1870) sobre as fontes do "DECA-MERON". Por ela verificar-se-ia a extensão do assunto que Boccaccio aproveitou em sua novela deliciosa, contada nos dez dias de sonho, exilados da peste que dissolvia Florença.

Um comentador erudito do "Decameron", Manni, é de opinião que Boccaccio ouvira o episódio de "Madame Ginevra" do seu mestre Andalo de Nigro, de Gênova. A anedota seria genovesa e Pietro Fanfani cita uma passagem do livro de Bracelli – DE CLARIS GENUENSIBUS – onde se fixa a mania do elogio genovês à honestidade doméstica. Bernardo, o marido de Genevra, genovês, apostara, pondo em jogo a pureza e recato da mulher. Bracelli escreve: "NEC MATRONALIS PUDICITIOE CURAM ULLI UNQUAM POPULO MAJOREM FUIESSE CREDIDERIM: CUJOS REI CERTISSIMUM ARGUMENTUM HABEO QUOD NULLAE UNQUAM URBES, QUANTUMVIS INJUSTAE AC ODIOSAE, EXPUGNATAE A GENUENSIBUS INVENIUNTUR, IN QUIBUS PUDICITIA MULIEBRIS CONSERVATA NON SIT".

A versão poética que registei mantém os mesmos nomes e localidades citados no "Decameron". Não me foi facilitada a oportunidade de saber como José Duda conheceu o episódio de "Madame Genevra", com os detalhes que menciona e as indicações que cita. Em idioma acessível o cantador nada podia ter lido. Nascido em 1866, ignoro que ainda vive e em que condições pôde escrever as sextilhas revivendo no sertão uma história que tem seiscentos anos...

# História de Genevra

Na cidade de Gênova
Havia um negociante
De dinheiro e muitos prédios

Ele contava bastante
E na forma de viver
Era mais interessante.

Casado com uma mulher
De grande *abelidez*[56]
Lia, escrevia e contava,
Falava bem português
Italiano, latim,
Grego, alemão e francês.

Chamada D. Genevra
Ama muito ao marido
Ele chamado Bernardo[57]
De todos bem conhecido
Neste lugar não havia
Outro casal tão unido.

D. Genevra sabia
Cortar, bordar e coser,
Finalmente era modista
Tudo sabia fazer
No lugar de cozinheiro
Não tinha mais que aprender.

Para servir uma mesa
Inda não tinha encontrado
Outro copeiro mais mestre
Que tivesse mais cuidado
Nisto ela não se ocupava
Devido ao seu bom estado.

Era querida de todos
Cheia de honestidade
Bernardo bem satisfeito
De ter por felicidade
Encontrado uma mulher
Digna de sua bondade.

Além disto era contrita
Amante a religião
Amava o rico e ao pobre
A todos dava atenção
E remia aos peregrinos
Na sua tribulação.

D. Genevra era rica
De firmeza e formosura
Bernardo depositava
Nela confiança pura
Mas é bem certo o ditado
Quem é bom bem pouco dura.

Todas essas regalias
Essas felicitações
No correr de pouco tempo
Tornaram-se em aflições
Privação, pena e desgosto
Ira, soberba, paixões.

Quando Bernardo saía
D. Genevra ficava
Um dia ele foi a Roma[58]
Lugar aonde comprava
Consigo ia um criado
Que sempre o acompanhava.

Chegaram na capital
Trataram de se hospedarem
Quando foi às nove horas
Antes das dez completarem
Chegaram mais quatro moços
Também pra se *arrancharem*[59]

-----

56    Habilidade.
57    Bernardo Somelin, de Gênova, no "Decameron".
58    A Paris, no "Decameron".
59    Hospedarem-se.

Cujos moços também eram
Negociantes de fora
Depois de terem ceado
Falaram quase uma hora
Isto em diversas matérias
Daí nasceu a piora.

Nessa conversa que estavam
Mais ou menos interessante
Falaram sobre as mulheres
Qual a falsa e a constante,
Todos quatro eram casados
Falaram nisto bastante.

Diz um dos quatro rapazes:
– Eu sou um homem casado
A minha mulher é firme
Sempre me tem respeitado
Mas eu por ela não juro
Antes eu tenho cuidado.

Disse o segundo: é verdade,
Sou da mesma opinião
Por muito firme que seja
Pode haver uma traição
Mesmo ninguém está isento
De uma contradição.

Disse o terceiro: é exato,
Pensamos no sucedido
Irias foi general
E da mulher foi traído
Rei Davi por causa dela
Mandou matá-lo escondido.

Disse o quarto: é verdade
Que há mulher de respeito
O homem morre de velho,
Sem conhecê-la direito
Tudo depende da sorte
Quem é bom já nasce feito.

Bernardo estava escutando
Tudo de princípio a fim
Aquela conversação
Ele achava ruim
Pediu depois a palavra
E seguiu dizendo assim:

– Eu tenho uma mulher
E lhe dou todo poder
E consagrei-lhe amizade
Hei de amá-la até morrer
Nela eu confio tudo
Durante enquanto viver.

Começou ele a contar
A felicidade que tinha
Não há mulher neste mundo
Nem princesa nem rainha
Que seja justa e honesta
Mais sábia do que a minha.

Fala mais de uma língua
Sabe ler e escrever
Conta bem perfeitamente
Sabe bordar e coser
Por sua capacidade
Tudo eu arrisco a perder.

Além disso ela é contrita
Abusa a perversidade
Caritativa dos pobres
Ama a Deus e a verdade
Em uma pessoa desta
Não pode haver falsidade.

Um tal de Ambrosiolo[60]
Estava dando atenção
Julgou que era pabolagem
Não deu conceituação
Respondeu logo a Bernardo
Sem conhecer a razão:

Bernardo dai-me atenção
Faz ponto um pouquinho aí
Tu aqui e ela lá
Ela sendo falsa a ti
Tu não sabes o que ela faz
Ela lá e tu aqui...

Bernardo aí zangou-se
E disse: vá na cidade
Se fizeres com que ela
Use de uma maldade
Vem me cortar a cabeça
Que eu dou de boa vontade.

Bernardo do que me serve
Eu cortar tua cabeça
Manchar as mãos no teu sangue
Tal cousa que nunca aconteça
Façamos outro negócio
Que menos valor mereça.

Dez mil *florins em ouro*[61]
Eu quero apostar contigo
Outros dez mil florins
Tu hás de apostar comigo
Se você perder eu ganho
Neste meio há um perigo.

Mas é da forma seguinte
Para não haver reprova
Você não vai e nem manda
Na cidade de Gênova
Em quinze dias eu vou
E chegando, dou-lhe a prova.

Chamaram um tabelião
Para firmar bem o ato
Estando quatro pessoas
Testemunharam o fato
E ambos se assinaram
Realizou-se o contrato.

Ficou Bernardo esperando
Ambrosiolo partiu
Em menos de quinze dias
A questão se decidiu
Vamos ver Ambrosiolo
Os meios que descobriu.

Quando chegou na cidade
Fez com que ninguém soubesse
Fingiu um outro negócio
Que melhor lhe conviesse
Para tomar a seu jeito
O destino que quisesse.

---

60  Ambrosio de Piacenza, no "Decameron".
61  Ducados, no "Decameron".

Arrendou logo uma casa
Para nela hospedar-se
Para ter um lugar próprio
Para melhor colocar-se
E silenciosamente
Começou a informar-se.

Tal negócio ele não tinha
Era só tomando altura
Para ver se conseguia
A sua triste loucura
Isto botando uma verde
Pra colher outra madura.

Um dia ouviu dizer
D. Genevra quem era
Perguntou quem era essa
Que tanto se considera
Fazendo que não sabia
Porém sabendo de vera.

Lhe disseram: é uma senhora
Que mora nesta cidade
É justa, sábia nas letras
Mulher de capacidade,
Caritativa dos pobres
Ama a Deus e a verdade.

Além disto há o seguinte
Se por casualidade
Algum perverso a ofender
A sua moralidade
É preso, morre ou deserta
Se acaba sem piedade.

Bernardo o marido dela
É a imagem que adora
Quem ouve ela conversar
Indo *vexado* demora[62]
É na casa da verdade
Onde a formosura mora.

Ambrosiolo ouviu tudo
Reconheceu que perdia
Conheceu verdadeiramente
Que ela não se iludia
Justificou que era mais
Do que Bernardo dizia.

Mandou fazer um baú
Com a maior perfeição
Que dentro dele o coubesse
A sua satisfação
Valeu-se da falsidade
Para ganhar a questão.

E depois da obra feita
Fingiu ir dar um passeio
Dizendo que demorava
Três dias ou dois e meio
Porém o baú ficando
Tinha cuidado e receio.

Falou com uma mulher
Dizendo assim deste jeito:
Se tu fizeres com que
Eu guarde o baú direito
Te pago muito bem pago
E ficarei satisfeito.

---

62  Vexado, apressado.

Vai a casa de Bernardo
Que inda não é chegado
E diz a D. Genevra
Que eu lhe fico obrigado
Se ela aceitar um baú
Em casa dela guardado.

Se ela perguntar quem é
Diz que é um mercador
E este mandou pedir
Por especial favor
Visto a casa ser capaz
Temendo algum roubador.

Ela sem dúvida pergunta
Quando eu vou procurar
Tu diz que nestes três dias
Julga ser o mais tardar
Ela é muito prestativa
Não é custoso aceitar.

D. Genevra aceitou
Mandou dizer que trouxesse
Que lhe guardava o baú
Até quando ele viesse
E podia procurar
Qualquer dia que quiseste.

Chegou a mulher e disse
Ela disse que levasse
O baú quando quisesse,
Diz ele, então arrumasse!...
Diz ela, eu arrumei
E fiz como tu mandaste.

Pagou a dois ganhadores
Que vivia de ganharem
– Eu pago logo a vocês
Para o baú levarem
E com três dias depois
Tornar a irem buscarem.

Quando os rapazes chegaram
O baú estava trancado
Pegaram o dito baú
Acharam muito pesado
Porém com tudo botaram
No lugar determinado.

D. Genevra mandou
Botá-lo em lugar decente
Visto o baú ser bem-feito
Achou-o suficiente,
O perverso estava dentro
E ela tão inocente...

Porém é que a falsidade
Não sabe-se donde vem
A pessoa desgraçada
Não felicita ninguém
Traz a desgraça consigo
Desarruma quem está bem.

À noite D. Genevra
Findou as arrumações
Procurou o seu silêncio
Fez as suas orações
Desejando ao seu marido
Boas felicitações.

Neste estado adormeceu
Ambrosiolo saiu
Tendo um lampião aceso
Para o quarto ele seguiu
D. Genevra dormindo
Adormecida não viu.

Ele não quis acordá-la
A tanto não se atreveu
Sim tomou nota de tudo
Tudo que viu escreveu
Para dizer a Bernardo
Tudo quanto aconteceu.

Roubou uma bolsa e um cinto
E mais um lenço que achou[63]
Com o nome dela escrito
Foi o que mais estimou
Com este eu provo amizade
Que ela me consagrou.

Não havia quem soubesse
Dum sinal que possuía
Debaixo do peito esquerdo
Só seu marido sabia
Ambrosiolo deu fé
Dele no seguinte dia.

Quando viu este sinal
Julgou que viu um tesouro
Um sinal com seis cabelos
Da cor de fio de ouro
Ela dormindo não viu
Esse perverso namoro.

Chegou o terceiro dia
Os dois rapazes chegaram
Pediram o baú à dona
Ela deu, eles levaram
A mulher abriu a porta
No quarto dele botaram.

Logo sem perda de tempo
Determinou a partida
Para a capital de Roma
Deixando a pobre iludida
Sem sua capacidade
E sua firma vendida.

Chegou e disse a Bernardo:
Tua mulher não é justa
Agora vou eu viver
Passar bem à tua custa
Para que fiques ciente
Vou dar-te a prova robusta.

O teu quarto de dormida
É asseado e bonito
Bernardo lhe respondeu:
Isto eu não acredito
Que lá vão muitas pessoas
Pode alguma lhe ter dito.

Mostrou-lhe a bolsa e o cinto,
E um lenço muito bem-feito
Com o nome dela escrito
Diz Bernardo: eu não aceito
Estes trastes são roubados
inda não estou satisfeito.

Bernardo, eu nunca pensei
Que fosses tão inocente
Se ainda estais neste engano
Te engana completamente
Quero dar-te outra prova
Vê se ainda me desmente.

Tua mulher tem consigo
Um sinal muito bem-feito
Debaixo do peito esquerdo
Eu achei muito perfeito
Se ela não me mostrasse
Eu não sabia direito.

---

63  No "Decameron" os objetos furtados foram uma bolsa, um cinto e um anel.

No sinal tem seis cabelos
Ela mostrou, eu contei
E todos seis bem compridos[64]
Tudo isto observei
Com toda facilidade
O que queria arrumei.

Quando Bernardo ouviu isto
Não pôde mais se conter
Foi dizendo desta forma
Perdi, venha receber
Só perdeu porque deu crença
Na cousa antes de ver.

E uma vez que ganhou
Venha receber a massa
Já que veio um vento mau
E quebrou minha vidraça
Irei viver sempre triste
Chorando a minha desgraça.

Ambrosiolo ficou
E Bernardo fez partida
Junto com o seu criado
Indignado da vida
Determinado a matar
A sua jovem querida.

Cada vez mais aumentava
A sua barbaridade
Com quatro léguas distante
Para chegar na cidade
Tinha ele um grande sítio
Em sua propriedade.

Aí demorou-se um pouco
Disse ao criado e amigo
Vai diz a D. Genevra
Que eu estou em perigo
Ela sem perda de tempo
Venha conversar comigo.

Bom vês, que ela sabendo
Dessa infeliz notícia
Para vir ver meu estado
Lhe chega toda cubiça
Quando vier em caminho
Quero que faça justiça.

Dê-lhe quatro punhaladas
Fure até ela morrer
Por muito que ela peça
Eu não quero mais a ver
Que uma infeliz como aquela
Não vale a pena viver.

Foi o criado sem dúvida
Satisfazer o patrão
Chegou lá deu-lhe a notícia
De ponto a execução
Pensando como pagava
Fineza com ingratidão.

D. Genevra vexou-se
Se arrumou de repente.
Meu Deus! que terá Bernardo?
Sem dúvida caiu doente
Ele com tanta maldade
E ela tão inocente.

---

64 O mesmo no "Decameron".

Seguiram quando chegaram
Nos campos determinados
Salta o criado e lhe diz:
Rogue a Deus por seus pecados,
Faça o ato de contrição
Que seus dias estão findados!

E levantou-lhe o punhal
Faltaram os alentos seus
Neste entre, ela lhe disse:
Perdão! em nome de Deus
Me dizes por que me matas?!
Que crimes são esses meus?

Diz o criado: ignoro
Não sei de tal sucedido
Antes, me diz em que
Ofendeste ao teu marido
Foi quem vos mandou matar
Sem dúvida está ofendido.

Diz ela: deixemos disso
Vamos a outra razão
Tu podes satisfazer
A mim e a teu patrão
Sem no meu sangue inocente
Manchares a tua mão.

Ele disse: é impossível
E ela lhe respondeu:
Me dais um dos teus vestidos.
Eu também te dou um meu.
O meu tu melas de sangue
Em prova de quem morreu.

Dá cinco ou seis punhaladas
No vestido que te dou
Ensopa todo de sangue
Entrega a quem te mandou
Ele por certo acredita
Que a infeliz se acabou.

Eu me ausento daqui
Como quem teve mau fim
Irei vagar neste mundo
Já que a sorte quis assim
Garanto que nesta terra
Ninguém sabe mais de mim.

O criado consentiu
Como ela determinou
Entrega o vestido dele
Pegou o dela e tirou
Nisto sangrou um cavalo
E com sangue o ensopou.[65]

Se despediu o criado
D. Genevra ficou
Provou que a tinha morto
Bernardo lhe acreditou
Vamos ver D. Genevra
O destino que tomou.

Ela cortou os cabelos
Se aperfeiçoou direito
Adquiriu um chapéu
Ficou um homem perfeito
só lhe faltava o bigode,
Mas há muitos deste jeito.

---

65   Não há no "Decameron" o emprego do sangue.

Com quatro dias depois
Saiu em uma estrada
Esta ia para um porto
Ou um ponto de parada
Onde estava um navio
Que ia fazer a guarda.

Dirigiu-se ao Capitão
Que tudo determinava
E lhe pediu um emprego
Ele lhe disse que dava
Que no lugar de copeiro
Um criado lhe faltava.

Juntamente perguntou-lhe
Onde era morador
Diz ele moro em Gênova
"É solteiro?" "Sim, senhor
O meu nome é Sicuram,
Seja o senhor sabedor.[66]

Leio, escrevo, conto bem
Falo mais de uma linguagem,
Para dizer-lhe a verdade
Em mim não há ladruagem
E no lugar de copeiro
A ninguém peço homenagem".

Tomou conta do emprego,
Sabendo para o que ia.
Desempenhou seu caráter
De um para outro dia
O capitão achou mais
Do que ele lhe dizia.

Continuou a mostrar
Sua grande habilidade
O seu bom comportamento
E sua moralidade
Fez com que o Capitão
Lhe consagrasse amizade.

Até que um dia o navio
Seguiu para Alexandria[67]
Lugar que esse Capitão
Sucessivamente ia
Sicuram, como copeiro,
Foi na mesma companhia.

O Monarca desse reino
Tinha o título de Sultão[68]
E tinha grande amizade
Com esse tal capitão
Sabendo qu'ele chegou
Lhe remeteu um cartão.

Dizendo: sejas bem-vindo
Grandeosíssimo amigo!
Soube de vossa chegada
A razão por que me obrigo,
A lhe convidar sem falta,
Para jantares comigo.

Respondeu o capitão
Que ia, não lhe faltava
E consigo ia um amigo
Que também lhe acompanhava
Era Sicuram sem dúvida
A quem ele mais estimava.

---

66  Sicuram de Final, diz o "Decameron". O nome do Capitão era Encarach.
67  *Idem*, no "Decameron".
68  *Idem, idem.*

Seguiu com seu copeiro
E ambos bem asseados
Quem esperavam por eles
Foram bem cumprimentados
E eles da mesma forma
Foram bem conceituados.

Realizou-se o jantar
Estava preparada a mesa
Sicuram se levantou
Foi servir a sua alteza
Com toda real família
Rainha, Duque, Princesa.

Sua rara habilidade
Causava admiração
A toda real família
Pela sua aptidão
Com frases tão amorosas
Que rendia um coração.

Ficou o sultão pensando
Naquela capacidade
Donde era aquele moço
De tanta civilidade
Respondeu o Capitão:
Achei por felicidade.

Disse o Sultão: neste caso
Faço um negócio contigo
Eu vos dou outro copeiro
E este fica comigo
Sei que te faz muita falta
Vos peço como amigo.

Devido a nossa amizade
O capitão aceitou
O pedido que o sultão
Fez a ele aproveitou
Ficaram bem satisfeitos
E Sicuram melhorou.

Quando Sicuram se viu
Também restabelecido
O capitão satisfeito
E o sultão bem servido
Considerou que talvez
Fosse quem já tinha sido.

Depois desse sucedido
Poucos tempos se passaram
Em uma bela cidade
Os povos se revoltaram
Contra o mesmo Sultão
Uma guerra declararam.[69]

Vendo-se o Sultão em luta
Mandou logo um capitão
Com forças suficientes
Para a tal revolução
Em vez de ganhar perdeu
A vida e a munição.

Continuou o Sultão
Depois deste mandou três
Morreram todos também
Inda com mais rapidez
Sem fazer ação alguma
Como da primeira vez.

---

69   Não há esse episódio no "Decameron".

Diz o Sultão: deste jeito
Esta guerra está ruim
Não tenho mais o que fazer
Todos que vão levam fim...
Sicuram ouvindo isto
Foi lhe respondendo assim:

Se sua real Majestade
Me mandar como defesa
Garanto que em poucos dias
Descanso a Vossa Alteza
Sem maltratar quem for rico
E sem ofender a pobreza!

Sicuram eu não te mando
Para este precipício!...
Sicuram disse: não temo,
Isto não é sacrifício
Eu vou e trago a vitória
A bem do seu benefício.

Tanto que fez Sicuram
Que o Sultão consentiu
Com honra de Capitão
Mandou tocar reuniu,
Se despediu do Sultão
Formou a força, seguiu.

Quando avistou a cidade
Mostrou o sinal de paz
Os inimigos avistaram
Disseram nada se faz
Devemos saber primeiro
Qual é a nova que traz.

Senhores o que me traz
Aqui nos vossos terrenos
É a paz nesta cidade
Para grandes e pequenos
É esta a minha embaixada
Não é mais e nem é menos.

Os chefes dos revoltosos:
– Findou-se a revolução
Pagou todas as despesas
Que tinha tido o Sultão
Sicuram no outro dia
Andava de mão em mão.

Logo imediatamente
Ao Sultão comunicou
Participando a vitória
Como a guerra se acabou
Sicuram por alguns dias
Ainda se demorou.

O tempo que demorou
Foi muito bem recebido
Passeando na cidade
Estava bem conhecido
Lembrou-se de ir à casa
Onde nunca tinha ido.

Esta casa era rica
De fazenda e miudeza,
De molhados e ferragens,
Com perfeição e lindeza
Metais de todas as classes
Compunha a sua riqueza.

Sicuram chegou na porta
Foi logo o contemplando
Era o tal Ambrosiolo
E disse: vá se sentando...
Nem um nem outro sabia
Com quem estava falando.

Aí o recém-chegado
Não fez dúvida se sentou
Quando em cima de uma mesa
Seus objetos encontrou
A bolsa, o cinto e o lenço
Com facilidade achou.

*270*

Perguntou por esta forma:
Amigo onde compraste
Esta bolsa tão bonita?...
Disse ele: muito fácil
E por outra forma é raro
É difícil se encontrasse...

E continuou dizendo
Tudo quanto se passou
Com Bernardo de Gênova
Um só ponto não ficou
Sem Sicuram perguntar
Por si mesmo se acusou.[70]

Porém não que dissesse
Como tinha se passado
Disse tudo a seu favor
Como perverso e malvado
Sicuram ouvindo tudo
Ficou bem justificado.

Deu fé que Ambrosiolo
Foi a sua perdição
Porém não quis se vingar
Nessa mesma ocasião
Antes começou tratá-lo
Com grande estimação.

Convidou Ambrosiolo
Para ir a capital: –
Sabes que indo mais eu
Não pode suceder mal
Pra conheceres o Sultão
E a família Real.

Quando chegaram na corte
Ao Sultão apresentou-se
E foi recebendo ambos
Com Sicuram abraçou-se
Ambrosiolo depois
Beijou-lhe a mão e sentou-se.

Ambrosiolo na corte
Vivia bem satisfeito
Até que um dia no paço
Ele contou a preceito
Com Bernardo de Gênova
Aposta que tinha feito.

O Sultão admirou-se
Da sua conversação
Disse que ele ganhava
Por justa lei da razão
Sicuram ouvindo tudo
Não dava demonstração.

Passaram assim a semana
Tão cheios de regalia
Ambrosiolo contente
Com prazer e alegria
Sem conhecer a derrota,
Que se aproximava o dia.

Sicuram inda não quis
Satisfazer seu intento
Voltou mais Ambrosiolo
Contendo o seu sofrimento
E chegaram na cidade
Em paz e a salvamento.

---

70  O mesmo, no "Decameron".

Ambrosiolo chegou
Em casa regozijado
Porém quando entrou em casa
Achou um homem hospedado.
Foi Bernardo de Gênova.
Chegou sem ser esperado.

Mandou chamar Sicuram
Que ainda não tinha sabido
Que Bernardo estava aí
O que ele tinha vencido
Sem saber que Sicuram
Vinha ver o seu marido.

Quando Sicuram chegou
Cumprimentou, deu-lhe a mão
Conheceu o seu marido
Causou-lhe admiração
Mais não deu-se a conhecer
E nem mudou de feição.

Ambrosiolo lhe disse:
Amigo eu te chamei
Pra conheceres Bernardo
Aquele que te falei
Marido de D. Genevra
Se disse, melhor provei.

Sicuram disse a Bernardo:
Senhor não o conheço
Mais aqui nesta cidade
Para tudo me ofereço...
Bernardo lhe respondeu:
Tanto não lhe mereço.

Merece ainda mais
Sua presença me agrada
Juro ao pé de meu amigo
Que aqui não lhe falta nada.
Comprou dois costumes bons
E lhe deu de mão-beijada.

E juntamente lhe disse:
Antes de findar o mês
Eu e *seu* Ambrosiolo[71]
Vamos a corte outra vez
Seu Bernardo também vai,
Agora vamos nós três.

Quero que o senhor Bernardo
Também fique conhecido
Ambrosiolo já foi,
Foi muito bem recebido
Julgo que o senhor Bernardo
Não me falte este pedido.

Bernardo lhe respondeu:
Podemos ir mesmo agora.
Sicuram lhe respondeu:
Ainda temos demora,
Tomou as suas medidas
Marcou o dia e a hora.

Em fim chegaram na corte
Sua Real Majestade
O Sultão os recebeu
Com toda civilidade.
Nesse dia Sicuram
Rompeu o véu da maldade.

---

71 Seu, cond. de senhor.

Depois de terem jantado
Se levantaram da mesa
Sicuram se pôs em forma
Pediu a Sua Alteza
O Sultão lhe respondeu:
Conte com minha defesa.

Suponho que Sua Alteza
Deve ainda estar lembrado
Quando seu Ambrosiolo
Contou aquele passado
Com Bernardo de Gênova
Que nós achamos engraçado.

Visto eles estarem aqui
Vamos ver se foi ou não
Como Ambrosiolo disse
Naquela ocasião
Porém primeiro ele jura
Como não fez traição.

Quero que mande jurar
Por Deus, um pai criador
Como que, D. Genevra
Se perdeu por seu amor
Se foi falsa a seu marido
Sem ele ser traidor.

O sinal no peito esquerdo
De qual maneira ele viu
Se ela foi quem mostrou
De qual forma descobriu
A bolsa, o lenço e o cinto
Como ele adquiriu.

É o pedido que quero
De sua Real Majestade
Mandar seu Ambrosiolo
Jurar por Deus a verdade
Como Genevra foi falsa,
Perdendo a dignidade.

O Sultão se levantou
Logo imediatamente
Fez com que Ambrosiolo
Jurasse publicamente
Ele jurou como ela
Tinha morrido inocente.

Jurou que foi para o quarto
Quando do baú saiu
Ela estava dormindo
E ninguém o pressentiu.
Ele *deu fé*[72] de um sinal
Tomou nota, ela não viu.

Jurou mais que roubou
O lenço, o cinto e a bolsa
Pois ela estava dormindo
Não viu e nem tinha *ouça*[73]
Eu fiz a desgraça dela
Acabou-se muito moça!

Me dirigi para Roma
Todas as joias mostrei
Como Bernardo deu crença
Na falsa fé, enganei
Mas ele foi quem ganhou
Eu como falso roubei.

---

72  *Deu fé*, reparou, notou.
73  *Ouça*, ouvidos, *não teve ouça*, não ouviu.

Tendo assim se acusado
Bernardo lhe respondeu:
Por tua causa matei
A mulher que Deus me deu!
Nunca mais terá sossego
Um infeliz como eu.

Sicuram lhe respondeu:
A tua culpa condena,
Pois quem mata também morre
Vais passar na mesma pena,
Ela aparecendo aqui
Seria melhor a cena.

Diz o Sultão – Sicuram
Isto assim é impossível
A mulher já é com Deus
Para nós é invisível.
Sicuram disse ao Sultão:
Ela vem já, infalível.

Disse o Sultão: Sicuram
Tu estais fora de ti.
Sicuram torna a dizer:
Espera um pouquinho aí
Só quero 15 minutos
Pra ela chegar aqui.

Se retirou Sicuram
Foi tirar seu fardamento
Num quarto em que assistia
Tinha todo arrumamento,
Joias de alta valia
Para o seu ornamento.

Vestiu-se perfeitamente
Perdeu de homem o cinismo
Nem princesa nem rainha

Tinha o seu brilhantismo
Apresentou-se na sala
Que parecia um abismo.

Ficaram todos silêncio
Se levantou o Sultão
Ela fez-lhe a cortesia
Se ajoelhou, beijou-lhe a mão
Depois pergunta a Bernardo
Se a conhecia ou não.

Disse Bernardo: eu não posso
Crer que sejas vivente,
Uma vez que te mandei
Matar-te barbaramente!
Diz ela: ainda existe um Deus
Que defende uma inocente.

Foi certo que mandaste
Assassinar-me horrivelmente
Mas o mesmo assassino
Para mim foi deligente
Tu mandaste assassinar
Quem te amava fielmente.

Mostrou-lhe o sinal no peito
Diz ele agora acredito
Se ajoelhou, pediu perdão
Ficou em seus pés contrito
Disse-lhe ela – levanta-te
Deus te perdoe o conflito.

Ao depois D. Genevra
Pediu ao Imperador
Que perdoasse o enganado
Também ao enganador:
Eu não acuso a ninguém
Perdoo seja quem for.

**274**

Disse o Imperador:
Bernardo tem o perdão!
Ambrosiolo eu acuso
Como assassino e ladrão
Vai morrer em uma cruz,
Cravado de pés e mão.[74]

Logo sem perda de tempo
Ordenou que o prendesse
Mandou cravá-lo numa cruz
Pra que os maus conhecessem
Que tinha a mesma sentença
Todos que assim procedessem.

Os bens de Ambrosiolo
Bernardo ficou com tudo[75]
O Sultão tomou e deu

Do maior ao mais miúdo
Antes Ambrosiolo fosse
Paralítico, cego ou mudo.

Além de morrer deixou
A família desvalida
Devido sua fazenda
Ser tão mal adquirida
Bernardo ficou gozando
Todos prazeres da vida.

Bernardo e D. Genevra
Ficaram mais sua alteza
Com regozijo e prazer
Gozando sua riqueza
Os mansos têm aposento
Os maus não acham defesa.

# XÁCARA DA "BELA INFANTA", VERSÃO DO RIO GRANDE DO NORTE

Teófilo Braga registou no "Cancioneiro" duas versões deste romance, uma do Porto, com o título de "Conde Alberto", e outra da Beira Baixa, como sendo o "Conde Alves". Almeida Garrett recolheu também na Beira Baixa uma variante, a do "Conde Yano". Sílvio Romero publica uma variante brasileira de Sergipe, o "Conde Alberto", informando que existe outra, a do "Conde Olário", nome que encontrei na versão que transcrevo. Pereira da Costa publica duas variantes. Uma de Goiana, "A Bela Infanta", e outra de Pajeú de Flores, "Dona Isabel". Das versões pernambucanas a mais completa é a de Goiana. Nenhum publicou a música. Obtive-a de dona Maria Leopoldina Freire que a decorou por ouvi-la cantar repetidamente pelas velhas amas de sua casa. O Maestro Waldemar de Almeida, a quem comuniquei a solfa, transcreve-a num delicioso e melancólico "Acalanto da Bela Infanta", fazendo parte de sua suíte "Paisagens de Leque".

---

74  No "Decameron", Ambrósio morre amarrado a um pau, untado de mel, devorado pelos insetos.

75  O mesmo no "Decameron".

Pereira da Costa comentando a versão de Goiana, num verso que diz:

*Que quereis, real senhor?*
*Que quer, vossa senhoria?*

lembra que o tratamento de "senhoria" dado aos Reis de Portugal veio até Dom Manuel (1495-1521), o que positiva a antiguidade desta xácara. Nas versões outras já existe o "vossa majestade", mas são interpolações visíveis e posteriores à divulgação da letra.

Teófilo Braga, citando Duran, supõe que o tema fosse um registo popular da morte de dona Maria, assassinada por seu marido o infante Dom João, que dera ouvidos às intrigas da Rainha Leonor Teles que o queria casar com sua filha, dona Beatriz. É um episódio histórico da primeira metade do século XIV.

Almeida Garrett crê que a xácara do "Conde Yano" fosse contração de um romance castelhano antiquíssimo, conhecido como "A Infanta Solista" ou o "Conde Alarcos". Desse Alarcos há uma variante denominando-o "Conde Anardos" fonte do nosso "Conde Olário". A xácara era sabida e cantada em todo Portugal, Alentejo, Extremadura, as duas Beiras, Trás-os--Montes, Minho. Garrett registou a variante castelhana e a versão inglesa de Lockhart ("Obras Completas de Almeida Garrett", v. I, p. 418, Lisboa, 1904).

O Embaixador Maurício Nabuco teve a cativante gentileza de obter para mim, do Dr. Julio Vicuña-Luco, filho do grande folclorista chileno D. Julio Vicuña-Cifuentes, um exemplar do trabalho sobre os "ROMANCES POPULARES Y VULGARES, recogidos de la tradición oral chilena" (Santiago do Chile, 1912). Vicuña-Cifuentes recolhera em Atelcura, Província de Coquimbo, uma versão da "Bela Infanta" sob a denominação de "El Conde Alarcos" (p. 15). Apesar de ter 140 quadras a versão termina pela morte da condessa e parece ter tido colaboração literária interpolativa. Vicuña--Cifuentes comenta eruditamente, examinando material português e espanhol, e conclui por julgar a xácara de origem lusitana. Lembra a opinião de Menéndez Pelayo que a dizia obra de inspiração pessoal de poeta, um verdadeiro romance jogralesco. Recorda que Lope de Vega, Guillén de Castro e Pérez de Montalván em Espanha e Frederico Schlegel na Alemanha levaram o enredo para o teatro.

Minha versão é a seguinte:

Fanti chorava[76]
lá dentro da camarinha.[77]
Perguntou-lhe o Rei seu Pai
– de que choras, filha minha?

Eu não choro, senhor Pai,
se chorasse razão tinha,
a todas vejo casadas,
só a mim vejo sozinha!

Procurei em meu reinado,
filha, quem te merecia,
só achei o conde Olário
este mulher e filho tinha...

Este mesmo é que eu queria,
mande chamar senhor conde,
mande chamar senhor conde,
pela minha escravaria.

Palavras não eram ditas,[78]
quando na porta estaria;

– que quer Vossa Majestade[79]
com a minha senhoria?

Mando que mate condessa
pra casar com minha filha
e traga-me sua cabeça
nesta dourada bacia.

Sai o conde por ali
com tristeza em demasia;
Como matarei condessa
que morte não merecia?...

Bota-me a mesa, condessa,
bota-me a mesa, minha vida...
– A mesa sempre está pronta
para vossa senhoria.

Sentaram-se os dois na mesa,
nem um nem outro comia,
que as lágrimas eram tantas
que pela mesa corria...

---

76  *Chorava a Infanta chorava*, é outra versão que possuo.

77  Camarinha, quarto-da-cama. No sertão é sempre empregado na acepção de alcova, quarto, palavras desconhecidas pelo povo.

78  *Palavras não eram ditas*, período usadíssimo nos velhos romances e xácaras. Nas *estórias* de Trancoso aparece para dar a impressão do ato seguido imediatamente às palavras. No cancioneiro de Cid já se lia: – *Las palabras no son dichas – la carta camino vae.*

79  O tratamento de Vossa Majestade foi em Portugal empregado para Dom João IV. Até o Infante Cardeal D. Henrique usava-se apenas "alteza" e anteriormente o simples e respeitoso "vossa mercê". Os espanhóis davam a Carlos V o "majestade". O domínio dos Filipes em Portugal criou ambiente para a mudança do tratamento real que, mesmo assim, só se iniciou na restauração de 1640.
Na versão, quase igual, que possuo da "'Bela Infanta", este diálogo está escrito diferentemente:

*Que deseja o meu senhor?*
*Vossa Real Senhoria?*

Por que choras, senhor conde
por que choras, meu marido?
ou vos mandam pra batalha
ou vos mandam pra Turquia?

Nem me mandam pra batalha,
nem me mandam pra Turquia...
Mandam que mate a vós
pra casar com sua filha!

Não me mates, senhor conde,
não me mates, meu marido,
mande-me pra minha terra
onde pai e mãe eu tinha.

Tudo isto tenho feito
e nada me é concedido
senão que mate a vós
pra casar com sua filha.

Palavras não eram ditas
quando na porta estaria;

se não matou a condessa,
a de cá que mataria...

Dai-me papel e tinta,
da melhor escrivania,
quero escrever a meu pai
a morte de sua filha.

Dê-me este menino
pra mamar por despedida,
que ele hoje inda tem mãe
que tanto bem lhe queria.
Amanhã terá madrasta
da mais alta senhoria...

Já ouço tocar o sino...
Ai meu Deus! quem morreria?
– Morreu a Bela Infanta
pelo mal que cometia,
descasar os bem-casados,
cousa que Deus não queria!

NOTA: Depois de escritas estas linhas li a "'História Artística" de Guilherme Melo, no primeiro tomo do "Dicionário Histórico, Geográfico e Etnográfico do Brasil", publicado pelo Instituto Histórico Brasileiro em 1922. Com o nome de *D. Silvana*, Guilherme Melo regista uma versão da "Bela Infanta", já diversa da variante sergipana. Encontrei também o registo musical, p. 1638, nada lembrando o desenho melódico da minha versão.

# A Lenda de Pedro Cem no Folclore Brasileiro

A lenda de Pedro Cem é muito espalhada e conhecida no Brasil. A história, contada como apólogo moral, ouvi muitas vezes, nas noites sertanejas. Há o romance em versos. Meu Pai sabia algumas quadras. O poeta popular João Martins de Ataíde reconstituiu o romance, escrevendo-o em sextilhas, ao gosto das cantorias nordestinas. Há várias edições. A que transcreve é de junho de 1932, impressa em Recife, Pernambuco. Pedro Cem continua tendo leitores e sua existência servindo de exemplo apavorador.

Que há de histórico na lenda portuguesa? Sabe-se pouco e confusamente.

Pedro Pedrossem da Silva foi, por corruptela do nome Pedrossem, o Pedro Cem. Nasceu no Porto, Portugal, e aí faleceu em 9 de fevereiro de 1775. Residia na Reboleira, perto do Douro. Mercador riquíssimo, diretor da Companhia dos Vinhos, Juiz de Confraria, figura imponente, era usurário e orgulhoso. Casara com D. Ana Micaela Fraga e tivera três filhos: Luiz Pedrossem, falecido no Porto em 1730, o Cônego João Pedrossem que foi Deão da Sé do Porto, e Vicente Pedrossem, rico comerciante, falecido em 1806, cavaleiro da Casa Real, casado com uma moça de excelente família, Dona Maria do Ó de Caminha Ossman. Vicente Pedrossem possuiu uma das grandes fortunas na região do Douro.

A lenda conta que o velho Pedro Pedrossem, olhando da torre da Marca avistou, entrando pela barra, suas frotilhas de naus, vindas do Brasil e das Índias, carregadas de especiarias, joias e produtos caros. Cheio de vaidade exclamara: *Agora, mesmo Deus querendo, eu não posso ficar pobre!...* Uma brusca tempestade destruiu-lhe a frota. Pedrossem perdeu quanto possuía. Sem amigos, que sua ostentação afastara, mendigava nas ruas do Porto: *Esmola para Pedro Cem que tudo teve e nada tem!*

*Jamais le fait réel ne manque*, escreveu Van Gennep estudando a formação das lendas. Pedrossem, de milionário faustoso, ficou pobre mas não mendigo. A diminuição de sua riqueza foi tomada como castigo ao seu desdém. O nome prestava-se e ainda havia a repetição de "Pedro Pedrossem" que deu o fácil e humilhado "Pedro Cem", rima para *"que tudo teve e hoje não tem"*. A venda de suas propriedades, sua retirada do grosso comércio, o retraimento social, fizeram o ambiente para a lenda. Pedrossem estava pobre mas nunca mendigou.

A lenda nasceu e é conhecidíssima em Portugal de onde nos veio. O teatro e o romance exploraram o tema, deformando, multiplicando as riquezas do Creso da Rua da Reboleira.

Inácio José Feijo escreveu um drama em cinco atos: "Pedro Cem" e Rafael Augusto de Sousa uma biografia: "Vida de Pedro Cem".

# A Vida de Pedro Cem

Vou narrar agora um fato
Que há cinco séculos se deu,
De um grande capitalista
Do continente europeu,
Fortuna que como aquela,
Ainda não apareceu.

Pedro Cem era o mais rico,
Que nasceu em Portugal,
Sua fama enchia o mundo
Seu nome anda em geral,
Não casou-se com rainha
Por não ter sangue real.

Em prédios, dinheiro e bens
Era o mais rico que havia,
Nunca deveu a ninguém
Todo mundo lhe devia,
Balanço em sua fortuna
Querendo dar não podia.

Em cada rua ele tinha
Cem casas para alugar,
Tinha cem botes no porto
E cem navios no mar,
Cem lanchas e cem barcaças,
Tudo isto a navegar.

Tinha cem fábricas de vinho
E cem alfaiatarias,
Cem depósitos de fazendas
Cem moinhos e cem padarias
E tinha dentro do mar,
Cem currais de pescarias.

Em cada país do mundo
Possuía cem sobrados,
Em cada banco ele tinha
Cem contos depositados,
Ocupava mensalmente,
Dezesseis mil empregados.

Diz a história aonde eu li
O todo desse passado.
Que Pedro Cem nunca deu
Uma esmola a um desgraçado.
Não olhava para um pobre,
Nem falava com criado.

Uma noite teve um sonho
Um rapaz o avisava
Que aquele orgulho dele
Era quem o castigava
Aquela grande fortuna
Assim como veio voltava.

Ele acordou agitado
Pelo sonho que tinha tido,
Que rapaz seria aquele?
Que lhe tinha aparecido
Depois pensou, ora! sonho,
É devaneio do sentido.

Um dia, no meio da praça
Ele a uma moça encontrou,
Essa vinha quase nua,
Aos seus pés se ajoelhou
Dizendo: senhor? olhai!
O estado em que eu estou.

Ele torceu para um lado
E disse: minha senhora?
Olhe sua posição!...
E veja o que fez agora
Reconheça seu lugar,
Levante-se e vá embora.

Oh! senhor! por esse sol
Que de tão alto flutua,
Lembrai-vos que tenho fome
Estou aqui quase nua,
Sou obrigada a passar,
Nesse estado em plena rua.

Ele repleto de orgulho
Nem deu ouvido, saiu,
A pobre ergueu-se chorando
Chegou adiante caiu,
Vinha passando uma dama
Que com o manto a cobriu.

Era a marquesa de Evora
Uma alma lapidada,
Tirando o seu rico manto
Cobriu essa desgraçada,
Ali conheceu que a pobre,
Foi pela fome prostrada.

Levante-se minha filha
E pegou-lhe pela mão,
Dizendo a criada a ela:
Vá ali comprar um pão
Que a essa pobre infeliz,
Falta alimentação.

Entregando-lhe uma bolsa
Com quarenta e dois mil-réis,
Apenas tirou dali
Um diploma e uns papéis
Não consentindo que a moça
Se ajoelhasse aos seus pés.

E com aquela quantia
Ela comprou um tear,
Tinha mais duas irmãs
Foram as três trabalhar
Dali em diante mais nunca,
Faltou-lhe com que passar.

Vamos agora tratar
Pedro Cem como ficou,
E o nervoso que sentiu
Uma noite que sonhou
Que um homem lhe apareceu
E disse olhe bem quem eu sou.

Que tens feito do dinheiro
Que tomaste emprestado?
Meu senhor mandou saber
Em que o tens empregado?
E por qual razão cumpriu
As ordens que ele tem dado?

Ele perguntou no sonho
Mas que dinheiro eu tomei,
Até aos próprios monarcas
Dinheiro muito emprestei,
O vulto zombando dele,
Disse: quem tu és eu sei.

Que capital tinhas tu
Quando chegaste ao mundo?
Chegaste nu e descalço
Como o bicho mais imundo
Hoje queres ser tão nobre,
Sendo um simples vagabundo.

E metendo a mão no bolso
Tirou dele uma mochila,
Dizendo é esta a fortuna
Que tu hás de possuí-la,
Farás dela profissão,
Pedindo de vila em vila.

Pedro Cem sonhando disse:
Ave agoureira te some
Tua presença me perturba
Tua frase me consome
De qual mundo tu vieste?
Diz-me por favor teu nome.

Meu nome, disse-lhe o vulto
És indigno de saber,
Meu grande superior
Proibiu-me de dizer.
Apenas faço o serviço,
Que ele me manda fazer.

Despertando Pedro Cem
Daquilo contrariado,
Ter dois sonhos quase iguais
Ficou impressionado,
Resolveu contrafazer,
E ficar reconcentrado.

Pensou em tirar por ano
Daquela grande riqueza
Sessenta contos de réis
E dar de esmola à pobreza
Depois refletindo, disse:
Não me dá maior fraqueza.

Porque ainda mesmo Deus
Querendo me castigar,
Não afundará num dia
Meus cem navios no mar,
As cem fazendas de gado,
Custarão a se acabar.

As cem fábricas de tecidos
Que tenho funcionando,
Os parreirais de uvas
Que estão todos safrejando,
Cem botes que tenho no porto
Todo dia trabalhando.

Cem armazéns de fazendas
As cem alfaiatarias,
As cem fundições de ferro
Cem currais de pescarias
As cem casas alugadas,
Cem moinhos, cem padarias.

E as centenas de contos
Nos bancos depositados,
E tudo isso em poder
De homens acreditados
Ainda Deus querendo isso
Seus planos eram errados.

Pedro Cem naquela hora
Estava impressionado,
Quando aproximou-se dele
O seu primeiro criado,
E disse: aí tem um homem,
Diz vos trazer um recado.

Mande que entre a pessoa
Ele ao criado ordenou.
Era um marinheiro velho
Chegando ali o saudou.
Que novas traz, meu amigo?
Pedro Cem lhe perguntou.

Disse o velho marinheiro:
Venho-vos participar,
Que dez navios dos vossos
Ontem afundaram no mar
Morreram as tripulações,
Só eu me pude salvar.

Que navios foram esses?
Perguntou-lhe Pedro Cem,
Respondeu o marinheiro:
Foi "Tejo" e "Jerusalém"
E "Douro" e "Penafiel"
Os outros eu não sei bem.

Aquele inda estava ali
Outro portador bateu,
O empregado das vacas
Contou o que sucedeu:
Incendiaram os cercados
E todo gado morreu.

Pedro Cem nada dizia
Ficando silencioso,
Apenas disse: na terra
Não há homem venturoso,
Quem se julgar mais feliz
É pior que cão leproso.

Chegou outro portador
O empregado da vinha,
Disse o depósito estourou
Vazou o vinho que tinha
Pedro Cem disse: meu Deus!...
Que sorte triste esta minha.

Saiu aquele entrou outro
Era um cônsul norueguês,
Disse nos mares do norte
Andava um pirata inglês,
Noventa navios vossos
Tomou ele de uma vez.

Meu Deus!... Meu Deus!... que fiz eu
Exclamava Pedro Cem
Não há homem nesse mundo
que possa dizer vou bem,
quando menos ele espera
A negra desgraça vem.

Dos cem navios que tinha
Alguns foram afundados,
E outros pelos piratas
Nos mares foram tomados
Acrescentou a pessoa:
Vinham todos carregados.

Ali mesmo veio o mestre
Da barca "Flor do mundo"
Esse fitou Pedro Cem
Com um silêncio profundo
Depois disse: senhor marquês?!
Dez barcaças foram ao fundo

Quatro vinham carregadas
Com bacalhau e azeite,
Duas vinham da Suécia
Com queijo, manteiga e leite,
De todas as mercadorias
Não tem uma que se aproveite.

Quatro das dez que afundaram
Traziam pérola e metal,
Só da ilha da Madeira
Vinham um milhão em coral
Topázio, Rubi, Brilhante,
Ouro, esmeralda e cristal.

Pedro Cem baixou a vista
Nada pôde refletir,
Exclamou que faço eu?
Devo deixar de existir,
Mas matando-me não vejo,
Isso até onde pode ir.

Chegou o moço de campo
Tremendo e muito assustado
E disse: senhor marquês
Venho aqui horrorizado,
Deu murrinha nas ovelhas
E mal triste em todo gado.

Naquele momento entrou
Um rapaz auxiliar,
Esse puxando um papel
Disse: venho procurar,
Tudo quanto se perdeu
Na barca "Ares do mar".

Pedro Cem perguntou quanto
Tirou o moço uns papéis.
Que se lia entre brilhantes
Pulseiras, colares, anéis,
Um milhão e quatrocentos
E vinte contos de réis.

Entrou outro auxiliar
Disse eu quero pagamento,
Por tudo que se perdeu
No navio "Chave do vento"
Que vinha da América do Norte
Com grande carregamento.

Chegou um tabelião
Dá licença Sr. Marquês?
Venho lhe participar
Que o grande Banco Francês,
Dois Alemães, três Suíços,
Quebraram todos de vez.

Lá se foi minha fortuna
Exclamava Pedro Cem,
Ontem fui milionário
Hoje não tenho um vintém
Só mesmo na campa fria,
Eu hoje estaria bem.

Dando balanço nos bens
Quis até desesperar.
Tudo quanto possuía
Não dava para pagar
Nem pela décima parte
Os prejuízos do mar.

Exclamava: oh! Pedro Cem
Que será de ti agora!
No pouco que me restava
A justiça fez penhora,
Pedro Cem de agora em diante
Vai errar de mundo afora.

Carpir esta sorte dura
Que a desventura me deu,
Talvez muitas vezes vendo
Aquilo que já foi meu,
Em lugar que não se saiba
Quem neste mundo fui eu.

Ali no terraço mesmo
Forrando o chão se deitou,
Às onze e meia da noite
O sono conciliou
No sono sonhando viu,
O rapaz que lhe falou.

Aquele perguntou, Pedro
Como te foste de empresa,
Já estás conhecendo agora
Quanto é grande a natureza?
Conheceste que teu orgulho
Foi quem te fez a surpresa?

Metendo a mão na algibeira
Dali um quadro tirou.
Onde havia dois retratos
Que a Pedro Cem os mostrou
Conheces esses retratos
O rapaz lhe perguntou.

Via-se naquele quadro
Uma dama bem-vestida,
Pedro Cem disse por sonho:
Essa é minha conhecida
A outra uma moça pobre.
Com fome no chão caída.

Perguntava-lhe o rapaz:
Quem é esta conhecida,
É a Marquesa de Evora.
E esta que está caída?
Essa? é uma miserável,
Dessa classe desvalida.

O rapaz puxa outro quadro
Verde cor de esperança,
Onde via-se uma monarca
Suspendendo uma balança
Estava pesando nela
Caridade e esperança.

Mostrou-lhe mais quatro quadros
Que Pedro Cem conheceu,
Tinha a Marquesa de Evora
Quando a bolsa a pobre deu
Que estirou a mão dizendo:
Toma este dinheiro que é teu.

No quadro via-se um anjo
Assim nos diz a história,
Com uma flor onde se lia:
Jardim da eterna glória,
Presenteado por Deus,
Esta palma de vitória.

Quem planta flores tem flores
Quem planta espinho tem espinho
Deus mostra ao espírito fraco
O que nega ao mesquinho,
A virtude é um negócio
A boa ação um pergaminho.

Depois que ele acordou
Triste impressionado,
Interrogava si próprio
Por que sou tão desgraçado
Achou na cama a mochila,
Com que tinha sonhado.

Será esta a tal mochila
Que o fantasma me mostrou;
É esta que o homem em sonho
Em desespero exclamou:
Na noite em que a cruel sina,
Por sonho me visitou.

De tudo restava apenas
A casa de moradia,
Essa mesma embargaram
Antes de findar-se o dia
Então disse Pedro Cem,
Cumpriu-se a profecia.

Lançando a mão na mochila
Saiu no mundo a vagar
Implorando a caridade
Sem alguém nada lhe dar,
Por umas cinco ou seis vezes
Tentou se suicidar.

Ele dizia nas portas:
Uma esmola a Pedro Cem,
Que já foi capitalista
Ontem teve, hoje não tem
A quem já neguei esmola
Hoje a mim nega também.

Foi ele cair com fome
Em casa daquela moça
Quando foi a porta dele
Com fome, frio e sem força,
Que ele não quis olhá-la
A marquesa deu-lhe a bolsa.

A criada o viu cair
Exclamou: minha senhora!
Ande ver um miserável,
Que caiu de fome agora,
Onde? perguntou a moça
Ana disse: ali fora.

A moça disse à criada:
Que trouxesse leite e pão
Aproximando-se dele
Disse: o que tens meu irmão
Bateste em todas as portas
Não encontraste cristão.

Senhora! se vós soubésseis
Quem é esse desgraçado,
Não me abririas a porta
Nem me davas esse bocado
Respondeu ela: conheço,
Mas eu esqueço o passado.

Me recordo que a marquesa
Fez minha felicidade,
Viu-me caída com fome
Teve de mim piedade,
Deu-me com que comprar pão
E esta propriedade.

Pedro Cem se levantou
Disse obrigado e saiu,
Andando duzentos passos
Tombou por terra, caiu
E umas frases tocantes,
Em alta voz proferiu:

"Vai unir-se à terra fria
O que não soube viver
Soube ganhar a fortuna

Mas não a soube perder
Se tenho estudado a vida
Tinha aprendido a morrer.

Foi como a corrente d'água
Que pela serra desceu,
Chegou o verão a secou
Ela desapareceu,
Ficando só os escombros
Por onde a água correu.

Eu tive tanta fortuna
Não socorria ninguém,
A todos que me pediram
Eu nunca dei um vintém,
Hoje preciso pedir,
Não há quem me dê também.

Não desespero, pois sei
Que grandes crimes hoje espio,
Nasci em berços dourados
Dormi em colchão macio
Hoje morro como os brutos
Neste chão sujo e frio".

Foram as últimas palavras
Que ele ali pronunciou,
Margarida, aquela moça,
Que a marquesa embrulhou
Botou-lhe a vela na mão,
Ele ali mesmo expirou.

A justiça examinando
Os bolsos de Pedro Cem,
Encontrou uma mochila
E dentro dela um vintém
E um letreiro que dizia:
Ontem teve e hoje não tem.

**286**

# SÁTIRA SERTANEJA EM SEXTILHAS (1876). SOLFA DO "REDONDO-SINHÁ"

Fabião das Queimadas, ainda escravo, emprestou 50$000 ao inspetor de quarteirão Manuel Bandeira e este se negou depois a saldar o débito. O escravo tinha 28 anos e vingou-se compondo os versos abaixo, verdadeira "sirvente" medieval, e cantava-a acompanhando-se com sua inseparável rebeca, na solfa do "Redondo-Sinhá".

Os versos mostram que em 1876 já as sextilhas eram populares e haviam tomado a parte anteriormente pertencente às quadras.

Moradô do Potengi, Redondo-Sinhá[80]
Homes, minino e muié,
Cheguem pra perto de mim,
Escutá o qu'eu dissé
Que agora vou publicá
Manuel Bandeira quem é...

Eu vou lhe contá um caso
Que se passou na ribeira,
Que foi um furto que houve
Feito por Manuel Bandeira,
Ele roubou a Fabião,
Escravo de Zé Ferreira.

Inspetor do Potengi,
Manuel Bandeira chamado,
Como ele aqui não vejo
Um home tão relaxado,
Que do ventre de muié,
Não sai outro tão cubardo...

E é infeliz da terra
Qu'o Bandeira é inspetô,
Tem uma farta consigo:
Ôio viu, a mão andou...
Home ladrão cuma aquele
Deus no Brasi não butou.

Chegou ele em Potengi,
Pegou a negociá,
Porém nos negoço dele
Não pode se acreditá.
É pequeno nas ação.
Porém grande no furtá...

O ladrão chega a furtá
Até dos própio cativo,
Só com isto é qu'eu me avexo
E me matina o juízo,
Enquanto vivo fô me alembro
Do que o ladrão fez comigo...

---

80  Repete "Redondo-Sinhá" no fim de cada primeiro verso.

Ele tem a barba ruiva,
E a cara muito feia,
Tem também o mau costume
De buli nas coisas aleia...
O Bandeira pra furtá
No mundo tá sem pareia...

Ele roubô meu dinheiro
Eu fiquei bem atrasado,
Mas porém tive um consolo;
Ele ficou relaxado,
Mas como teu costume é esse –
Furta, Bandeira danado!...

Eu já tomei um acordo
De deixá de trabaiá,
Porque trabaio a morrê
Nunca posso aumentá,
Pru que o que tenho é pouco
Para o Bandeira furtá...

Quem vin-é ao Potengi
Com dinheiro na carteira,
Enquanto anda na rua
Bote o olho n'argibeira,
Não se discuide de si;
Veja lá Manué Bandeira...

Vergonha não é pra ele,
Não teve e nunca terá....
Que não houve quem perdesse
Vergonha pra ele achá,
Por isso morre e não perde
Esse modo de furtá...

Ele é muito comprido,
No tamanho é muito arto,
Mas em taio de negoço
E nas ação é muito baxo...
Mal empregado no mundo
Manuel Bandeira sê macho...

# Fragmentos da Xácara do "Chapim Del-Rei"

A velha Luiza Freire, nossa doméstica, sabe muitas histórias bonitas. Algumas, curiosamente, são intercaladas de cantos. Deu-me ela uma variante da xácara da "Bela Infanta" e a solfa condizia com a que colhera eu noutras fontes. Tive assim a alegria de ser o primeiro a revelar uma música de quatro ou cinco séculos.

A velha Luiza Freire, Bibi, como a chamamos, também contou a história do Chapim del-Rei. Naturalmente não a batizou. Era uma história vulgar e a solfa dos versos não me parece autêntica. Possivelmente é uma reminiscência agora sem maiores identificações. Pude articulá-la ao fio erudito das xácaras e consignar mais esta variante à secular história que se prende às tradições da virtude reconhecida. Almeida Garrett, em março de 1843, reconstituiu a xácara do Chapim del-Rei, empregando sua fórmula pouco aceitável. Recebendo de Évora alguns versos, sentiu-lhes o antigo sabor da poética tradicional e continuo-os, por sua conta e risco, escrevendo uma história completa. Assim aparece a xácara à página 368 de suas "Obras Completas" (v. 1, Lisboa, 1904). Deu-lhe Garrett o nome de "Chapim del-Rei ou Parras Verdes". O nome primeiro deve ser o mais próprio. Infelizmente já não é possível saber-se até onde foi a colaboração de Almeida Garrett.

A xácara terá essa denominação por comodidade. É uma história com alguns versos musicados. Não é exceção. Teófilo Braga regista "O Figuinho da Figueira" (Algarve) que tem também versos cantados e conheço a solfa por ouvi-la quando criança. A restauração de Garret não constituiu serviço.

Muito ao contrário...

Aqui está a variante:

Era uma vez um Rei-viúvo que morava diante da casa de outro Rei que era casado com moça bonita e séria. O Rei-viúvo tomou-se de amores mas a moça não correspondeu. O Rei-viúvo procurou falar com uma negra escrava do Rei-moço e deu algumas moedas de ouro para que lhe fosse permitido ver a moça dormindo. A escrava prometeu e, aproveitando uma viagem do Rei-moço, levou o Rei-viúvo até o quarto da moça que dormia. O Rei-viúvo ficou encantado com tanta beleza. Chegou bem próximo da cama, abriu as cortinas e olhou demoradamete a moça adormecida. Estava assim quando o Rei-moço regressou e a escrava deu o alarma. O Rei-viúvo partiu a correr mas, no ímpeto da carreira, perdeu um chapim que o Rei-moço achou e maldou da moça, julgando-a infiel. Não lhe disse uma nem duas, mas não a procurou mais.

A moça, depois de muito cismar e rezar, desconfiou de alguma coisa e resolveu certificar-se de tudo, pelo miúdo. Mandou preparar um jantar com todos os preparos e pediu ao Rei-moço que convidasse o Rei-viúvo para tomar parte na festa. O Rei-moço convidou o Rei-viúvo e a festa começou muito bem. No fim do jantar, quando chegou a hora de saudar uns aos outros, a moça pediu licença e retirou-se. Foi mudar o trajo. Voltou rindo com o tempo. Linda. Vestido cor do céu com todas as estrelas. Chegando à mesa, pegou o copo cheio de vinho e disse, erguendo, como se fosse cantar uma saudação:

> Fui casada, hoje sou solteira,
> porque e porque não, não sei...

O Rei-moço entendeu o dito de sua mulher e por sua vez levantou o copo:

Em meus palácios entrei
rasto de ladrão achei...

se comeu ou não comeu,
não sei...

O Rei-viúvo compreendeu o que se passara e decidiu-se a confessar sua curiosidade, restituindo a calma:

Nos vossos palácios entrei
rasto de ladrão deixei
Lindo cortinado abri,

que linda uva eu vi!
Mas juro c'rôa minha
que em tal uva não buli...

O Rei-moço ajoelhou-se aos pés da moça e pediu-lhe perdão da suspeita. O Rei-viúvo foi também perdoado assim como a escrava negra. E foram todos muito felizes.

Na xácara de Garrett não há dois Reis mas um Rei e um Conde. Os versos referentes aos dois e à mulher assim dizem:

*– Já fui vinha bem guardada,*
*Bem querida, bem tratada;*
*como eu medrei!*
*Ora não sou nem serei;*
*O porque não sei*
*nem no saberei!*
.............................................

*Minha vinha tam guardada!*
*quando nela entrei*
*rastos de ladrão achei;*

*Se me ele roubou não sei;*
*Como o saberei?*
.............................................

*Eu fui que na vinha entrei,*
*rastos de ladrião deixei,*
*parras verdes levantei,*
*Uvas belas*
*Nelas vi;*
*E assim Deus me salve a mim*
*como delas*
*não comi!...*

Teófilo Braga ("Contos Tradicionais do Povo Português", v. I, Porto, s.d., p. 140) regista com o nome de "Camareiro do Rei" uma versão do Algarve, em prosa, findando com versos alusivos à vinha e ao falso ladrão que, na espécie, era o Rei. Desta provém a versão que conheço. O verso final diz, quase como o que registei: que eu nas uvas não buli. J. da Silva Campos recolheu uma variante baiana, "O Príncipe e o amigo" ("O Folclore no Brasil", Basílio de Magalhães, Rio de Janeiro, 1928, p. 252) onde também há reminiscência do conto boccaciano madame Genevra, que termina como o "Chapim del-Rei":

*Quando de casa saíste,*
*Pós brancos espalhaste.*
*Rastro de ladrão achaste.*

*Que lindas uvas eu vi!*
*Te juro, por Deus do céu,*
*Como nelas não buli...*

Brantome ("Vies des Dames galantes", s.d., p. 172) estudando o cognome Vignes, regista, entre outros, esta quadra:

*A la vigna che voi dicete*
*Io fui, e qui restete;*

*Alzai il pampano, guardai la vite,*
*Mà non toccai. Si Dio m'alte!*

Pedro de Vignes e o Imperador Frederico II teriam sido os personagens desse enredo e de Vignes viera a confusão e os trocadilhos em vinhas, parras etc. Teófilo Braga cita a existência do mesmo episódio no "Livro de Sendabar", no "Mischlé sendabar", no grego "Syntipas" e no "Sete Visires", sob a denominação de "Rasto de Leão". As variantes italianas são mais aproximadas das versões portuguesas, ao que cita Teófilo Braga dos "Contos de Pomigliano", de Vitorio Imbriani, assim como nas histórias da Sicília e de Veneza. Ver a "Revue des Deux Mondes", novembro de 1877, p. 144. Na Argentina encontrei num *juego de palabras* o mesmo episódio, como passado na Serra de Ancaste. O final é idêntico assim como o fio temático:

*Ya soy el mal ladrón*
*Que a esa viña entré;*
*Qué lindas uvas ví.*

*Reviente mi alma*
*Si de ellas probé!*

A história está registada no grande livro de Rafael Cano, "Del Tiempo de Ñaupa", p. 249 (Buenos Aires, 1930).

# UMA TRADIÇÃO PARAIBANA DO RIO SÃO FRANCISCO

Uma tradição popular do sertão paraibano é a história do rapaz que raptou a noiva e, perseguido, atravessou o Rio São Francisco. Esse episódio reaparece nos contos locais e mesmo na poesia tradicional. Como os fazendeiros sanfranciscanos foram os povoadores do sertão da Paraíba, a lenda lembra figuras velhas de arrojo e as confunde num leve romance de amor e de coragem desesperada.

Um folheto editado pela "Guajarina", de Belém do Pará, com o título de "História do Rio São Francisco" registou o acontecimento. Os versos, visivelmente popularescos, foram inspirados por uma tradição paraibana que emigrou para o Pará, terra de atração clássica para o nordestino. O compilador confessa:

Leitores, esta história
não nos diz qual o autor,
nem também seu nascimento

pra contar ao leitor;
somente pude pegá-la
da boca de um cantador!...

A tradição é secular e conhecidíssima na Paraíba. Irineu Jofili, no seu "Notas sobre a Paraíba" (p. 39), regista o fato:

O Capitão Pascoal de Oliveira Ledo, morador da cidade ou Capitania da Bahia, raptou uma moça de família importante. Perseguido tenazmente até a margem direita do São Francisco, para escapar foi obrigado, com a sua amada, a lançar os cavalos ao rio e passá-lo a nado. Alcançada a margem esquerda, seguiram pela Ribeira do Moxotó até às suas nascentes e passaram para a Capitania da Paraíba, vindo pousar entre os rios Taperoá e o Paraíba, onde depois os seus descendentes fundaram a Povoação de Cabeceiras, hoje vila.

Esse episódio ter-se-ia dado em fins do século XVII.

Vou manifestar ao público
para ficar conhecido
minha vida transitória
até hoje como tem sido,
principalmente esse caso
que me foi acontecido.

Quando os estudos deixei
comecei a viajar,
meu pai era um homem rico
botou-me a negociar
em costa dos bons cavalos
acabou de me criar.

Eu com seis anos de idade
uma escola frequentei,
com treze anos completos
todos os estudos deixei,
foi uma vida tranquila
sete anos que estudei.

Enquanto eu negociei
vivia sempre assustado,
pois quem anda com dinheiro
é por perigos guiado,
mas nunca sofri por isso,
sofri por ser namorado.

Havia um lugar distante
que eu estava acostumado,
era longe em demasia
e era muito arriscado
por passar um grande rio
de São Francisco chamado.

Mas eu lá me dava bem
por meu negócio dispor
mesmo porque tinha um cravo
que era o meu grande amor,
nunca julguei que no mundo
houvesse tão linda flor.

Era uma linda açucena
a quem comecei a amar,
era uma moça donzela
essa que passo a explicar,
mas eu achava impossível
com tal moça me casar.

Porque o pai desta moça
era homem de fortes braços,
por ser rico em demasia
haviam tais embaraços,
e todos lhe obedeciam
era senhor dos cangaços.

Eu vivia em aflição
como havia de falar
com esta amante tão bela
sem jeito nenhum achar,
pois quando ia à sua casa
seu pai havia de estar.

Um tempo fui com negócio
e eu ia determinado
a me casar com a moça
ou ficar desenganado,
amante como eu vivia
bastante penalizado.

Se pensei, melhor o fiz,
e me foi bem acertado,
porque lhe fiz um escrito
este muito descansado,
e vou explicar agora
como foi este notado:

"Excelentíssima dona,
esclarecida senhora,
perdoe o atrevimento
de quem constante te adora,
sois a sala da firmeza
aonde a delícia mora.

Sou, senhora, um pobre amante
que se dispôs a te amar;
dizei-me, sincera dona,
se comigo quer casar;
porque se tal conseguir
o jeito vou procurar.

Afirmo, juro e protesto
à minha amada querida
que por ti dou o que tenho
até mesmo a própria vida,
dizei-me, sincera dona,
se consente na partida".

Eu lhe entreguei o escrito
e ela apressada entrou,
na manhã do outro dia
no salão se apresentou
sorrindo me deu Bom-dia
outro papel me entregou.

Recolheu-se para dentro
eu fiquei lendo o que vinha,
consagrava-me um amor
igualmente ao que eu lhe tinha,
leio o que ela escreveu
naquela amorosa linha:

293

"Excelentíssimo amante,
esclarecido senhor,
se por mim estás sofrendo
encontraste a mesma dor,
há muito que te consagro
um firme e leal amor.

Mas, senhor, eu acho duro
nós daqui poder sair
pois quando meu pai souber
terá de nos perseguir,
mas, se queres te arriscar
pronta estou, podemos ir.

Nada mais tenho a dizer
só sim que fico esperando
as determinantes ordens
que o senhor vier dando,
vá logo e venha depressa
que já fico me aprontando!".

Aí conversei boçal,
acertamos dia e hora,
saí com o meu comboio
fazendo que ia me embora,
e despachei-os que fossem,
procurei esta senhora.

Ao cabo de cinco dias
que foi o tempo marcado,
eu fui ao dito lugar
que estava determinado,
ela pronta se chegou
sem me dar maior cuidado.

Sacudi-a na garupa
do meu cavalo russinho,
cavalo ligeiro e forte
se chamava passarinho,
continuamos a jornada
naquele longo caminho.

Num dia de quinta-feira
às onze horas seria
começamos a jornada
caminhamos em demasia,
fomos descansar na sexta
pelas dez horas do dia.

Afinal no dia de sábado
na beira dum rio cheguei
aos passadores do rio
de um por um eu roguei,
e por mais que eu rogasse
nem um somente eu achei.

E procurei entre todos
quem me quisesse passar
dizendo: eu trago dinheiro
muito bem posso pagar...
todos eles respondiam:
– Senhor, não vou me arriscar.

Porque o pai desta moça
desta terra é senhor
e dono d'estas canoas
e é nosso protetor,
chega aqui e não nos acha
se indigna com o furor.

Ele nos rompe, é pior,
persegue toda esta ilha
triste de quem encontrar
inda mais passando a filha,
mata a beleza da casa
acaba com toda a família.

Por isso, meu caro amigo,
nós estamos lhe avisando
quando ele aqui chegar
a um por um vai matando,
e se há de chorar nós
chore quem já está chorando.

Perguntei à minha amada:
– Senhora, o que é que se faz?
visto o que se apresenta
o que esperamos mais?
eu boto o cavalo n'água
seguimos em santa paz.

Foi ela e respondeu-me:
– Não tem mais o que esperar
sigamos nossa viagem
que Deus nos há de ajudar,
mais antes morrermos n'água
de que meu pai nos matar.

Botei o cavalo n'água
e a Deus fiz um pedido:
que fizesse de nós três
o que lhe fosse servido,
só sim que das duas almas
fosse dele compadecido.

Depois do cavalo n'água
meio quarto devia ser,
chegamos no meio do rio
sem nenhum perigo ter,
comecei pedindo a Deus
que nos viesse valer.

Aí sentiu meu Russinho
suas ricas forças morrendo
seus fios de resistências
quase desaparecendo,
nas lindas faces das águas
de pouco a pouco descendo.

Já não nadava constante
e grande força fazia,
sobre o abismo das águas
rojava-lhe a maresia,
na correnteza da mesma
a passo lento descia.

Muito contrito com Deus
fiz a seguinte oração:
"Alto e poderoso Deus,
criador da Redenção,
salve estas duas almas,
tenha de nós compaixão".

Senti o cavalo fraco
de águas abaixo desceu!
para mim tudo acabou-se
só meu valor não morreu,
continuei animado
conto o que aconteceu:

Eu puxei pela garrucha
para com ela atirar
para com seu monstro tiro
toda água embalançar,
o cavalo venceu forte
era constante a nadar.

Senti o cavalo forte
em terra firme pisar
era um banquinho de areia
tratamos de descansar,
eu carreguei a pistola
para tornar a atirar.

Mas ainda tinha um nado
que era muito arriscado,
porém o de maior perigo
já nos havia deixado,
botei o cavalo n'água
para ir ao outro lado.

Com menos de dez minutos
vencemos a travessia,
fomos alcançando a beira
pelas seis horas devia
já brilhava sobre os campos
a luz do clarão do dia.

Quando chegamos em terra
muita alegria tivemos
do grande prodígio e obra
que de Jesus recebemos,
procurei lugar oculto
ali mesmo descansemos.

Às oito horas do dia
o meu cavalo selei
nosso lugar de arrancho
em santa paz eu deixei
quando chegamos na estrada
com meu sogro encontrei.

Que vinha atrás de nós
com setenta companheiros,
com vista de fazer pazes
ameaçou-me primeiro,
chamando-me de confiado,
atrevido e desordeiro.

Eu me fui enfurecendo,
respondi que não temia,
depois ele respondeu-me
que a mim não ofendia,
com palavras amorosas
para mim se dirigia.

E respondeu-me dizendo:
– Senhores, fiquei pasmado
de vê-los passar tal rio

sem morrerem afogado,
tendes fortes orações
ou foste por Deus guiado.

Eu então lhe respondi
certamente admirado:
– Mas o que eu admiro
é de vê-lo aquebrantado
com tanta fúria que vinha
com estes setenta armado.

Pois bem: sei que isso tudo
é para tirar-me a vida
com esta porção de povo,
escolta prevenida
eu julguei que hoje houvesse
uma guerra embravecida.

Ele então me respondeu:
– Sim, senhor, vinha-os matar,
e todos traziam espadas
com tenção de os acabar,
mas, visto que os encontrei
em seu favor me achar.

Agora, meu caro amigo,
à nossa casa voltemos,
casarás com minha filha
e amigos leal seremos,
és meu genro, sou teu sogro
em santa paz viveremos.

# FREI ANTÔNIO DAS CHAGAS NO SERTÃO CEARENSE

Antônio da Fonseca Soares nasceu na Vila de Vidigueira, Alentejo, Portugal, a 25 de junho de 1631. Foi militar e chegou a capitão de cavalos. Renunciando o posto entrou para a ordem de São Francisco, professando no Convento de Évora em 10 de maio de 1663. Tomou o nome de Frei Antônio das Chagas. Missionário apostólico, instituiu o Seminário de

Varatojo no convento que el-rei D. Afonso V fundara. Escreveu muito sobre assuntos espirituais, temas piedosos e apologéticos. Faleceu em Varatojo a 20 de outubro de 1682.

Uma sua "Carta do venerável Padre Frei Antônio das Chagas, escrita a um amigo", reunida a outros trabalhos, foi publicada em 1687, Lisboa, oficina de Miguel Deslandes, traz uma redondilha como mote para quatro décimas de glosa. Fórmula do mote: ABAB, e das décimas: ABBAACCDDC. O mote diz:

Grande desgraça é nascer
Porque se segue o pecar,

Depois de pecar morrer,
Depois de morrer penar!...

Na coleção de trovas portuguesas de D. Carolina Michaelis de Vasconcelos regista-se a variante ao sabor popular:

Triste sorte é a nossa
Depois de nascer, pecar,

Depois de pecar, morrer;
Depois de morrer, penar.

Do cantador cearense Anselmo Vieira de Souza, Leonardo Mota recolheu uma "oitava", glosa sertaneja ao mote seiscentista de Frei Antônio das Chagas:

Triste sina de quem nasce
porque, depois de nascer,
não escapa de mamar,
depois de mamar, viver...

depois de viver, pecar,
depois de pecar, morrer...
Depois do corpo pecar
a alma é quem vai sofrer!

E o frade, que recusara por humildade o Bispado de Lamego, não esperaria a perpetuidade de sua redondilha no folclore do Nordeste brasileiro...

# Três Décimas de Noga

Manuel Alves de Araújo Noga era, em julho de 1921, maquinista da Estrada de Ferro Central do Rio Grande do Norte. Improvisava com facilidade. Chegou a publicar (tip. d'"O Progresso", Currais Novos, RN, 1921) um folheto de 20 páginas intitulado "A Saudosa Memória de minha esposa", contando seu casamento e a morte da mulher.

Deram a Noga, para experimentar o poder do seu raciocínio e os recursos de sua lógica, de tão parcas e limitadas letras, três temas completamente acima do estalão comum dos cantadores. Os temas foram: "O NADA É EXISTENTE", "A MORTE TEM DE MORRER" e "A VIDA SERÁ ETERNA". O maquinista glosou os motes em três décimas que registo:

De antes não existia
Um outro material.
De que fosse fabricado,
Os seres universal.
Do nada a Natureza
Fez toda esta grandeza
Como ninguém competente,
Por todos admirada...
Se tudo é feito do Nada
*O NADA É EXISTENTE!...*

Do Nada tudo foi feito
Pelo Supremo Autor.
O Nada é também infindo
Como infinito senhor.
Disse Deus qu'em certo tempo
Mostraria seu exemplo,
Esta razão nos faz crer,
Tudo será consumado,
Aí se acaba o pecado
*E A MORTE TEM DE MORRER!*

Ao depois do julgamento
Que tudo for consumado.
Desaparece a matéria,
Já se acabou o pecado.
Pertence ao Espírito Santo,

Não há mais dores nem pranto,
Nesta escabrosa caverna,
Tudo é desaparecido,
Já a Morte tem morrido,
*A VIDA SERÁ ETERNA!...*

# EXEMPLO DE "DESAFIO"

A luta do cego Aderaldo com José Franco, chamado também Francalino, travou-se na Fazenda "Tombador" e já faz parte do repertório dos cantadores. Aderaldo mandou-a imprimir. Os dois improvisadores bateram-se longamente em sextilhas, as colcheias ou seis-pés usuais, mas preferiram a "parcela de dez-linhas", ou "carritilha", para os melhores golpes.

De folhas de oiticica
Estava um barracão bem-feito
José Frankalino disse
Cantar aqui não aceito
Homem que canta em barraca
Não pode cantar direito.

Com muito rogo o cantor
Aceitou sempre o assento
Mandou que eu me sentasse
Do outro lado do vento
Colocou o povo em roda
E nós ficamos no centro.

Ele afinou a viola
E começou o baião
Eu afinei a rabeca
Dei a mesma entoação
Agitou-se o pessoal
Para ouvir a discussão.

J – Senhores deem-me licença
Funcionar a garganta
Mostrar ao cego Aderaldo
A minha palavra santa
Meu eco treme a colina
Parece que o bosque canta.

C – Dê-me licença senhores
Ó riquíssima personagem
Cantar com esse cantor
Quem vem com tanta vontade
Dizendo que sua voz
Para o vento é a miragem.

J – Cego cante com cuidado
Que eu sou homem benquisto
Você hoje fazendo um erro
Fica pelo povo visto
E eu faço com você
Como Juda fez com Cristo.

C – Então o amigo quer ser
Rebelde conspirador?
Não faça escravo de quem
Ainda pode ser senhor
Porque você me vendendo
Vai minorar minha dor.

J – Eu não quero te vender
Dei-te apenas explicação
Tu como cego de tudo

Já vens com malcriação
Quem faz de cachorro gente
Fica com o rabo na mão.

C – Sr. José Frankalino
Vós mudastes de sintoma
Já me queimou com a língua
Como o fogo de Sodoma
Dai-me ao menos teu retrato
Que eu guardo em minha redoma.

J – Eu não quero é chaleirismo
Vim aqui formar divisa
Saber hoje da certeza
Dos dois qual o simpatiza
Do amigo Zé Pretinho
Eu vim hoje vingar a pisa.

C – Desculpe que eu não sabia
Que tu eras cangaceiro
Do grande José Pretinho
O cantor piauizeiro
Você hoje leva lembrança
Pra si mais seu companheiro.

J – Então cego venha a mim
Que eu sou conspirador
Saiba qu'eu tenho profissão
Na arte de cantador
Nunca cursei academia
Porém sou quase um doutor.

C – Por tua frase eu conheço
Versos puxado a cambito
Pronome que só se encontra
Na gramática do maldito
Palavra ainda do tempo
Que bisouro era mosquito.

J – Cego você não suponha
Que eu sou cantor da mata
Dizem que sua rabeca
Tem todas cordas de prata
Ela quebra e o dono apanha
Tome nota, dia e data.

C – Frankalino você está
Com um olho preto e outro roxo
Fala em dar-me uma surra
Queira Deus não volte xoxo
Então comece o martelo
Parte cedo quem é coxo.

J – Cego sustenta a rabeca
E tome muito sentido
Não perca roteiro e rima
Trabalhe bem resumido
Que eu venho hoje preparado
Só quebrar-lhe o pé do ouvido.

C – Frankalino desenfeta
Alma de lobo marinho
Serpente que traiu Eva
Coruja errante sem ninho
Seca de setenta e sete
Toco velho de caminho.

J – Cego tu só tem cabeça
Porque fósforos também tem
Barriga de vuco-vuco
Teu nariz de vai e vem
Te casa com uma raposa
Pra seres raposa também.

C – És Sapo canuaris
Barriga de chipanzé
Cara de todos os bichos

Catimbó de Zé-Pagé
Sobra de esmola de cego
Currimboque sem rapé.

J – Tu és um cego sem jeito
Um cinturão sem fivela
Uma casa sem ter gente
Uma porta sem tramela
Um sapato sem ter dono
Um anzol sem ter barbela.

C – Pucha fogo cabeleiro
Instinto do mal, Lusbel
Febre negra de acobaça
Dentes de leão cruel
Judas que cuspiu em Cristo
Entranhas de Cascavel.

J – Pucha, pucha cego velho
Tu sustenta a retintiva
Apanha hoje não tem jeito
De chorar ninguém lhe priva
Tu ronca no nó da peia
Apanha até dizer viva.

C – Fora, José Frankalino
Porque tu não canta bem
Olho de boto vermelho
Boca de carro de trem
Cabelo de urso africano
Venta da chama quem vem.

J – Fora, cego Aderaldo
Que berra tanto e não para
No peso de meia libra
Ele não dá uma tara
Cego eu só vim de encomenda
Para rebentar-lhe a cara.

C – Vai-te sarro de cachimbo
Guarda-chuva de parteira
Boca de comprar fiado
Chinela de cozinheira
Bode mocho, pé de pata
Guardanapo de parteira.

J – Cego vai-te para o inferno
E lá será teu desterro
Língua de contar mentira
Boca que só solta erro
Tu berra hoje como vaca
Correndo atrás do bezerro.

C – Palhaço de Pastorinha
Trapo de forro do lixo
Cama suja de hospital
Lêndia de pulga de bicho
Cangalha sem cabeçote
Sela velha sem rabicho.

J – Cego a que tempo nós estamos
Jogando de carta e sota
Quando um bota o outro tira
Quando um tira o outro bota
Só ouço o riso do povo
E ninguém falar da quota.

C – Não quero que fale em quota
Bornal de preto aleijado
Calunga de marmulengo
Saco de guardar pecado
Terra de cobrir defunto
Cemitério de enforcado.

J – Cego por hora deixemos
Não nos convém pelejar
Ninguém se sustenta em riso

Riso não dá pra engordar
Deixemos para outra vez
Quando nós se encontrar.

C – Desocupa nuvem negra
Cururu rouco de cheia
Bagageiro de cigano
Fedentina de cadeia
Pescoço de Jaboti
Alpercata sem correia.

J – Você cante com mais jeito
Deixe de ser malcriado
Faça um serviço bem-feito
Para ser apreciado
Eu não pensei que você
Fosse tão mal-educado.

C – Frankalino você sabe
Que quem canta com razão
De soltar para o amigo
Gracejo e malcriação
Mesmo quem canta martelo
Não pode ter concessão.

J – Então você continue
Com suas obras singelas
Já estou lhe achando a feição
Com a cor muito amarela.
Quero saber se tu canta
Dez linhas feita em parcela.

C – Frankalino pode vir
Mais não perca uma só linha
homem que canta parcela
Tem horas de adivinha
Não vá meter-se na sala
Depois ficar na cozinha.

J – Sou homem de alto relevo
Não solto palavra atoa
Em parcela e gabinete
A minha rima revoa
Vamos nós experimentar
Neste salão quem entoa.

C – Siga logo Frankalino
Com seu trabalho desejoso
Repare o que vai fazendo
Seja muito cuidadoso
Veja se canta a parcela
Não seja tão preguiçoso.

J – Balanço e navio
Navio e balanço
Água em remanso
Na margem do rio
Procura o desvio
O desvio procura
Carreira segura
Segura carreira
Molhando a barreira
Das águas escuras.

C – A barca farol
O farol da barca
Lumina na arca
Os raios do sol
O mesmo arrebol
Faz a luz tão quente
A maré crescente
Na força da lua
A barca flutua
Nas águas pendentes.

J – Passa o automóvel
O automóvel passa
Só pela fumaça

Tudo se comove
Fica o povo imóvel
Fica imóvel o povo
O motor é novo
É novo o motor
Como não parou
Teve seu aprovo.

C – Flauta e flautim
Flautim e flauta
Muita gente alta
Toca bandolim
Brada e cavaquim
Saxe o bombardão
Trompa e violão
Violão e trompa
Grita os cabra rompa
Entra o rabecão.

J – Vida boa esta
Na dança animada
Não nos falta nada
Todo mundo presta
No vigor da festa
Não se vê tormento
Naquele momento
O mestre faz curveta
Engole a palheta
Do seu instrumento.

C – Briga e barulho
E barulho e briga
Por causa de intriga
Rola o grande embrulho
Fica no vasculho
O grito da guerra
Mesmo em qualquer terra
Havendo revolta
Desce grande escolta
Do cimo da serra.

J – Mudemos o sentido
Para nós cantar
Vamos martelar
Que é mais conhecido
Esteja prevenido
Com a voz ativa
Faça retintiva
Hoje aqui na sala
Não tropece a fala
Minha língua é viva.

C – O homem guerreiro
Se quiser teimar
Comigo brigar
Seja cangaceiro
Fique bem veleiro
Na sua emboscada
Venha a madrugada
Mesmo em minha terra
Que homem de guerra
Nunca teme a nada.

J – Vai minha *parcela*
Muita apreciada
Não sendo cansado
Gosto muito dela
Se torna mais bela
Assim desse jeito
Sou cantor perfeito
Para qualquer sala
Só com escala
Tu estás satisfeito.

C – Vamos Frankalino
Endireite a goela
Você na *parcela*,
Pra mim é menino
Perdes o destino

Da tua morada
Não sabe a estrada
Por onde chegou
Meu chiquerador
É teu camarada.

J – Cego sem leitura
Cante prevenido
Que no teu sentido
Se mora loucura
Quer fazer figura
Hoje, no salão
Se és valentão
Pego no topete
Lasco-te o bofete
Que tu beija o chão.

C – Sai-te mulambudo
Caixeiro sem venda
Ladrão de fazenda
Com mulambo e tudo
Corto-te miúdo
Te deixo em farelo
Sujeito amarelo
Caboclo sem sorte
Hoje a tua morte
Foi cantar martelo.

J – Hoje a noite brigo
Porque me disponho
Mostro o ar risonho
Para algum amigo
Mais faço contigo
Um trabalho direito
Dou-te um mal no peito
Que tu sais tossindo
E eu fico me rindo
Muito satisfeito.

C – Rogaste uma praga
Porém não me pega
Porque Deus te entrega
Centenas de chaga
Só assim tu paga
O que tu me deve
Para que te serve
Ser tão impossível
De apanhar tu vive
E a lembrança leve.

J – Você conheceu
A minha chegada
Nesta pátria amada
Que você nasceu
O que sucedeu
Fui eu vir sozinho
Como sou machinho
Vim formar a divisa
Você paga a pisa
Que deu no Pretinho.

C – Atrás da vingança
Se você chegou
Meu chiquerador
Dá-lhe uma esperança
Não quero é ganança
Que esta terra é minha
Tu não adivinha
O meu ameaço
Eu dou-te um abraço
Na ponta da linha.

J – Deixemos agora este cântico
Como uma nuvem que embaça
Reconheço que a festa
Está como os festins da praça
Eu ganhando ainda canto
Não convém cantar de graça.

C – É verdade Frankalino
O cantor bom vem de raça
A tua cantiga é,
Saborosa do céu massa
Eu também paro a rabeca
Não convém cantar de graça.

J – Cego se aparecer
Um homem que a bolsa faça
Pois aqui tem gente boa
Da riqueza a grande massa
Mais para não ganhar nada
Não convém cantar de graça.

C – Frankalino chegou vinho
Vamos esgotar a taça
Agora somos amigos
Os dois cantores se abraça
Desculpa-me se ti ofendi
Não convém cantar de graça.

J – Já vi que o povo queriam
Ver nós dois numa desgraça
Porque estávamos comprando
Barulho intriga, por braça
Dai-me a mão somos amigos
Não convém cantar de graça.

C – Uma língua faladeira
Queima, papoca, que assa
Diga a José Pretinho
Que outra intriga não faça
Porque nós dois conciliamos
Não convém cantar de graça.

J – Cego Aderaldo eu ainda
Voltarei a este lugar
Tenho livros importante
E neles vou estudar
A surra de Zé Pretinho
Pretendo ainda vingar.

# Exemplo de "Desafio"

O "desafio de Sebastião de Enedina com Zé Euzébio" foi publicado pelo poeta popular Firmino Teixeira do Amaral, em Recife. Não creio na existência dos dois adversários, mas o debate é característico pela agilidade e agudeza dos remoques. Os cantadores, começando pelas "colcheias", passaram às "décimas" e terminaram nas "parcelas de dez pés".

Sebastião quando canta
O padre deixa a igreja,
O valentão deixa as armas
Por mais valente que seja,
Os namorados se alegram
Corre a noiva abraça e beija.

Zé Euzébio quando canta
As ondas do mar bafejam,
As andorinhas se juntam
Peneram em cima e festejam
O Sol vira, a Lua pende,
Os namorados se beijam.

Sebastião quando canta
O mundo suspira e geme
O oceano se agita
Corre o vapor perde o leme
Depressa se forma o tempo
Cai curisco, a terra treme.

Zé Euzébio quando canta
O mundo geme e suspira
Quebra muro e rompe serra
Faz coisa que se admira.
Faz proezas no repente
Que até parece mentira.

Sebastião quando canta
Alegra quem está doente
O poeta perde a rima
O cantor perde o repente
Faz cousa que se admira
Baixa a tranca e trinca o dente.

Zé Euzébio quando canta
Treme o Sul e abala o Norte
Solta bomba envenenada
Vomitando fogo forte
Conversa com Deus no céu
Joga cangapé na morte.

Sebastião quando canta
Quem tem de casar não casa
Se é doutor perde o diploma
Em vez de aumentar se atrasa
Cantador nas minhas unhas
Come fogo e engole brasa.

Zé Euzébio quando canta
As freiras deixam o convento,
Mulheres deixam os maridos
E moças o casamento
O rio corre pra cima
A chuva desfaz-se em vento.

S – No dia que determino
Faço tudo que desejo,
Pego a vaca tiro o leite,
Boto, qualha, faço queijo,
Boto cinturão em cobra
Suspensório em caranguejo.

Z – No dia que determino
Faço tudo quanto entendo
Piso milho, penero massa
Faço pão, reparto e vendo
Fecho a casa, abro e tranco
Faço fogo, apago e acendo.

S – No dia que determino
Faço o rio correr pra cima
Galinha ciscar pra frente
Poeta perder a rima,
Faço do peito viola
Da língua bordão e prima.

Z – Na noite que durmo pouco
Amanheço de lundu
Boto a viola no peito
Pego um cantor, como cru
As tripas dou ao cachorro
O bofe dou ao urubu.

S – Zé Euzébio é hoje o dia
De burro tirar diploma
Professor deixar cadeira
O Papa fugir de Roma
Mate urubu, tire as penas
Faça o jantar, bote e coma.

Z – Sebastião tu quer ver
Como ferro vira ouro.
E homem vira mulher

Cutia vira besouro?
Do poeta quero a língua
E do cantor quero o couro.

S – Zé Euzébio, acho mais fácil
Padre deixar a batina
A moça deixar o namoro
E o operário a oficina
É mais fácil um boi voar
Que tu vencer Enedina.

Z – Cantor nas minhas unhas
Quanto mais fala, mais erra
Eu achava mais custoso
O Kaiser perder a guerra
E não fugir para a Holanda
Abandonando a sua terra.

S – Sebastião de Enedina
Fala mais que papagaio
Tem mais força que Sansão
É mais veloz que um raio
Pega um cantor em janeiro
Só solta no mês de maio.

Z – Cantor que canta comigo
Come fogo e morre louco
Eu ando atrás de cantor
Como abelha atrás de ouco
Como gavião por pinto
Galinha por milho pouco.

S – Zé Euzébio hoje é o dia
De cobra jogar cacete
Urubu jogar navalha
Dá carrapato em azeite
Papa-vento dizer missa
Galinha choca dá leite.

Z – Tudo isso pode ser
Mas nada disso acredito
É mais fácil o mar secar
Anta apanhar de mosquito
Urubu jogar navalha
É um brinquedo esquisito.

S – De arroz com farinha seca
Tenho visto fazer bife,
Tenho visto caranguejo
Fazer manobra com rifle
Vi uma galinha com dente
Na cidade de Recife.

Z – Aonde foi o Recife
Capital que tu andou
Tu nasceu ali nos Picos
E da lama o pé não tirou
Saiu por ladrão de bode
Que a polícia te deportou.

S – Canário que canta muito
Costuma borrar o ninho
Quem tem janela de vidro
Não joga pedra em vizinho
Tua raça toda é ladrona
Filho de rato é ratinho.

Z – Agora ferveu-me o sangue
Botou-me sal na moleira
Nos Picos era teu costume
Roubar galinha na feira
Roubar panela de tripa
Como eu vi na Pimenteira.

S – Zé Euzébio é tão fiel
Como rato guabiru
Faz de galinha carniça

E ele um grande urubu
Padre, soldado e cigano
Só três classes igual a tu.

Z – Ontem vi Sebastião
Na beira do rio Poti
Comendo farinha seca
Com caroço de piqui
Roubou de um cego na feira
Um bolo de buriti.

S – Cara de preto infezado
Venta de negro vilão
Vi um aleijado chorando
Que lhe roubaste o bastão
Lhe deste dez réis de esmola
E pediste trouco de um tostão.

Z – Sebastião aonde mora
Galinha não bota ovo
Pinto não come xerém
Nem se cria frango novo
Vira lubis-home à noite
Vive amedrontando o povo.

S – Se eu virasse lubis-home
Dava fim logo em tu
Era um descanso do povo
Podiam criar peru,
Rato enforcado de igreja
Cabeça de guabiru.

Z – Eu agarro um cantador
Arranco o nó da guela
Amarro num pé de pau
E mando encostar a fivela
Dou um cristel de pimenta
Morre de febre amarela.

S – Eu agarro um cantador
Arranco os dentes e o queixo
Entro no nó da guela
Toda barriga remexo
Viro de papo pra cima
Enquanto bulir não o deixo.

Z – Cantador que eu pegar
Chora soluça em meus pés
Vai trabalhar alugado
Ganha por dia um dez réis
Todo fim de mês recebe
De saldo trezentos réis.

S – Cachorro morto de fome
Tudo que se joga aceita
Fiscal, formiga de roça
Febre forte da maleita
Mau vizinho te persiga
Murrinha da nova seita.

Z – Sebastião queres ver
Como cobra dança tango?
Urubu dança chorando
Gavião dança com frango
Pato dança com galinha
Caboré dança com vango?

S – Eu agarro um cantador
Viro de perna pro ar
Chamo cabra mais ruim
Sento em cima mando dar
Corto a língua tiro o couro
E deixo o bruto berrar.

Z – Eu quebro um dobrão nos dedo
Acho mais mole que papa
Vomito bomba de fogo

Solto canhão rapa-rapa
Pego uma barra de ferro
Pranto o dente, voa a lapa.

S – Sebastião quando canta
Sente no peito um pigarro
Zé Euzébio pega o boi
Bota no chão que eu amarro
Quando Enedina morrer
Só se fazendo um de barro.

Z – O que mais apreciamos
É um cantor de com força
Dinheiro e mulher bonita
E uma casa que tem moça
Quando faltar Zé Euzébio
Só se fazendo um de louça.

S – Fazer um preto de louça
É querer que gelo aqueça
Assar manteiga em espeto
Quem não existe apareça
Comprar chapéu para os pés
E botina para a cabeça.

Z – Sou preto mas sou querido
Nunca roubei de ninguém
Tenho a consciência limpa
E tu não sei se a tem
Caboclo assim como tu,
Não vale um dez réis xem-xem.

S – Sou como governador
Nó que eu dou só eu desato,
Agarrando um cantador
Enquanto bulir eu bato
Pego vivo bebo o sangue
Depois de sangrar eu mato.

Z – Zé Euzébio é um perigo
No dia em que se assanha
Agarra um cantor gouteira
Enquanto mexer apanha,
Dá um cristel de pimenta
Deixa mais mole que banha.

S – A corda pobre arrebenta
Do lado que a falha tem,
Cantador do teu calibre
Tenho encomenda de cem
Para mandar de presente
Para o museu de Belém.

Z – Agora digo também
Já que tu meteste a taca:
Eu ficando no Museu
Tu casas com a macaca
Toma conta do portão
Não deixa entrar urucubaca.

S – Tu pensas que canta bem
Cara de chinês doente
Chales de velha parteira
Boca de velho demente,
Dor de barriga de cego
Jumento sem nenhum dente.

Z – Cara de preguiça morta
Venta de paracuru
Pescoço de orangotango
Cabeça de chipanju
Corpo de vango molhado
Barba de espeta-caju.

S – Agora vamos mudar
Cantar fora do comum
Canto brando, moderado

Sem zuada, sem zum-zum
É oito, é sete, é seis, é cinco,
É quatro, é três, é dois, é um.

Z – Graúna não é anum
Farinha não é arroz,
Franscisco não é Cazuza
Agora não é depois
É nove, é oito, é sete, é seis,
É cinco, é quatro, é três, é dois.

S – Só por serdes vós quem sois
Falo no bom português
Vão desculpando algum erro
Ao menos por esta vez
É dez, é nove, é oito, é sete
É seis, é cinco, é quatro, é três.

Z – Faço o que nunca se fez
No repente me dilatro
Num dia vou ao cinema
No outro vou ao teatro
É onze, é dez, é nove, é oito,
É sete, é seis, é cinco, é quatro.

S – Todo nó cego eu desato
Todo nó no dente eu trinco
Cantador fica abismado
De reparar como eu brinco
É doze, é onze, é dez, é nove,
É oito, é sete, é seis, é cinco.

Z – Homem que raspa a coroa
Ou é padre, ou frade, ou reis
Eu pra cantar nunca tive
Dia, semana, nem mês
É treze, é doze, é onze, é dez,
É nove, é oito, é sete, é seis.[81]

---

81  Comparar com os versos de Jacob Passarinho.

S – Uma casa gotejenta
Duas meninas chorando
Três criadas acalentando
Quatro mulher ciumenta
Cinco molho de pimenta
Seis relhos de couro cru
Sete praga de urubu
Oito chale de parteira
Nove velha cozinheira
Dez cantador como tu.

Z – Dez cantador como tu
Nove velha cozinheira
Oito chale de parteira
Sete praga de urubu
Seis relhos de couro cru
Cinco molho de pimenta
Quatro mulher ciumenta
Três criada acalentando
Duas menina chorando
Uma casa gotejenta.

S – Dez viajantes comendo
Nove panelas de tripa
Oito cabras bons na ripa
Sete aleijados correndo
Seis cegos se maldizendo
Cinco pragas de cigano
Quatro corre em cada ano
Três barcos cheios de farinha
Dois trens correndo na linha
Um navio no oceano.

Z – Um navio no oceano
Dois trens correndo na linha
Três barcos cheio de farinha
Quatro corre em cada ano
Cinco praga de cigano

Seis cego se maldizendo
Sete aleijado correndo
Oito cabra bons na ripa
Nove panela de tripa
Dez viajantes comendo.

S – Uma amante apaixonada
Duas mulheres magra e feia
Três negro no nó da peia
Quatro onça aperriada
Cinco touro na malhada
Seis vaca boa de leite
Sete tinas com azeite
Oito Alemanha assanhada
Nove soldado da Armada
Dez cabra bom no cacete.

Z – Dez cabra bom no cacete
Nove soldado da Armada
Oito Alemanha assanhada
Sete tinas com azeite
Seis vacas boas de leite
Cinco touros na malhada
Quatro onças aperriada
Três negros no nó da peia
Duas mulheres magra e feia
Uma amante apaixonada.

S – Dez armazém de ferragem
Nove loja de fazenda
Oito caxeiro na venda
Sete navio de viagem
Seis carregando a bagagem
Cinco embarcando no porto
Quatro viajante morto
Três mulher batendo sola
Dois cegos jogando bola
Um infeliz sem conforto.

Z – Um infeliz sem conforto.
Dois cegos jogando bola
Três mulher batendo sola
Quatro viajante morto
Cinco embarcando no porto
Seis carregando a bagagem
Sete navio de viagem
Oito caxeiro na venda
Nove loja de fazenda
Dez armazém de ferragem.

S – Cantor que eu pego
Deixo demente
Um mês doente
Aleijado e cego
Eu arrenego
Fazendo pouco
Deixo ele louco.
Perde o assunto
Fica defunto
Com o peito oco.

Z – Cantor que assanha
Que incha a garganta
Nem colhe nem planta
E no fim apanha
Fica na banha
Virando a bola
Perde a viola
No meio da rua
É moda tua
Negro d'Angola.

S – Cantor valente
Eu corto a língua
Morre a míngua
E perde o repente
Se negro é gente

Recife é pasto
O mar é gasto
Relho é cadarço
O negro é falso
Até o rasto.

Z – Eu na parcela
Compreendo tudo
Burro orelhudo
Língua de tramela
Olho de ramela
Cara de choro
Boca de agoro
Réu de maldade
Roupa de frade
Cupim de touro.

S – Cara de angu
Charuto seco
Casa de beco
Ninho de urubu
Tijolo cru
Costa de peia
Bucho de areia
Barriga mole
Venta de fole
De légua e meia.

Z – Calangro mole
Rato de igreja
Urubu festeja
Teu corpo, bole,
Mastiga e engole
Carne diluída
Cobra espremida
Cara de intrujo
Eu tenho nojo
Da tua vida.

S – Barba de quandu  
Cachorro de sela  
Soco de quinzela  
Rato guabiru  
Perna de urubu  
Barriga de esturro  
Venta de chamurro  
Beiço de purão  
Cavalo do cão  
Orelha de burro.

Z – Lenço de pagé  
Carroça de lixo  
Arroto de bicho  
Cabeça de ambé  
Eu te dei o pé  
E tu queres a mão  
Moleque vilão

Barriga de besta  
Ladrão de sexta  
Bucho de feijão.

S – Bicho de força é Leão  
Bicho que corre é cavalo  
Quem marca hora é relógio  
Quem dá no sino é badalo  
Quem se engana é porque quer  
Quem canta de graça é galo.

Z – Quem tem filho barbado é  
                              [camarão  
Quem canta de graça é galo  
Quem trabalha pra homem é relógio  
Bicho que corre é cavalo  
Não vejo dinheiro no prato  
Vamos parar o badalo.

# O Romance de José Garcia

Este romance é relativamente novo mas de imediata popularidade. Ouvi-o cantar em vários lugares, em vários Estados e seu enredo citado nos trechos de outros romances. Ignoro o autor. Tem varíssimas reimpressões. Retrata deliciosamente o sertão de outrora, com as pegas de barbatão, escolhas de cavalos para montar, rapto de moças, assaltos de cangaceiros, chefes onipotentes e vaqueiros afoitos, cantadores famosos e passagens românticas. Pertence bem ao ciclo social que terminou no século XX e que durara o século XIX. O Piauí era o grande fornecedor de gado. Os fazendeiros mandavam cada ano dezenas de vaqueiros e as lentas boiadas enchiam de rumor os caminhos. A estrada dos comboios tornou-se batida e certa e hoje está ponteada de cidades e vilas. Eram antigamente os pousos, os "descansos", os pontos para dormir. Aí os cantadores narravam as histórias passadas. Romances de amor, guerras políticas, lutas de cangaceiros, tudo era evocado. O ROMANCE DE JOSÉ GARCIA é dessa época.

Entre as figuras citadas está Hugolino do Teixeira ou Hugolino do Sabugi, grande cantador sertanejo, que aí aparece na louvação aos noivos.

Não há melhor documento na poética tradicional que melhor reúna os característicos da vida sertaneja em meados do século XIX.

Quando o tenente Garcia
Era um rico fazendeiro
Que o viu no Seridó[82]
Um dos seus filhos solteiros
Foi um dia caluniado
Pela filha de um cangaceiro.

Militão o pai da moça
Era um estrompo malvado
Veio à porta do tenente
Comandando um grupo armado
Ameaçando vingança
Sem se achar agravado.

Militão disse ao tenente
Só venho aqui lhe dar parte
Que seu filho Zé Garcia
Há pouco fez uma arte,
Ou casa com minha filha
Ou com este bacamarte.

Seu Militão não precisa
Me gritar com armamentos
Eu vou saber de meu filho
Se a queixa tem fundamento
Se o rapaz deve à moça
Eu farei o casamento.

De tarde José Garcia
Chegou de uma vaquejada
Com mais de vinte vaqueiros
Na mão tendo uma guiada
Galopando em seu cavalo
Na frente de uma boiada.

Depois da ceia o tenente
Chamou o filho à razão.
Quando lhe disse: José,
Agora estamos em questão,
O que é que estás devendo
À filha do Militão?

Respondeu José Garcia:
A ela não devo nada,
Eu nunca dei atenção
Àquela moça acanalhada,
Minha consciência é limpa
Muito desembaraçada.

Você então se previna
Que a cousa está perigosa
Siga hoje à meia-noite
Em viagem muito penosa
Vá ficar no Piauí,
Em casa de Miguel Feitosa.

Meu pai, eu só lhe obedeço
Como filho de benção,
Só sigo para o Piauí
Para evitar a questão,
Mas também não tenho medo
Do caboclo Militão.

Leva contigo um negro
Servindo de arrieiro,
Basta levar 2 cargas
Mais 20 contos em dinheiro
Contanto que te ausentes
Da vista do cangaceiro.

---

82  Zona no Rio Grande do Norte, compreendendo vários municípios.

José Garcia abraçou o pai,
Sua mãe muito chorosa,
Disse o velho: vá com Deus
E a Santa Virgem poderosa,
Lá entregue esta carta
Ao capitão Miguel Feitosa.

A serra do Araripe
Zé Garcia descambou
Penetrando no Piauí,
Com poucos dias chegou
Ao capitão Feitosa
Uma carta lhe entregou.

O capitão leu a carta
Dizia a narração:
Excelente e caro amigo,
Entrego em vossa mão
O meu filho por uns tempos,
Por causa de uma questão.

A filha de um capanga
Veio a mim se queixar
Que meu filho deve a ela
Para obrigá-lo a casar,
Mas é falso testemunho
Que a cabrita quer levantar.

Tua casa tem respeito
Eu te fico agradecido
Que meu filho esteja lá
Até ficar decidido,
Porque se houver processo
Eu o deixo destruído.

Disse o capitão Feitosa:
Moço estou bem informado
Tome conta deste quarto

Pode ficar descansado
Aqui na minha casa
O senhor está guardado.

Era no mês de novembro,
No Piauí, já chovia,
O capitão Feitosa
Ordenou no outro dia
Começar a vaquejada
Encurralar a vacaria.

Reunira-se a vaquerama
Em casa do capitão
O Feitosa seguiu na frente
Arrastando seu esquadrão
Foram rebanhar o gado,
Alegria no sertão.

Zé Garcia ficou triste,
Junto ao curral pensando,
Passando um lenço nos olhos
Porque estava chorando,
As saudades de Seridó
Estavam lhe apertando.

No salão tinha uma moça
Olhando de uma janela,
Viu Zé Garcia chorando
Por trás de uma cancela,
Era filha de Feitosa
Mas o rapaz não viu ela.

A moça desceu do sótão
Com o coração nervoso,
Disse: mamãe, Zé Garcia,
O moço, está desgostoso
Porque o vi chorando
Muito triste e pesaroso.

314

Depois o Garcia estava
Cá no alpendre sentado
Saiu a da casa,
*Examinou-lhe* com muito cuidado
Viu que os olhos do moço
Pareciam ter chorado.

Dona Jovita Feitosa
Perguntou impaciente:
Senhor Garcia me diga
Se aqui caiu doente,
Desculpe lhe perguntar,
Mas quero ficar ciente.

Zulmira era a mocinha
Que também se interessava
Perguntou a Zé Garcia
Por qual motivo chorava
Sem dúvida era seu amor
Que no Seridó ficara.

Zé Garcia respondeu:
Eu fico aqui demorado
Em casa do senhor Feitosa,
Estou muito consolado
E tenho gozado saúde
Neste clima temperado.

Feitosa com os vaqueiros
Depois de andar poltreando
Rebanharam muito gado,
À tarde vinham chegando
Na porteira do curral
Garcia estava aboiando.

À noite quando o Feitosa
Se achava descansando
Chegou-se dona Jovita

Que estava lhe contando
Que Zulmira tinha visto
O Zé Garcia chorando.

Feitosa muito vexado
Perguntou ao Garcia
Se estava ali doente,
Qual era o mal que sofria,
Fosse um rapaz positivo,
Não usasse de mania.

Respondeu José Garcia:
Porque sou acostumado
Na fazenda de meu pai
Campear atrás de gado;
Aqui neste Piauí,
Me considero privado.

Senhor Garcia eu também
Posso lhe oferecer
Os meus cavalos de campo
O senhor pode escolher
Aquele que lhe agradar
Amanhã vá desparecer.

Garcia abriu suas malas
Aonde tinha guardado,
A vestimenta de couro,
Bom guarda-peito arriado
Porque o vaqueiro lorde
Faz de couro de veado.

Feitosa ficou em casa
Deu ordem a Zé Garcia
Que chefiasse os vaqueiros
Para o campo desse dia
Até no fundo dos pastos
Do gado bravo que havia.

Garcia chegou ao campo,
Correndo atrás de gado
Precipitava o cavalo.
Dentro do mato fechado
Deu muita queda em garrote
Como um rapaz traquejado.

Na frente do gado bravo
Espirrou um tubarão
Garcia chegou-lhe o cavalo
Queria chegar-lhe a mão
Perdeu o touro de vista
A carreira foi em vão.

Disse um vaqueiro a Garcia:
Vês aquele barbatão?
É o ouro Saia Branca,
Pertence ao capitão,
É o fantasma dos vaqueiros
É o orgulho do meu patrão.

Aqui chegaram 3 vaqueiros
do Estado do Ceará
Sabiam de oração forte
E tinham mais um patuá,
O Saia Branca deixou-os
Engalhados no cupiá.

Se o Garcia tem coragem
De pegar o barbatão
Hoje mesmo vou dizer
Ao senhor capitão
O seu nome vai ser falado
Em todo o nosso sertão.

Se o capitão na fazenda
Tiver cavalo aprovado
Ainda que o barbatão

Correndo como veado
Eu me atrevo a pegá-lo
No espinhal mais fechado.

À noite um dos vaqueiros
Estava pronto a contar
Dizendo ao Feitosa:
Eu só vim lhe avisar
Que o barbatão Saia Branca
Zé Garcia quer pegar.

Feitosa admirado
Perguntou a Zé Garcia
Dizendo a Feitosa:
Eu só vim lhe avisar
Que o barbatão Saia Branca
Zé Garcia quer pegar.

Garcia disse a Feitosa:
Se a fazenda do capitão
Tem cavalo corredor
Nas caatingas do sertão
Eu vou ver se me atrevo
A pegar o barbatão.

Chamou Feitosa os vaqueiros
Na manhã do outro dia
Disse vou encurralar
A minha cavalaria
Para escolher o cavalo
Que agradar Zé Garcia.

Os cavalos de Feitosa
Estavam todos encurralados,
Começou José Garcia
A examinar com cuidado,
Caçando pelos sinais
O cavalo bom de gado.

Então disse Zé Garcia:
Este cavalo cinzento
Não tem carreira puxada
Porque não tem o alento,
Este ruzio pequeno
É um lerdo sem talento.

Este castanho vermelho
É um cavalo afrontado,
E este cavalo pampo
Não pode ser bom de gado,
Aquele castanho escuro
Tem um mocotó inchado.

Este russo apatacado
Aguenta meia carreira,
Este cavalo melado
Fica doido na madeira,
Este pedrez já foi bom
Mas já está com gafeira.

Este cavalo rudado
No limpo corre sem trégua,
Este cardão barrigudo
Se parece com a égua,
Este russo de couro branco
É um cansado de légua.

Aqui falou o Feitosa
Bradando muito zangado:
Garcia por caridade
Se faça mais delicado!
Não difame meus cavalos
Que todos são bons de gado.

Senhor Feitosa, seus cavalos
Os bons eu digo quais são,
Para derrubar no limpo,

Correr em apartação
Mas não tem um que aguente
A carreira do barbatão.

Se o senhor inda tiver cavalo
Pode mandar ajuntar
Que o barbatão Saia Branca
Minha vontade é pegar
E o homem do Seridó
Não promete pra faltar.

Meus cavalos bons de fábrica
O senhor levou-os a trote.
Cavalos e burros de carga
Ainda tenho um magote,
Gritou Feitosa: vão ver
Agora o resto do lote.

Depois entrou no curral,
Junto com a bestaria,
Um cavalo de peito e anca
Pelos sinais prometia,
Logo a primeira vista
Agradou a Zé Garcia.

Zé Garcia rebolou
O chapéu para tanger,
O cavalo espantou-se
Mas veio reconhecer
Porque cheirou o chapéu
Dando coragem a atender.

Disse Garcia: já posso
Garantir ao capitão
Que este castanho amarelo
Pega qualquer barbatão
Mesmo é o melhor cavalo
Criado neste sertão.

Disse o Feitosa: eu também
Não digo se é exato
Porque este cavalo é bravo
Salta mais do que um gato
Não é de minha Fazenda,
É do coronel Cincinato.

Para o dono está perdido;
Eu digo qual a razão
Todo vaqueiro tem medo
De montar este poltrão,
Quem montar neste cavalo
Ele sacode no chão.

Nas matas mais temerosas
O bicho bravo se tranca,
Se o capitão conceder-me
Uma licença mais franca
Eu amanso este cavalo
E pego Saia Branca.

Se o senhor tem coragem
De amansar este tourão
Amanhã pode montar
Entregue-o na sua mão,
Porém fique na certeza
Que seu quengo vai ao chão.

No terreiro de Feitosa
O povo tinha chegado,
Às seis horas da manhã
Tinha um cavalo selado,
Garcia ia montar
Já se achava encourado.

No cabresto do cavalo
Cinco homens sustentavam,
Quando Garcia montou-se

Que na cela estribava
Gritando: larga o cabresto.
Já o cavalo saltava.

Levantou-se o cavalão
Saltando com Zé Garcia
Que o furava de espora
E com o chicote batia,
E o rapaz seguro,
Da sela não se movia.

Zé Garcia pelejou
Para amansar o cavalo
Quinze dias de repuxo
Aguentando grande abalo
Mas só no fim de um mês
Acabou de amansá-lo.

O Feitosa perguntou
Por esta ocasião:
Senhor Zé Garcia, quando
Será o dia então
Que o senhor se dispõe
A pegar o barbatão?

Precisa mais quinze dias
Para haver ajuntamento
Somente enquanto o cavalo
Descansa e recobra talento
Deixe estar que Saia Branca
Eu lhe quebro o *encantamento*.

Apareceram três homens
Com inveja e ambição
Falando contra Zé Garcia
Dizendo ao capitão
Que Garcia ia fugir
Não pegava o barbatão.

Era um Chico Banda Forra
Um tal Manuel Gavião
E um tal Juvêncio Parnaíba
Fazendo conspiração
Que Garcia ia furtar
O cavalo do capitão.

Feitosa, malsatisfeito,
Aborrecido dizia:
Ainda não encontrei
Uma falta em Zé Garcia,
É de uma família rica,
Dele ninguém desconfia.

Vocês têm a certeza
Que o rapaz é ladrão,
Banda Forra e Parnaíba
E Manuel Gavião
Sigam atrás de Garcia
Na pega do barbatão.

Subiram por uma serra.
Já iam em toda carreira,
Desceram por uma furna
Passando pela pedreira,
O boi saltou num riacho
De cima da cachoeira.

Saltou também o cavalo,
Causando admiração.
O sapato de Garcia
Deixou dois rastos no chão,
Seguiu mordendo o cavalo
A anca do barbatão.

Garcia pegou o touro
Na mão a cauda enrolou,
Atirou-o de alto a baixo
Deu um soco e derribou,
A fama do barbatão
Neste dia terminou.

Feitosa com o seu povo
Passaram por Gavião,
Banda Forra e Parnaíba
Caídos todos no chão
Seguiram na buraqueira
Do cavalo e o barbatão.

Quando deram na pedreira
Disseram: temos demora,
Por aqui ninguém passa
Vamos rodeiar por fora,
Garcia, passou aqui
Como uma bala nesta hora.

Depois mediram a distância
Que o cavalo saltou
Contaram 40 palmos
Feitosa se admirou.
Disse: não tenho cavalo
Que passe onde esse saltou.

Continuaram no rasto,
Adiante foi avistado
Zé Garcia sentado
Com um cigarro fumando
O touro já varejado.[83]
E o cavalo descansando.

---

83  Era a forma antiga de conduzir os bois bravos. Amarrava-se uma vara dum pé para a
    mão do animal e este só podia mover-se devagar.

Mandaram levar em carga
A carga do barbatão
Em casa de Miguel Feitosa
Cresceu a reunião,
Foram chamar os cantores
Beira D'água e Madapolão.

À noite os dois cantores
Discutiam em cantoria,
Elogiavam os rapazes,
A graça da moçaria
Dando viva ao capitão
Davam fama a Zé Garcia.

Estavam em cima do sótão
A Zulmirinha Feitosa
Se embalando numa rede
Deitada mais Sinforosa
Que criticavam os rapazes
Porque eram vaidosas.

Sinforosa, tu não viste
Aquele rapaz barbado
Que fumava num cachimbo
Olhando para teu lado?
Queria te dar um cravo,
Contigo estava animado.

Zulmirinha, não me fale
Naquele tipo imoral,
Aquilo é meu parente
Mas é sujeito brutal,
Quer namorar com as moças,
Dê por visto um animal.

Ele está vestido agora
De casaca, encoleitado,
De chapéu de copa alta,

Calça curta, engravatado,
De alpercata nos pés,
É um papangu descarado.

Aquilo já vem de raça;
O pai dele numa eleição,
Foi vestido de camisa
E ceroula de algodão,
Lá só não fez discurso
Porque não deram atenção.

Rapaz deste Piauí
Não sabe se ajeitar,
O cabelo cobre as orelhas,
Passa um ano sem cortar,
Assim mesmo acanalhado
Só conversa em se casar.

O povo do Seridó
Traja bem na fantasia,
Admirou-se a decência
Na roupa de Zé Garcia,
Aquele, sim, é um rapaz
Que as moças têm simpatia.

Sinforosa, Zé Garcia
Vive prestando atenção
Ao livro de Carlos Magno,
Ele até por distração
Fala na princesa Angélica
Como casou com Roldão.

Sinforosa suspirou
Com a face mais corada,
Zulmira apertou-lhe a mão
Dando uma gargalhada,
E disse: já conheci
Que estás enamorada.

Chamava ao pé da escada
Dona Jovita Feitosa:
Meninas desçam daí
Acabem com essa prosa,
Os cantores estão chamando
Por Zulmira e Sinforosa.

Com pouco as duas moças
Já brilhavam no salão,
A cada um dos cantores
Deram o seu patacão,
Nos tamboretes da sala
Foram tomar posição.

A Sinforosa sentou-se
De frente com Zé Garcia
E o olhar da donzela
Somente se dirigia
Pra o moço do Seridó,
Que também correspondia.

Finalmente, no outro dia,
A Zulmirinha Feitosa
Foi ao quarto de Garcia
Junto com Sinforosa
Tomar um livro emprestado
Que ensina cena amorosa.

O pessoal do banquete
Já havia se retirado
Os velhos donos da casa
Foram descansar do enfado
Nessa hora foi Garcia
Pelas moças revistado.

Garcia dizia às moças:
Todo meu contentamento
É em dona Sinforosa,

Imagem do meu pensamento
Aproveitemos a hora
Ajustemos casamento.

Sinforosa respondeu:
O senhor é um rapaz famoso,
Mas para casar comigo
Eu acho muito custoso,
Somente porque papai
É um homem perigoso.

O meu pai governa aqui
Um batalhão de cangaceiros
E possui 20 fazendas,
É orgulhoso em dinheiro,
Tem um negro que adivinha
E é macumba feiticeiro.

O senhor casa comigo
Visto ser rapaz solteiro
Se tiver muita coragem,
Cavalo bom e dinheiro
Para fugirmos daqui
E correr um mês inteiro.

Respondeu-lhe Zé Garcia:
Eu sou homem a toda hora,
Não tenho medo de nada,
Quero é saber da senhora
Se quiser casar comigo
Vamos do Piauí embora.

Eu tenho muita vontade,
Lhe digo de coração,
Quando arrumar os cavalos
E dinheiro no mantulão,
Fugiremos do Piauí,
A bem da nossa união.

Desde aí se combinou
Que Sinforosa fugia,
E noivo para Zulmira
Muito breve aparecia
Que Zulmirinha se casava
Com o irmão de Zé Garcia.

Quem tinha cavalo bom,
Garcia ia comprá-los,
De 20 em 20 léguas
Deixava 5 cavalos
Para o dia em que fugissem
Ninguém poder mais pegá-los.

Garcia veio ao Seridó,
Deixou a preparação,
Fez uma sociedade
Com Lourival, seu irmão,
Subiram ao Piauí
Comprar gado no sertão.

Os Garcias no Piauí,
Fizeram logo contrato
De comprar toda boiada
Do coronel Cincinato,
Começou a descer gado
Vendido muito barato.

A vaqueirama nos campos
Rebanhavam em movimento
Se pegando boi de solta
E fazendo ajuntamento.
Os Garcias tomando conta
E fazendo pagamento.

Na fazenda do Feitosa
Havia apartação,
Zé Garcia no cavalo

Que pegou o barbatão
Deu muita queda no pátio
Naquela vadiação.

Neste dia combinaram
Garcia mais Sinforosa,
O seu irmão Lourival
Raptar Zulmira Feitosa
De sábado para domingo
Fugida bem temerosa.

Sinforosa disse aos Garcias:
Não tem mais que avisá-los.
Esperem atrás do curral
Tudo pronto com os cavalos,
Eu saio com Zulmirinha
À primeira voz dos galos.

No ponto estavam os Garcias
Cantaram os galos na hora
Sinforosa e Zulmirinha
À meia-noite saíram fora
Disseram logo aos Garcias:
Fujamos, vamos embora.

Zé Garcia tomou conta
Da donzela Sinforosa,
Lourival pegou na mão
De Zulmirinha Feitosa
Disseram adeus ao Piauí
Terra de moça formosa.

Amanheceu o domingo
Em casa de Miguel Feitosa
Não visto os Garcias
Nem Zulmirinha e Sinforosa,
Disseram: estão dormindo
Mocidade preguiçosa.

Às nove horas do dia
Estava o almoço botado
Foram chamar os Garcias
O quarto estava fechado,
Jovita subiu o sótão
Achou-o desocupado.

Dona Jovita desceu
Do sótão muito vexada,
Perguntou: homem "cadê"
Nossa filhinha estimada
Zulmirinha foi embora
Junto com nossa afilhada.

Feitosa tocou o buzo
Mandou levar um recado
Ao compadre Cincinato
Dizendo: fique informado
Que nossas filhas fugiram,
Vão em busca de outro Estado.

O coronel Cincinato
Distribuiu armamento,
Armou 40 capangas,
Marchou logo em seguimento
Para a casa do Feitosa
Que era um sanguinolento.

Formou 60 jagunços
Na casa do capitão
Para montar a-cavalo
Com arma e munição,
Disseram: é uma guerra
Que vai se dar no sertão.

Disse Chico Banda Forra:
Não creio nesta vantagem,
Porque o Zé Garcia

Tem muito plano e coragem
Eu já sei que este povo
Vai é perder a viagem.

Eu fui atrás de Garcia
Na pega do barbatão
Mais Juvêncio Paraíba
E Manuel Gavião,
Garcia quase nos mata
E não tivemos razão.

O negro do Cincinato
Fez mesa de bruxaria;
Disse: eu acho muito custoso
Se pegar o Zé Garcia
Já vão com 23 léguas
Passando uma travessia.

As duas moças montadas
Em cavalos de cilão,
Um negro com uma carga
De baú e mantulão,
Sinforosa vai no cavalo
Que pegou o barbatão.

O sol estava se pondo,
O crepúsculo ainda fora,
Os dois chefes se vexaram
Gritaram – vamos embora
Os Garcias já vão longe
Mas eles me pagam agora.

Seguiram em toda carreira
Os chefes se adiantaram,
Alguns montados em *jumentos*
Os burros se acuando,
Aqui, ali, demoravam.
Uns por outros esperando.

Cincinato e o Feitosa
Em sua perseguição
Nas portas onde passavam
Pediam informação,
De dois rapazes e duas moças
Que fugiram do sertão.

Lhe disse a dona da casa:
Senhor capitão Feitosa,
Aqui dormiram duas moças,
Zulmirinha e Sinforosa,
Deram *presentes* aos meus filhos
Já vi que moças formosas.

Passaram no Araripe
Na casa dum fazendeiro,
À noite estavam hospedados
Tiveram melhor roteiro
Dos rapazes e das moças
E o negro bagageiro.

Os dois moços se parecem
Disseram que são irmãos,
A cada uma criança
Eles deram um patacão.
Foram casar no Seridó
Depois voltaram para o sertão.

Saíram ontem daqui,
Quando amanheceu o dia
As moças mudaram a roupa
Vestiram a montaria
Deixaram cinco cavalos
Por ordem de Zé Garcia.

Disse o coronel Cincinato:
Levantemos acampamento,
Devemos a toda pressa

Botar logo impedimento
Senão os Garcias casam
Nos dão um conhecimento.

Os Garcias em Cajazeiras
Fizeram logo uma ação
– Chegaram aos pés do padre
Despejaram um mantolão
Que estava cheio de dinheiro
Voando as notas no chão.

O padre disse: meninos,
Para que tanto dinheiro?
Se têm negócio comigo
Digam o motivo primeiro,
De onde vêm estas moças
Fugindo assim tão ligeiro?

Respondeu José Garcia:
Eu fui com o meu irmão
Ao Piauí comprar gado
Que é nossa transação,
Lá raptamos estas moças
Da casa dum capitão.

Atrás vem um coronel
Junto com o capitão
A fim de nos tomar as filhas
Nos fazer perseguição,
Rapaz por causa de moça
Em velho passa lição.

Disse o padre: conte comigo,
Eu ajudo a dar o nó,
E sigo com os senhores
No rumo de Caicó.
Vou fazer os casamentos
Lá mesmo no Seridó.

Então mudaram os cavalos
Conforme quis Zé Garcia,
Selaram outro cavalo
Do padre da freguesia,
Seguiram com o vigário
Cresceu mais a companhia.

Os jagunços do Feitosa
E o coronel Cincinato
Ficaram em Morro Dourado
Escondidos pelo mato
Com receio de trezentos
Capangas do Viriato.

Cincinato e o Feitosa
Passaram por Mangabeiras
Já vinham sem os jagunços
Chegaram em nossas ribeiras
Perguntando pelo padre
Da cidade de Cajazeiras.

Disseram que o vigário
Tinha saído há 8 dias
Em viagem ao Seridó
Curar outras freguesias
Para fazer casamento
Na família dos Garcias.

Os dois chefes do Piauí
Perderam a valentia!
Quando chegaram à fazenda
Do tenente João Garcia
Pois encontraram as filhas
Já casadas nesse dia.

Sinforosa mais Zulmira
Trajaram véu e capelas,
Todo povo contemplava

A beleza das donzelas,
Seus noivos permaneciam
Assentados junto delas.

Cincinato e Feitosa
Quando entraram no salão
As noivas ajoelharam-se
Para tomar a bênção,
Os velhos abençoaram
As filhas de coração.

O Cincinato e o Feitosa
Falaram amigavelmente,
Abraçaram seus dois genros
De acordo com o tenente,
Disseram: nossas filhinhas
Casaram-se decentemente.

Estava um rapaz louro
Poeta novo e letrado,
Com uma viola de duas bocas
A cantar discurso rimado,
Era Hugulino do Sabogi
Felicitando o noivado.

Figuraram nesta festa
Três oficiais de patente:
O coronel Cincinato,
O capitão e o tenente,
Continuava o banquete
Naquele salão decente.

Zulmirinha e Sinforosa
Depois da festa acabada
Cada uma tomou posse
De sua casa arrumada
Vizinha uma da outra
Na aliança acostumada.

Feitosa e Cincinato
Depois de descansados
Em casa de suas filhas
Estavam determinados
Regressar ao Piauí
Alegres e consolados.

O coronel Cincinato
E o capitão Feitosa
Mandaram a grande herança
De Zulmirinha e Sinforosa
Continuou dos Garcias
A família numerosa.

Num bebedouro de animais
Se achava José Garcia
Trepado numa Oiticica
Duma ramagem sombria
Metido por entre as folhas
Que debaixo ninguém via.

A filha do Militão
Chegou com um debochado,
Debaixo da Oiticica
Se sentaram sem cuidado
Sem saber que Zé Garcia
Em cima estava trepado.

Disse Francisca Rangel:
Joaquim, tenha sentimento,
Estou engordando à força,
Meu bucho em crescimento
Se papai souber se zanga
Me peça em casamento.

Tu tens que casar comigo
Sabes que sou tua prima
Levantei falso a Zé Garcia

Mas tu não me estima
Quem sabe que estou grávida
É aquele que está lá em cima.

Vagabundo sem vergonha
– Aqui – gritou Zé Garcia
Eu não sei de tuas misérias
Que há tempos escondias,
Vou descarar teu pai
Com tua patifaria.

Fugiu Francisca Rangel
Em busca duma camarada,
Chegando no Caicó
Ficou de casa alugada
E o Militão foi preso
Porque fez muita zoada.

Então correu a notícia
Que Garcia raptou
Uma moça no Piauí,
Grande perigo passou
Chegando no Seridó
A toda pressa casou.

O seu irmão Lourival
Conduziu na mesma empresa
Uma filha dos Feitosas
Admirava a riqueza
Dessas moças que encheram
O Seridó de beleza.

O Militão cangaceiro
Que já era intrigado
Sabendo que Zé Garcia
Agora estava casado
Garantiu que ia matá-lo
Conforme tinha jurado.

Dizia o Militão:
Pois o tenente Garcia
Quer ser melhor do que eu
Em riqueza e fidalguia
Mas eu sou um cangaceiro
Respeitado em valentia.

Eu posso bater nos peitos
Que sou cangaceiro honrado
Não me lembro mais da conta
Das surras que tenho dado
Em branco dos olhos azuis
Em meus pés ajoelhado.

Eu vou fazer tal barulho
Corre o povo, a noiva chora
Só mato o Zé Garcia
De chicote e palmatória,
Me monto no tenente
Rasgo-lhe o bucho de espora.

Depois eu lhe queimo a casa
Toco fogo em algodão
O Garcia que escapar
Fique com esta lição
Nunca mais enjeitará
Outra filha do Militão.

Às cinco horas da manhã
Quando amanhecia o dia
Chegava um cavaleiro
Para o tenente Garcia
Prevenir a sua casa
Porque de nada sabia.

Senhor tenente Garcia
Só venho lhe avisar,
– Assim disse o cavaleiro –

Militão vem lhe matar,
Está juntando capangas
Para vir lhe atacar.

Vem queimar a sua casa
Com paiol de algodão
Acabar com os Garcias
E toda sua tenção
O senhor não facilite
Com o cabra Militão.

Então disse Zé Garcia:
Meu pai me entregue a *questão*
Que a noite eu vou cercar
A casa do Militão
Ele tem que vir nas cordas
Porque é um valentão.

Às 8 horas da noite
Galopava Zé Garcia
Com nove homens a-cavalo
Armados a fuzilaria
Encontraram o Militão
Descuidado sem espia.

Quando ocultaram os cavalos
Foram se aproximando
Viram o grupo de bandidos
No terreiro vadiando,
Os bacamartes encostados
E uma viola tocando.

Uma descarga cerrada
Os bandidos receberam
Gritaram, chegou a tropa
Deixaram as armas, *correram*
Seguiram em busca da serra
Nas grutas se esconderam.

Militão não quis correr
Já ferido na mão,
José Garcia pegou-o
Bateu com ele no chão
Gritando: as cordas,
Amarrem este ladrão.

O Militão quando viu-se
Preso pelo intrigado
Ainda quis estribuchar
Mas já estava amarrado
Garcia deu-lhe uma surra
Ficou ele acomodado.

Garcia disse: criminosa
Tu querias me dar fim
Tua filha é pareceira
Do cangaceiro Joaquim
Eu não ia misturar-me
Numa canalha tão ruim.

Vou dar-te por despedida
Mais uma surra de peia
Te despede da cachaça
E roubo das casas alheias
Diz adeus ao sertão
Hás de morrer na cadeia.

Com dois anos Zé Garcia
Tomou resolução
De subir ao Piauí
Com Lourival seu irmão
Para visitar os sogros
Nessa mesma ocasião.

Sinforosa e Zulmirinha
Se abraçaram de contente
Porque iam ver seus pais

Visitar a sua gente
Na terra em que nasceram
Para o lado do poente.

Partiu então Zé Garcia
Com seu acompanhamento
Chegando em Cajazeiras
Já tinham conhecimento
Dormiram em casa do padre
Que fez o seu casamento.

Eram dez do mês de junho,
Havia leite e coalhada,
De manhã tomaram café
Então veio a cavalgada
Preparou-se a montaria
Para seguir a jornada.

Se despediram do padre
Com abraço e aperto de mão
Seguiram em largo trote
Garcia disse a seu irmão
Vamos gozar no Piauí
Uma noite de São João.

Avançaram até chegar
No ponto mais desejado
Nas margens do Parnaíba
Onde se cria mais gado
Pegaram Manuel Feitosa
Em casa bem descuidado.

A chegada dos Garcias
Foi uma recepção
Continuou o banquete
Até noite de São João,
Cincinato e Feitosa
Gozando a satisfação.

Quando entrou o mês de julho
Foram rebanhar gado
Escolhendo boi de era
E ficando encurralado
E os Garcias comprando
Pois estavam acostumados.

Lourival e Zulmirinha
Ficaram com Miguel Feitosa
Em casa de Cincinato
Ficou dona Sinforosa
José Garcia desceu
Com uma boiada volumosa.

José Garcia baixou
Com seu gado pela estrada,
Chegando em *Campina Grande*
Vendeu a sua boiada,
Voltou para o Piauí
Ver sua esposa estimada.

Zé Garcia ia passando
Num esquisito arriscado
Saíram três cangaceiros
O moço estava emboscado
O Garcia estava só
Agora ia ser roubado.

Ou dinheiro ou a vida
Abra logo o matulão
Acrescentou um bandido
A minha opinião
É que se matarmos ele
Não teremos perseguição.

Zé Garcia respondeu:
Não faça história comprida,
Vou entregar o dinheiro

Mas não roubem minha vida.
Disseram eles: você morre,
Matá-lo é nossa medida.

José Garcia inda disse:
Pois visto eu ser um cristão,
Eu quero me confessar
Me ouçam de confissão
E perdoe-me os pecados
Conforme a religião.

Um cangaceiro enxerido
Disse: então podes rezar,
Eu posso servir de padre
Só para lhe confessar
Vamos, diga seus pecados
Que eu os sei perdoar.

Garcia disse: aqui não,
Me confesse ali no mato,
Pecado alheio tem segredo
Visto a fineza do ato
– Vamos que serei o padre
Confesso muito barato.

Garcia disse ao ladrão:
Aqui vamos concordar,
Eu lhe dou 60 contos
Você vai negociar,
Matamos aqueles sujeitos
Que eu só quero é escapar.

Você com 60 contos
Para viver tem dinheiro
Vai ser um negociante
Até no Rio de Janeiro
Melhor ser um homem rico
Do que ser um cangaceiro.

Disse o bandido: está certo
E voltou emparelhado
O ladrão sempre dizendo:
O homem está confessado,
Ouviram-se logo dois tiros,
Cada um foi fuzilado.

Então disse Zé Garcia,
Ouça outra confissão:
Eu tinha três inimigos,
Dois estão mortos no chão,
Agora só falta um,
Segure o punhal na mão.

O cangaceiro gritou:
Você quis me enganar,
Zé Garcia respondeu-lhe
Eu não vivo de matar,
Quando a sorte me obriga
Eu luto para escapar.

Se travaram nos punhais
Combate muito ligeiro,
Zé Garcia apunhalou
Os braços do cangaceiro
Ainda lhe disse: ladrão,
Tu não me tomas mais *dinheiro*.

Botou-lhe o pé no pescoço,
O bandido não fez ação
Disse eu estou acostumado
Assinalar barbatão,
Vou deixar o meu sinal
Nas orelhas deste ladrão.

Garcia montou o cavalo
Continuou galopando,
Deixou no meio da estrada
Um roubador praguejando
Com dois cadáveres de lado
Os urubus festejando.

E depois do mês de São João
Garcia fez despedida
Voltando ao Piauí
Com sua esposa querida,
Lourival e Zulmirinha,
Houve choro na partida.

E depois um aleijado
De porta em porta pedia
Quem lhe desse uma esmola
Admirado dizia:
As suas orelhas têm
O sinal de Zé Garcia.

Responde o ex-cangaceiro:
Eu mesmo fui o culpado,
Nas matas do Ceará
Zé Garcia foi cercado
Morreram *meus* companheiros
Eu escapei aleijado.

Continuou Zé Garcia
Em São João do Sabugi,
De ano em ano visitava
Os campos do Piauí
Como topador de touro
Outro igual não tinha ali.

# A Criação do Mundo

Não me foi possível identificar o autor desta sátira curiosa. O autor ironiza a Bíblia por não se contentar com a explicação doutrinária.

A lógica sertaneja aqui se expande, com humor e agudeza habituais:

Fui ver se escutava a forma
Como foi a criação
Quase pude conseguir
Como ela foi então
Faltou-me achar a parteira
Que pegou o velho Adão.

Antes de nada existir
Causa alguma não havia
Nem céu, nem terra, nem mar,
Nem luz, nem ar existia
Mas nos diz a escritura
Deus sobre as águas vivia.

Aqui faço reticência
Nada valeu o estudo
Quem for pensar neste dogma
É capaz de ficar surdo
Porque se existia água,
Assim não faltava tudo.

Porque nos diz a história
Céu e terra não havia
A mesma história confirma
Que Deus nas águas existia
Porém não diz onde era
As águas onde vivia.

Creio que Deus um dia disse
Vou fazer a criação

Mas o céu já era feito
Pois era a sua habitação
Deus não morava nas águas
Que não era tubarão.

Deus fez a terra e o mar
Mandou que a terra criasse
O gênero da animaria
Que sobre ela pisasse
E o mar criasse peixe
Que em suas ondas nadasse.

Depois que a terra enxugou
Ele fez uma olaria
Fez o diabo e o homem
Sendo Adão da parte fria
Fez o diabo da quente
Que o fogo lhe competia.

Disse o diabo ao senhor
Com isso não vos ataco
Vossa obra está aqui
Deixa-me dando o cavaco.
Fizeste a mim e ao homem
Mas ainda falta ao macaco.

O Senhor disse ao Diabo:
Não entre nos meus assuntos
Está *vexado*[84] por macacos
Espere que faça muitos

---

84  Vexado, apressado.

Visto você está vexado
Então o faremos juntos.

O diabo aí ficou
Que só quem está em ressaca
Disse entrando ali:
Aquela obra sai fraca...
Pegou atropelar Deus.
Lá fizeram uma macaca!

Deus disse: eu bem não queria
Que tu não metesse a mão

Disse o diabo: é verdade,
Erramos porém então
Chama-se a bichinha Eva
Pode casar com Adão.

Eis a principal história
Porque foi tudo dirigido,
A mulher veio do macaco
Do barro veio o marido
O que não pensar assim
Saiba que está iludido.

# SERTÃO D'INVERNO

Antônio Batista Guedes em seu poema matuto "A Vida Sertaneja" evoca o sertão florido e acolhedor das chuvas e das colheitas. É um aspecto raro e o conhecido improvisador popular tinha autoridade para narrar a vida e os trabalhos dessa fase efêmera de alegria. A naturalidade do desenho supre a deficiência de rigores que seriam inoportunos num depoimento verídico.

Quando o inverno é constante
o sertão é terra santa;
quem vive da agricultura
tem muito tudo que planta.
Há fartura e boa safra,
todo pobre pinta a manta...

Dá milho, feijão,
tem fruta, tem cana,
melão e banana,
arroz, algodão,
as melancias dão
tantas como areia,
o jerimum campeia,
nas roças faz lodo...
Vive o povo todo
de barriga cheia!

Quando finda o mês das festas,
e entra o mês de janeiro,
quem tem roçado, destoca
e encoivara, ligeiro,
cada um quer ter a glória
de ouvir o trovão primeiro.

Com o inverno se alegra
na mata o bravo veado;
Nas locas o caitetu
fica todo arrepiado;
salta o mocó no serrote
quando vê o chão molhado...

Com vinte dias de chuva,
logo após a Vaquejada,
chega a fartura do leite,

manteiga, queijo e coalhada!
No tempo da Apartação
isto é que é festa falada!

É sim um festão
de muito desejo
para o sertanejo
uma apartação.
Os vaqueiros vão
Gado derribar
Cada um tirar
Pras suas ribeiras...
Famílias inteiras
Vão a festa olhar.

Se pega a chuva em janeiro,
Faz o povo a plantação;
Em fevereiro e em março
Quatro ou cinco *limpas* dão;
De vinte de abril em diante
Já comem milho e feijão...

Chega a abundância,
Reina a alegria,
Passa a carestia,
Passa a circunstância,
Com exuberância
A lavoura duplica
E uma vida rica
Passa o sertanejo:
Carne gorda e queijo
Pamonha e canjica...

E então no mês de julho
O sol já fica mais quente,
Caem as folhas dos paus,
Seca o verde de repente,
É mês de pouco trabalho
Folga quase toda a gente...

A rapaziada,
quase todo dia,
usa pescaria
e muita caçada;
Vida bem folgada
Todo mundo passa,
de mel e de caça
Fazem seu vintém,
Trajam, passam bem,
Não choram desgraça...

Nisso, entra o mês de agosto
E aí começa o verão:
Entra-se em *quebra* de milho,
Bate-se e guarda o feijão,
Desmancha-se, então, a cana,
Descaroça-se o algodão.

Quando a safra é boa
e o cobre se pega,
ninguém mais sossega
no sertão inteiro,
samba é balseiro,
bebedeira e jogo,
por causa do fogo
que dá o dinheiro!...

# Resumo Biográfico dos Cantadores

Na França, Bélgica e Alemanha há uma literatura sonora, festejando os *troubadours*, os *trouvères*, os *jongleurs*, os *minnesinger*, os *meister-sanger*, músicos humildes e cantores tradicionais quando a nação amanhecia. Musicalmente, quanta pobreza, quanta simplicidade, naquelas notas respeitosas ao cantochão religioso... E os versos? A indecisão, a rusticidade, a bruteza, não foram as melhores esperanças do idioma vivo e do espírito que nascia?

Em que seriam melhores e maiores que os nossos cantadores? Até poucos anos não vivia o sertão na Idade Média convulsa e lírica? Esses cantadores analfabetos não competiriam com seus companheiros de séculos? Inácio da Catingueira não sabia ler. Um dos maiores cantores da Alemanha aristocrática e feudal, Ulric de Lichtenstein, recebeu uma carta da namorada e, durante dez dias, não soube o que lhe mandava dizer porque o secretário estava ausente e o poeta fidalgo, armado cavaleiro em 1223, não sabia ler... Mas deixou mais de vinte mil versos.

Tantos livros saíram revivendo suas lutas, narrando vidas, transcrevendo poemas, traduzindo a língua bárbara e áspera e vertendo para a notação musical, compreensível, seus pontos quadrados e losângulos intuitivamente melódicos?... Por que não salvar do esquecimento o que resta das vidas selvagens e heroicas dos cantadores do tempo em que vintém era dinheiro?

Esses resumos biográficos, tirados dos livros de Francisco das Chagas Batista ("Cantadores e Poetas Populares", Paraíba, 1929), Leonardo Mota ("Cantadores", Rio de Janeiro, 1921; "Violeiros do Norte", São Paulo, 1925), Rodrigues de Carvalho ("Cancioneiro do Norte", 2. ed., Paraíba, 1928) e notas pessoais, trarão um pequenino material para estudos que forçosamente aparecerão.

Sirva de epitáfio a confiança de Serrador (João Faustino):

> Nasceu: padeceu, morreu...
> Sepultou-se: a terra come...
> Isto é certo acontecer,
> Seja muié, seja home,
> Mas Serrador deixa a fama,
> Sempre se fala no nome!...

*HUGOLINO NUNES DA COSTA*, Gulino do Teixeira, 1832-1895. Com 18 anos de idade fugiu de casa, vivendo de cantar e escrever versos. Acompanhou uma família para o Rio Grande do Norte onde ficou conhecido. Inteligente e curioso, com espantosa memória, sabia de cor a "Ciência Popular", História Sagrada, Lunário Perpétuo, Dicionário da Fábula, rudimentos de Geografia Física e Política, Carlos Magno e os Doze Pares de França. Ninguém o enfrentou para não ser vencido. Era homem branco, alto, de maneiras polidas e muito bem recebido onde estava. As melhores famílias sertanejas hospedavam Hugolino como se fosse um príncipe. Nos últimos anos de vida ninguém se queria bater com ele, certo da derrota. Quando chegava nas festas de Cantoria o cantador "emborcava" a viola numa humilde homenagem ao mestre indiscutível. O cantador Ferino de Góis Jurema, numa viagem em que venceu dezenas de cantadores, encontrou-se, casualmente, no sertão do Sabugi, com Hugolino, e assim, numa carta em versos para Francisco Romano, registou o encontro:

> No sertão do Sabugi
> Encontei mestre Hugolino;
> Embiquei o meu chapéu,
> E fui logo me escapulino
> Antes qu'ele me dissese:
> Espera, vem cá, Ferino!...

Os versos de Hugolino estavam conservados num volumoso caderno, emprestado a Germano da Lagoa. Num incêndio em casa deste, perdeu-se o original. O que existe é uma percentagem mínima e, em sua maioria, suspeita. Residia na Vila de Santa Luzia do Sabugi, Paraíba.

*BERNARDO NOGUEIRA*, 1832-1895. Violeiro afamado, repentista invencido, mestre de armas sertanejo, jogando bem espada e cacete, era mais inteligente que letrado. Esteve preso na cadeia de Campina Grande, Paraíba, por ter, com dois primos, retomado um parente que fugira. Houve resistência e luta e Bernardo feriu gravemente, ou matou, um dos adversários. Processado, fugiu para o sul de Pernambuco e dali para os brejos paraibanos, onde foi preso. Da cadeia de Campina Grande saiu em 1875 quando no ataque que a ela fizeram Neco de Barros e Galdino Grande, para libertar o pai de Neco e um irmão de Galdino que estavam *recolhidos*. Vencido o "destacamento de polícia", os prisioneiros evadiram-se e Bernardo andou escondido, cantando em casas de confiança, até que o crime ficou prescrito.

Sua fama pertence ao ciclo dos grandes cantadores. Ficou célebre seu combate poético com Preto Limão, que não resistiu. O desafio de Nogueira com Preto Limão é um dos episódios mais citados no fabulário do Nordeste. Nicandro Nunes da Costa, seu amigo íntimo, assistiu-lhe os últimos momentos e, minutos antes de morrer, trocaram sextilhas, comentando a supremacia da Religião Católica sobre as demais e o moribundo ainda recordou seu crime. No desafio de Carneiro com Romano este, vitorioso, lembrava ao vencido que o elogiava:

> Senhor Carneiro se admira
> De ouvir o meu cantar,
> Que diria si ouvisse
> Sabino pra martelar,
> Virgínio na Escritura
> E Nogueira pra glosar?...

Nicandro Nunes da Costa espalhou pelo sertão uma glosa sobre o mote:

| | |
|---|---|
| Acabou-se a poesia | Minh'alma sem alegria |
| Porque morreu o Nogueira. | Vê em São José e Teixeira, |
| Meu extro em melancolia | Afogados de Ingazeira, |
| Para o túmulo navega | O sertanejo e o matuto |
| Porque morreu meu colega. | Todos cobertos de luto |
| Acabou-se a poesia. | Porque morreu o Nogueira! |

Faleceu ele na Povoação de Cangalhas, nas raias de Cariri com Pajeú. De não menor fama foi o desafio entre Nogueira e o cantor pernambucano Manuel Leopoldino Serrador, debatendo a superioridade entre o sertanejo e o matuto (homens do brejo), saindo Nogueira vencedor.

*FRANCISCO ROMANO, Caluete*, 1840-1891, é o mesmo Romano da Mãe d'Água, porque nascera e residia no Saco da Mãe d'Água, no Município de Teixeira, Paraíba. Era irmão do cangaceiro-cantador Veríssimo do Teixeira e pai de Josué Romano, cantador famosíssimo. Chamavam-no também Romano do Teixeira, o Grande Romano. Foi o mais célebre cantador do seu tempo, informa Francisco das Chagas Batista, autoridade legítima no assunto. Ficaram memoráveis nos fastos da cantoria o desafio de Romano com Manuel Carneiro, em Pindoba, Pernambuco, e o combate com Inácio da Catingueira, no mercado público de Patos, Paraíba, e que

336

durou oito dias, segundo Rodrigues de Carvalho. Faleceu a 1º de março de 1891, repentinamente, trabalhando no seu roçado num domingo.

Num embate de Josué Romano com Manuel Serrador, o filho do cantador afamado assim apregoou as glórias paternas:

> Eu me chamo Josué,
> Filho do grande Romano,
> O cantador mais temido
> Que houve no gênero humano:
> Tinha a ciência da abelha,
> Tinha a força do oceano!...

Romano conhecia as ciências populares e delas tirava efeito seguro. Seus versos estão deturpados e dissolvidos nas "gestas" de outros cantadores. Raros serão os verdadeiros, entre os muitos apontados como autênticos pela tradição.

Um episódio curioso de sua vida foi a visita que fez ao irmão Veríssimo na cadeia de Teixeira. Veríssimo era cangaceiro da quadrilha de Viriato. Condenado a sete anos de prisão, passou-os tocando viola e cantando desafio com ele mesmo. Romano foi visitá-lo e o comandante do destacamento, sertanejo autêntico, permitiu um encontro dos dois, de viola em punho, dentro da cadeia. E cantaram juntos, como se estivessem num pátio de fazenda, em noite de lua, sob aplausos. O Sr. Gustavo Barroso escreveu uma página, deliciosa de evocação e justiça, sobre este tema ("Heróis e Bandidos", p. 198-199, Rio, 1917).

*INÁCIO DA CATINGUEIRA*, negro escravo do fazendeiro Manuel Luís. Cantador lendário e citado orgulhosamente por todos os improvisadores do sertão. Seus dotes de espírito, a rapidez fulminante das respostas, a graça dos remoques, a fertilidade dos recursos poéticos, a espantosa resistência vocal, ficaram celebrados perpetuamente. Sendo negro e analfabeto, não trepidou enfrentar os maiores cantores de seu tempo, debatendo-se heroicamente e vencendo quase todos. Foi o único homem que conseguiu derrotar Romano da Mãe d'Água, depois de cantarem juntos oito dias em Patos, luta que é a página mais falada nos anais da cantoria sertaneja.

Leonardo Mota dá uma nota sobre Inácio:

"Formidável negro esse Inácio da Catingueira! A que alturas não teria ele ascendido na sociedade brasileira, como Patrocínio e Cruz e Souza, se não fora a fatalidade da sua condição de escravo e outro tivesse sido o palco da atuação de seu gigantesco espírito! Dele se pode repetir o que Emílio de Menezes disse de Patrocínio:

> Negro feito da essência da brancura,
> Sóis porejava pela pele escura...

No inventário dos bens deixados por seu primitivo senhor, Catingueira era arrolado com um preço equivalente ao triplo do de qualquer dos demais escravos, o que deixa avaliar a alta e merecida conta em que era tido. Falecido em 1879, não foi sepultado na fazenda, como o eram todos os cativos: o cadáver do grande cantador negro foi transportado, em rede, para o cemitério da Povoação de Teixeira e aí o inumaram, num pleito póstumo de piedade e carinho".
LEONARDO MOTA – "Violeiros do Norte", p. 92, São Paulo, 1925.

Francisco das Chagas Batista diz que Manuel Luís deu carta de alforria ao seu escravo, constituindo ele seu maior e justo desvanecimento. Note-se, para documento dos costumes de outrora, que o escravo nunca encontrou proibição da parte de seu senhor para deixar Catingueira por longos meses, ir para onde quisesse e guardar para si os frutos das cantorias rendosas.

Os versos de Inácio da Catingueira são curiosos, entre outros aspectos, como material de crítica social ao estado do Negro no alto sertão do século XIX. Sua pele era o maior argumento de ataque e de defesa. Todos os adversários, fatalmente, aludiam à escuridão do cantador e nem por isso levaram a melhor parte nos desafios.

O grande negro nasceu no dia de Santo Inácio de Loiola, 31 de julho, na fazenda e Povoação de Catingueira, perto de Teixeira, ribeira do Piancó, Paraíba, e faleceu aí, sexagenário, em fins de 1879. Deixou filhos, entre eles João Catingueira, que ouvi cantar na residência do Dr. Samuel Hardmann, em Recife. Por ele soube que o pai era alto, seco, espigado e tinha voz extremamente aguda.

O desafio com Romano foi em 1870. Francisco das Chagas Batista (p. 66) informa: "Inácio da Catingueira era analfabeto, nasceu cativo; o seu senhor, o fazendeiro Manuel Luís, vendo o seu talento poético, deu-lhe a carta de alforria". Rodrigues de Carvalho (p. 332), citando uma carta do historiador Irineu Jofili, afirma que Inácio "era escravo e morreu nesta condição". Em 1903 o Bispo de Paraíba, D. Adauto, mandou batizar a mãe de Inácio da Catingueira, velha de 113 anos, africana, morando no lugar Jucá, antiga Catingueira, na Paróquia de Piancó.

Em qualquer Estado, sabe-se que Inácio da Catingueira foi o maior cantador negro de todo sertão nordestino.

*MANUEL CABECEIRA*, 1845-1914. Era do Rio Grande do Norte. Era baixo, vermelho, *rosalgar*, diz o sertanejo, atlético, jogando bem espada, faca e cacete. Vivia nas feiras, vendendo fumo ou aceitando desafios à viola. Meteu-se em várias brigas e desarmou dezenas de valentes. Sua agilidade salvou-o da morte e da prisão. Irineu Jofili assistiu Cabeceira dar um assalto de espada no mercado público de Mamanguape e gaba-lhe a destreza. Chama-o talentoso e improvisador de mérito.

Saindo do Rio Grande do Norte em 1870 veio residir no Município de Bananeiras, Paraíba, daí viajando para mercadejar ou cantar. Sabia ler. Sua força física era aproveitada pelos capitães de mato para a prisão de negros fugidos. Em queda-de-corpo era invencível. Cantava facilmente e não primava pela polidez na linguagem. Em 1908, Francisco das Chagas Batista ouviu-o cantar em Serrania, improvisando sextilhas com espontânea graça e ferina oportunidade. Rodrigues de Carvalho regista uns versos duma luta de Cabeceira com o Diabo.

*SILVINO PIRAUÁ LIMA*, 1848-1913. Nasceu em Patos e morreu em Bezerros, Pernambuco. Tocador de viola, popularizou o romance em versos. Os cantadores já não recordavam os velhos romances e o gênero morrera inteiramente. Escreveu e publicou "O Capitão de Navio", "As três moças que queriam casar com um moço só",[85] que ouvi cantado por João Catingueira, "Zezinho e Mariquinha", "A vingança do sultão" etc., muito cantados pelo sertão inteiro.

Foi o "discípulo amado" de Francisco Romano, o Romano da Mãe d'Água. O filho deste, Josué Romano, durante anos seguiu Pirauá Lima nas peregrinações, cantando pelas feiras, festas e convites. Em 1898, durante a seca, emigrou para Recife onde ficou. Aí encontrou José Duda, Antônio Batista Guedes e outros cantadores e com eles reanimou a cantoria em todas as regiões de fácil acesso.

Muito pobre, quando a mulher morreu, Silvino Pirauá foi cantar para arranjar dinheiro para o enterro. Depois de Romano do Teixeira, é, para

---

85  Informação de Francisco das Chagas Batista.

muitos, o maior cantador do Nordeste. Nunca foi vencido. Sua morte mereceu glosas saudosas de inúmeros cantadores.

*JOAQUIM FRANCISCO DE SANTANA*, 1877-1917. Nasceu em Camutanga, Pernambuco, e aí faleceu. Era negro, forte e cantador valioso, inspirado e de respostas felizes. Uma das tradições sertanejas é que Joaquim Francisco se bateu com o Diabo num desafio e o venceu cantando o "Ofício de Nossa Senhora". De sua luta com Antônio da Cruz, o Sr. Gustavo Barroso recolheu alguns "martelos" no "Ao Som da Viola" (p. 570, Rio, 1921).

*FIRINO DE GÓIS JUREMA*. Pelas informações do octogenário Manuel Romualdo da Costa Manduri a Leonardo Mota, era um *pardo* velho, quase cego, natural da Freguesia de Santa Maria Madalena. É a padroeira do Teixeira, Paraíba. Foi um dos cantadores popularizados, especialmente na Paraíba e Rio Grande do Norte, onde fez várias viagens, batendo-se com poetas falados. Amigo de Francisco Romano, para este escreveu longa carta em sextilhas, narrando suas vitórias nos diversos desafios em que se empenhara:

Quero te contar, Romano,
O que me tem sucedido,
Lugares que tenho andado
Famas que tenho vencido,
A troco dum "Deus lhe pague"
Já vi meu tempo perdido...

Cheguei em Campina Grande,
Encontrei um Zé Limeira:
Toquei-lhe fogo na lima,
Só ficou a buraqueira,
O resultado foi este:
Quase que se acaba a feira.

Também em Campina Grande
Encontrei o tal Rozeno,
Lavrei-o todo de enxó,
Não lhe deixei um empeno
E lhe disse: Camarada,
Não tiro regra por meno...

Cheguei em Alagoa Nova,
Encontrei José Medonho,
Vinha fazendo milagre
(Parecia Santo Antônio)
Rezei-lhe um "credo" às avessas
Ficou chamado "demonho".

Fui a Lagoa da Roça,
Peguei-lhe com João Carneiro,
Este eu serrei-lhe as pontas,
Não voltou mais ao chiquinho,
Ficou dizendo: Esse nego
É um lobo carniceiro.

Cheguei em Lagoa Nova,
Peguei Pedro Passarinho,
Cortei-lhe o bico e as asas
Deixei-o sem canhão no ninho,
Tomei os beco das rua,
Fiquei cantando sozinho.

Cheguei na Boa Esperança,
Encontrei o Campo Alegre,
Esse me disse: Seu mal
Estou com medo que me pegue,
Se você já vem mordido,
Por caridade não negue...

Na lagoa do Remígio,
Me encontrei com Labareda,
Esse, quando me viu, disse,
Que era da família Almeda,
Vinha aspro que nem ralo,
Ficou macio que só seda.

Chegando no Sabugi,
Encontrei mestre Hugolino;
Embiquei o meu chapéu,
Fui logo me escapulino,
Antes qu'ele me dissesse:
Espera, vem cá, Firino.

E fui nesta mesma noite
Ao Bezerra do Caldeirão,
Este, logo que me viu,
Arrancou sem direção.
Chapéu, roupa e alpragata,
Ficaram no matulão.

No Brejo me encontrei
Com o tal de Batateira,
Soltei-lhe os pés de banda,
Deixei-lhe o lerão na poeira,
Botei a rama pro gado
E tomei conta da feira.

Cheguei em Alagoa Grande,
Encontrei o Corre-Mundo
Botando serras abaixo,
Tapando riacho fundo;
Meti-lhe a derrota em cima,
Só o deixei moribundo.

No mesmo ponto encontrei,
O tal Pedro Belarmino,
Meti-o num cipoal,
Qu'ele quase perde a tino,
Quando foi pra amanhecer,
Chorava que só menino.

Cheguei em Brejo d'Areia,
Encontrei Vicente Guia
Era um soldado de linha
Tropa de Cavalaria;
Passei-o pra retaguarda
Qu'era o qu'ele não queria!

Fui chegando em Água Doce,
Encontrei Manué Fulô,
Coitadinho! Só sabia
De cantiguinhas de amô...
Eu não agravei a ele
E nem ele me agravou.

Faltou-me um palmo de gato
Pra cantar com Bilinguim.
Quando passei no Salgado
A casa dele era assim...
Porém eu não fui a ele
E nem ele veio a mim.

Esse roteiro de vitórias indica igualmente a abundância dos cantadores, cada qual tendo sua morada que lhe cumpre defender do cantor estranho. Firino de Góis Jurema faleceu nos primeiros anos do século XX.

*RIO PRETO*, negro, macromélico, agigantado, lascivo e ágil como uma onça. Durante muitos anos foi o terror na ribeira do Rio do Peixe, na Paraíba, matando, violentando, incendiando e depredando. Tocava viola e gostava de cantar desafio. Seus antagonistas, logo que identificavam o cangaceiro, fugiam espavoridos, dizendo se terem batido com o próprio Satanás. Rio Preto chefiava um grupo cujo sinal de reconhecimento e de animação era o zurro do jumento. Em meio do tiroteio ouvia-se Rio Preto rinchando alegremente. Preso, fugiu da cadeia de Teixeira e recomeçou a vida de crimes. Matou um fazendeiro, Francisco Leite, e violentou a viúva. Os órfãos, Antônio e José Leite, com 15 e 16 anos respectivamente, puseram-se no encalço do bandido e o mataram a tiros de clavinote, numa madrugada clara.

Rio Preto cantava bem e teve abecedários e romances registando sua vida.

No dia sete de setembro
Foi Rio Preto cercado
Por dez praças de polícia
E o subdelegado;
Mas, o negro não fez conta,
E rinchou como um danado.

Meu tio Antônio Justino de Oliveira, amigo dos Leites e perseguidor obstinado de Rio Preto, dizia que o cangaceiro costumava cantar um versinho, nas horas em que as descargas se espaçavam:

Rio Preto foi quem disse
E como disse não nega;
Leva faca e leva chumbo,
Morre solto e não se entrega.

E cantava com uma vozinha bem delicada. Uma vez chegou até a casa de um fazendeiro amigo e pediu-lhe que mandasse buscar um cantador para "vadiá no desafio". Ninguém aceitou o repto. Manuel do Ó Bernardo, cantador seguro, veio e entestou com o cangaceiro, valentemente, derrotando-o. O romance em versos, já deturpado e com interpolações, foi recolhido por Sílvio Romero que dá o Ceará como procedência ("Cantos Populares do Brasil", p. 47-50, Rio, 1897, 2. ed.).

– Quando vim de minha terra
Truce ferro cavador,
Para tapar Rio Preto
Deixá-lo sem sangrador...

– Se tapares o meu rio,
Não tapas o meu riacho,
Qu'eu represo nove léguas,
Botando a parede abaixo!

Há mais estes dois versos, um registado em "Cantos Populares" de Sílvio Romero e outro no "Cangaceiro do Norte" de Rodrigues de Carvalho que estariam seguidos no romance primitivo:

Apois mande fazer uma
Com seis braças de fundura;
Como já é bicho de represa,
Tanto lava como fura.

Se tapar o Rio Preto,
Faça a parede segura,
Que no lugar mais estreito
Tem cem léguas de largura.

A peleja de Manuel do Ó Bernardo, ou Manuel da Bernarda, realizou-se na Fazenda "Floresta", do Major Antônio Lucas, em Inhamuns, Ceará. Não há, entretanto, notícia de haver o cangaceiro Rio Preto ter ido às terras cearenses.

*GERMANO ALVES DE ARAÚJO LEITÃO*, 1842-1904. Germano da Lagoa, por ter sua residência em Lagoa de Dentro, Teixeira, Paraíba, nos limites do Pajeú, Pernambuco. Vinha dos antigos sesmeiros da região limítrofe, sabendo ler e cantar bem. Amigo pessoal dos grandes cantadores que o sertão indica como Mestres supremos, é citado com simpatia, embora sem despertar o entusiasmo que existe pelos outros velhos aedos desaparecidos. Era íntimo de Hugolino do Teixeira, Silvino Pirauá, Nicandro, Bernardo Nogueira etc. Sua especialidade, em que era invencível, consistia nos "versos-de-dez-pés", as décimas heptassílabas, forma preferida por ele às sextilhas e às quadras. Em décimas de sete sílabas deixou avultado número de "obras".

Sua fama como repentista, glosador de motes, cantor de romances e xácaras, é superior ao renome de cantador de desafio, mesmo contando, como contava, com várias e comentadas vitórias.

*MANUEL VIEIRA DO PARAÍSO*, 1882-1927, paraibano de Guarabira, agricultor e, sempre que era possível, cantador feliz. Escreveu e publicou dezenas de histórias em versos, comentando os fatos sensacionais do momento. Manuel Vieira era tido como um dos cantadores "de respeito".

*JERÔNIMO DO JUNQUEIRO*, cantador de fama espalhada que, sem maiores detalhes sobre sua vida, o povo haloa de lendas estupefacientes. Era o melhor tocador de viola de seu tempo e para conseguir a maestria fizera um pacto com Satanás. Disputado para todas as junções (bailes) e aclamado em toda parte, possuiu numerosos inimigos que explicavam sua agilidade como mercê diabólica. Numa antevéspera de Santo Antônio o próprio Demônio apareceu a Jerônimo do Junqueiro e cobrou-lhe a dívida. Segundo o contrato o Diabo devia aceitar uma segunda proposta. O cantador convidou-o para um desafio a viola e venceu-o brilhantemente. Depois procurou o "santo Padre Ibiapina" que lhe deu penitência e absolveu-o.

O "santo Padre Ibiapina", bacharel José Francisco Pereira Ibiapina, fez parte da primeira turma dos diplomados pela Academia Jurídica de Olinda, em 1832. É uma impressionante figura de missionário dos sertões nordestinos. Nasceu perto de Sobral, no Ceará, a 5 de agosto de 1806 e faleceu na casa de caridade de Santa Fé, Bananeiras, Paraíba, em 19 de fevereiro de 1883. Professor de Direito Natural em Olinda, Juiz de Direito de Quixeramobim, deputado-geral pelo Ceará a terceira legislatura do Império (1834-1837), advogado de renome, a tudo renunciou, ordenando-se sacerdote em 1853. Demitindo-se dos cargos de Vigário-Geral e professor do Seminário de Olinda, fez-se missionário, erguendo inúmeras capelas e fundando várias casas de caridade no Ceará, Rio Grande do Norte e Paraíba. Possuía um prestígio absoluto nos sertões e jamais dele se aproveitou senão para os fins religiosos. Foi o confessor de Jerônimo do Junqueiro.

O cantador continuou sua vida errante e faleceu, repentinamente, durante um desafio. É muito citado seu desafio com Zefinha do Chabocão.

*PRETO LIMÃO*, famosíssimo cantador e violeiro. Conheci-o em Natal, cantando no Areal. Era um negro alto, esguio, de olhos amarelados e com um cavanhaque de soba africano. É sempre enumerado entre os primeiros cantadores e como residindo em Natal, embora não fosse verídico. Derrotou dezenas de menestréis, mas sua maior glória é ter batido com Bernardo Nogueira, que o venceu. Dizem os cantadores que Preto Limão só foi vencido por estar doente e ter a família adoecido também.

*FRANCISCA BARROSO*, Xica Barrosa, grande cantadeira sertaneja, gabada como a primeira lutadora de seu sexo que enfrentou os nomes mais ilustres da cantoria. Era "alta, robusta, mulata simpática, bebia e jogava como qualquer boêmio, e tinha voz regular" (Rodrigues de Carvalho, p. 334). Paraibana, seus desafios correm mundo, despertando aplausos. O seu combate mais célebre foi com o cearense Manuel Martins de Oliveira, Neco Martins, de São Gonçalo, Paracuru. Embora vencida, a mulata improvisara magnificamente, deixando forte impressão entre os cantadores. Com Manuel Francisco, em Pombal, bateu-se longamente, vencendo-o assim como ao cantador José Bandeira. Xica Barrosa ("*A negra Xica Barrosa, é faceira e é dengosa*", costumava ela cantar) foi assassinada num samba em Pombal, Paraíba.

*MARIA TEBANA*, também chamada Maria Turbana ou Trubana, norte-rio-grandense, possuiu uma das mais fortes e lindas vozes de que o sertão se orgulhava. Versejava com rapidez e o seu "repente" era assustador. Tocava bem viola e compunha, de ouvido, "rojões" e "baianos" repinicados e tradicionais. Passou a termo de comparação. Tocar assim só Maria Turbana!... Bateu-se com Manuel do Riachão, negro afamado nos desafios, depois cego e ainda mais respeitável, ficando a luta indecisa. Esse desafio é o mais falado dos encontros de Maria Tebana.

*JOSEFA*, moradora no Chabocão, Ceará, e daí conhecida como "Zefinha do Chabocão". Dela só se cita um desafio longo e tremendo sustentado com Jerônimo do Junqueiro, onde os dois improvisadores empregaram todos os recursos da técnica sertaneja. Zefinha, apesar da fama e da valentia, não pôde resistir ao formidável cantador.

*MANUEL CAETANO*, negro escravo. Morava em Barra de Santa Rosa, na Paraíba. Seu senhor alforriou-o quando assistiu uma sua vitória em desafio. Manuel Caetano tornou-se cantador ambulante e depois fixou-se na terra do nascimento, dali saindo apenas a convite. Era impetuoso e feroz na improvisação e cantou incontáveis sucessos. Sua pugna com Manuel Cabeceira é a mais notável, embora não houvesse vencedor nem vencido. Cantou com Rio Preto vencendo-o. Creio não se tratar do cangaceiro homônimo. Esse episódio em versos, conhecidíssimo no sertão, aparece sempre confundido com fato idêntico atribuído ao cearense Manuel do Ó Bernardo.

*BEMTIVI*. É um dos nomes de guerra de vários cantadores. Misturam-se desta forma as produções, superiores e inferiores, de alguns poetas. Os mais citados "Bemtivis" foram: Antônio Rodrigues, mameluco, sabendo ler

e tocar viola, cheio de verve e de presença de espírito. Vivia em Jaguaribe-
-Mirim, no Alto da Viúva, Ceará. Seu desafio com o negro Madapolão
causou sucesso. O outro Bemtivi, José Pereira de Sousa, deixou versos e
nome de lutador. Um terceiro Bemtivi, João Pedro de Andrade, foi "descoberto" por Leonardo Mota. Nascido em Crato, Ceará, tem vivacidade e
muitas das suas sextilhas são esplêndidas. Aqui estão algumas "letras" de
Bemtivi III ("Violeiros do Norte", p. 12 e ss.):

> Home que não tem cavalo,
> Pra que diabo compra peia
> Quem é cego dos dois olhos
> Não carece sobranceia...

Mulher que não possui brinco,
Pra que cão fura as oreia?
Não posso me acostumar
Com o vento açoitando o mar
E as ondas beijando a areia...

Negro de botina branca
Não se dá coisa mais feia!
Não posso me acostumar
Com o vento açoitando o mar
E as ondas beijando a areia...

Leonardo Mota informa que Bemtivi III é negro, alto e analfabeto.
Elogia-lhe, com justiça, o estro:

Minha gente, venha ver
O Bemtevi quando canta:
Tem um piado no peito,
Tem um ronco na garganta,
Da meia-noite pro dia
Baixa a voz, depois levanta.

Meu São Francisco das Chagas,
Meu santo de Canindé,
Eu sei que santo não voga
Naquilo que Deus não quer...

Ninguém se queixe da sorte
Que Sant'Antônio disse assim:
– Às vez, quando Deus se atrasa,
Vem um anjo no camim...

Duvido haver como este
Um ditado mais profundo:
Dinheiro e mulher bonita
É quem governa este mundo!

Eu não largo a minha terra,
Nem que eu tenha precisão,
Que o boi, tando em terra aleia,
Até as vacas lhe dão...

Cantando numa feira sem que lhe retribuíssem o esforço, Bemtivi improvisou o "verso":

> Rancho de cavalo é milho,
> De cantador é dinheiro!
> Quem canta de graça é galo
> Pra divertir o terreiro...
> De homem que faz gosto a macho
> Eu só conheço barbeiro,
> Que alisa o freguês na cara,
> Passa o pente e bota cheiro...

*LEANDRO GOMES DE BARROS*, 1868-1918. Nasceu e morreu na Paraíba, viajando pelo Nordeste. Viveu exclusivamente de escrever versos populares inventando desafios entre cantadores, arquitetando romances, narrando as aventuras de Antônio Silvino, comentando fatos, fazendo sátiras. Fecundo e sempre novo, original e espirituoso, é o responsável por 80% da glória dos cantadores atuais. Publicou cerca de mil folhetos, tirando deles dez mil edições. Esse inesgotável manancial correu ininterrupto enquanto Leandro viveu. É ainda o mais lido de todos os escritores populares. Escreveu para sertanejos e matutos, cantadores, cangaceiros, almocreves, comboieiros, feirantes e vaqueiros. É lido nas feiras, nas fazendas, sob as oiticicas nas horas do "rancho", no oitão das casas pobres, soletrado com amor e admirado com fanatismo. Seus romances, histórias românticas em versos, são decorados pelos cantadores. Assim "Alonso e Marina", "O Boi misterioso", "João da Cruz", "Rosa e Lino de Alencar", "O Príncipe e a Fada", o satírico "Canção de Fogo", espécie de "Palavras Cínicas", de Forjaz de Sampaio, a "Órfã abandonada" etc. constituem literatura indispensável para os olhos sertanejos do Nordeste. Não sei verdadeiramente se ele chegou a medir-se com algum cantador. Conheci-o na capital paraibana. Baixo, grosso, de olhos claros, o bigodão espesso, cabeça redonda, meio corcovado, risonho contador de anedotas, tendo a fala cantada e lenta do nortista, parecia mais um fazendeiro que um poeta, pleno de alegria, de graça e de oportunidade.

Quando a desgraça quer vir
Na manda avisar ninguém,
Não quer saber se um vai mal

E nem se o outro vai bem,
E não procura saber
Que idade Fulano tem...

Não especula se é branco,
Se é preto, rico, ou se é pobre,
Se é de origem de escravo

Ou se é de linhagem nobre!
É como o sol quando nasce
O que achar na terra, cobre!

Um dia, quando se fizer a colheita do folclore poético, reaparecerá o humilde Leandro Gomes de Barros, vivendo de fazer versos, espalhando uma onda sonora de entusiasmo e de alacridade na face triste do sertão.

*JOSÉ GALDINO DA SILVA DUDA*, nascido na Povoação de Salgado, Itabaiana, Paraíba, em 1866, passou sua mocidade como almocreve, tangendo comboios de cargas pelas estradas sertanejas, "arranchando" sob as árvores, tocando viola, ouvindo e cantando desafios. Em meia-idade, resolveu ser cantador profissional. Mora no Zumbi, em Recife. É o mestre Zé Duda considerado como um legítimo herdeiro das glórias de Romano do Teixeira e de Germano da Lagoa. Seus combates são incontáveis. Os mais citados foram: um com o cego José Sabino e outro com João Melquíades Ferreira da Silva, o cantor da Borborema, sargento asilado do Exército, veterano de Canudos. Zé Duda ganhou a primeira e empatou a segunda. Mas as vitórias são inumeráveis. É falecido.

Quando Leonardo Mota pediu a Jacó Passarinho que indicasse os maiores cantadores, o improvisador respondeu numa sextilha:

Preto Limão em Natal,
Nogueira no Cariri,
Inácio na Catingueira,

Gulino no Sabugi,
Romano lá no Teixeira,
Zé Duda velho em Zumbi...

Estava feito o elogio.

*FABIÃO HERMENEGILDO FERREIRA DA ROCHA* é o Fabião das Queimadas, por ter nascido no lugar "Queimadas", Município de Santa Cruz, no Rio Grande do Norte, em 1848, e faleceu em junho de 1928. Era um negro baixo, entroncado, robusto, de larga cara apratada e risonha, nariz de congolês e uns olhos tristes de escravo. Conservava a dentadura intacta e um bom humor perene. Escravo do Major José Ferreira da Rocha, juntou, vintém por vintém, o preço de sua alforria, 800$. Depois economizou 100$ e pagou a liberdade de sua mãe. Novos anos de paciência para reunir 400$ e comprou sua sobrinha, Joaquina Ferreira da Silva, com quem casou. Deixou quinze filhos e uma ninhada de netos e bisnetos. Vivia no meio da "famiação", respeitado e querido como um patriarca. Analfabeto de imensa memória, faz o poema e o repetia mecanicamente, sem tropeço. Raramente improvisava. Exceto quando enfrentava cantador. Era pequeno agricultor, agarrado à sua lavoura, tendo cabeças de gado e trabalhando com os filhos. Convidado para a cantoria, nunca se recusava. Para as festas de apartação, vaquejadas, casamentos, batizados, era convidado perpétuo e indispensável sua "louvação". Passou cerca de quinze dias comigo, cantando em várias casas de Natal, começando pela do Governador Ferreira Chaves. Respondeu minhas perguntas, sobre sua família e começos da cantoria, em sextilhas:

Minha mãe chama-se Antônia,　　Comecei a vadiar
Meu avô chama João,　　　　　　Derna de pequenininho,
Meu pai se chama Vicente,　　　　Fabião quando diverte
Eu me chamo Fabião,　　　　　　Diz – alegra os passarinho...
Negro de folgar bonito　　　　　Morrendo o Fabião velho,
Quando se encontra um função...　Fica o Fabiãozinho!...

Fabião tocava exclusivamente rabeca. Cantou vários romances seus, os que gostava mais e dizia ser "obra asseada". Eram xácaras do Boi Mão de Pau, do Boi Piranha, uma apartação no Potengi-pequeno, a história duma besta velocíssima que vivia na serra de Joana Gomes... Nunca teve encontros sensacionais mas cantorias meio-amistosas com improvisadores camaradas. Numa dessas, com Manuel Tavares, trocaram quadrinhas famosas:

Fabião, nós somos velhos　　　A minha alma de velho
E velhos não valem nada,　　　Anda agora remoçada;
Pois só quem vale é quem ama　Qu'a paixão é como o sono,
E traz a alma enganada...　　　Chega sem ser esperada...

A quadrinha de Fabião, divulgada pelo Senador Elói de Sousa numa conferência ("Costumes locais", p. 14, Natal, 1909), fez fortuna. O velho poeta recitou-me dizendo "remoçada" e o Dr. Elói de Sousa escreveu *"renovada"*. Há no folclore cearense uma quadrinha parecida e mais linda:

O Amor é como o Sono,
Que não dispensa ninguém...
Eu só comparo com a Morte
Ninguém sabe quando vem!

Não creio Fabião autor da quadrinha deduzindo do quanto lhe ouvi cantar. Era poeta medíocre e suas quadrinhas ("versos", como ele chamava) nunca chegaram ao lirismo feliz da que o Dr. Elói de Sousa encontrou. Acredito que Fabião a perfilhasse por sua mas, curiosamente, nunca dava detalhes dessa obrinha e tinha um riso meio amarelo. O Dr. Elói de Sousa, poeta ele próprio, não será o legítimo autor da quadra, posta generosamente nos lábios rudes do velho Fabião das Queimadas?

Comentador orgulhoso da vida pastoril, Fabião se tinha em alta conta como "*poeta glosador*", afirmando-se figura essencial nas festas. Bom, trabalhador, humilde, o ex-escravo morreu no meio dum ambiente de simpatia. Todos o afagavam. Seu retrato apareceu em revistas cariocas, seu nome foi citado em conferências no Rio e São Paulo. Cantou diante dos auditórios mais ilustres e recebeu palmas e prêmios que nunca surgiram ante os olhos melancólicos do grande Inácio da Catingueira. Apenas não lhe foi certa a profecia para o Fabiãozinho suceder-lhe no reinado da rabeca e da cantoria. Encontrei-o louco, no Asilo de Natal, dando gargalhadas intermináveis e dizendo versos que ninguém entendia...

*ANTÔNIO BATISTA GUEDES* nasceu em Bezerros, Pernambuco, no ano de 1880 e faleceu em Guarabira, Paraíba, em 1918. Criou-se na fazenda "Riacho Verde", na Serra do Teixeira, Paraíba, onde trabalhava na agricultura, convivendo nas feiras com os cantadores. Em 1903, mudando-se para Recife, resolveu ser cantador profissional. Começou a versejar, mandando imprimir os versos e os vendia, viajando pelo interior dos sertões e capitais nordestinas. Fixando-se em Guarabira, deixou a "cantoria", publicando suas lutas e "obras", sendo político. Chegou a delegado de polícia. Conta-se um seu encontro com Germano da Lagoa a quem venceu. Antônio Batista Guedes deixou muitas descrições do sertão, narrando cenas da vida sertaneja. Na parte poética do "Documentário" transcrevo um seu poema sobre o sertão d'inverno.

*SERRADOR*, João Faustino, de Novo Exu, Pernambuco, falecido em Maracanaú, Ceará, em 1924. O nome de guerra é tradicional. Vários "Serrador" gozaram renome. Um deles, Manuel Leopoldino Serrador, bateu-se com Bernardo Nogueira, disputando sobre a rivalidade entre Matutos (brejeiros, moradores dos brejos) e sertanejos. João Faustino, como os quatro biografados subsequentemente, foram "descobertos" por Leonardo Mota, que os revelou aos estudiosos do folclore poético brasileiro.

Esse velho Serrador,
por alcunha João Faustino,
Quando se vê agastado
e fica no seu destino,
faz mais medo a cantador
do que boi faz a menino...

Cangussu é meu cavalo,
Corre-campo é meu facão,
Jararaca é meu chicote,
Cascavel, meu cinturão,
Caranguejo é minha espora,
Imbuá, meus anelão...

Dele escreveu Leonardo Mota: "Dono daquelas carregadas feições a que se convencionou chamar de patibulares, é, entretanto, de trato afabilíssimo e, mesmo no mais renhido dos desafios, imutável sorriso lhe ameniza as feições sinistras". Cantador de memória infinita, tanto era senhor do "repente" como se podia socorrer do manancial das lutas passadas de cantadores célebres.

*SINFRÔNIO PEDRO MARTINS*, cearense de arredores de Mecejana, cegou com um ano de idade. A cegueira arredando distrações maiores, desenvolveu-lhe a memória. Casado e cantador profissional, tem na companheira uma auxiliar preciosa. Repete ela os versos alheios até que o marido os decore facilmente. Sinfrônio é um dos grandes cantadores nordestinos. Ainda vive e terá hoje, 1937, uns cinquenta e seis ou sete anos.

Eu atrás de cantadô,
sou como abeia por pau,
como linha por aguia,
como dedo por dedau,
como chapéu por cabeça
e nego por berimbau...

Eu, atrás de cantadô,
sou como vento por praia,
como junco por lagoa,
como fogo por fornaia,
como pioio por cabeça
ou pulga por cóis de saia!...

*JACÓ ALVES PASSARINHO*, cearense de Mutamba, perto de Aracati, é branco, sabe ler e escrever, é maior de 50 anos e ainda vive, cantando pelo interior dos Estados do Nordeste. Improvisador magnífico, possui memória fabulosa. É o mais original dos cantadores vivos. Seus versos têm acento peculiar a uma inteligência invulgar e viva.

Quando nasceu, Passarinho,
Trouxe quatro dote junto:
ser branco, dar-se a respeito,
tocar pouco e cantar muito.

Canto baixo, mas cantiga
Deste Jacó Passarinho,
Não incomoda os doente
Nem aborrece os vizinho...

Uma sua paráfrase deliciosa de graça e de espontaneidade sobre o ditado "quem a boca do filho beija, a boca do Pai adoça":

Cantador que dá-se a preço
não se areia nem faz troça;
sujeito de bom calibre
depois de velho, remoça;
quem beija a boca de um filho
a boca do Pai adoça...

Nossa Senhora é mãe nossa,
Jesus Cristo é nosso Pai.
Na minha boca repente
é tanto que sobra e cai...
Quem beija a boca de um filho
Adoça a boca de um pai.

Mostro a quem vem e a quem vai,
mostro a todos da jornada;
mais vale quem Deus ajuda

do que quem faz madrugada.
Quem beija a boca de um filho
deixa a de um pai adoçada...

Este mundo é uma charada
Ai de mim, si Deus não fosse!
Repente em minha cabeça
ainda não acabou-se:
Quem beija a boca de um filho
deixa a boca de um pai doce.

Foi o inverno quem trouxe
ao Ceará a fartura...
Eu, em casa de homem rico,
gosto de fazer figura.
Quem beija a boca de um filho
deixa a de um pai na doçura...

Curiosa é esta variação poética sobre os treze numerais:

Agora vou divirtir,
cantar fora do comum,
canto brando e moderado,
sem zoada e sem zum-zum:
É 8, é 7, é 6, é 5,
é 4, é 3, é 2, é um

Graúna não é anum,
farinha não é arroz,
Francisco não é Cazuza,
Agora não é depois:
É 9, é 8, é 7, é 6,
é 5, é 4, é 3, é 2...

Só por serdes vós quem sois,
falo no bom português...
Vão desculpando algum erro,
ao menos por esta vez
É 10, é 9, é 8, é 7,
é 6, é 5, é 4, é 3...

Faço o que nunca se fez!
Corre a fama e corre o boato
deste meu falar moderno,
brandinho, manso e pacato:
É 11, é 10, é 9, é 8,
é 7, é 6, é 5, é 4...

Todo nó cego eu desato,
todo nó no dente eu trinco!
Cantador fica abestado
de reparar como eu brinco
É 12, é 11, é 10, é 9,
é 8, é 7, é 6, é 5...

O home que rapa a croa
Ou é padre ou frade ou Reis...
Eu pra cantar nunca tive
dia, semana nem mês:
É 13, é 12, é 11, é 10,
é 9, é 8, é 7, é 6!...

*ADERALDO FERREIRA DE ARAÚJO*, cearense do Crato. Maquinista da Estrada de Ferro de Baturité cegou em consequência de um desastre. Despediram-no e o maquinista cego se fez cantador pelas feiras. Leonardo Mota elogia-lhe a lindeza da voz e a força do improviso sempre ágil e seguro. É maior de cinquenta anos. Ultimamente adquiriu um cinema "Pathé Baby" e com ele anda pelos sertões, cantando versos e mostrando vistas.

Um episódio curioso na vida de Aderaldo foi seu encontro com o cantador José Pretinho do tucum, um famoso improvisador do Piauí. Aderaldo venceu-o recorrendo aos versos mnemônicos, pacientemente elaborados e repetidos, que, cantados com ímpeto e decisão de quem os fazia na hora, desnortearam o contendor que não os pôde nem soube responder.

Cego, agora eu vou mudar
para uma que mete medo!
Nunca achei um cantador
que desmanchasse este enredo:
é um dedo, é um dado, é um dia,
é um dado, é um dia, é um dedo...

Daqui a pouco, Zé Pretinho,
te faço ganhar o bredo...
Sou forte como um leão,
Sou forte como um penedo!
É um dedo, é um dado, é um dia,
é um dado, é um dia, é um dedo...

Zé Pretinho, o teu enredo
parece mais zombaria...
Tu hoje cega de raiva
e o Diabo é tua guia;
é um dia, é um dado, é um dedo,
é um dedo, é um dado, é um dia.

Cego, agora inventa uma
das tuas belas toadas,
para ver se estas moças
dão alguma gargalhada
Todo mundo tem se rido,
só elas estão calada...

Cego, respondeste bem
que só quem tinha estudado...
eu também por minha vez,
canto meu verso aprumado;
é um dia, é um dado, é um dedo,
é um dedo, é um dia, é um dado...

Zé Pretinho, eu não sei mesmo
de você o que será...
Arrependido do jogo
você é quem vai ficar:
Quem a Paca cara compra
Cara a paca pagará...

Cego, fiquei apertado
que só um pinto num ovo...
Tenho medo de sofrer
vergonha diante do povo...
Cego, a história desta Paca
faz favor dizer de novo...

Digo uma e digo dez,
no falar eu tenho pompa,
presentemente não acho
a quem meu martelo rompa;
Cara a Paca pagará
quem a Paca cara compra...

Cego, teu peito é de aço,
foi bom ferreiro quem fez!
Pensei que o cego não tinha

no peito tal rapidez...
Cego, se não for massada,
Repete a Paca outra vez!

Arre, com tanto pedido
desse preto capivara!
Não tem quem cuspa pra cima
que não lhe caia na cara...
Quem a Paca cara compra
pagará a Paca cara...

Cego, agora eu aprendi
cantarei a Paca já!
Tu pra mim és um borrego
no bico dum carcará...
Quem a paca... capa... paca...
Papa... pa... ca... pacará...

"Uma gargalhada reboou entre os presentes", narra Leonardo Mota, e Zé Pretinho, furioso, avançou para o cego Aderaldo a fim de o agredir. Intervieram os circunstantes e Aderaldo, animado das simpatias do auditório, calmamente prosseguiu, irônico:

Senhores, vocês que enxergam,
me façam um pedidozinho:
me dê notícia da fama
do cantador Zé Pretinho!...

Eu hoje tirei-te o roço,
Arreda pra lá, negrinho,
Vai descansar teu juízo,
Que o cego canta sozinho...

*ANSELMO VIEIRA DE SOUSA* nasceu em 1867, na Fazendola Ilha Grande, perto de Nova Russas, Município de Ipueiras, residiu em Ipu onde Leonardo Mota o conheceu e o revelou para o grande público. Anselmo faleceu em Nova Russas em 1926. Analfabeto, compunha versos sempre em colcheias (sextilhas), aumentando, automaticamente, o número dos versos sempre que o assunto não se esgotava nos seis-pés.

É maluco do juízo
quem segue este meu rojão
se me mordê, quebro os dentes,

se intimá, furo no vão...
Marmeleiro dá um facho,
catingueira, bom tição.

354

| | |
|---|---|
| Angico dá cinza e brasa, | Por sinal deixa os torrão; |
| jurema só dá carvão... | Inda que a chuva desmanche, |
| Onde foi casa é tapera, | Fica o sinal do fogão... |

*NICANDRO NUNES DA COSTA*, irmão de Hugolino do Teixeira, nasceu em 1829 e faleceu em 1918. Foi, escreveu Francisco das Chagas Batista, o príncipe dos poetas populares do seu tempo. Ninguém o enfrentou para não ser vencido. Era extremamente respeitado em toda região de sua morada. Nunca quis ser cantador profissional. Era agricultor e ferreiro. Escreveu muitos versos sobre assuntos do Velho Testamento. Acusado e denunciado na Comarca de São João do Cariri, Paraíba, como cúmplice na tomada do preso Manuel Queiroz, que se havia evadido da cadeia local, Nicandro escreveu alguns versos que autuados como alegações de defesa, levaram o Juiz a impronunciá-lo do crime.

*FRANCISCO DAS CHAGAS BATISTA* não foi cantador mas um dos mais conhecidos poetas populares. Sua produção abundantíssima forneceu vasto material para a cantoria. A gesta de Antônio Silvino possuiu em Chagas Batista um dos melhores e decisivos elementos. Divulgou em versos a "Escrava Isaura" (*Escrava Heroica*) e um resumo do "Quo Vadis?" (*O Amor e a Virtude*), além de dezenas e dezenas de folhetos comentando os principais acontecimentos de sua época.

Pedro Batista, um estudioso do folclore poético nordestino, enviou-me os seguintes informes sobre Francisco das Chagas Batista:

Chagas nasceu em 1885 na Serra do Teixeira. Era filho de Luís de França Batista Ferreira e Cosma Felismina Batista. Aprendeu lá as primeiras letras e em Campina, para onde se transferiu acompanhado de sua mãe e irmão em 1900, conseguiu aulas noturnas para arranhar o vernáculo. Carregou água e lenha em Campina Grande e trabalhou como cassaco na estrada de ferro de Alagoa Grande. Depois que publicou em velha tipografia de Campina Grande o seu primeiro folheto – "Saudades do Sertão" – em 1902, saiu a vendê-lo pelas feiras do Brejo, tendo em Areia impresso outros folhetos e dali descido à Capital onde publicou nova tiragem de "Saudades do Sertão" – que foi apreciado com grandes elogios pelo "Comércio" de Artur Aquiles e pela "A União". Depois em Natal, foi apreciado em longo trabalho publicado n' "A República" pelo H. Castriciano. Casado em 1909, fixou residência em Guarabira e dali veio para esta Capital (João Pessoa), onde faleceu em janeiro de 1929.

Deixou mais de 100 folhetos publicados sendo destes os mais apreciados o da "História da Escrava Isaura", "Amor e Firmeza" e a "História de Esmeraldina".

Publicou duas coletâneas que foram muito popularizadas: "Lira do Poeta", onde enfeixou poesias célebres e as respectivas paródias de sua autoria, e "Poesias Escolhidas", que obteve diversas edições.

Foi o seu canto de cisne o livro "Cantadores e Poetas Populares".

Era irmão de Sabino Batista, que foi fundador da "Padaria Espiritual" de Fortaleza.

Deixou ao morrer a Livraria "Popular Editora" que nesta capital iniciou o comércio de livros usados e prestou valiosos serviços a uma geração de estudantes pobres que reconhecidamente guardam-lhe o nome.

*VENTANIA*. Pedro Paulo Ventania nasceu em Caicó, Rio Grande do Norte, e faleceu em Catolé do Rocha, Paraíba. Era vaqueiro e Rodrigues de Carvalho conheceu-o pessoalmente, dizendo "famoso repentista". Descreve-o como sendo "baixo, moreno, tipo de indígena, cabelos estirados e duros, pouca barba". Morava em "Gangorras". É popular sua apresentação:

Eu sou Pedro Ventania,      se te assustares, não corras;
morador lá nas Gangorras,      se correres, não te assombres;
Se me vires, não te assustes;      se te assombrares, não morras...

O Sr. Leonardo Mota ("Sertão Alegre", p. 17) recolheu uma resposta de Ventania em pleno desafio:

Tu quer que eu faça contigo      pendurei numa furquia?
o que fiz com Malaquia?      Fiz ele se mijar todo
Torrei-lhe as duas oreia      sem acertar com a barguia?

*JOÃO BILRO do "Japi"* nasceu no Município de Santa Cruz e faleceu na colônia "Sinimbu", Estremoz, município de Ceará-Mirim, Rio Grande do Norte, em 1877, em completa miséria. Era violeiro, cantador ambulante, vagabundo convicto, perambulando pelos sertões, porfiando cantigas e fazendo louvações. Tinha extrema facilidade para versejar. Preferia a quadra, na fórmula ABCB. Rodrigues de Carvalho cita-lhe o nome. O Sr. Elói de Sousa ("A República", de 5-1-1938) dedica a João Bilro do Japi uma crônica de saudades. Recolhendo-se, doente e faminto, à colônia Sinimbu, ainda teve forças para cantar seu horror à vala comum:

Inferno dos Retirantes!
que vida triste, meu Deus,
viver e morrer aqui,
desamparado dos meus...

Não quero ser enterrado
na cova de toda gente;
Nasci na terra sozinho
Peço uma cova, somente...

E lhe foi concedida a suprema vontade...

*JOÃO MARTINS DE ATAÍDE* é poeta que escreve para o povo. É autor de milhares e milhares de versos que os cantadores decoram. É o criador de pelejas imaginárias que deleitam os auditórios sertanejos. Centenas de opúsculos levam seu nome aos confins dos Estados do Norte brasileiro. Homem de cidade, habituado aos jornais, mantém a verve do cantador nas diárias séries de comentários com que analisa os fatos mais sensacionais. No correr deste livro cito muitos versos de João Martins de Ataíde que tem as honras do rádio e da vitrola divulgadores do seu estro. Em 1937, com notas e comentários do Dr. Valdemar Valente, foi publicado um seu livro, "O Trovador do Nordeste", a primeira série, volume de 320 páginas, sem indicação da casa impressora. Esse volume contém versos obedecendo à classificação de Gustavo Barroso, o ciclo dos sertanejos, o ciclo heroico e sátiras. O autor promete um segundo tomo, com a parte referente à Moral e Religião, aos Desafios, Motes e Glosas, Histórias de Animais e Histórias de Gente. Naturalmente orgulhoso de sua imaginação e recursos intelectuais, o poeta não é amigo de conceder informações aos jornalistas que o confundem com os cantadores de pé de viola, judeus errantes da cantoria. A mim, excepcional e gentilmente o Sr. João Martins de Ataíde respondeu cartas e deu um rápido mas suficiente depoimento:

"Nasci no dia 24 de junho de 1880, no lugar chamado Cachoeira de Cebola, Município do Ingá, Estado da Paraíba. Todos os *encontros* ou *pelejas* que tenho publicado em folhetos foram imaginários. Em alguns de meus desafios há contendores imaginários; em outros os adversários existem. Nesse último caso eu os publicava para atender a pedidos de alguns trovadores que queriam ver seus nomes envolvidos nessas pelejas, gênero sempre muito apreciado pelo povo. Quanto aos trabalhos que mais agradaram ao povo é difícil dar uma relação dentro de tão pouco tempo. Acresce mais o seguinte: muitas de minhas trovas que se tornaram populares tiveram sua época, pois faziam chiste com as modas, a política, certos tipos populares, o cangaceirismo, as secas, certos fatos de mais sensação etc.".

O Sr. Martins de Ataíde reside em Recife. Atualmente é o maior poeta tradicionalista do Nordeste brasileiro.

# BiblIografia de Luís da Câmara Cascudo

**LIVROS**

Década de 1920

*Alma patrícia.* (Crítica literária)
  Natal: Atelier Typ. M. Victorino, 1921. 189p.
  Edição atual – 2. ed. Mossoró: ESAM, 1991. Coleção Mossoroense, série
  C, v. 743. 189p.

*Histórias que o tempo leva...* (Da História do Rio Grande do Norte)
  São Paulo: Monteiro Lobato & Co., 1924. 236p.
  Edição atual – Mossoró: ESAM, 1991. Coleção Mossoroense, série C,
  v. 757. 236p.

*Joio.* (Páginas de literatura e crítica)
  Natal: Off. Graf. d'A Imprensa, 1924. 176p.
  Edição atual – 2. ed. Mossoró: ESAM, 1991. Coleção Mossoroense, série
  C, v. 749. 176p.

*López do Paraguay.*
  Natal: Typ. d'A República, 1927. 114p.
  Edição atual – 2. ed. Mossoró: ESAM, 1995. Coleção Mossoroense, série
  C, v. 855. 114p.

Década de 1930

*O homem americano e seus temas.* (Tentativa de síntese)
  Natal: Imprensa Oficial, 1933. 71p.
  Edição atual – 2. ed. Mossoró: ESAM, 1992. 71p.

*O Conde d'Eu.*
  São Paulo: Companhia Editora Nacional, 1933. Brasiliana, 11. 166p.

*Viajando o sertão.*
Natal: Imprensa Oficial, 1934. 52p.
Edição atual – 4. ed. São Paulo: Global, 2009. 102p.

*Em memória de Stradelli (1852-1926).*
Manaus: Livraria Clássica, 1936. 115p.
Edição atual – 3. ed. revista. Manaus: Editora Valer e Governo do Estado do Amazonas, 2001. 132p.

*O Doutor Barata – político, democrata e jornalista.*
Bahia: Imprensa Oficial do Estado, 1938. 68p.

*O Marquês de Olinda e seu tempo (1793-1870).*
São Paulo: Editora Nacional, 1938. Brasiliana, 107. 348p.

*Governo do Rio Grande do Norte.* (Cronologia dos capitães-mores, presidentes provinciais, governadores republicanos e interventores federais, de 1897 a 1939)
Natal: Livraria Cosmopolita, 1939. 234p.
Edição atual – Mossoró: ESAM, 1989. Coleção Mossoroense, série C, v. DXXVI.

*Vaqueiros e cantadores.* (Folclore poético do sertão de Pernambuco, Paraíba, Rio Grande do Norte e Ceará)
1. ed. Porto Alegre: Globo, 1939. Biblioteca de investigação e cultura. 274p.
2. ed. Belo Horizonte: Ed. Itatiaia; São Paulo: Ed. da Universidade de São Paulo, 1984. 327p.
Edição atual – 3. ed. São Paulo: Global, 2005. 358p.

DÉCADA DE 1940

*Informação de História e Etnografia.*
Recife: Of. de Renda, Priori & Cia., 1940. 211p.
Edição atual – Mossoró: ESAM, 1991. Coleção Mossoroense, série C, v. I-II. 211p.

*Antologia do folclore brasileiro.*
São Paulo: Livraria Martins, 1944. 2v. 502p.
Edição atual – 9. ed. São Paulo: Global, 2004. v. 1. 323p.
Edição atual – 6. ed. São Paulo: Global, 2004. v. 2. 333p.

*Os melhores contos populares de Portugal.* Seleção e estudo.
  Rio de Janeiro: Dois Mundos Editora, 1944. Coleção Clássicos e
  Contemporâneos, 16. 277p.

*Lendas Brasileiras.* (21 Histórias criadas pela imaginação de nosso povo)
  Rio de Janeiro: Leo Jerônimo Schidrowitz, 1945. Confraria dos Bibliófilos
  Brasileiros Cattleya Alba. 89p.
  Edição atual – 9. ed. São Paulo: Global, 2005. 168p.

*Contos tradicionais do Brasil.* (Confronto e notas)
  Rio de Janeiro: Americ-Edit, 1946. Col. Joaquim Nabuco, 8. 405p.
  Edição atual – 13. ed. São Paulo: Global, 2004. 318p.

*Geografia dos mitos brasileiros.*
  Rio de Janeiro: Livraria José Olympio Editora, 1947. Coleção
  Documentos Brasileiros, v. 52. 467p.
  Edição atual – 3. ed. São Paulo: Global, 2002. 396p.

*História da Cidade do Natal.*
  Natal: Edição da Prefeitura Municipal, 1947. 411p.
  Edição atual – 4. ed. Natal, RN: EDUFRN, 2010. 692p. Coleção História
  Potiguar.

*O homem de espanto.*
  Natal: Galhardo, 1947. 204p.

*Os holandeses no Rio Grande do Norte.*
  Natal: Editora do Departamento de Educação, 1949. 72p.


DÉCADA DE 1950

*Anúbis e outros ensaios: mitologia e folclore.*
  Rio de Janeiro: Edições O Cruzeiro, 1951. 281p.
  Edição atual – 2. ed. Rio de Janeiro: FUNARTE/INF: Achiamé; Natal:
  UFRN, 1983. 224p.

*Meleagro: depoimento e pesquisa sobre a magia branca no Brasil.*
  Rio de Janeiro: Livraria Agir Editora, 1951. 196p.
  Edição atual – 2. ed. Rio de Janeiro: Livraria Agir Editora, 1978. 208p.

*História da Imperatriz Porcina.* (Crônica de uma novela do século XVI,
  popular em Portugal e Brasil)
  Lisboa: Edições de Álvaro Pinto, Revista Ocidente, 1952. 83p.

*Literatura Oral no Brasil.*
  Rio de Janeiro: José Olympio Editora, 1952. Coleção Documentos
  Brasileiros, v. 6 da História da Literatura Brasileira. 465p.
  Edição Atual – 2. ed. São Paulo: Global, 2006. 480p.

*Em Sergipe d'El Rey.*
  Aracaju: Edição do Movimento Cultural de Sergipe, 1953. 106p.

*Cinco livros do povo: introdução ao estudo da novelística no Brasil.*
  Rio de Janeiro: José Olympio Editora, 1953. Coleção Documentos
  Brasileiros, v. 72. 449p.
  Edição Atual – 3. ed. (Fac-similada). João Pessoa: Editora Universitária
  UFPB, 1994. 449p.

*Antologia de Pedro Velho de Albuquerque Maranhão.*
  Natal: Departamento de Imprensa, 1954. 250p.

*Dicionário do Folclore Brasileiro.*
  Rio de Janeiro: Instituto Nacional do Livro, 1954. 660p.
  Edição atual – 12. ed. São Paulo: Global, 2012. 756p.

*História de um homem: João Severiano da Câmara.*
  Natal: Departamento de Imprensa, 1954. 138p.

*Contos de encantamento.*
  Salvador: Editora Progresso, 1954. 124p.

*Contos exemplares.*
  Salvador: Editora Progresso, 1954. 91p.

*História do Rio Grande do Norte.*
  Rio de Janeiro: Ministério da Educação e Cultura, Serviço de
  Documentação, 1955. 524p.
  Edição atual – Natal: Fundação José Augusto/Rio de Janeiro: Achiamé,
  1984. 529p.

*Notas e documentos para a História de Mossoró.*
  Natal: Departamento de Imprensa, 1955. Coleção Mossoroense, série C,
  2.254p.
  Edição atual – 5. ed. Mossoró: Fundação Vingt-un Rosado, 2010. 300p.
  Coleção Mossoroense, série C, v. 1.571.

*Notícia histórica do município de Santana do Matos.*
Natal: Departamento de Imprensa, 1955. 139p.

*Trinta "estórias" brasileiras.*
Lisboa: Editora Portucalense, 1955. 170p.

*Geografia do Brasil holandês.*
Rio de Janeiro: José Olympio Editora, 1956. Coleção Doc. Bras., v. 79. 303p.

*Tradições populares da pecuária nordestina.*
Rio de Janeiro: Serviço de Documentação Agrícola, 1956. Brasil. Doc. Vida Rural, 9. 78p.

*Vida de Pedro Velho.*
Natal: Departamento de Imprensa, 1956. 140p.
Edição atual – Natal: EDUFRN – Editora da UFRN, 2008. 170p. Coleção Câmara Cascudo: memória e biografias.

*Jangada: uma pesquisa etnográfica.*
Rio de Janeiro: Ministério da Educação e Cultura, Serviço de Documentação, 1957. Coleção Vida Brasileira. 181p.
Edição atual – 2. ed. São Paulo: Global, 2002. 170p.

*Jangadeiros.*
Rio de Janeiro: Serviço de Documentação Agrícola, 1957. Brasil. Doc. Vida Rural, 11. 60p.

*Superstições e costumes.* (Pesquisas e notas de etnografia brasileira) ·
Rio de Janeiro: Antunes, 1958. 260p.

*Canto de muro: romance de costumes.*
Rio de Janeiro: José Olympio Editora, 1959. 266p.
Edição atual – 4. ed. São Paulo: Global, 2006. 230p.

*Rede de dormir: uma pesquisa etnográfica.*
Rio de Janeiro: Ministério da Educação e Cultura, Serviço de Documentação, 1959. Coleção Vida Brasileira, 16. 242p.
Edição atual – 2. ed. São Paulo: Global, 2003. 231p.

DÉCADA DE 1960

*Ateneu norte-rio-grandense: pesquisa e notas para sua história.*
Natal: Imprensa Oficial do Rio Grande do Norte, 1961. Coleção Juvenal Lamartine. 65p.

*Vida breve de Auta de Souza, 1876-1901.*
Recife: Imprensa Oficial, 1961. 156p.
Edição atual – Natal: EDUFRN – Editora da UFRN, 2008. 196p. Coleção Câmara Cascudo: memória e biografias.

*Grande fabulário de Portugal e do Brasil.* [Autores: Câmara Cascudo e Vieira de Almeida]
Lisboa: Fólio Edições Artísticas, 1961. 2v.

*Dante Alighieri e a tradição popular no Brasil.*
Porto Alegre: Pontifícia Universidade Católica do Rio Grande do Sul, 1963. 326p.
Edição atual – 2. ed. Natal: Fundação José Augusto, 1979. 326p.

*Motivos da literatura oral da França no Brasil.*
Recife: [s.ed.], 1964. 66p.

*Dois ensaios de História: A intencionalidade do descobrimento do Brasil. O mais antigo marco de posse.*
Natal: Imprensa Universitária do Rio Grande do Norte, 1965. 83p.

*História da República no Rio Grande do Norte. Da propaganda à primeira eleição direta para governador.*
Rio de Janeiro: Edições do Val, 1965. 306p.

*Nosso amigo Castriciano, 1874-1947: reminiscências e notas.*
Recife: Imprensa Universitária, 1965. 258p.
Edição atual – Natal: EDUFRN – Editora da UFRN, 2008. Coleção Câmara Cascudo: memória e biografias.

*Made in Africa.* (Pesquisas e notas)
Rio de Janeiro: Editora Civilização Brasileira, 1965. Perspectivas do Homem, 3. 193p.
Edição atual – 2. ed. São Paulo: Global, 2002. 185p.

*Flor de romances trágicos.*
Rio de Janeiro: Livraria Editora Cátedra, 1966. 188p.
Edição atual – Natal: Fundação José Augusto/Rio de Janeiro: Cátedra, 1982. 189p.

*Voz de Nessus.*
João Pessoa: Departamento Cultural da UFPB, 1966. 108p.

*Folclore do Brasil.* (Pesquisas e notas)
Rio de Janeiro: Fundo de Cultura, 1967. 258p.
Edição atual – 3. ed. São Paulo. Global, 2012. 232p.

*Jerônimo Rosado (1861-1930): uma ação brasileira na província.*
Rio de Janeiro: Editora Pongetti, 1967. 220p.

*Mouros, franceses e judeus (Três presenças no Brasil).*
Rio de Janeiro: Editora Letras e Artes, 1967. 154p.
Edição atual – 3. ed. São Paulo: Global, 2001. 111p.

*História da alimentação no Brasil.*
São Paulo: Companhia Editora Nacional, v. 1, 1967. 396p.; v. 2, 1968. 539p.
Edição atual – 4. ed. São Paulo: Global, 2011. 954p.

*Coisas que o povo diz.*
Rio de Janeiro: Edições Bloch, 1968. 206p.
Edição atual – 2. ed. São Paulo: Global, 2009. 155p.

*Nomes da Terra: história, geografia e toponímia do Rio Grande do Norte.*
Natal: Fundação José Augusto, 1968. 321p.
Edição atual – Natal: Sebo Vermelho Edições, 2002. 321p.

*O tempo e eu: confidências e proposições.*
Natal: Imprensa Universitária, 1968. 338p.
Edição atual – Natal: EDUFRN – Editora da UFRN, 2008. Coleção
Câmara Cascudo: memória.

*Prelúdio da cachaça.* (Etnografia, História e Sociologia da aguardente do
Brasil)
Rio de Janeiro: Instituto do Açúcar e do Álcool, 1968. 98p.
Edição atual – 2. ed. São Paulo: Global, 2006. 86p.

*Pequeno manual do doente aprendiz: notas e maginações.*
Natal: Imprensa Universitária, 1969. 109p.
Edição atual – 3. ed. Natal: EDUFRN, 2010. 108p. Coleção Câmara
Cascudo: memória.

*A vaquejada nordestina e sua origem.*
Recife: Instituto Joaquim Nabuco de Pesquisas Sociais – IJNPS/MEC,
969. 60p.

Década de 1970

*Gente viva.*
Recife: Universidade Federal de Pernambuco, 1970. 189p.
Edição atual – 2. ed. Natal: EDUFRN, 2010. 222p. Coleção Câmara
Cascudo: memória.

*Locuções tradicionais do Brasil.*
Recife: Editora Universitária, 1970. 237p.
Edição atual – São Paulo: Global, 2004. 332p.

*Ensaios de Etnografia Brasileira: pesquisa na cultura popular do Brasil.*
Rio de Janeiro: Instituto Nacional do Livro (INL), 1971. 194p.

*Na ronda do tempo.* (Diário de 1969)
Natal: Universitária, 1971. 168p.
Edição atual – 3. ed. Natal: EDUFRN, 2010. 198p. Coleção Câmara
Cascudo: memória.

*Sociologia do açúcar: pesquisa e dedução.*
Rio de Janeiro: MIC, Serviço de Documentação do Instituto do Açúcar
e do Álcool, 1971. Coleção Canavieira, 5. 478p.

*Tradição, ciência do povo: pesquisas na cultura popular do Brasil.*
São Paulo: Editora Perspectiva, 1971. 195p.

*Ontem: maginações e notas de um professor de província.*
Natal: Editora Universitária, 1972. 257p.
Edição atual – 3. ed. Natal: EDUFRN, 2010. 254p. Coleção Câmara
Cascudo: memória.

*Uma história da Assembleia Legislativa do Rio Grande do Norte:
conclusões, pesquisas e documentários.*
Natal: Fundação José Augusto, 1972. 487p.

*Civilização e cultura: pesquisas e notas de etnografia geral.*
Rio de Janeiro: José Olympio, 1973. 2v. 741p.
Edição atual – São Paulo: Global, 2004. 726p.

*Movimento da Independência no Rio Grande do Norte.*
Natal: Fundação José Augusto, 1973. 165p.

*Prelúdio e fuga do real.*
Natal: Fundação José Augusto, 1974. 384p.
Edição atual – 2. ed. São Paulo: Global, 2014. 328p.

*Religião no povo.*
João Pessoa: Imprensa Universitária, 1974. 194p.
Edição atual – 2. ed. São Paulo: Global, 2011. 187p.

*O livro das velhas figuras.*
Natal: Edições do IHGRN, Fundação José Augusto, 1974. v. 1. 156p.

*Folclore.*
Recife: Secretaria de Educação e Cultura, 1975. 62p.

*O livro das velhas figuras.*
Natal: Edições do IHGRN, Fundação José Augusto, 1976. v. 2. 170p.

*História dos nossos gestos: uma pesquisa na mímica no Brasil.*
São Paulo: Edições Melhoramentos, 1976. 252p.
Edição atual – 2. ed. São Paulo: Global, 2004. 277p.

*O livro das velhas figuras.*
Natal: Edições do IHGRN, Fundação José Augusto, 1977. v. 3. 152p.

*O Príncipe Maximiliano de Wied-Neuwied no Brasil (1815-1817).*
Rio de Janeiro: Editora Kosmos, 1977. 179p.

*Antologia da alimentação no Brasil.*
Rio de Janeiro: Livros Técnicos e Científicos, 1977. 254p.
Edição atual – 2. ed. São Paulo: Global, 2008. 304p.

*Três ensaios franceses.*
Natal: Fundação José Augusto, 1977. 84p.

*Contes traditionnels du Brésil. Alléguéde, Bernard* [Tradução].
Paris: G. P. Maisonneuve et Larose, 1978. 255p.

DÉCADA DE 1980

*O livro das velhas figuras.*
Natal: Edições do IHGRN, Fundação José Augusto, 1980. v. 4. 164p.

*Mossoró: região e cidade.*
Natal: Editora Universitária, 1980. Coleção Mossoroense, 103. 164p.
Edição atual – 2. ed. Mossoró: ESAM, 1998. Coleção Mossoroense, série C, v. 999. 164p.

*O livro das velhas figuras.*
Natal: Edições do IHGRN, Fundação José Augusto, 1981. v. 5. 136p.

*Superstição no Brasil.* (Superstições e costumes, Anúbis e outros ensaios, Religião no povo)
Belo Horizonte: Itatiaia; São Paulo: EDUSP, 1985. Coleção Reconquista do Brasil. 443p.
Edição atual – 5. ed. São Paulo: Global, 2002. 496p.

*O livro das velhas figuras.*
Natal: Edições do IHGRN, Coojornal, 1989. v. 6. 140p.

Década de 1990

*Notícia sobre dez municípios potiguares.*
Mossoró: ESAM, 1998. Coleção Mossoroense, série C, v. 1.001. 55p.

*Os compadres corcundas e outros contos brasileiros.*
Rio de Janeiro: Ediouro, 1997. 123p. Leituras Fora de Série.

Década de 2000

*O livro das velhas figuras.*
Natal: Edições do IHGRN, Sebo Vermelho, 2002. v. 7. 260p.

*O livro das velhas figuras.*
Natal: Edições do IHGRN, EDUFRN – Editora da UFRN, 2002. v. 8. 138p.

*O livro das velhas figuras.*
Natal: Edições do IHGRN, EDUFRN – Editora da UFRN, 2005. v. 9. 208p.

*Lendas brasileiras para jovens.*
2. ed. São Paulo: Global, 2008. 126p.

*Contos tradicionais do Brasil para jovens.*
2. ed. São Paulo: Global, 2006. 125p.

*No caminho do avião... Notas de reportagem aérea (1922-1933)*
Natal: EDUFRN – Editora da UFRN, 2007. 84p.

*O livro das velhas figuras.*
Natal: Edições do IHGRN, Sebo Vermelho, 2008. v. 10. 193p.

*A Casa de Cunhaú.* (História e Genealogia)
Brasília: Edições do Senado Federal, v. 45, 2008. 182p.

*Vaqueiros e cantadores para jovens.*
São Paulo: Global, 2010. 142p.

## EDIÇÕES TRADUZIDAS, ORGANIZADAS, COMPILADAS E ANOTADAS

*Versos, de Lourival Açucena.* [Organização e anotações]
Natal: Typ. d'A Imprensa, 1927. 93p.
Edição atual – 2. ed. Natal: Universitária, Coleção Resgate, 1986. 113p.

*Viagens ao Nordeste do Brasil, de Henry Koster.* [Tradução]
São Paulo: Editora Nacional, 1942.

*Festas e tradições populares do Brasil, de Mello Moraes.* [Revisão e notas]
Rio de Janeiro: Briguiet, 1946. 551p.

*Os mitos amazônicos da tartaruga, de Charles Frederick Hartt.* [Tradução e notas]
Recife: Arquivo Público Estadual, 1952. 69p.

*Cantos populares do Brasil, de Sílvio Romero.* [Anotações]
Rio de Janeiro: José Olympio Editora, 2v., 1954. Coleção Documentos Brasileiros, Folclore Brasileiro, 1. 711p.

*Contos populares do Brasil, de Sílvio Romero.* [Anotações]
Rio de Janeiro: José Olympio Editora, 1954. Coleção Documentos Brasileiros, Folclore Brasileiro, 2. 411p.

*Poesia, de Domingos Caldas Barbosa.* [Compilação]
Rio de Janeiro: Editora Agir, 1958. Coleção Nossos Clássicos, 16. 109p.

*Poesia, de Antônio Nobre.* [Compilação]
Rio de Janeiro: Editora Agir, 1959. Coleção Nossos Clássicos, 41. 103p.

*Paliçadas e gases asfixiantes entre os indígenas da América do Sul, de Erland Nordenskiold.* [Introdução e notas]
Rio de Janeiro: Biblioteca do Exército, 1961. 56p.

*Os ciganos e cancioneiros dos ciganos, de Mello Moraes.* [Revisão e notas]
Belo Horizonte: [s.ed.], 1981.

**OPÚSCULOS**

DÉCADA DE 1930

*A intencionalidade no descobrimento do Brasil.*
Natal: Imprensa Oficial, 1933. 30p.

*O mais antigo marco colonial do Brasil.*
Natal: Centro de Imprensa, 1934. 18p.

*O brasão holandês do Rio Grande do Norte.*
Natal: Imprensa Oficial, 1936.

*Conversa sobre a hipoteca.*
São Paulo: [s.ed.], 1936. (Apud Revista da Academia Norte-rio-grandense
de Letras, v. 40, n. 28, dez. 1998.)

*Os índios conheciam a propriedade privada?*
São Paulo: [s.ed.], 1936. (Apud Revista da Academia Norte-rio-grandense
de Letras, v. 40, n. 28, dez. 1998.)

*Uma interpretação da couvade.*
São Paulo: [s.ed.], 1936. (Apud Revista da Academia Norte-rio-grandense
de Letras, v. 40, n. 28, dez. 1998.)

*Notas para a história do Ateneu.*
Natal: Instituto Histórico e Geográfico do Rio Grande do Norte, 1937.
(Apud Revista da Academia Norte-rio-grandense de Letras, v. 40, n. 28,
dez. 1998.)

*Peixes no idioma Tupi.*
Rio de Janeiro: [s.ed.], 1938. (Apud Revista da Academia Norte-rio-
-grandense de Letras, v. 40, n. 28, dez. 1998.)

DÉCADA DE 1940

*Montaigne e o índio brasileiro.* [Tradução e notas do capítulo "Des
caniballes" do Essais]
São Paulo: Cadernos da Hora Presente, 1940.

*O Presidente parrudo.*
Natal: [s.ed.], 1941. (Apud Revista da Academia Norte-rio-grandense de Letras, v. 40, n. 28, dez. 1998.)

*Sociedade Brasileira de Folk-lore.*
Natal: Oficinas do DEIP, 1942. 14p.

*Simultaneidade de ciclos temáticos afro-brasileiros.*
Porto: [s.ed.], 1948. (Apud Revista da Academia Norte-rio-grandense de Letras, v. 40, n. 28, dez. 1998.)

*Conferência (Tricentenário dos Guararapes).* [separata]
Revista do Arquivo Público, n. VI. Recife: Imprensa Oficial, 1949. 15p.

*Consultando São João: pesquisa sobre a origem de algumas adivinhações.*
Natal: Departamento de Imprensa, 1949. Sociedade Brasileira de Folclore, 1. 22p.

*Gorgoneion* [separata]
Revista "Homenaje a Don Luís de Hoyos Sainz", 1. Madrid: Valerá, 1949. 11p.

DÉCADA DE 1950

*O símbolo jurídico do Pelourinho.* [separata]
Revista do Instituto Histórico e Geográfico do Rio Grande do Norte. Natal: [s.ed.], 1950. 21p.

*O Folk-lore nos Autos Camoneanos.*
Natal: Departamento de Imprensa, 1950. 18p.

*Conversa sobre direito internacional público.*
Natal: [s.ed.], 1951 (Apud Revista da Academia Norte-rio-grandense de Letras, v. 40, n. 28, dez. 1998.)

*Atirei um limão verde.*
Porto: [s.ed.], 1951 (Apud Revista da Academia Norte-rio-grandense de Letras, v. 40, n. 28, dez. 1998.)

*Os velhos entremezes circenses.*
Porto: [s.ed.], 1951 (Apud Revista da Academia Norte-rio-grandense de Letras, v. 40, n. 28, dez. 1998.)

*Custódias com campainhas.* [separata]
Revista Oficial do Grêmio dos Industriais de Ourivesaria do Norte.
Porto: Ourivesaria Portuguesa, 1951. Capítulo XI. 108p.

*A mais antiga igreja do Seridó.*
Natal: [s.ed.], 1952 (Apud Revista da Academia Norte-rio-grandense de
Letras, v. 40, n. 28, dez. 1998.)

*Tradición de un cuento brasileño.* [separata]
Archivos Venezolanos de Folklore. Caracas: Universidade Central, 1952.

*Com D. Quixote no folclore brasileiro.* [separata]
Revista de Dialectología y Tradiciones Populares. Madrid: C. Bermejo,
1952. 19p.

*O poldrinho sertanejo e os filhos do vizir do Egito.* [separata]
Revista Bando, ano III, v. III, n. 3. Natal: [s.ed.], 1952. 15p.

*Na casa de surdos.* [separata]
Revista de Dialectología y Tradiciones Populares, 9. Madrid: C. Bermejo,
1952. 21p.

*A origem da vaquejada no Nordeste do Brasil.* [separata]
Douro-Litoral, 3/4, 5ª série. Porto: Simões Lopes, 1953. 7p.

*Alguns jogos infantis no Brasil.* [separata]
Douro-Litoral, 7/8, 5ª série. Porto: Simões Lopes, 1953. 5p.

*No tempo em que os bichos falavam.*
Salvador: Editora Progresso, 1954. 37p.

*Cinco temas do Heptaméron na literatura oral ibérica.* [separata]
Douro-Litoral, 5/6, 6ª série. Porto: Simões Lopes, 1954. 12p.

*Os velhos caminhos do Nordeste.*
Natal: [s.ed.], 1954 (Apud Revista da Academia Norte-rio-grandense de
Letras, v. 40, n. 28, dez. 1998).

*Notas para a história da Paróquia de Nova Cruz.*
Natal: Arquidiocese de Natal, 1955. 30p.

*Paróquias do Rio Grande do Norte.*
Natal: Departamento de Imprensa, 1955. 30p.

*Bibliografia.*
Natal: Lira, 1956. 7p.

*Comadre e compadre.* [separata]
Revista de Dialectología y Tradiciones Populares, 12. Madrid: C.
Bermejo, 1956. 12p.

*Sociologia da abolição em Mossoró.* [separata]
Boletim Bibliográfico, n. 95-100. Mossoró: [s.ed.], 1956. 6p.

*A função dos arquivos.* [separata]
Revista do Arquivo Público, 9/10, 1953. Recife: Arquivo Público
Estadual/SIJ, 1956. 13p.

*Exibição da prova de virgindade.* [separata]
Revista Brasileira de Medicina, v. XIV, n. 11. Rio de Janeiro: [s.ed.], 1957. 6p.

*Três poemas de Walt Whitman.* [Tradução]
Recife: Imprensa Oficial, 1957. Coleção Concórdia. 15p.
Edição atual – Mossoró: ESAM, 1992. Coleção Mossoroense, série B, n.
1.137. 15p.

*O mosquiteiro é ameríndio?* [separata]
Revista de Dialectología y Tradiciones Populares, 13. Madrid: C.
Bermejo, 1957. 7p.

*Promessa de jantar aos cães.* [separata]
Revista de Dialectología y Tradiciones Populares, 14. Madrid: C.
Bermejo, 1958. 4p.

*Assunto latrinário.* [separata]
Revista Brasileira de Medicina, v. XVI, n. 7. Rio de Janeiro: [s.ed.], 1959. 7p.

*Levantando a saia...* [separata]
Revista Brasileira de Medicina, v. XVI, n. 12. Rio de Janeiro: [s.ed.], 1959. 8p.

*Universidade e civilização.*
Natal: Departamento de Imprensa, 1959. 12p.
Edição atual – 2. ed. Natal: Editora Universitária, 1988. 22p.

*Canção da vida breve.* [separata]
Sociedade Portuguesa de Antropologia e Etnologia, Faculdade de
Ciências do Porto. Porto: Imprensa Portuguesa, 1959.

Década de 1960

*Complexo sociológico do vizinho.* [separata]
Actas do Colóquio de Estudos Etnográficos Dr. José Leite de
Vasconcelos, Junta de Província do Douro Litoral, 18, V. II. Porto:
Imprensa Portuguesa, 1960. 10p.

*A família do Padre Miguelinho.*
Natal: Departamento de Imprensa, 1960. Coleção Mossoroense, série B,
55. 32p.

*A noiva de Arraiolos.* [separata]
Revista de Dialectología y Tradiciones Populares, 16. Madrid: C.
Bermejo, 1960. 3p.

*Etnografia e direito.*
Recife: Imprensa Oficial, 1961. 27p.

*Breve história do Palácio da Esperança.*
Natal: Departamento de Imprensa, 1961. 46p.

*Roland no Brasil.*
Natal: Tip. Santa Teresinha, 1962. 11p.

*Temas do Mireio no folclore de Portugal e Brasil.* [separata]
Revista Ocidente, 64, jan. Lisboa: [s.ed.], 1963.

*História da alimentação no Brasil.* [separata]
Revista de Etnografia, 1, Museu de Etnografia e História, Junta Distrital
do Porto. Porto: Imprensa Portuguesa, 1963. 7p.

*A cozinha africana no Brasil.*
Luanda: Imprensa Nacional de Angola, 1964. Publicação do Museu de
Angola. 36p.

*O bom paladar é dos ricos ou dos pobres?* [separata]
Revista de Etnografia, Museu de Etnografia e História. Porto: Imprensa
Portuguesa, 1964. 6p.

*Ecce iterum macaco e combuca.* [separata]
Revista de Etnografia, 7, Museu de Etnografia e História, Junta Distrital
do Porto. Porto: Imprensa Portuguesa, 1965. 4p.

*Macaco velho não mete a mão em cambuca.* [separata]
Revista de Etnografia, 6, Museu de Etnografia e História, Junta Distrital do Porto. Porto: Imprensa Portuguesa, 1965. 4p.

*Prelúdio da Gaita.* [separata]
Revista de Etnografia, 8, Museu de Etnografia e História, Junta Distrital do Porto. Porto: Imprensa Portuguesa, 1965. 4p.

*Presença moura no Brasil.* [separata]
Revista de Etnografia, 9, Museu de Etnografia e História, Junta Distrital do Porto. Porto: Imprensa Portuguesa, 1965. 13p.

*Prelúdio da cachaça.* [separata]
Revista de Etnografia, 11, Museu de Etnografia e História, Junta Distrital do Porto. Porto: Imprensa Portuguesa, 1966. 17p.

*História de um livro perdido.* [separata]
Arquivos do Instituto de Antropologia Câmara Cascudo, v. II, n. 1-2. Natal: UFRN, 1966. 19p.

*Abóbora e jirimum.* [separata]
Revista de Etnografia, 12, Museu de Etnografia e História, Junta Distrital do Porto. Porto: Imprensa Portuguesa, 1966. 6p.

*O mais pobre dos dois...* [separata]
Revista de Dialectología y Tradiciones Populares, tomo XXII, Cuadernos 1º y 2º. Madrid: C. Bermejo, 1966. 6p.

*Duó.*
Mossoró: ESAM, 1966. Coleção Mossoroense, série B, n. 82. 19p.

*Viagem com Mofina Mendes ou da imaginação determinante.* [separata]
Memórias da Academia das Ciências de Lisboa, Classe de Letras, 9. Lisboa: [s.ed.], 1966. 18p.

*Ancha es Castilla!* [separata]
Memórias da Academia das Ciências de Lisboa, Classe de Letras, tomo X. Lisboa: Academia de Ciências de Lisboa, 1967. 11p.

*Folclore do mar.* [separata]
Revista de Etnografia, 13, Museu de Etnografia e História, Junta Distrital do Porto. Porto: Imprensa Portuguesa, 1967. 8p.

*A banana no Paraíso.* [separata]
Revista de Etnografia, 14, Museu de Etnografia e História, Junta Distrital do Porto. Porto: Imprensa Portuguesa, 1967. 4p.

*Desejo e Couvade.* [separata]
Revista de Etnografia, 17, Museu de Etnografia e História, Junta Distrital do Porto. Porto: Imprensa Portuguesa, 1967. 4p.

*Terras de Espanha, voz do Brasil (Confrontos e semelhanças).* [separata]
Revista de Etnografia, 16, Museu de Etnografia e História, Junta Distrital do Porto. Porto: Imprensa Portuguesa, 1967. 25p.

*Calendário das festas.*
Rio de Janeiro: MEC, 1968. Caderno de Folclore, 5. 8p.

*Às de Vila Diogo.* [separata]
Revista de Etnografia, 18, Museu de Etnografia e História, Junta Distrital do Porto. Porto: Imprensa Portuguesa, 1968. 4p.

*Assunto gago.* [separata]
Revista de Etnografia, 19, Museu de Etnografia e História, Junta Distrital do Porto. Porto: Imprensa Portuguesa, 1968. 5p.

*Vista de Londres.* [separata]
Revista de Etnografia, 20, Museu de Etnografia e História, Junta Distrital do Porto. Porto: Imprensa Portuguesa, 1968. 29p.

*A vaquejada nordestina e sua origem.*
Recife: Instituto Joaquim Nabuco de Pesquisas Sociais, 1969. 48p.

*Aristófanes. Viva o seu Personagem...* [separata]
Revista "Dionysos", 14(17), jul. 1969. Rio de Janeiro: SNT/MEC, 1969. 11p.

*Ceca e Meca.* [separata]
Revista de Etnografia, 22, Museu de Etnografia e História da Junta Distrital do Porto. Porto: Imprensa Portuguesa, 1969. 9p.

*Dezembrada e seus heróis: 1868/1968.*
Natal: DEI, 1969. 30p.

*Disputas gastronômicas.* [separata]
Revista de Etnografia, 23, Museu de Etnografia e História, Junta Distrital do Porto. Porto: Imprensa Portuguesa, 1969. 5p.

*Esta he Lixboa Prezada...* [separata]
Revista de Etnografia, 21, Museu de Etnografia e História, Junta Distrital do Porto. Porto: Imprensa Portuguesa, 1969. 19p.

*Locuções tradicionais.* [separata]
Revista Brasileira de Cultura, 1, jul/set. Rio de Janeiro: CFC, 1969. 18p.

*Alexander von Humboldt: um patrimônio imortal – 1769-1969.*
[Conferência]
Natal: Nordeste, 1969. 21p.

*Desplantes.* [separata]
Revista do Arquivo Municipal, v. 176, ano 32. São Paulo: EGTR, 1969. 12p.

DÉCADA DE 1970

*Conversa para o estudo afro-brasileiro.* [separata]
Cadernos Brasileiros CB, n. 1, ano XII, n. 57, janeiro-fevereiro. Rio de Janeiro: Sociedade Gráfica Vida Doméstica Ltda., 1970. 11p.

*O morto no Brasil.* [separata]
Revista de Etnografia, 27, Museu de Etnografia e História, Junta Distrital do Porto. Porto: Imprensa Portuguesa, 1970. 18p.

*Notícias das chuvas e dos ventos no Brasil.* [separata]
Revista de Etnografia, 26, Museu de Etnografia e História, Junta Distrital do Porto. Porto: Imprensa Portuguesa, 1970. 18p.

*Três notas brasileiras.* [separata]
Boletim da Junta Distrital de Lisboa, 73/74. Lisboa: Ramos, Afonso & Moita Ltda., 1970. 14p.

*Água do Lima no Capibaribe.* [separata]
Revista de Etnografia, 28, Museu de Etnografia e História, Junta Distrital do Porto. Porto: Imprensa Portuguesa, 1971. 7p.

*Divórcio no talher.* [separata]
Revista de Etnografia, 32, Museu de Etnografia e História, Junta Distrital do Porto. Porto: Imprensa Portuguesa, 1972. 4p.

*Folclore nos Autos Camoneanos.* [separata]
Revista de Etnografia, 31, Museu de Etnografia e História, Junta Distrital do Porto. Porto: Imprensa Portuguesa, 1972. 13p.

*Uma nota sobre o cachimbo inglês.* [separata]
Revista de Etnografia, 30, Museu de Etnografia e História, Junta Distrital do Porto. Porto: Imprensa Portuguesa, 1972. 11p.

*Visão do folclore nordestino.* [separata]
Revista de Etnografia, 29, Museu de Etnografia e História, Junta Distrital do Porto. Porto: Imprensa Portuguesa, 1972. 7p.

*Caminhos da convivência brasileira.* [separata]
Revista Ocidente, 84. Lisboa: [s.ed.], 1973.

*Meu amigo Thaville: evocações e panorama.*
Rio de Janeiro: Editora Pongetti, 1974. 48p.

*Mitos brasileiros.*
Rio de Janeiro: MEC, 1976. Cadernos de Folclore, 6. 24p.

*Imagens de Espanha no popular do Brasil.* [separata]
Revista de Dialectología y Tradiciones Populares, 32. Madrid: C. Bermejo, 1976. 9p.

*Mouros e judeus na tradição popular do Brasil.*
Recife: Governo do Estado de Pernambuco, Departamento de Cultura/SEC, 1978. 45p.

*Breve História do Palácio Potengi.*
Natal: Fundação José Augusto, 1978. 48p.


DÉCADA DE 1990

*Jararaca.* [separata]
Mossoró: ESAM, 1990. Coleção Mossoroense, série B, n. 716. 13p.

*Jesuíno Brilhante.* [separata]
Mossoró: ESAM, 1990. Coleção Mossoroense, série B, n. 717. 15p.

*Mossoró e Moçoró.* [separata]
Mossoró: ESAM, 1991. 10p.

*Acari, Caicó e Currais Novos.* [separata]
Revista Potyguar. Mossoró: ESAM, 1991.

*Caraúbas, Assú e Santa Cruz.* [separata]
Revista Potyguar. Mossoró: ESAM, 1991. 11p.
Edição atual – Mossoró: ESAM, 1991. Coleção Mossoroense, série B,
n. 1.047. 11p.

*A carnaúba.* [fac-símile]
Revista Brasileira de Geografia. Mossoró: ESAM, 1991. 61p.
Edição atual – Mossoró: ESAM, 1998. Coleção Mossoroense, série C,
v. 996. 61p.

*Natal.* [separata]
Revista Potyguar. Mossoró: ESAM/FGD, 1991.

*Mossoró e Areia Branca.* [separata]
Revista Potyguar. Mossoró: ESAM/FGD, 1991. 17p.

*A família norte-rio-grandense do primeiro bispo de Mossoró.*
Mossoró: ESAM/FGD, 1991.

*A "cacimba do padre" em Fernando de Noronha.*
Natal: Sebo Vermelho, Fundação José Augusto, 1996. 12p.

*O padre Longino, um tema proibido.*
Mossoró: ESAM, 1998. Coleção Mossoroense, série B, n. 1.500. 11p.

*Apresentação do livro de José Mauro de Vasconcelos, Banana Brava,
romance editado pela AGIR em 1944.*
Mossoró: ESAM, 1998. Coleção Mossoroense, série B, n. 1.586. 4p.

*História da alimentação no Brasil.* [separata]
Natal: Edições do IHGRN, 1998. 7p.

*Cidade do Natal.*
Natal: Sebo Vermelho, 1999. 34p.

*O outro Monteiro Lobato.* [Acta Diurna]
Mossoró: Fundação Vingt-un Rosado, 1999. 5p.

DÉCADA DE 2000

*O marido da Mãe-d'água. A princesa e o gigante.*
2. ed. São Paulo: Global, 2001. 16p. Coleção Contos de Encantamento.

*Maria Gomes.*
3. ed. São Paulo: Global, 2002. 16p. Coleção Contos de Encantamento.

*Couro de piolho.*
3. ed. São Paulo: Global, 2002. 16p. Coleção Contos de Encantamento.

*A princesa de Bambuluá.*
3. ed. São Paulo: Global, 2003. 16p. Coleção Contos de Encantamento.

*La princesa de Bambuluá.*
São Paulo: Global, 2006. 16p. Colección Cuentos de Encantamientos.

*El marido de la madre de las aguas. La princesa y el gigante.*
São Paulo: Global, 2006. 16p. Colección Cuentos de Encantamientos.

*O papagaio real.*
São Paulo: Global, 2004. 16p. Coleção Contos de Encantamento.

*Facécias: contos populares divertidos.*
São Paulo: Global, 2006. 24p.

# OBRAS DE LUÍS DA CÂMARA CASCUDO PUBLICADAS PELA GLOBAL EDITORA

*Antologia da alimentação do Brasil*
*Antologia do folclore brasileiro – volume 1*
*Antologia do folclore brasileiro – volume 2*
*Câmara Cascudo e Mário de Andrade – Cartas 1924-1944*
*Canto de muro*
*Civilização e cultura*
*Coisas que o povo diz*
*Contos tradicionais do Brasil*
*Dicionário do folclore brasileiro*
*Folclore do Brasil*
*Geografia dos mitos brasileiros*
*História da alimentação no Brasil*
*História dos nossos gestos*
*Jangada – Uma pesquisa etnográfica*
*Lendas brasileiras*
*Literatura oral no Brasil*
*Locuções tradicionais no Brasil*
*Made in Africa*
*Mouros, franceses e judeus – Três presenças no Brasil*
*Prelúdio da cachaça*
*Prelúdio e fuga do real*
*Rede de dormir – Uma pesquisa etnográfica*
*Religião no povo*
*Sociologia do açúcar\**
*Superstição no Brasil*
*Tradição, ciência do povo*
*Vaqueiros e cantadores*
*Viajando o sertão*

\*Prelo

# OBRAS JUVENIS

Contos de exemplo
Contos tradicionais do Brasil para jovens
Histórias de vaqueiros e cantadores para jovens
Lendas brasileiras para jovens
Vaqueiros e cantadores para jovens

# OBRAS INFANTIS

## COLEÇÃO CONTOS DE ENCANTAMENTO

A princesa de Bambuluá
Contos de animais
Couro de piolho
Maria Gomes
O marido da Mãe D'Água – A princesa e o gigante
O papagaio real

# COLEÇÃO CONTOS POPULARES DIVERTIDOS

Facécias